U0519973

文明通鉴丛书

刘洪一 主编

Essentials of the Jewish Culture
Revised Edition

刘洪一 著

犹太文化要义

修订本

商务印书馆
The Commercial Press

图书在版编目(CIP)数据

犹太文化要义 / 刘洪一著. -- 修订本. -- 北京：商务印书馆，2021
ISBN 978-7-100-19483-9

Ⅰ. ①犹⋯ Ⅱ. ①刘⋯ Ⅲ. ①犹太人－民族文化－研究 Ⅳ. ①K18

中国版本图书馆CIP数据核字(2021)第029424号

权利保留，侵权必究。

文明通鉴丛书

刘洪一 主编

犹太文化要义（修订本）

刘洪一 著

商 务 印 书 馆 出 版
（北京王府井大街36号 邮政编码100710）
商 务 印 书 馆 发 行
艺堂印刷（天津）有限公司印刷
ISBN 978-7-100-19483-9

2021年7月第2版　　开本710×1000 1/16
2021年7月第3次印刷　　印张21 插页2

定价：98.00元

猶太文化要義

選堂題

目　录

《文明通鉴丛书》序 …………………………………………………… 1
前言　犹太人：一个文化难题 ………………………………………… 1

第一编　文化流程与文化结构

第一章　犹太人的流浪历程 …………………………………………… 3
　　第一节　流浪的犹太人 …………………………………………… 3
　　第二节　难以界定的犹太人 ……………………………………… 9
第二章　犹太文化产生的土壤 ………………………………………… 15
　　第一节　土地：一种文明的绝对必要条件 ……………………… 15
　　第二节　迦南：应许的"流奶与蜜之地" ……………………… 18
第三章　犹太人的民族意识 …………………………………………… 28
　　第一节　割礼：犹太人的"一次性"标记 ……………………… 28
　　第二节　节期：犹太意识的周期性提示 ………………………… 33
第四章　犹太文化的散存结构 ………………………………………… 40
　　第一节　格托与精神格托 ………………………………………… 40
　　第二节　散存结构：世界文化中的独特现象 …………………… 44
第五章　文化冲突与排犹主义 ………………………………………… 57
　　第一节　兄弟阋墙：神话与现实 ………………………………… 57
　　第二节　兄弟容纳：神话与理想 ………………………………… 66
　　第三节　排犹：一种历史性的现象 ……………………………… 68

  第四节　"耶稣效应"：排犹主义的文化根源……………………72
第六章　冲突与宽容的文化效用……………………………………83
  第一节　排犹的文化效用………………………………………83
  第二节　文化宽容与犹太人的同化……………………………86

第二编　思想方式与生存机智

第七章　犹太人的神学观点…………………………………………99
  第一节　"选民"：超验命名与经验功用………………………99
  第二节　契约：神学与世俗双重性订约………………………106
第八章　犹太神秘主义………………………………………………113
  第一节　神秘的犹太文化意象…………………………………113
  第二节　犹太神秘主义的现实功效……………………………116
第九章　犹太理性主义………………………………………………123
  第一节　以色列的思想以人为中心……………………………123
  第二节　哲学：一种犹太现象…………………………………126
第十章　犹太人的时间思维…………………………………………137
  第一节　时间创立者与先知预言………………………………137
  第二节　先知预言思维的传承…………………………………142
第十一章　犹太人的金钱观…………………………………………147
  第一节　犹太人与钱……………………………………………147
  第二节　钱的文化指令…………………………………………150

第三编　文化母本与现实表征

第十二章　《圣经》的母本意义……………………………………161
  第一节　非凡的《圣经》………………………………………161
  第二节　生活与思想的百科全书………………………………162
  第三节　文化母本的生成与效用………………………………169

第十三章 圣经乌托邦：从空想到现实 … 173
- 第一节 圣经乌托邦与大同主义 … 173
- 第二节 基布兹：现实与根源 … 176

第十四章 圣经智慧观与犹太崇智行为 … 182
- 第一节 智慧在圣经中的位置 … 182
- 第二节 犹太崇智主义及崇智行为 … 186
- 第三节 中犹崇智观之比较 … 191

第十五章 《圣经》言语论与犹太人的语言意识 … 195
- 第一节 巴别塔的倒塌 … 195
- 第二节 犹太人的语言意识及意义 … 197

第四编 宗教观念与审美文化

第十六章 宗教话语中的美 … 211
- 第一节 《圣经》中的美与美的神圣性 … 211
- 第二节 《圣经》中美的超神圣性 … 217
- 第三节 关于美的文化内涵 … 222

第十七章 宗教观念对艺术观念的文化规范 … 225
- 第一节 犹太艺术的形态特征与摩西律法 … 225
- 第二节 宗教观念下的艺术表征 … 227

第十八章 作为审美文化的《圣经》 … 237
- 第一节 一个审美文化的资源库 … 237
- 第二节 审美文化的发现 … 239

第十九章 希伯来神话及其生命认知 … 251
- 第一节 神话：文化的原初质料 … 251
- 第二节 伊甸园神话中的生命本体 … 253

第二十章 先知书的审美特质 … 261
- 第一节 内涵品性：神圣与世俗 … 261

第二节　思维取向：乌托邦与反乌托邦 ……………………… 264
　　第三节　文本策略：神谕与异象 ………………………………… 266
第二十一章　犹太文学的审美文化品性 ……………………………… 270
　　第一节　犹太性与世界性：一块硬币的两个方面 ……………… 270
　　第二节　"硬币"属性与审美品性的实现：从语言到主题 ……… 274

结语　犹太文化的精神品性 …………………………………………… 280
　　第一节　一个上帝，七种犹太文化 ……………………………… 280
　　第二节　"自从出胎以来，便称为悖逆的" ……………………… 283
　　第三节　吸纳—整合：犹太种子命中注定的任务 ……………… 287
　　第四节　创造与样本：犹太文化的功能与理论意义 …………… 291

主要参考文献 …………………………………………………………… 300
后　记 …………………………………………………………………… 305
再版后记 ………………………………………………………………… 306

《文明通鉴丛书》序

构建人类普惠新文明

刘洪一

一、人类文明来到了一个临界状态

人类文明发轫以降，无论是古代农业文明、游牧文明还是近现代航海文明、工商业文明，所经历的文明形态与文明阶段此起彼伏、错综复杂。比较而言，当下的信息时代对人类社会的冲击和改变，无论广度、深度还是不确定性及其风险，都到了一个前所未有的临界状态。人类几千年延展演化下来的生存方式、生产方式、关系方式、心性状况、价值体系、人与自然的关系和人在世界中的位置等等，几乎同时出现了重大动摇和改变。一个突出的历史吊诡呈现在世界面前：一方面是以几何等级加速飞奔的科技车轮，另一方面则是停滞不前甚至徘徊倒退的人性心智，以及分崩离析的思想偏执和价值背离——两个轮子的失衡致使世界和人类生活随时处于偏斜、失序的可能。特别是随着人工智能、基因技术、生物技术、信息与数字技术等的突飞猛进，随着万物感知、万物互联、万物智能时代的到来，人的附庸化、符号化、条码化特征越来越明显，而人的主体性、人文性和自由意志被快速剥夺。人类一边享用现代文明的丰裕飨宴，一边面临着根本性的生命戕害，这似乎不幸地昭示着人类文明的确面临着一种"绝对性毁灭的危险"。[1]

在此情势下，构建人类普惠新文明是文明危机状态下的必然选择和目标追求，消弭鸡对鸭讲的隔阂与喧闹，深入发掘构建人类普惠新文明的机理机制和逻辑工具，不仅有前所未有的现实紧迫性，也符合自轴心时代以来人类思想演化的内在逻辑要求。诚然，不同文明的相互通鉴是这项工作的基础，首先要以文明整体观对人类不同文明及文明要素进行一种贯通镜鉴，包括对人类文明的不同体系、阶段、形态和价值的贯通镜鉴；其次要以思维整合与科际贯通的方法论，突破思维方式与学科理论的边界，对人类不同文明形态的内涵与特质进行全方位、无界限的贯通比照；其三是求同存异的通鉴策略，充分尊重不同文明的差异化传统，寻找和建立不同文明之间的最大公约数；其四是集合不同文明要素的实现路径，以文化互化、文化采借、文化融合等方式，集合融会异质文明的优质要素；其五是明晰构建人类普惠新文明的通鉴目标，把构建一种适应现时代要求、全人类共通、共享、共惠的文明新体系作为文明通鉴的目标指向。[2]但仅仅如此还不够，还必须找到文明通鉴的机枢与钤键，厘清和发掘构建人类普惠新文明的机理机制与逻辑工具。在这里，不同文明体系下的思想通约至关重要。

二、思想通约是不同思想的价值契约

思想通约（Commensurability of Ideas）是不同思想的互通契约，是差异价值的缓冲机制和交流原则，也是藉以文明通鉴走向人类普惠新文明的逻辑工具和必由路径。在世界万物的分离对立中，人的分离对立是最重要、最关键的分离对立，而人的分离对立尤以价值观念与思维方式的分离对立最具本质性。《周易·同人》谓言众人何以聚合，有曰："文明以健，中正而应，君子正也；唯君子为能通天下之志。"此处明喻人的文明演进当以不偏不倚、君子中正的德行方能合通天下；又曰："出门同人，又谁咎也？同人于宗，吝道也。"[3]此处是从反面论说同人的道理：如果耽于私党、执于私见，那就必然陷入灾害的偏斜。

现时代提出思想通约，有其显见的历史逻辑。雅思贝尔斯对公元前800年至前200年间发生在东方的中国、印度，西方包括波斯、希伯来、希腊地区的思想和精神过程进行整理，认为这一"轴心时代"是"历史最为深刻的转折点，那时出现了我们今天依然与之生活的人们。"[4]老子、孔子、墨翟、庄子、佛陀、以赛亚、耶利米、荷马、巴门尼德、赫拉克利特、柏拉图、阿基米德等等非凡人物所创立的思想和思想方式，虽然表现了"人之存在"的某些普遍性意识，但它们多发性的生成方式及其思想特质，分散地奠定了不同文明的精神基础，并塑造了不同文明的基因、模型、演变形态、思维方式。轴心时代不同思想体系界分的涌现，不是历史的偶然，而是世界差异化本质在无机界、有机世界和人类精神领域的普遍性实现。这是一次影响深远的思想界分，两千多年来，人类文明依其不同的基原脉络生长演绎，虽有根须交织和枝蔓交集，但分裂对立之势愈演愈烈，并在利益驱动、价值分离、地缘政治等的作用下,愈发显现出割裂、隔断、水火不容的危险态势。这是文明的空前危机,也是世界差异化统一的根本秩序遭受破坏的警示信号,其中深刻地嵌含着现时代人类建立思想通约的历史必然和逻辑要求。这一逻辑要求表明,再不拆除文明的藩篱、打破思想的铁桶、克服自以为是的顽疾和消解根深蒂固的私欲对立,人类文明有大概率走向偏斜毁坏的可能。

思想通约是通向人类普惠新文明的关键,其间不仅蕴涵了构建人类普惠新文明的机理机制,也蕴涵了构建人类普惠新文明的逻辑路径,蕴涵了差异化价值的缓冲机制与交流原则、差异化思想融通交汇的基本工具和方式路径等价值论、工具论、实践论层面的丰富内涵。

三、建构不同思想的通约机制

思想通约的关键有二:一是建构全人类不同思想体系之间融合互补的通约机制;二是建构适应信息时代要求的普适性思想逻辑工具。

关于人类不同思想体系的融合互补,笔者在《两界书》系列著作中把在人类精神发展史上发挥了重要影响力的思想大致概括为道、约、仁、法、空、异等六种观念,并试图发掘不同思想观念间的相通互补价值。[5]

道的观念表达了人类对宇宙万物的本体原理、根本规律和至上规则的追究。《道德经》将"道"与"大道"视作万物肇始和万物主宰:"有物混成,先天地生。寂兮寥兮,独立而不改,周行而不殆。可以为天下母,吾不知其名。字之曰道,强为之名曰大。"(25章)"大道泛兮,其可左右。万物恃之而生……"(34章)《周易·系辞》称"一阴一阳之谓道"。中国文化的"道"既强调"道"的至高无上和对万物的统纳意义,也强调"天道"与"人道"的融通,将自然原则与人伦道德融为一体,以此对人的现世行为进行制约规范。希腊哲学以"逻各司"(Logos)"理念"等概念表述世界万物的形上原则,赫拉克利特认为有一种隐秘的智慧充斥于世界,它是世间万物的变化尺度和内在准则,这就是"逻各司";柏拉图的"理念"说实质上与"逻各司"相通,即被认为是宇宙万物中的理性秩序和必然规则;与此类通者还有柏罗丁的"太一说"等等。犹太-基督教文化以上帝的言辞(Words)为"道",这里的"道"喻指了一种浸蕴着神学性的普遍规则。

约的观念体现了人类对自身社会属性的认知、对人类精神与社会秩序的建构。希伯来圣经通过对古代贸易交换约则的宗教转化，创设了上帝与人之间的订约（Covenant of God），并以此推演出犹太–基督教的全部神学体系；美索不达米亚《汉谟拉比法典》中的"契约"[riksatum（阿卡德语）]思想十分丰富，不仅形成了契约法，而且包含了国家之间、公民之间的各种契约，涉及盟约、贸易、婚姻等方面；印度、中国、波斯、伊斯兰等文化中的"约""信约"的思想各具特点，既有贸易之约、部族之约，也有人神之约、道信之约，并以盟约、条约、律法、规范、制度、伦理、道德、乡俗、民约、信誉等形式，充斥于人们的精神生活和世俗生活之中。

仁的观念体现了规范人性、调适人际的道德要求，人类不同文明不约而同地彰显了以"仁爱""仁慈""善"等为内核的价值追求，并以此规范人性成长、调适人际关系。中国文化格外重视人的自身修为、人与他人的关系，在仁义礼智信所谓"五常"之中，仁具有统领意义，有谓"五常仁为首"，《论语·季氏》形象地讲"见善如不及，见不善如探汤"。西方的仁爱（benevolence）思想有其宗教内涵，如《圣经·新约》所谓"爱心""慈善"（Charity），既指爱人之心，更指爱上帝之心（保罗书信等），但两者并不矛盾，而被认为是内在一致的，并把爱上帝和爱他人作为基督教的两条"最大的诫命"。两河流域、南亚等人类不同的文明区域，也都对"仁""爱""善"表现出共通性的道德追求，尽管各种思想的逻辑起点、内涵指向不尽相同，但基于人性的善恶界分、抑恶扬善的价值取向是一致的。

法的观念不仅指法理逻辑和社会秩序的律法形式，还指人类显性制度赖以建立和存续的理性精神、理性原则，指人类认知世界时以理性、逻辑、秩序为特点的思想方法。美索不达米亚乌尔第三王朝的《乌尔纳木法典》被认为是迄今发现的人类最早的成文法典，美索不达米亚法律文明不仅影响古代近东地区，还为古希腊罗马文明借鉴利用，并进而影响了后续西方法律文明的发展。希伯来法的特点是以上帝为主导，以神学为依托，在摩西律法的框架下，神学戒律、道德规范、世俗禁忌等内容相互嵌入、相互结合。古希腊法的思想与希腊哲学"正义观""秩序论"密切关联，哲学家阿纳克西曼德超越了世界本原的一般元素说，认为所有元素必然达到一种平衡的"正义"，这样世界才能得到存续；毕达哥拉斯学派认为宇宙是一个有内在秩序、内在规律的世界；早期思想家们用"科斯摩斯"（Kosmos，Cosmos）表示"秩序"，后来"科斯摩斯"多被用作表述"宇宙""世界"之意，而人类社会显然也是世界和自然秩序的一部分。古埃及的习惯法、成文法以及印度的《摩奴法典》等，也以特定的方式呈现了法的理念与形制。中国古代法的思想十分丰富，春秋战国时期形成了以管仲、李悝、吴起、商鞅、慎到、申不害等为代表的刑名之学、法家学派，经战国末韩非的总结、综合（《韩非子》），形成了系统性的法律理论，"德""礼""刑""治"等观念还与中国文化的核心观念仁、义、礼、信等相互兼容，形成了中国独特的法的思想特质。

空的观念源自佛学，与色空、轮回、因缘、顿悟等一系列思想密切相关，在佛学思想体系中表现最为集中，但作为对人与世界之关系、物我之关系等问题的认知，空观实质上包含了对个体与世界、有与无、得与失、现象与本体、生命价值、生命意识等基本问题的特定认知，其理念内涵、思想方式在儒释道及其他思想体系中均有相似、相通的表现。佛教认为万物皆有缘起，因缘所生，缘起性空，空是本体本质，色是现象虚妄，万物因缘而生，自会因缘而灭，"菩提本无树，明镜亦非台；本来无一物，何处惹尘埃？"[6]但"空"并非"断灭"，也不是虚无消极，而是要人放下成见执著，故"空"的观念既是一种独特的世界观，也是一种人生观和修为方式。儒释道的"舍得观"在此方面颇多类通，佛教以舍为得，得即是舍，舍即是得；道家的舍含无为之意，得含有为之意；儒家强调舍恶以得仁，舍欲以得圣。两河文明和犹太-基督教文化（如《约伯记》）对物我关系、生命价值等问题亦有与中国老庄哲学、汉化佛学、禅宗学说相通、相似的认知取向和认知方式。

异的观念代表了人类对特殊世界的发现、对世界的特殊认知及其认知限度。在历史长河中，自然界和人类社会常常显现出"非逻辑""逆惯例"的异类现象，表现出种种的不寻常（unusual）和变异（variation），这也从本质上标识了世界本原的不定性、无常性和神秘性。历史地看，"异"（包括现代科学认知中的所谓暗物质、暗能量）不仅是自然界和人类社会的"常"，也是自然和社会赖以存续发展的动力和能量，而神秘主义、不可知论、怀疑论以及形形色色的非正统的"他者"（the other）视角和思想认知等，不仅应对了世界存有的非常态、变异性、未定性，也弥补了人类既有的思维逻辑和理性意识的局限。《易经》关于易、化的思想，《庄子》有关吊诡之论，《山海经》《淮南子》《搜神记》《世说新语》《太平广记》《聊斋志异》等对"异"的表述，两河地区、埃及、希腊、希伯来、印度等文明关于神、怪、鬼、魔、巫、异象的各种演绎，以及佛教无常（anitya）的思想，均体现了"异"在不同文明中的特殊地位和特定认知。

从人类精神的历史维度和人类思想的世界景观来看，无论是价值内涵还是方法论，道观、约观、仁观、法观、空观、异观等不同思想体系既显示了内在的天然相通，也体现了演化的巨大差异，形成了一种同中有异、异中有通、通中互补的整体结构。这种整体结构蕴涵了不同文明间建构思想通约和通向人类普惠新文明的内在机理和运行机制，具体表现为：一是不同文明体系内对六观的交汇融通，即一种文明或以某种思想思维为特征，但并不否定其他形式的思想认知；二是不同文明体系间对六观的交汇融通，即不同文明体系以界分差异为前提，对六观不同的思想认知表现出排斥与融合并存、冲突与采借共用的内在要求和纠缠互补；三是六观之间的复通叠变，即在文明自身的思想演进与异质文明的思想演进之间，形成自变与互变的叠加互用、对反融合，并从整体上形成交错往复的合正取势——这种合正取势既是不同思想认知、思维方式的成长升华，也是构建人类思想通约和走向人类普惠新文明的根本理据。显然，思想通约不是思想同一，而是不同观念的互通兼容，不同思维方式、思想方法的相互补充，是形上价值的优化集合、人类智慧的融会共享，是人类多样化文明形态繁荣存续的调适机制，也是走向人类普惠新文明的基质条件。

四、发掘普适性的逻辑工具

同时，要真正实现有效的思想通约，还必须寻求和建构能够适应现时代要求的思想逻辑工具。现时代处于空前未有的临界状态——融合了人工智能、数字技术、生物技术、海量信息、信息膨胀、时空扭曲、人性异化，有序与无序并存，螺旋与偏斜并行，惯性与颠覆并存，既有的思想体系和思想工具不仅显现出捉襟见肘的认知局限，还常常体现出相互消解的分裂冲突。跳出思想陈规的桎梏与对立，站在周全远望的新高点，通过溯源与综合去发现和建构一种兼有本原性、基质性、时代性、普适性的思想工具，就有了非同寻常的紧迫性。

以儒释道为代表的中国古代哲学呈现了极其丰富的概念和范畴，深入发掘可以发现，中国古代哲学的核心概念和基本范畴无不建立在"界"的基原根本之上，并以"界"为初始的范畴工具，对世界万物加以界分与义界。"界"的本义是对空间范围、数量阈值的标识界定，蕴涵了多与少、大与小、有限与无限等涵义，在中国古代文化的思想演绎中，"界"延伸和生成为一种认知、判断世物的尺度，具有了逻辑认知的范畴意义和工具功能，从而成为儒释道诸家学说的思维基石和思想基础。《周易》以阳爻"—"与阴爻"--"为思想核心，被黑格尔称为"那些图形的意义是极抽象的范畴，是最纯粹的理智规定"[7]，这个"最纯粹的理智规定"即以界为分，生成阴与阳、乾与坤等相对范畴，由此演绎出易经的思想图谱；《道德经》以"道"为核心，有谓"道生一，一生二，二生三，三生万物"（42章），而《周易·系辞》则称"一阴一阳之谓道"，"道"的思想显然建立在阴、阳界分的思维基础之上；《黄帝内经》以阴阳离合论为基础，演绎出虚实、表里、顺逆、邪正、左右、彼我、过与不及等思想概念和施治方法，很明显也是在"界"的思维基础上；东汉魏伯阳之《周易参同契》融汇易学、老学、儒学、阴阳五行及炼丹术，开篇"乾坤易之门户章第一"即言："乾坤者，易之门户，众卦之父母。坎离匡郭，运毂正轴"，全书以阴阳乾坤之说为基轴，以刚柔、寒暑、魂魄、往来、清浊、邪正、雌雄、喜怒、有无等概念范畴的关系及其转换为核心，既突出事物界分之属性，还强调事物界分之"期度""校度""推度""配位""轨""揆"等量度[8]，以此演绎天、地、人的相互关系与内在机理。与易老学说多关注天地自然形上属性不同，儒家思想则更多地关注人以及人与人的关系，"仁"的概念实则是一个有关"我"和"我"与"他"的问题，其本质也是"界"的问题，孔子曰"克己复礼为仁"，"己所不欲，勿施于人"（《论语·颜渊》），孟子称"老吾老，以及人之老；幼吾幼，以及人之幼"（《孟子·梁惠王上》），谈论的本质均是个人与他人相互关系的界分调适，仁、义、礼、智、信、忠、恕、孝、悌等概念的共同特点都是以人与人际的界分为思想基础建构的内在逻辑，其间隐含了儒家思想特有的哲学运思。黑格尔称，孔子"只是一个实际的世间智者，在他那里思辨的哲学是一点也没有的——只是一些善良的、老练的、道德的教训，从里面我们不能获得什么特殊的东西"[9]，这种说法显然是武断的，他对《周易·系辞》等通篇"子曰：乾坤，其易之门邪？"之类的哲学思辨毫不了解。

佛学思想对界的概念有更为充分的运用，所谓地狱法界、饿鬼法界、畜生法界、阿修罗法界、人法界、天法界、声闻法界、缘觉法界、菩萨法界、佛法界等"十法界",以及生、住、异、灭四相说等,可以说全部都是建立在有与无、色与空、圣与凡、因与果、明与暗、常与无常等"界"的概念范畴之上,并以此为逻辑起点推演出佛学的宏大思想体系。《坛经》论及"蕴之与界,凡夫见二,智者了达其性无二,无二之性即是佛性","蕴"指色蕴、受蕴、想蕴、行蕴、识蕴之五蕴;"界"指十八界,亦作"十八持",含六根、六境、六识(亦有六尘、六门、六识之说)[10],此处以"蕴"的差别与"界"的不同来论及佛性可达的通融,以及佛性对差别的超越。惠能关于"二道相因,生中道义"的论说,也是建立在明与暗、因与缘之"界对"之上。

  古希腊哲学的认知范畴和认知方式与中国儒释道哲学完全不同,但"界"在其认知逻辑中的关键作用是完全一致的。毕达哥拉斯学派以数为基点和万物结构的原则,以有限与无限、奇与偶、一与多、左与右、阴与阳、静与动、直与曲、明与暗、善与恶、正与斜等十个相互对辅的范畴为基质,建立和演绎对世界的认知体系[11],其学说的建构也是建立在"界"的逻辑运思之上;欧几里得在《几何原本》第一卷之首就强调"界"对事物生成的关键意义:"界者,一物之始终",并对点、线、面的基本生成属性作出义界:"点为线之界,线为面之界,面为体之界,体不可为界。"[12]"几何"的原文"geometria"在希腊语中意为丈量土地、衡量大小,"几何学"本质上就是关于大与小、多与少的"界"学。可以看出,希腊哲学的一个重要特点就是以尺度、界限为工具,运用点、线、面、体等数理概念建立起相关的逻辑体系,就像黑格尔所说:"希腊精神就是尺度、明晰、目的,就在于给予各种形形色色的材料以限制,就在于把不可度量者与无限华美丰富者化为规定性和个体性。"黑格尔对希腊哲学这一重要特征的概括是贴切的,但他同时妄评"东方无尺度的实体的力量,通过了希腊精神,才达到了有尺度有限度的阶段"[13],显然也存在对东方哲学的不当认知。

  希伯来-犹太思想及基督教传统是在自然与经验世界之上创设超自然的上帝及其神圣世界,以上帝为统纳,以约(Covenant)为媒介,设立了上帝与世界之间的创世(Creation)、上帝与人之间的天启(Revelation),以及在神主导下人与世界间的救赎(Redemption)等几种根本关系[14],从而形成了一个形上与形下结合、经验与超验结合、基于现世又超越现世的神学思想体系。这一思想体系关于上帝与人之间"界"的设立与连接,蕴藏了犹太－基督教思想建构的关键奥秘，如果说"以色列存在的全部基础是建立在她同上帝的契约上"[15]，那么可以说契约的逻辑基础则是建立在"界"的思维基石上。

由上观之，儒、道、释、希腊、希伯来（含犹太－基督教）等东西方思想体系建构的思想起点、概念范畴、结构形态、价值指向等不尽相同，但在其思维认知的逻辑秩序里，无不以"界"为思想认知的逻辑起点和基本范畴，东西方不同思想体系在思想认知的逻辑底层呈现了根基性的相通。这里显示了一个基本的思想原理："界"是思维认知与认知对象之间发生的第一个交点，是先于有与无、一与多、阴与阳、时与空、有限与无限等东西方哲学范畴的一种基本的"元范畴"，同时也就是最初始的逻辑工具。"范畴"作为哲学基本逻辑工具的本质在此得到直接揭示，因为范畴（category）的原意即为种类、等级，是对类与数的基本界分，没有类与数（质与量）的基本界分，哲学及其他一切科学就无法对世界加以认知，所以说是界开启了认知世界的第一步、关键一步。"界"的元范畴意义和基本逻辑工具作用，贯通于哲学认知的全过程，蕴涵了差异（difference）、界域（realm）、界限、限度（limit）、境界（state）、界别、领域（kingdom）、端点、极（extremity, extreme）、界对、他异、阴阳（bipolar, alterity, the ying and the yang）分界、区分、界分（distinguish）、界定、界说、义界（define, definition）、边界（frontier, boundary）、界线（dividing line）、范围（range）、维度、方面、向度（dimension）、限定（restrict）、界尺、尺度、标准（ungraduated ruler, scale, standard）、界面（interface）、视界（visual field, horizon）、界隔、离间（separate, alienate）、关联、媒介（correlation, medium）、接界（border, interlinking）等等诸多意义和功用，涵盖了属性与现象、观念与概念、结构与质量、关联与变化、方法与工具、尺度与范式等本体论、认识论、方法论、工具论等方面的全部范畴与内容。东西方不同思想体系在思想认知的逻辑起点、基本范畴、基本工具、认知原理等逻辑底层的根基性相通，是发现和建构新时代人类不同思想体系普适性思想工具的逻辑基石和逻辑理据，以此为基原基轴，就有了在吸纳融会不同文明形态、不同思想思维优质要素的基础上，构建人类共通共享的本原性、基质性、时代性、普适性思想工具的充分条件和机理路径，就有了实现思想通约的根本可能和希望。

五、两个融通至关重要

当然，具备了条件和路径、可能和希望，并不意味着普适工具的生成和思想通约的达成，还要通过对人类不同文明阶段的不同思维方式及其思想成果的综合优化、融通升华，才有可能真正构建起人类新时代具有超越性的思想工具和通约机制，才能实现从不同的逻辑维度对事物不同属性价值的交互认知，从而才有可能真正达成不同文明差异性、多样化相统一的价值契约。这里有两个方面的融通综合至关重要。

首先是人类不同思维方式的融通综合。在文明演进的大尺度下，不同时期大致形成了原始思维、宗教思维、哲学思维、科学思维以及艺术思维等几种主要的思维方式，不同的思维方式在不同历史序列中勃兴昌盛，与人类特定的生存条件、社会演进、思维演化等复杂因素密切相关。原始思维以人的自然本能和万物有灵的世界观念对宇宙万物作出天真、神秘、象征、综合性的感知，既在人与宇宙的界分之间建立起直接本真的联系，也建立了人对自然的内在敬畏。宗教思维则在自然与经验世界的对面构建一个系统性的超自然的超验世界，以神、上帝、先知等宗教概念及其演绎为媒介，不仅联通宇宙自然和人的经验世界，而且对宇宙自然和经验世界的本质属性、终极意义加以神学义界；宗教思维对形上世界和形下世界、超验世界和经验世界的贯通认知表现出认知宇宙万物的整体观和完整的逻辑自洽，因而在众多卓有成就的哲学家、科学家那里，神学思维深刻地嵌入思想和理论底层。哲学思维与科学思维以理性逻辑认知世界，哲学思维更注重通过有与无、存在与非存在、阴与阳、时与空、名与实、一与多、有限与无限、质与量、变与不变、善与恶、必然与偶然、现象与本质、同一与差异、原因与结果、物质与精神、自由与必然等对辅范畴来推演思辨宇宙自然和人的属性、关系、终极等问题，体现出认知的思辨性、理论性和整体性；科学思维则更多地以分科分类的形式，通过观测、实验、假设、推理、验证、计算等方式，对自然万物和人的本体、属性、结构、存在状态等进行过程性的证明与证伪，体现出认知的逻辑性、阶段性、局域性等特征。艺术思维则明显地潜含了一定的综合认知特征——包括对神秘感悟、形象表达、宗教理解和理性认知等的综合，体现出形象性、模糊性、多解性的特征和意义。原始思维、宗教思维、哲学思维、科学思维和艺术思维等不同的思维方式贯通于不同文明的思想认知之中，既有历时性迭兴的时序特征，又有共时性的并存与相互间的交叉复合。一个值得重视的现象与问题是，伴随着异质文明体系及其思想方式与价值指向的分化与隔绝，即使在同一文明体系内或在其不同的文明阶段内，也会出现不同思维方式间的对立隔绝，从而造成不同思维方式在异质文明间与同质文明内叠加（superposition）分裂的复杂状态，这种叠加分裂既有其存在的历史必然性，又同时消耗和破坏了人类的认知效能。人类不同的思想方式从根本上讲是对应和适应了世界的差异化本质，这也表明了人类差异化认知的恒定与必然，而消解人类不同思维方式的叠加分裂，化用和建构起一个差异互补、圆融协同、自觉自洽的超越性认知机制，是走向思想通约、推动人类文明正向螺旋的一个关键。

其次是人类既有科学认知和学科体系的融通综合。近代以来，科学认知的细化和学科体系的创设极大地促进了人类认知水平的提升，无论对宇宙自然还是对人类自身，从宏观世界到微观粒子，从物理世界到心理意识，科学认知的层级与深度都是史无前例的。但无论从世界的整体性发展还是从逻辑认知的方法论角度言，学科的细分同时又带来了限制，它不仅限制人类对世界属性的整体认知，甚至破坏人类对世界本质的根本判断。专业人士被铸制成单一化的学科工具，以致常常只知其一不知其二，只知其为不知其何所为、所以为，盲人摸象成为这个时代的一种学科性认知特征。无论是数学、物理、化学、生物学、天文学，还是历史、神话、宗教、哲学、文学、人类学等，作为人类认知世界的特定工具和符号系统，其历史价值、未来作用毋庸置疑，但在应对文明最新进程，特别是在处理海量信息、信息聚集与信息骤变上，任一学科的单打独斗都显得失效失能。对科学认知和学科体系的融通综合不仅有了空前的紧迫性，且有深刻的逻辑必然性，亚里士多德曾把哲学分成"第一哲学"和"次于'第一哲学'的哲学"，认为研究"有"的本身及其秉性的学问为"第一哲学"，其他各种科学是"割取"了"有"的一部分研究其属性："有多少类实体，哲学就有多少个部分，所以在这些部分中间，必需有一个'第一哲学'和次于'第一哲学'的哲学。因为'有'直接分为许多个'种'。……数学也有各个部分，在数学的范围内，有一个'第一数学'和'第二数学'，以及一些其他相继的部门。"[16]亚里士多德对哲学与科学的层级之分，揭示了以"有"为本、"有"下有"种"、"种"下有"属"的逻辑序列，也揭示了世界万物的内在统一和整一逻辑。无论是哲学、数学还是物理学、化学、生物学、医学、法学、政治学、经济学、管理学、传播学、外交学等其他科学，其本质都是对事物之性与数、质与量的义界区分，只不过采用了特定学科不同的认知方式、概念范畴和路径体系。面对海量信息能量多维度的聚集、叠加、骤变，打破既有学科的认知界限，构建具有融通性、超越性的新认知工具和新认知机制，是人类获取对新世界属性的整体认知和本质判断的必然要求。

量子理论（Quantum theory）从描述微观世界的量子力学发展为适用和应用广泛的量子科学——量子信息、量子通讯、量子测量、量子计算、量子控制、量子生物等等，体现了量子论所蕴涵的基质性特征——量子论的原理性和工具性。量子论对微观粒子属性及其能量运动规律的揭示，突破了经典物理学对宏观物体及运动规律的揭示，特别在揭示和掌握不同于一般宏观物体的非连续、不确定、相关性等属性规律方面，量子论提出的量子纠缠、波粒二象性、态叠加原理等的意义已超越了对微观世界的描述，更具有普遍性的原理参照意义，比如平行宇宙论学说的提出等等；量子论的工具性体现在它从世界的微观根基出发，以量子为最小的能量单位，以物体的基本动力属性（位置、动能、动量）为参数系统，通过对数据、信息、域值、界限等的关联性认知，实现对世界运动之能量、概率、不确定性、非定域、纠缠联结、态叠变等属性规律的推演界说，这种界说贯通了微观与宏观、物质与非物质，呈显了不拘大小、不限定域的尺度工具意义。量子（quantum）一词源自拉丁语 quantus，原意为"有多少"，代表"相当数量的某物质"，其语义底层就蕴含了标尺、衡量等认识论的工具意义和价值。中文将"quantum"译为"量子"，与将"geometria"（希腊文有丈量土地、衡量大小之意）译为"几何"，有异曲同工之妙。量子理论的原理性和工具性表明，量子理论并不局限于物理学的学科范畴，而是一种超越了学科界限的、跨界融通的理论，并成为一种思考世界、认知世界的方法。量子论与哲学、数学、逻辑学甚至心理学等的内在相关性业已引起重视，虽然建构完善的有关宇宙自然的量子世界观和量子哲学的道路还很漫长，但量子论的原理性、工具性对构建人类普适性的思想工具不无重要启发意义。当然，关于量子理论的思想认知也并非完全是现代以来的新造，薛定谔甚至认为可以将此追溯到留基伯和德谟克利特的原子论，"他们发明了第一个不连续体——嵌在虚空中的孤立原子"。[17]这也佐证了我们提倡回到思维根基、思想底层去寻找和发现普适性逻辑工具的必要和重要。

莱布尼茨（Gottfried Wilhelm Leibniz）在提出关于万物皆存差异的相异律时，据说宫廷的卫士和宫女们纷纷走入御园，试图寻找两片完全相同的树叶去推翻他，结果只能是徒劳的。只要差异性（differences）是贯通自然和人事的世界本质属性，是世界以物质和超物质形态存在的前提和方式，那么在理性原理的认知框架下，差异的界限与联结就永远是一个根本性、终极性的问题。因此，只有立足世界的差异化根基和本质，从"界"的认知原点、逻辑起点出发，融通人类既有的认知思维和既有的学科体系，吸纳人类共同的思想智慧，大幅度去枝除蔓，大尺度去繁就简，避免认知媒介和认知序列的扭曲变形，以根基性、开放性、融通性和逻辑自洽为要求，构建开放统一的基质性逻辑体系和通用性逻辑工具，形成一种思维共同体，才有可能形成通约性的价值系统及其度量标尺，才有可能将人类不同文明的思想成果和价值追求融通为差异化统一的生命共同体。

在这个信息加速膨胀、万物互联而又日趋分裂、文明演进而又扭曲偏斜的时代，在人类文明演化到信息时代这个空前的临界节点时，对轴心时代以来的思想体系、认知体系和逻辑工具发动一次根本的反思和整体的变革，既有时代的迫切性，也有充分的思想理据。人类的生理进化是有限的，而精神进化可以持续——虽然极其艰难，或许人类的认知尺度永远不及自然宇宙边缘，但当下"人类需要一场精神进化"[18]，需要一个与"同一个人类的历史"[19]相匹配的思维共同体和思想区块链，需要一个圆融、会通、循环、开放的认知模型和工具尺度，当然，要达致这个目标，尺度与价值的统一就显得格外重要。因而，这里的工具尺度就不是简单的纯工具，而是工具与价值的统一，用黑格尔的话讲，"尺度是一种关系，但不是一般的关系，而是质与量相互规定的关系"，"尺度是质与量的直接统一"[20]，这个统一的指向显然应该是也只能是人类普惠新文明——人类不同价值缓冲并存、共融谐调、共享普惠的新文明。

六、指向人类普惠新文明

普惠文明是在尊重文明差异的前提下，以文明通鉴与思想通约为路径，消融异质文明间的精神藩篱和价值抵牾，寻求人类最大文明公约数，构建的全人类共通共享共惠新文明，这也是人类共同命运前行的根本指向。指向普惠新文明是人类文明演进的重大变革和重要取向——不仅是认知体系、逻辑工具的通用普适，更是秩序原则、价值追求的通约共享，是从多发性分裂的自惠文明走向差异性融通的普惠新文明的转向和重构。

普惠文明的认知前提是世界的差异化本质。东西方哲学从世界本原和哲学根基上对世界的差异化做过极简化的界说，毕达哥拉斯学派认为"万物的本原是一。从一产生出二，二是从属于一的不定的质料，一则是原因。从完满的一与不定的二中产生出各种数目"[21]，这是从数的角度解说世界从本原的"一"到变化的"二"、再到多样化的"各种数目"的逻辑序列；希腊哲学还试图从水（Water）、火（Fire）、气（Air）、土（Earth）的"四根说"概括世界构成的多样化原理。中国古代哲学则试图用金、木、水、火、土的"五行说"来解释世界从一到多的构成逻辑。笔者曾在《两界书》系列著作中表达了万物以界为本的"界本论"思想，揭示没有界分和差异就没有世界万物，界分和差异既是世界存在的根本理据，也是世界前行的动力、万物协和的基质。

《周易·乾》有谓："《象》曰：大哉乾元，万物资始，乃统天。云行雨施，品物流形；大明终始，六位时成；时乘六龙以御天。乾道变化，各正性命；保合大和，乃利贞。首出庶物，万国咸宁。"[22]这里从万物资始的乾元一统出发，论及经由云行雨施、品物流形的过程，以及乾道变化、各正性命的化分合正，最终只有"保合大和""万国咸宁"才是万物应有的价值指向；《道德经》特别强调"一"的意义："昔之得一者，天得一以清，地得一以宁，神得一以灵，谷得一以盈，万物得一以生，侯王得一以为天下贞"（39章），也是表达了对统一的价值肯定。毕达哥拉斯、亚里士多德等古希腊哲学家对"一"的命意（属性与意义）均有重要论述，到了新柏拉图主义的代表柏罗丁（Plotinos，普罗提诺），则以衔接古代且具现代性的思想表述了"统一"对万物存在的本质意义："一切存在的东西，包括第一性的存在，以及以任何方式被说成存在的任何东西，其所以存在，都是靠它的统一。"[23]柏罗丁的统一论依托但并未局限于他的上帝观及其太一说，而是有明显的世俗普遍意义："绝对的统一支持着事物，使事物不彼此分离；它是统一万物的坚固纽带，它渗透一切有分离成对立物的危险的事物，把它们结合起来，化成一体；我们把这个绝对的统一称为太一，称之为善。"[24]柏罗丁强调这个绝对统一的本质意义在于以坚固的纽带把"分离对立"结合起来，并把这种"统一"归同为"善"。黑格尔认为苏格拉底在他的意识中发展了一项积极的东西——"善","善的发现是文化上的一个阶段,善本身就是目的。"[25]而亚里士多德则从事物"四因说"的逻辑出发讨论"善",把"善"作为本因、物因、动因之后的极因[26]。把"统一"与"善"作为世界万物的目的归宿,既显示了自然与人事双重目的的内在统一,也昭示了世界万物的终极价值,在此方面,东西方思想是完全相通的。这不仅是构建人类普惠新文明的根本理据,也是文明演进的根本目的和要求。

有西方学者把目的论称为"由未来所作出的决定"[27]。如何把哲学理据与未来目的转换成现实与成效,如何在统一与分裂、向善与向恶的纠缠中保持正向螺旋,是对人类的巨大考验。马王堆汉墓出土帛书所谓"抱道执度,天下可一"[28],蕴涵了对世界奥秘的东方智慧,对人类普惠新文明的建构或许不无启示。

七、关于《文明通鉴丛书》

《文明通鉴丛书》由深圳大学饶宗颐文化研究院主持编纂,旨在以文明整体观,通过对不同文明体系、文明形态和文明要素的比较通鉴,找寻人类文明的融通之道,集合人类文明的优质要素,以人类的共同智慧来回应人类文明进程中的共同挑战。《丛书》分辑出版,第一辑收录深圳大学饶宗颐文化研究院名誉院长、已故国学大师饶宗颐教授《中外文化钩沉》,饶宗颐文化研究院学术顾问、法兰西学士院院士、著名汉学家汪德迈教授《中国文化探微》,饶宗颐文化研究院特聘教授、著名哲学家成中英教授《中西哲学论》,著名法国哲学家高宣扬教授《法德哲学交流史》,饶宗颐文化研究院创院院长刘洪一教授《犹太文化要义》(修订本)著作五种。

2021 年 5 月 22 日　深圳湾

(本序主要内容以《构建人类普惠新文明:机理机制与逻辑工具》为题,曾刊于《中国比较文学》2021 年第二期)

注　释

［1］［4］［19］雅思贝尔斯《论历史的起源与目标》，李雪涛译，华东师范大学出版社，2018年，第238、8、223页。

［2］在国际比较文学学会执委会会议暨国际比较文学高峰论坛（深圳，2019）、国际比较文学学会第22届大会（XXII. Congress of The ICLA）的两个主旨演讲中，我初步提出人类普惠新文明的相关观点。

［3］［22］陈鼓应、赵建伟注译《周易今注今译》，商务印书馆，2016年，第137-138、6页。

［5］士尔《两界书》，商务印书馆，北京，2017年；竑一《两界智慧书》，商务印书馆，2018年；士尔《两界书》，竑一《两界智慧书》，中华书局，香港，2019年。

［6］［10］尚荣译注《坛经》，中华书局，2013年，第23、34、189页。

［7］［9］［13］黑格尔《哲学史讲演录》第一卷，贺麟、王太庆译，商务印书馆，2009年，第131、130、177-178页。

［8］刘国梁注译《新译周易参同契》，三民书局，台北，1999年，第2、116页。

［11］［26］亚里士多德《形而上学》，吴寿彭译，商务印书馆，2009年，第15、7-8页。

［12］欧几里得《几何原本》，利玛窦口译，徐光启笔受，第6页，中华书局，1985；利玛窦述，徐光启译，王红霞点校，上海古籍出版社，2011年，第26页。

［14］Rosenblatt, Jason P. and Sitterson, Jr.Joseph C. ed."Not in Heaven": Coherence and Complexity in Biblical narrative, Blooming and Indianapolis：India University Press, 1991, pp.129-153。

［15］E.C.B.Maclaurin, The Hebrew Theocracy in the Tenth to sixth Centuries B.C. Angus & Robertson Ltd., 1959, p.26.

［16］北京大学哲学系外国哲学史教研室编译《古希腊罗马哲学》，商务印书馆1961年，第234、237页。

［17］埃尔温·薛定谔《自然与希腊人 科学与人文主义》，张卜天译，商务印书馆，2015年，125页。

［18］John Huddleston, The Earth Is But One Country, Baha'I Publishing Trust, 2013, p.36.

［20］黑格尔《逻辑学》上，杨一之译，商务印书馆，2009年，第67、358页。

[21] 北京大学哲学系外国哲学史教研室编译《西方哲学原著选读》上卷,商务印书馆,1981年,第20页。

[23] 柏罗丁《九章集》Ⅵ 9.1,北京大学哲学系外国哲学史教研室编译《西方哲学原著选读》上卷,商务印书馆,1983年,第210–211页。

[24] 黑格尔《哲学史演讲录》第三卷,贺麟、王太庆译,商务印书馆,2009年,第206页。

[25] 黑格尔《哲学史讲演录》第二卷,贺麟、王太庆译,商务印书馆,2009年,第65页。

[27] H.赖欣巴哈《科学哲学的兴起》,伯尼译,商务印书馆,2009年,第165页。

[28]《黄帝四经·道原》,陈鼓应注译《黄帝四经今注今译》,商务印书馆,2016年,第409页。

前言　犹太人：一个文化难题

古代犹太人也被称为希伯来人，大约在公元前 2000 年前后开始在中东地区活动，希伯来《圣经》比较翔实地记载了这个部落在迦南及周边一带的民族经历和历史传说。在迄今为止大约 4000 多年的文化历程中，犹太人的足迹从中东到欧亚，乃至到非洲、美洲和世界各地，无不留下曲折非凡的文化印记。早在纪元初期，犹太史学家约瑟夫斯·弗拉维（Josephus Flavius，公元 37—约 98 年）就曾发现世界上的各个民族中几乎都能见到他们的犹太兄弟。犹太人在世界民族之林中既独树一帜，又充满了世界性特点，就像犹太教重建主义哲学体系的创始人、精神领袖摩迪凯·开普兰（Mordecai Kaplan，1881—1983）所认为的那样，"犹太人是一个国际性的民族"[①]。

这个四处流浪、四海为家的国际性民族给世界文明特别是西方世界带来了那么多的重要礼物——从思想观念到思想方法，从道德伦理到智慧成果……以致西方学者不得不这样感叹：假如没有犹太人，人们将会换用另一种眼睛看世界，换用另一种耳朵去聆听，换用另一种感觉去感知。由于犹太人的"世界观在很大程度上已经成为我们世界观的一部分，因而在此意义上可以说它恰如基因代码一样已被写入了我们的细胞"[②]。孙中山先生也曾认为，希伯来—犹太文化"在世界文明方面具有重大的贡献，也应该在国际上赢得一个光荣的地位"[③]。

犹太人在给世人送来礼物的同时，也为我们呈现了一系列与众不同甚至难以以一般规则、程式相参喻的文化事实，就像犹太史学家所指出的那

[①] 摩迪凯·开普兰：《犹太教：一种文明》，黄福武等译，山东大学出版社 2002 年版，第 580 页。

[②] Thomas Cahill, *The Gifts of the Jews*, Nan A. Talese / Anchor Books, 1998, pp.3—5.

[③] 孙中山：《致伊斯拉函》（1920 年 4 月 22 日），中山大学历史系孙中山研究室等编《孙中山全集》，第五卷，中华书局 1985 年版，第 257 页。

样,"犹太人的历史,无论哪一个阶段都显得特殊,甚至与现有的历史法则相矛盾"[1]。然而,犹太文化之要义,犹太文化之精神也正掩藏在这些难以理喻的文化事实之中:

观念世界与现世经验的背离——在犹太人的观念世界里,犹太人自认为被上帝专爱,是上帝的"特选子民",怀有独特的使命感(vocation)[2],但犹太人几千年的现世经验却是颠沛流离、备受煎熬磨难,从宗教迫害到经济制裁,从肉体摧残到希特勒屠杀600万犹太生命,展现的是一幅惨烈悲壮的历史画面。犹太人虽多次遭受灭绝性的迫害屠戮而奇迹般地生存下来,但在平和宽松的生息氛围中却又发生了民族特性的消减和犹太人的"文化失踪",而正当这种以文化同化为内涵的"失踪"危及犹太传统的正常延续时,异邦人的种种排犹又召回了无数的犹太失踪者。

"犹太人"同一性与多样性的巨大反差——犹太人作为一个民族,统纳于一个共同的精神纽带,在世界上任何一个角落,涉及一个犹太人的事情往往也就意味着涉及全体的犹太人,甚至"对于他们来说,自我表现的犹太生活模式以及与犹太同胞的联合就像他们呼吸的空气那样不可缺少"[3]。但同时,从古代以色列十二支派的分离开始,特别是进入流散时期(the Dispersion)以后,无论在观念意识、生活方式乃至于体质形貌,犹太人又都表现出巨大的差异性,"经过中世纪,西班牙—葡萄牙犹太人或者说西班牙及葡萄牙籍犹太人(Sephardim)与德国犹太人,或者说德、俄、波兰籍的犹太人(Ashkenazim)有了明显差别——这种差别不仅表现在他们的命运上,而且表现(或许因为他们命运不同的缘故)在思维方式和精神特质上……不同国度的犹太人在宗教概念和精神表现方面表现出明显不同的特质。例如,就是法国北部的犹太人与法国南部的犹太人,德国北部的犹太人和德国南部的犹太人都有差别,就像大部分定居于不同地区的人们所表现出的那种差别一样"[4]。世界犹太人差别之大以至于有人认为犹太人根本就不是一个民族,因为她实在无法像其他民族那样加以有效的界定。然而,犹太人作为一个民族的存在却是不争的事实。

"宗教民族"与对上帝神学的反叛——历史上的犹太民族以"宗教的民

---

[1] 阿巴·埃班:《犹太史》,阎瑞松译,中国社会科学出版社1986年版,第1页。
[2] Thomas Cahill, *The Gifts of the Jews*, p.3.
[3] 摩迪凯·开普兰:《犹太教:一种文明》,第576页。
[4] 利奥·拜克:《犹太教的本质》,傅亦军等译,山东大学出版社2002年版,第60页。

族"而著称,他们几乎将生活的一切领域都纳入神学的框架或涂上神学的色彩。上帝在犹太人的一般生活中有着至高无上的权威,上帝以其言辞不仅制定了"十诫"律法,还制造了神圣之书《圣经》,并进而对犹太人的生活发出种种文化指令。就在犹太人以信奉上帝和对上帝的忠诚而闻名于世的同时,人们又不无吃惊地发现,即使在犹太教的深层结构和核心观念中,也无不潜存着强烈的世俗功利因素和理性精神,而历史上的犹太人不仅有"与上帝辩论"甚至悖逆上帝的悠久传统,[1] 而且有超越上帝、超越传统的实践勇气,可以说历史上犹太人的激进改革与犹太人的循规蹈矩有着一样突出的表现,特别是在近现代,从一般社会运动到各种学说思潮乃至到文学艺术诸领域,在历次重大革新事件中往往都有犹太人冲在前头。尤其需要指出的是,思想王国中的"犹太逆子"对犹太宗教学说的背叛,往往又同时成为引发人类思想深刻变革的重要契因。斐洛借助对希伯来传统的超越及对希腊文明的吸纳,创立了对基督教观念的形成有着决定意义的学说思想;哲学家斯宾诺莎(Baruch Spinoza,1632—1677)曾以其超人的聪慧和对犹太教义的深刻感悟而被犹太拉比誉为"希伯来之光",但他对上帝及犹太教义的背叛却导致了犹太拉比将其驱出教门、迫其离乡背井的历史悲剧。然而斯宾诺莎正是在对犹太教义的背叛、超越中才创立了伟大的无神论学说,人们因此而视斯宾诺莎为"近代最伟大的犹太人",黑格尔甚至认为"要开始研究哲学,就必须首先作一个斯宾诺莎主义者"[2]。

外来臣民及其"文化征服"——在历史上的大部分时间里,犹太人作为流浪客民生活在异邦文化的夹缝中间,成为各国君王的外来臣民。但在一定程度上,与罗马征服了希腊、希腊反过来又以其文化征服了罗马相类似,以《圣经》为代表的希伯来传统和犹太思想又以种种方式影响了整个西方世界,成为"西方文化的开创者"。[3] 犹太教作为基督教之母亲宗教的意义不言而喻,就是在许多具体的学科思想方面,犹太人哲学也对西方和世界思想界发生了不容忽视的影响。哲学家斯宾诺莎曾以磨制镜片为生,犹太裔诗人海涅(Heinrich Heine,1797—1856)曾相当精彩地指出:"我们今天所有的哲学家,往往自己并不自觉,却都是透过巴路赫·斯宾

---

[1] 见 Anson Laytner, Arguing with God, A Jewish Tradition, Jason Aronson Inc., 1990。
[2] 黑格尔:《哲学史讲演录》,第4卷,贺麟、王太庆译,商务印书馆1983年版,第101页。
[3] Thomas Cahill, The Gifts of the Jews, p.3.

诺莎磨制的眼镜在观看世界。"[①]我们认为这句话也许不仅适用于斯宾诺莎这一位犹太人思想家,因为历史上曾涌现出了众多磨制思想眼镜的"犹太师傅",他们的思想不同程度地对世界产生了各种影响,像"基督教之父"斐洛、"影响现代世界发展方向的巨人"卡尔·马克思、"相对论的发明者"爱因斯坦以及弗洛伊德(Sigmund Freud,1856—1939)、杜尔克姆(Emile Durkheim,1858—1919)、胡塞尔(Edmund Husserl,1859—1938)、柏格森(Henri Bergson,1859—1941)、卡西尔(Ernst Cassirer,1874—1945)、马丁·布伯(Martin Buber,1878—1965)、维特根斯坦(Ludwig Wittgenstein,1889—1951)、马尔库塞(Herbert Marcuse,1898—1979)、弗洛姆(Erich Fromm,1900—1980)、丹·贝尔(Daniel Bell,1919—2011)、托夫勒(Alvin Toffler,1928—2016)等等。犹太人对世界的影响体现在社会生活的许多方面,以致西方早就有人惊呼"西方世界已经被犹太化了"——当然,这种惊呼的背后可能尚有其他的文化语义。

"小民族"与"大创造"——犹太民族就其数量而言只是属于所谓的"小民族",但却呈现了非凡的创造现象,特别在现代,在物理、化学、数学、医学等科学领域,都曾涌现了对现代科学的发展起到某种重要作用的科学大师,现代物理学之父爱因斯坦是为常人所熟知的,其他诸如"张量运算的创始人"莱维·奇维塔(Levi Civita)、"数学基础的先驱者"佩亚诺(Peano)、"德国解剖和病理研究的先驱"亨利(Friedrich Gustav Henle)、"科学哲学家"费代里科·恩里科斯(Federico Enriques)、"世界上最有创造性的抽象代数学家"埃米·纳脱等等。据不完全统计,自诺贝尔奖设立以来,在所有诺贝尔奖获得者中犹太人占17%以上。在若干充满幻想和激情的诗性王国、艺术世界,犹太人也表现出较高的天赋才能。门德尔松(Felix Mendelssohn-Bartholdy,1809—1847)、奥芬巴赫(Jacques Offenbach,1819—1880)、鲁宾斯坦(Anton Rubinstein,1829—1894)、马勒(Gustav Mahler,1860—1911)、勋伯格(Arnold Schonberg,1874—1951)、海菲茨(Jascha Heifetz,1900—1987)、梅纽因(Yehudi Menuhin,1916—1999)等音乐大师都是为人们所熟悉的。但在造型艺术方面情况则不尽然。文学被认为是犹太人的传统领域,仅在当代获得诺贝尔文学奖的就有柏格森、帕斯捷尔纳克(Борис Леонидовиц Пастернак,1890—

[①] 海涅:《论浪漫派》,张玉书译,《海涅选集》,人民文学出版社1983年版,第104页。

1960）、阿格农（Schmael Yosef Agnon，1888—1970）、萨克斯（Nelly Leorvie Sachs，1891—1970）、贝克特（Samuel Beckett，1906—1989）、索尔·贝娄（Saul Bellow，1915—2005）、辛格（Isaac Bashevis Singer，1904—1991）、卡奈蒂（Elias Canetti，1905—1994）、布罗茨基（Joseph Brodsky，1940—1996）、戈迪默（Nadine Gordimer，1923—2014）、伊姆雷·凯尔泰斯（Imre Kertész，1929—2016）等，而在每一个现代主义文学潮流中，几乎都可以找到犹太裔的先锋舵手，如卡夫卡（Franz Kafka，1883—1924）之于表现主义，普鲁斯特（Marcel Proust，1871—1922）之于意识流，贝克特之于荒诞派，海勒（Joseph Heller，1923—1999）之于黑色幽默，金斯堡（Allen Ginsberg，1926—1997）之于垮掉的一代，梅勒（Norman Mailer，1923—2007）之于后现代主义，等等。

犹太人与钱的不解之缘——欧洲有谚语称："真正的犹太人会从稻草堆里找出金子来"，"犹太人进市场如鱼得水"。[①] 的确，犹太人是世人皆知的理财能手。在欧洲，犹太人拥有的财富曾远远超过了欧洲人的平均水平，美国犹太人的收入也高出美国一般白种人的收入。如果说犹太人确有能从稻草堆里，从司空见惯的凡常事物中发现金子的本领、技能的话，那也许主要在于犹太人对钱有自己特殊的认知理解，并由此引发了相应的挣钱行为，这无疑与犹太人的生存机制有密切关联。钱多原本不是一件坏事，但对犹太人而言就未必一直是件好事，因为这除了可能给犹太人带来更多的苛捐杂税外，还可能给犹太人带来不良的名声，甚至生存的危机。同时，从关于美国犹太人的有关统计中我们也发现，在人们将犹太人等同于富人的同时（在英文中"rich as a Jew"的含义是"极富的"），又有为数不少的犹太人不仅称不上富有，反而生活在贫困线以下。在西方文学中，犹太人的传统形象是高利贷者、皮毛商、钻石商、奸商、视钱如命者、吝啬鬼等；而在犹太文学（特别是一些意第绪语作品）中，经常出现的犹太人形象则是战战兢兢、惨淡经营的小商贩，以及经济拮据、遭人欺侮的犹太小人物。

犹太历史上诸如此类令人困惑、发人深思之处几乎是不胜枚举的，而在犹太文化本身呈现出诸多复杂难解之文化事实的同时，无论是西方人或西方文化还是犹太人自身又都对犹太人和犹太文化进行了十分矛盾的认知观照。在西方文化中，基督教关于犹太人出卖耶稣的神迹典故为犹太人奠

[①] 杰拉尔德·克雷夫茨：《犹太人和钱》，顾骏译，上海三联书店1992年版，第8—9页。

定了文化形象的基本轮廓，莎士比亚笔下的夏洛克及"夏洛克效应"之类则进一步"丰满了"西方世界对犹太人的认识。法国启蒙思想家伏尔泰视犹太人为"野蛮民族"的观点显然不是个别的。但就在伏尔泰的同一国度里，拿破仑·波拿巴则发誓要"保证使犹太人复兴的权利不成为幻想"，[①]而作家左拉则因对犹太人的声援和辩护而被判刑，即西方历史上著名的"德莱菲斯案件"。在犹太人方面，犹太人对其自身传统同样有着甚为悬殊的认知差异。在斯宾诺莎因其对犹太教义的背叛而被革除犹太教门时，犹太拉比对他的惩罚是极为严酷的："我们命令：任何人都不得以口头或书面的方式与他交往，不得对他表示任何好感，不得与他同住一屋，不得与他同在两米的距离之内……"而被革除教门的斯宾诺莎则认为这"很好，这样我就不必强迫我去做我本意所不愿去做的任何事情了，假如我无须担心某种丑闻的话。"[②] 历史上"为自己不是非犹太人而深感懊丧的犹太人决不在少数"，甚至有人"始终为被人们当作非犹太人而不懈努力"。[③] 有的犹太人还确从根本上掩饰了犹太人的身份特征，自动归化到异族人当中去。当然，绝大多数的犹太人十分珍惜自己的文化传统；也有为数不少的犹太迷惘者在经过与其民族的痛苦隔离后重新认识了犹太民族文化的价值并在对其民族文化的复归中获得了生活的依托和意义；还有不少的犹太后裔则是用理性的精神对待犹太传统，爱因斯坦既看到希伯来《圣经》中的某些"虚构"之处及犹太传统中的某些弊端，又认为"为知识而追求知识，几乎狂热地酷爱正义，以及要求个人独立的愿望——这些都是犹太人传统的特征，并使我为自己属于它而感到庆幸"[④]。如果说犹太民族的历史文化汇聚了无数难解的文化事实、表现出复杂的文化构成的话，那么无论来自非犹太人还是来自犹太人自身对"犹太人"或犹太文化的诸种矛盾认知，又都无疑是从一个特殊的角度进一步昭示了犹太文化构成上的复杂品性。

犹太文化作为"一种不断运动的生活形式"[⑤]，在数千年的沿革发展中，既向世人展示了一种"前行性世界观"（the processive worldview）的源头

[①] 参见 S. 阿瑞提：《创造的秘密》，钱岗南译，辽宁人民出版社1987年版，第417页。
[②] 斯宾诺莎：《神、人及其幸福简论》，洪汉鼎、孙祖培译，商务印书馆1987年版，第42—43页。
[③] 摩迪凯·开普兰：《犹太教：一种文明》，第4页。
[④] 李彦祥编：《爱因斯坦箴言集》，东北朝鲜民族教育出版社1993年版，第107页。
[⑤] 摩迪凯·开普兰：《犹太教：一种文明》，第578页。

作用和意义,对世界文明产生重要影响,[①]也为世人呈现了诸多复杂难解的文化事实,这种文化事实贯通在犹太人独特而漫长的文化流程当中,贯通在犹太文化非凡的文化结构当中,也贯通在犹太生活中的神圣与世俗、超验与经验、历史与现实、传统与现代、文化的固守与吸纳、犹太人与异族人以及犹太人自身等等各个文化范畴、层面。"犹太人"作为一种文化,既展示了一个难以以一般规则相参喻的文化难题,也向传统的文化理论提出了挑战;而同时,正由于犹太文化的独特性和整合性,或者由于犹太人的犹太性和世界性,也可能使得犹太人和犹太文化成为文化理论视野中的一个"文化样本"。

[①] Thomas Cahill, *The Gifts of the Jews*, pp.250–251.

第一编

文化流程与文化结构

第一章　犹太人的流浪历程

第一节　流浪的犹太人

《圣经·创世记》显示，作为"闪"（Shem）的后代，犹太人的先祖曾生活在迦勒底的吾珥、亚兰一带（《创世记》11—12章）。一日，上帝对亚伯兰（后将其易名为亚伯拉罕）说了一句非同寻常的神谕，上帝说：

你要离开本地、本族、父家，往我所要指示你的地去。[①]
Go from your country and your kindred and your father's house to the land that I will show you.

上帝的这段指令，似乎从一开始就注定了亚伯兰和他的后人将要离开本地（your country）、本族（your kindred）、父家（your father's house）的历史命运。

亚伯兰在75岁的时候，就照着上帝的吩咐，携着妻子、侄儿连同他们所积蓄的财物、所得的人口，都带往迦南地去，上帝对亚伯兰说："我要把这地赐给你的后裔。"[②] 但不幸的是，犹太人的先祖刚刚进入迦南并欲建立自己的"家园本地"，"你要离开"的神谕就又再次降临。

因迦南地闹饥荒，希伯来人被迫进入埃及，时值喜克索斯人统治埃及时期（约公元前1710—前1580年）。在尼罗河三角洲附近一个叫作歌珊

[①]《圣经·创世记》12：1。本书关于希伯来《圣经》的引文，系采用中文和合本《新旧约全书》的译本，个别译法有明显不妥处略有调整，作注时只注明具体篇名及章节。基督教《圣经》所称"耶和华"（Jehovah）实际是对希伯来《圣经》和犹太教中的"雅赫维"（Yahweh）之误读。

[②]《创世记》12：7。

（Goshen）的地方（希伯来人此时也易称为以色列人）安顿下来，生存繁衍约400年，歌珊多少已有了"家园本地"的意味，但早先的神谕"你要离开"却又再度应验。埃及法老拉美西斯二世（约公元前1304—前1237年）眼见以色列人日益昌盛，担心有朝一日超过了埃及人，于是就要求他的民众，"以色列人所生的男孩，你们都要丢在河里"①。为逃避埃及法老的迫害，以色列人在摩西率领下终于"出埃及"，重返迦南一带。

在经历了整顿各支族的纷争和抗击迦南人、非利士人等异族的侵扰后，约公元前1028年扫罗被立为王，以色列终于走上了立国安家、强盛统一之路。

"家园本地"虽然建立起来，但至公元前933年又因以色列人的内讧而遭破坏，以色列王国分裂，南朝犹大与北朝以色列相互敌视终至两败俱伤，异邦诸国乘虚而入，以色列、犹大先后被亚述、新巴比伦所灭，希伯来人的后裔只得被迫"离开"，有的一去永不复返。此后，波斯帝国、马其顿和塞琉古王朝等先后统治迦南地区，公元前168年至公元前165年犹太人奋起抗争，并建立了"马加比王朝"。但好景不长，公元前63年罗马人攻陷耶路撒冷。在接下来的近200年时间里，犹太人多次试图推翻罗马帝国的残暴统治，但两次反抗罗马人的"犹太战争"（公元66年和132年）均遭失败。

犹太战争后，犹太人正式开始了涌向世界各地的漫长的流散时期。在反抗罗马帝国诸强的统治中，先后有百万计的犹太人遭到屠杀。幸存的犹太男女惊魂未定，纷纷出逃，开始了历史性的"走家串户"，正如《便西拉智训》所说：

> 人生离不开水、粮食、衣服和一个遮风挡雨的家。穷人住在自家的茅屋里，也比到外人家里参加盛宴强得多。即使家境贫寒，也要知足常乐，不可听别人说你家的闲话。走家串户的生涯是凄惨的。无论到什么地方，你都不敢讲话。你迎客敬酒，谁也不感谢你。相反，人家会奚落你，说出这样的话："老外！上这儿来摆桌子！我要吃你放在那里的东西！拿到这儿来！滚开，老外！我要请一位贵客！我兄弟要来看我，我要用房子。"②

---

① 《出埃及记》1：12。
② 《便西拉智训》，见《圣经后典》，张久宣译，商务印书馆1987年版，第181页。

《便西拉智训》真实地道出了流浪中的犹太人的一种普遍感受。

"你要离开本地、本族、父家"之神谕原本指的是希伯来人越过幼发拉底河到迦南地去，但在现世的历史经验中却成了希伯来人及其后裔的一种有恒定意义的生存模式。《创世记》约形成于公元前6世纪，如果说"巴比伦之囚"以前犹太人对"本地"的几番"离开"有可能被《圣经》编订者有意地进行神谕化的话，那么，在犹太《圣经》完全编订后，犹太历史发生的若干事件，就不可能再被《圣经》编订者进行类似的神学处理了。犹太人的现世历史与犹太《圣经》神谕在很大程度上呈现了某种一致和吻合，是颇为发人深思的。

犹太人离开迦南地区后，起初主要涌向西亚、北非、南欧等邻近地带，之后迅速向更广的范围流散，到公元7世纪初，犹太人的足迹几乎遍及欧洲各国。与此同时，由于基督教的兴起及多种经济、文化原因，欧洲各国的排犹几乎是伴随着犹太人的到来而同时发生的。西班牙、意大利、法国、英国等国相继以强迫改宗、经济制裁、设立隔离区等方式展开排犹运动；波兰、俄国等东欧地区的排犹似乎较西欧各国稍晚些，却有后来居上之势；及至第二次世界大战期间，排犹达到了登峰造极的地步，希特勒采取灭绝人性的"最后解决"政策，残杀了600万犹太生命！

当然，在欧洲犹太人的历史上也曾出现过个别较为自由、解放的时期，比如10—13世纪的西班牙，以及大革命时期的法国（1791年9月27日，法国犹太人曾被赋予国家公民身份进行宣誓的权利）等，然而这毕竟是历史的短暂瞬间，是犹太民族流浪乐章中的插曲。尽管历史上的排犹主义曾有程度、方式上的不同表现，但它从未真正销声匿迹过，这在很大程度上构成了犹太人流浪历程中的一种外在驱力，它不断地强化着犹太人的流浪程式，并使之在历史的维度上不停地延展下去。

犹太人在四处流浪的同时，也在四处寻觅着上帝的应许之地。新大陆发现不久，就有一些被迫改宗的犹太人来到了新大陆。1654年9月，第一批来自南美的23名犹太逃亡者进入北美，虽然在最初的日子里犹太人也曾遭受了类似在欧洲的歧视和拒绝，但随着美国独立战争的爆发和战争的胜利，以及犹太人在独立战争中的出色表现，犹太人在美国的境遇开始逐渐好转。新大陆的一线曙光很快被欧洲的犹太人发现，接下来便发生了一发而不可收的移民运动，据《美国犹太年鉴》统计，1790年美国犹太人只有1500人，到1900年猛增到100多万人，第二次世界大战期间则达到500

万人。

其实，我们发现从犹太人流浪历程的一开始，犹太人就从未泯灭过回归迦南故地的梦想。如果说排犹主义构成了犹太人流浪历程的一种外在驱动力，那么犹太人的这种回归情结则构成了犹太人流浪史程中的一种不可剥夺的内在向心力。这种向心力作用在犹太人的现实行为上，便是犹太人在不停的流浪中又表现出种种回归的努力。欧洲近代民族主义思潮的兴起可被视作犹太人回归运动获得复苏和勃发的重要契因。自17世纪英国清教徒革命以来，民族主义在英国、法国、美国、中欧和东欧诸国相继产生重大影响，生活在这种文化氛围中的欧美犹太人无疑也有了焕发其民族意识的外部条件，犹太人此时不再像往昔那样渴望获取同欧洲居民平等、一样的权利——因为他们发现这种"平等"往往是以放弃其民族特性为前提的，而是努力促发成一场具有实际解放意义的回归运动。在这场运动中，摩西·赫思（Moses Hess，1812—1875）与列奥·平斯克（Leo Pinsker，1821—1891）、西奥多·赫茨尔（Theodore Herzl，1860—1904）发挥了重要作用。

摩西·赫思与列奥·平斯克为"锡安主义"（Zionism，即犹太复国主义）在思想理论上做了重要准备。摩西·赫思生于德国一个信奉正统犹太教的家庭，青年时期追随社会主义思想，曾宣称犹太人已完成其历史使命，并已同化到相关的民族中去了，他自己已完全是一个德国人。但在意大利民族解放运动等的启示下，他的民族意识获得苏醒，于1862年出版了锡安运动的重要理论著作《罗马与耶路撒冷》（*Rome and Jerusalem*），赫思指出：

> 在疏离了20年之后，我又重新回归了我的人民。我又成为他们中的一员，去参加圣日的庆典，分享民族的记忆和希望……一种我相信在我心中永远不会泯灭的思想重新复苏，这就是我的民族主义思想，它与古代遗产和神圣土地的记忆不可分割地联系在一起。①

列奥·平斯克稍晚一些于1882年发表了锡安运动的另一个十分重要

---

① Moses Hess, *Rome and Jerusalem: A Study in Jewish Nationalism*. Paul R. Mendes-Flohr and Jehuda Reinharz, ed., *The Jew in the Modern World*, Oxford University Press, 1980, p.239.

的著作《自我解放》(Auto Emancipation)。在这本著作中，平斯克进一步分析了散居中的犹太人的民族意识状况，并对唤醒民族意识的必要性、紧迫性作了深刻论述。如果说赫思和平斯克为锡安运动奠定了坚实的思想理论基础，那么西奥多·赫茨尔则把锡安主义从理论阐发推向了具体的实施过程。赫茨尔也曾写下一部著名论著《犹太国》(The Jewish State, 1896)，他声言："在这本小册子中所阐述的思想是一个古老的思想，这就是犹太国的复兴……世界回荡着反犹太的喧嚣，这使得那个沉睡的观念得以苏醒……"[1] 在赫茨尔等人的极力促成下，1897年8月29日，世界各地的犹太人代表聚集在瑞士巴塞尔，召开了自犹太人流散世界各地以来的首次正式的世界性犹太人代表大会，并成立了世界犹太复国主义者协会，赫茨尔为首任主席。从此，犹太人的复国梦想开始走向现实。

1917年11月2日，英国外交大臣阿瑟·詹姆斯·贝尔福(Arthur James Balfour)以致罗斯柴尔德勋爵(Lord Rothschild)的书信的形式，发表了著名的《贝尔福宣言》，支持犹太人在巴勒斯坦建立一个犹太国，这被认为是现代世界承认犹太人返回故国权利的历史性标志。贝尔福在致罗斯柴尔德勋爵的信中称："英王陛下政府赞成在巴勒斯坦建立一个犹太人的民族之家，并将尽最大努力促其实现，但必须明白理解，绝不应使巴勒斯坦现有非犹太团体的公民权利和宗教权利或其他任何国家内的犹太人所享有的权利和政治地位受到损害。"[2]

《贝尔福宣言》的"一纸决议"虽然有着非同寻常的重要意义，但尚不等于建立了犹太国家的现实。在两次世界大战期间，犹太人掀起了返回巴勒斯坦运动的高潮。在首届世界犹太人代表大会召开后的50年，亦即在1947年11月29日的第二届联合国大会上，通过了由加拿大、捷克等五国提出的巴勒斯坦分治决议，该决议规定在巴勒斯坦分别建立以色列和阿拉伯人的两个国家。1948年5月14日，英国结束对巴勒斯坦的委任统治，现代以色列国宣告成立。以色列建国后，欧洲犹太人不断回归，特别是前苏联和东欧国家的犹太人由于经济、政治等原因大量移居以色列。

虽然如此，现代以色列国的成立及犹太移民的回归能否意味着作为一

---

[1] Theodor Herzl, *The Jewish State*. Eliezer L. Ehrmann, ed., *Readings in Modern Jewish History*, Dover Publications, Inc., 1998, p.273.

[2] Eliezer L. Ehrmann, ed., *Readings in Modern Jewish History*, p.282. 阿巴·埃班：《犹太史》，第338页。

种文化发生过程的犹太人流浪历程的改变，仍是一个值得深思的问题。这是因为，从犹太民族历史的一般状况而言，犹太人背井离乡的流散业已成为一种具有本质代表意义的历时性文化特征，犹太人的大批回归及以色列国的建立不过是近数十年发生的历史现象，它未能从根本上改变犹太人千百年来业已形成的一贯历程，特别是未能改变千百年来犹太人在流浪历程中所形成的诸种文化品性，犹太民族许多基本的文化精神和文化特质，正是在犹太人不断地流散中得以陶冶和凝聚的。

而且，即使从文化存在的共时性观点来看，回归和生活在以色列的犹太人仅有四五百万，而全世界犹太人已达 1600 万左右，其中仅美国就有多达约 600 万的犹太人，其余则散布在欧洲、美洲、非洲特别是东欧和前苏联的一些国家。犹太人作为一个民族整体散布世界的文化景观依然稳固地存在着，并成为一种难以更改的文化事实。同时还应看到，回归以色列的犹太移民也并不意味着都在以色列故土找到了自己的根基所在，因为从世界各地而来的犹太人要在这块狭小的土地上适应下来并达到相互间的认同，无疑是艰难的。阿瑟·A.格伦在他 1982 年出版的《美国犹太人》一书中曾指出：

> 自从以色列建国以来，有多达 30 万犹太人从以色列永久性地移民到美国，其中约有一半定居在纽约，其他大部分可能居住在洛杉矶地区。……以色列移民的到来为美国犹太社团提出了这样一个问题：他们选择离开的土地正是每一个美国犹太人业已认识到要把它作为"停泊之港"的地方，是犹太幸存者的保护地和希伯来文化的中心。[①]

德国《世界报》1993 年 6 月 19 日曾载文报道了俄罗斯犹太人移民以色列后的情况，说苏联解体后曾有约 50 万犹太移民来到以色列，有些移民发现他们虽是犹太人，但这里未必是他们的家，"犹太人的根早被苏联的镇压粉碎了"。大量移民的到来还为以色列国带来了就业、住房、教育等方面的社会问题。由于诸种历史与现实的原因，可以说犹太移民要在以色列生根在实践上远比在理论上要艰难得多。而且，从世界各地移居以色列的

---

① Arthur A. Goren, *The American Jews,* The Belknap Press of Harvard University Press, pp.111–112.

犹太移民在民族认同及犹太性的呈现等方面，都存在着巨大的差异，这甚至成为当代犹太文化最具挑战性的课题。①

综观犹太民族流散几千年、散布五大洲的历史，流浪（流散）无疑成为其民族史程的典型特征，犹太民族这一历史程式上的基本特征同时也决定了犹太人在文化属性上的某些"流离"特性，甚至在"犹太人"的界定上，在"谁是犹太人？""犹太人是一个民族吗？"这样的一些基本问题上，也生发了令人困惑的文化难题。

第二节　难以界定的犹太人

那么，究竟谁是犹太人？犹太人是谁？这个看似简单的问题是我们无法回避的。国外有学者曾载文试图对"犹太人的定义"作如是界定："犹太人也被称为犹太教徒，但因犹太人中也有基督教徒，故犹太教徒未必就是犹太人。……总而言之，犹太人就是认为自己是犹太人的人。"②有人讽刺这是"徒有虚名的定义"，是玩弄文字游戏。其实下定义者在这里不仅犯了概念界定中的逻辑错误，更主要的是陷入了关于犹太人界定的文化难题。文章作者未能实现对犹太人精确划一的限定，然而这正从一个独特的方面显示了犹太人的若干本质属性。国外流行着这样一个说法："Two Jews, three opinions"，意为"两个犹太人，三种观点"，它非常形象地说明了犹太人自身的复杂性。倘若我们冒昧地套用这一成语，也许可以说，"两个非犹太人，三种犹太人"。其实，在人们的眼中出现的又何止是三种犹太人。

人们在流落异乡、为寻找立足之地而到处奔波时，常常会感叹自己的命运像犹太人一样——这里犹太人的含义是无家可归的流浪者；当某人同一个斤斤计较者打交道并深有不满时，常会在心里默默地骂一句：真是个犹太人！——这里，犹太人又成了吝啬鬼。这里，犹太人则成了"精明商人"的代名词。在犹太人几千年的历史上，关于犹太人的"观点"不计其数：或视之为最不幸的人，或视之为"富有"、"金钱"的代名词，抑或被

---

① 参见 Charles S. Liebman and Elihu Katz, ed., *The Jewishness of Israels*, Respones to the Guttman Report, State University of New York Press, 1997。

② 伊扎亚·卞达森：《日本人和犹太人》，王健宜等译，渤海湾出版公司1988年版，第65页。

赋予"狡猾"、"机智"、"聪慧"等品性特质。这种盲人摸象之虞和对"犹太人"理解中的种种歧义，既昭示了"犹太人"内涵的复杂多解，又蕴涵了极为丰富的语义。而犹太人含义的丰富从其民族称谓的演变上便已得到了最初的显示。

历史上犹太人曾有希伯来人、以色列人、犹大人、犹太人等多种称谓。"希伯来"（Hebrew）原意为"来自河那边的人"，是大约公元前18世纪至前17世纪犹太人在其传说中的先祖亚伯拉罕带领下越过幼发拉底河、进入迦南（今巴勒斯坦）地区时，当地人对他们的称呼。据犹太《圣经》记载，亚伯拉罕之孙雅各曾与天使摔跤并获胜，神说："你的名不要再叫雅各，要叫以色列，因为你与神与人较力，都得了胜。"① 此后雅各易名为以色列（Israel，意为"与神较力"），他的十二个儿子的后裔便是以色列十二支派，"以色列"便成为希伯来人的另一称谓。公元前933年统一王国分裂，北方十个支派建立北朝以色列，定都山城撒玛利亚，南方两个支派立国为"犹大"（Judah，本意为"受赞美的"），仍以耶路撒冷为都，这样希伯来人的部分后裔又有了"犹大"的称谓。北朝以色列在公元前722年为亚述帝国所灭，族人被掳、流散各地，终至不知去向。南国犹大亦劫运难逃，公元前597年与前586年新巴比伦王尼布甲尼撒两次攻陷圣城耶路撒冷，数万犹大精英和犹大民众被掳至巴比伦，即所谓"巴比伦之囚"。"犹太人"（Jew）便是其时希腊、罗马人对沦陷后的犹大人的蔑称。公元2世纪后，"犹太人"一词的贬义色彩逐渐消失，成为希伯来人后裔的通常称谓。

严格地讲，"希伯来人"、"以色列人"、"犹大人"、"犹太人"既有一定的内在联系，又各有其特定的范畴意义，每一名称都写照了犹太人特定的历史文化。除"犹大"已较少使用外，"希伯来"、"以色列"和"犹太"都是当今仍然流行着的称谓。但在具体运用时一般又有约定俗成的侧重和习惯，如"希伯来语"、"犹太人"等。"以色列"在今天又常常被用来特指1948年后建立的"以色列国"，虽然从理论上讲所有具有以色列国籍的人均可被称之为"以色列人"，但人们仍然把以色列国内的阿拉伯人与犹太人严格区分，很难将其混称为"以色列人"。

如果说犹太人在其早期历史中显现出的多样化称谓仅是"犹太人"复

---

① 《创世记》32：28。

杂内涵的一种初始性表征的话，那么犹太人在几千年民族演进中所呈现出的独特的流浪历程，便进一步生发和充实了"犹太人"的复杂内涵，成为导致犹太民族多样化文化品性的基本原因所在。历史上犹太人分散在万民之中，故又被称为"无根的犹太人"、"没有国籍的犹太人"，那些原本从同一祖先和同一居住地走出的左亲右戚，经过漫长的辗转迁徙，最终不仅是乡音已改，甚至有些面目全非了。

伴随着犹太人的流浪历程，犹太人作为一个民族和文化整体的确出现了不同程度的"流失"和"流离"，即使其民族的原本属性得到了一定的保持，但由于散居的犹太人不可避免地与居住地文化的某种融合及相应发生的文化变迁，也为界定犹太人及其民族性与统一性带来了巨大的困难。这种困难不仅存在于一般理论上，更存在于犹太人的生活实践上，在有些特定的历史时期和文化环境下，这一问题会表现得尤为突出，历史上一些犹太思想家甚至表现出对民族消亡的深切担忧，平斯克针对其时欧洲犹太人的状况，曾尖锐地指出：

> 犹太人民没有他自己的祖国（fatherland，"父国"），虽然有不少他的诞生国（motherland，"母国"）。他没有集中一致的观点，也没有重心之所在；没有自己的政府，也没有被认可的全权代表。他在任何一地都是一个宾客，没有自己的家。各民族从未视其为犹太民族，而只是视其为犹太人……为了寻求与其他民族的融合，他们（犹太人）在某种程度上故意放弃自己的民族特性。无论怎样，都难以成功地将他们作为一个同等的民族与他们的邻居区别开来。[①]

平斯克在此是想以此警醒欧洲犹太人，但平斯克所言显然是深刻的，他所论及的事实也进一步表明了界定犹太人民族特性的困难所在。

但这种困难并不意味着犹太人已丧失其内在的民族特性，因为事物的复杂性不仅不否定事物的客观存在，反而恰恰证明了它的丰富内涵。犹太人之所以成为犹太人是因其具有区别于非犹太人的民族品性；而在犹太人之间尽管千差万别，但作为一个共同文化群体中的个体，每一个犹太人无疑都是犹太文化的具体负载者，又总是犹太民族的一部分，就像摩迪

---

① Leo Pinsker, *Auto Emancipation, Readings in Modern Jewish History*, p.267.

凯·开普兰教授所指出的那样，"一个士兵不属于某一部队便不成为士兵，而一个犹太人不属于犹太民族就更不成其为犹太人"①。西奥多·赫茨尔在深刻地考察了犹太人与异族的关系后，一针见血地指出："我认为犹太问题既非一个社会问题，也非一个宗教问题——即使它有时表现出这样或其他的形式，它是一个民族问题……"②犹太人从其在埃及时期起就表现出强烈的民族意识，维护民族特性是犹太人几千年来一直实践着的恒定性文化主题，犹太人的流散历史及其回归情结已对此做出了证明，因而迄今虽然犹太人人数稀少，却仍能作为一个完整的文化群体稳固地屹立于世界民族之林，这显然是在任何领域都无法忽视的文化事实。

犹太人在相当长的历史时期里曾形成了三种基本类型，即包括德国、俄国、东欧等地犹太人及其后裔的阿什肯那兹人，包括西班牙、葡萄牙犹太人及其后裔的赛法迪姆人，以及生活在近东、中东的东方犹太人。但这显然不能穷尽犹太人的全部情形，更难以此去解说犹太人的内在统一特性，因为随着流散在时间、空间上的双维延展，犹太人的"种类"逐渐递增，阿兰·W. 米勒（Alan W. Miller）在其《上帝的预言》一书中就曾认为在美国至少有八种形式的犹太人；而且，犹太人的文化品性、民族精神作为一种复杂的文化事实，更是难以通过某种分类来整理和界说的。

那么，究竟应该如何界定和解说"犹太人"及"犹太人的民族品性"呢？

从体质人类学的角度而言，世界各地的犹太人由于长期生活在不同地理、文化环境中，加之不可避免地出现公开或隐蔽的与外族通婚的现象，犹太人业已出现了体质上的巨大歧变，不仅非洲、中东犹太人与欧洲犹太人明显不同，就是欧洲犹太人之间亦在头颅、肤色、体型、发色等体质乃至气质方面表现出明显不同的特征，他们倘若走到一起，人们能否将其视为原本意义上的同一"民族"的人，确是一个很大的问题。

犹太教曾是维系犹太民族的重要精神纽带，直到今天它仍在这方面起着重要作用。但凭借宗教意识去对"犹太人"做出界定并不合适。这不仅因为犹太教自古以来就分为多种教派，如在希腊时期有撒都该派（Sadducees）、法利赛派（Pharisees，词根含有"分离"意）、艾赛尼派

---

① Richard C. Hertz, *The American Jew in Search of Himself*, Bloch Publishing Company, 1962, p.20.

② Eliezer L. Ehrmann, ed., *Readings in Modern Jewish History*, p.273.

（Essenes）、奋锐党人（Zealots，即狂热派）等，在现代则有正统派（the Orthodox）、保守派（the Conservative）、改革派（the Reform）等，[①] 而且更因为从古至今都有犹太人改信其他宗教的实例，同时，还不容忽视的是犹太人中自古就有不少无神论思想的崇拜者，在当代世界特别是在生活着犹太人最多的美国，用犹太宗教意识去界定犹太人，其结果是难以想象的。当人们想起"两个犹太人，三种观点"的成语时，便会自动放弃试图以某种统一的思想观点去统纳犹太人的努力。

用语言界定犹太人亦困难重重。犹太人的祖先创造的希伯来语在"巴比伦之囚"前后就已开始呈现消失的趋势（希伯来语在现代以色列是被有意地加以"复活"的），进入流散时期后，欧洲犹太人结合德语、斯拉夫语和希伯来语而创造了意第绪语（Yiddish），虽然希伯来语和意第绪语是两种典型的犹太人语言，但散居在各异邦居住地的犹太人，许多已改用了德语、法语、英语、俄语等等，这在当代尤为普遍，因此难以设想将操用这些语言的犹太人剔除出犹太人的行列。第二次世界大战期间，希特勒法西斯曾以测量头型、鼻型等作为判定犹太人的标尺，从而对犹太人加以灭绝性的迫害——这是对犹太人进行的骇人听闻的、反人道的法西斯主义的界定，显然与学术无关。

不难看出，从"犹太人"的最初界定开始就标示着"犹太人"的问题是人类文化史上的一个重要难点问题。而对这一文化事实，既不是像有些人所说"世界上根本不存在犹太人"，也不像有些人所说"人人都是犹太人"，尽管犹太人已与世界上的诸多民族密不可分地联结在一起，也尽管在世界各地的犹太人中无论在古代还是在现代又都存在着巨大的差异，但犹太人作为一种客观存在的文化事实，一个既分散又凝聚的民族—文化整体，她无疑向世人共同呈现了某些一致而复杂的文化品性。

"犹太人"的特性或犹太性，对犹太文化个体而言，是一种普遍的、不可剥夺的精神感觉，一种固存在内心深处的文化情结；由历代千百万犹太个体及犹太历史文化成品共同负载、呈现的犹太精神与民族品质，对犹太民族整体而言则是一种综合、复杂、有别于任何一种民族文化的文化历史结构和精神气质。"犹太人是谁"的答案散布在犹太民族文化的历史流程和文化结构中，但这一答案显然不是唾手可得的，因为在"犹太人"的含义

[①] 详见摩迪凯·开普兰：《犹太教：一种文明》。

中容纳了一个民族特定的历史经验、宗教意识、思维观念、心理积淀和文化传统等内容，这些内容本身显然不是一种平面结构，而是一种相互交错的立体构成。因而可以说，对"犹太人"的界定或对"犹太民族特性"的界定是一种综合的文化界定，而"犹太人"及其民族界定难题的事实本身则从一个独特的方面对犹太人的民族特性和犹太文化的本质要义进行了一种特定的揭示。

第二章　犹太文化产生的土壤

第一节　土地：一种文明的绝对必要条件

被认为是20世纪最伟大的犹太文化的阐释者之一，犹太教重建主义哲学体系的创始人摩迪凯·开普兰曾指出：

> 一种文明的绝对必要条件（sine qua non）是阳光照耀下的一片土地。一种文明是通常称之为民族的某个群体发生相互社会作用的产物，而这个民族的生活则扎根地球上的一块特定的土地上。对于一种文明来说，它在地球上赖以发育和发展的那块土地上的"景致"就像一种活的生物要有一方栖息地一样，是必不可少的。这块土地作为文明的"见证"，描绘着文明的"轨迹"，使之具体化并具有可感性。每一种文明都有它本身已经概念化的"景致"，并因而使之成为一种意识的对象。那些与这种文明融合在一起的人分享着这种"景致"的心理价值，即使他们被赶得远离了这块土地之后依然如此。①

摩迪凯·开普兰的论述是精辟的，而对于解说犹太文化的产生，则尤其有着特别的针对性。正如开普兰所言，在影响早期犹太文化产生和发展的诸种要素中，不容忽视而又具有特殊意义的是犹太文化产生的地理因素，它作为犹太文化形成的生态环境，它的要素和"景致"对犹太文化的诸种构成——包括它的宗教、思维、观念，它的产生方式乃至与周边异族的关系模式等等，都起到了一种潜在而深刻的作用，早期犹太文化产生的地理因素业已作为犹太文化的一种基本资源融入犹太文化的历史发展中，成为

---

① 摩迪凯·开普兰:《犹太教：一种文明》，第214页。

犹太文化的一种难以剥离的历史—文化构因。

地理要素对于犹太文化产生的重要意义，其实在古代犹太文化本身就已得到了相当的强调。希伯来《圣经》以较为曲折的方式首先强调了"人"与"地"的关系，并且暗示出"地"之先于"人"的关键意义。《创世记》一开首便说："起初上帝创造天地"，上帝用了五天的时间分别造了天地、昼夜、水气、干地、大海以及菜蔬树木、百虫走兽，到第六日方才造出了人类。《创世记》在"地"（包括天地、水气等地理要素）与"人"之间以时间的先后序列建立了一种特定的逻辑连接，在这个意义上可以说《圣经》从一开始便表现出了一种典型的"人地学"思想，并在一定程度上呈现了"地"（自然）与"人"之间的某种内在"因果"（先后）关系。

在古代希腊神话中，前奥林匹斯神系的创世内容也向世人做出了类似的显示：最初是从无序的混沌中生出了地母，有了地母之后，才有了天父，有了后世的奥林匹斯神系及神话文化。印度神话亦说世界最初并非有人，而惟有水，由水生出金蛋，金蛋生成羊，羊生成人。南美哥伦比亚一带的土著 Tacully 的神话亦认为世界最早只有水。在中国神话中，徐整的《三五历记》也曾载曰："天地混沌如鸡子，盘古生其中，万八千岁；天地开辟，阳清为天，阴浊为地……"[①] 不难发现，诸多上古民族的创世神话在叙述世界的最初创立时，往往都不约而同地首先强调了先于"人"的"地"（自然）的要素问题，而后再叙述关于人的人文事典。无疑，这些创世神话及其内在的神话思维都是以隐约的方式表述了"地"的自然要素在人类活动中的"条件"、"原因"意义。

由于人类文化的产生不可避免地受到地理物质因素的制约，因此"自然对人"的问题或"人—地"关系的问题一直是人类在思考和探索着的恒定性的文化命题。在古希腊，荷马（Homer，约公元前9世纪—前8世纪，希腊地理学者将其称为地理学的祖师）、泰勒斯（Thales，约公元前624年—前546年）、柏拉图（Plato，约公元前428年—前348/347年），特别是亚里士多德（Aristotle，公元前384年—前322年）都曾以各自的方式关注过地理要素在人类生活中的意义。经过中世纪和文艺复兴地理学研究的发展，近代地理学研究更加深入和精致，自然与人的关系问题被突出地强调为地理学（特别是人文地理学）的研究中心，就像德国地理学家

---

① 见茅盾：《神话研究》，百花文艺出版社1981年版，第38—40页。

卡尔·李特尔（Carl Ritter，1779—1859）所宣称的，"自然的一切现象和形态对人类的关系"[①]是地理学的中心原理。现代地理学研究在其人地观理论深入发展的同时，学科划分也愈加细致，在人文地理学方面涌现了社会地理学、政治地理学、文化地理学、经济地理学、人口地理学、宗教地理学等分支学科，当然，这些学科的思想渊源完全可以追溯到古代，比如在古希腊时代哲学家们就曾探讨过气候对宗教起源的影响，在近代，康德（Immanuel Kant，1724—1804）、洪堡（Alexander von Humboldt，1769—1859）等人也曾表现过一定的宗教地理学思想，并提出若干重要观点。近代不少学者在联系地理环境研究人的社会文化活动方面提出了相当深刻的见解，法国著名浪漫主义女作家、学者斯达尔夫人（Madame de Staël，1766—1817）在其《论文学》（1800）、《论德国》（1810）等著作中相当精辟地论述了文学发展与环境的内在关联。

但在解说环境与人类文化的关系时，过分强调地理要素的绝对作用便会走入"环境决定论"的极端之中。法国启蒙主义思想家孟德斯鸠（Charles de Secondat Montesquieu，1689—1755）就曾在其《论法的精神》（1748）中片面地认为"气候王国才是一切王国的第一位"。另一位法国哲学家泰纳（Hippolyte Taine，1828—1893）则极力主张环境、种族、时代是对物质与精神文明的发展起决定作用的三个基本因素。当代学者 E. 亨丁顿（Ellsworth Huntington）在其《人文地理学原理》中也曾机械地认为："温带地区的人奋发向上，精力旺盛，而热带和中间地带的人（如波斯人）却显得没有生气。这种众所周知的悬殊差异在很大程度上是气候影响的结果……生活在气旋地区的人比世界上其他地区的人聪明得多，他们生来就是统治者。"[②]

"环境决定论"的致命弱点是夸大了环境的绝对作用而忽略了影响、决定人类行为、人类文化的综合文化生态要素。因而我们在探讨地理环境对早期犹太文化产生的影响时，一方面是在努力揭示自然景观及其物质要素与犹太文化产生之间的深刻联系，另一方面也必定要涉及迦南地区及其周边的人文环境对犹太文化的产生和形成所具有的特殊意义。

[①] 罗伯特·迪金森：《近代地理学创建人》，葛以德等译，商务印书馆1984年版，第46页。
[②] 见 H.J. 德伯里：《人文地理——文化、社会与空间》，王民等译，北京师范大学出版社1988年版，第110页。

第二节　迦南：应许的"流奶与蜜之地"

就目前国际上的研究成果显示，犹太文化的早期历史大致可以追溯到公元前18世纪前后亚伯拉罕率领族人离开吾珥（Ur）西迁南下进入迦南。虽然其后犹太人的先祖们曾一度离开迦南并在埃及生息约400年，但迦南对于犹太民族及其文化的成长无疑具有初始性的关键意义，迦南这块土地也被希伯来经典文献称誉为"上帝应许之地"和"流奶与蜜之地"。在上帝引导摩西率领族人出埃及时，上帝曰：

> 我的百姓在埃及所受的苦，我实在看见了……我下来是要救他们脱离埃及人的手，领他们出了那地，到美好宽阔流奶与蜜之地，就是迦南人、赫人、亚摩利人、比利洗人、希未人、耶布斯人之地。①

《圣经》将迦南地称为"流奶与蜜之地"，在一定意义上说并非没有道理。与周边茫茫无际的沙漠和不毛之地相比，迦南地区的物产相对而言还算丰富，小麦、大麦、红枣、柑橘、石榴等均有出产，有些地区还特别适宜畜牧养殖等。但若认为整个迦南就是中东地区的鱼米之乡，那就完全是一种片面的误解了，因为士非拉的石灰岩山地、撒玛利亚山地、犹大高地等许多地区大多土质贫瘠、孤寂荒芜，但从另一个更深的象征层面上来理解，"流奶与蜜之地"又以隐喻的方式相当贴切地揭示了迦南这块土地所蕴藏和呈现的文化资源意义——在这块并不太大的土地上，不仅浓缩了世界的多种主要地理特征，也滋生培养了丰富的文化要素，包括复杂的种族关系、深厚的思想观念以及其他典型的文化事项等等，因而可以说从迦南之地流出的是"文化之奶"、"文化之蜜"，而借助这里流出的文化意义上的"奶"与"蜜"，又进一步培育和促发了后世的文化成长。事实的确如此，影响深远的犹太教、基督教、伊斯兰教都将此地奉为圣地，甚至一些影响不大的教派如德鲁兹教等也是如此；一些著名的语种，如腓尼基语、希伯来语、希腊语等也都与迦南地区的上古语言有着直接或间接的各种联系等等，诸如此类。

迦南位于地中海东岸、阿拉伯半岛西部，大致为东经34°34′至36°、

---

① 《出埃及记》3：7—8。

北纬 31°30′ 至 33°30′ 之间的区域，西部临海，南接埃及，东邻约旦，北邻黎巴嫩、叙利亚。这里面积狭小，计约一万平方英里，但从自然地理要素来看，却堪称"地球的模型"，因为这里无所不包地容纳了各种地理要素，沙漠、山地、平原、丘陵、低地、河谷等等，无所不有[①]。

一位自称是"在日本生活的犹太人"伊达亚·卞达森先生曾出版了一部影响甚大的著作《日本人和犹太人》，在书中作者以亲临实地的口吻描述了这里的地理状况："来到犹太人的故乡以色列共和国，你会遇到一件任何人都会感到吃惊的事情。这里是'地上的模型'，内格夫是沙漠；富列湖附近是湿地，以前曾是所谓瘴气之地；严冬的耶路撒冷下冰雨，两三年还会下一次雪，可就在同一时刻，直线距离仅 22 公里之隔的杰里科则需要空调器。约旦河两岸是一片热带森林，在那里连白天都显得光线十分暗淡，而贝尔蒙的山顶上却终年积雪。赛费拉是典型的地中海气候，土地肥沃。向西翻过一片高地就来到了死海沿岸，那里是除昆虫以外再没有其他生物的荒凉的岩山。黎巴嫩的观光宣传口号是这样说的：'在这里可以同时进行滑雪和海水浴'，在以色列同样也能做到这一点。在比日本的四国岛稍大一点的土地上，热带、寒带、温带、沙漠、湿地、平地、丘陵、海、湖、盐湖、河流，无所不包，简直就是整个地球的缩影。"[②] 迦南地区丰富的地理形貌、气候要素以及它对诸多复杂、矛盾地理要素的统纳，无疑形成了迦南地区自然地理景观上的综合性、模式性特征。因而在这种环境中成长的人"不论移居到世界任何一种环境里，都不会感到新奇。犹太人散居于世界各地，能够在一定程度上适应当地的环境，正是以上的自然条件的原因"[③]。

其实，这样的地理环境和自然条件不仅锤炼和陶冶了人在性情、心理上的综合性素质，也进而可能影响到人的文化行为。美国文化史学家 C. 沃伦·霍利斯特在考察埃及早期的历史—地理时分析道：在尼罗河流域，"泛滥的尼罗河不像底格里斯—幼发拉底河那样凶猛，其风和日丽，天高气净更令美索不达米亚人望尘莫及……最后，尤其是早期，四周的沙海有效地保证了埃及文明不会招致那些使美索不达米亚人屡遭劫难的入侵者的犯掠。

[①] 可参见戴尔·布朗：《圣地耶路撒冷》，吴芬译，华夏出版社、广西人民出版社 2002 年版；陈世义：《圣经地理》，中国基督教神学教育委员会 1990 年版。

[②] 伊扎亚·卞达森：《日本人和犹太人》，第 27 页。

[③] 同上。

这样，我们可以看到，在古代埃及，生活中有着轻松、温和的规律性，自然力量似乎也友好得多，很少像对美索不达米亚人那样暴怒"。"因此，古代埃及人倾向于自信、务实、乐观。他们深信，自然保佑了他们并将长此以往，于是，他们是惟一得惠于自然的民族。基于上面所述，他们得到了美索不达米亚人所缺乏的安全感。当然也不尽如此，早期的埃及无疑地也存在着悲观者，正像美索不达米亚也有乐观者一样。但总的说来，早期埃及艺术、建筑和文学所表达出来的民族心理状态是宁静安详而又自信的。甚至经常充满着欢乐愉快和勃勃生机。"① 霍利斯特在这里分析了古代埃及的"环境与人生观"，其实也简略地涉及了环境对早期埃及的艺术、建筑等在风格、品性方面可能产生的影响。

与"得惠于自然"的埃及不同，迦南这块土地更具矛盾、复杂特性，它直接或间接地影响了早期犹太民族及其文化产生、发展中的复杂品性，这种复杂品性是难以以一种占绝对主导地位的特质（如"民族心态的宁静与安详"等）来统一和概括的，即使在犹太文化某些最具"统一性"的文化事实上往往也不例外，例如在犹太教的结构和发展中就深刻地隐含了神圣与世俗、理性与非理性、正统与异端等对立因素的综合。与迦南这个犹太文化最初产生的基本空间条件和地理环境的特性相吻合，古代犹太民族虽然人数有限，却也创造了高度浓缩化、包容性、模式性的文化事实，以致在世界古代文明史上占有一个重要和独特的位置。

摩迪凯・开普兰在论述迦南这个"应许之地"与犹太文明的关系时曾形象地指出，"一块土地对于一个民族的文明的重要性，就像土壤对于一棵树是完全一样的"②。深入考察迦南（及其周边）地理的某些重要特征，不难发现犹太民族在营造其文化事实的过程中具体表现出的种种"人—地"关系痕迹，不难发现地理要素对犹太文化诸方面的深刻"嵌入"。在迦南及其周边地区的地理形貌中，沙漠也许是最具典型意义的地理特征了。在迦南以东是阿拉伯大沙漠，作为它的延伸，迦南地区本身的某些部分亦是较为典型的沙漠地质，与迦南南端相连的则是著名的西奈沙漠（摩西率领族人从埃及的歌珊出发，其前进路线不是沿地中海海岸直接向迦南进发，而是取道西奈沙漠的南端，经西奈山再折回到迦南方向，摩西及其族人的

---

① C. 沃伦・霍利斯特：《西方传统的根源》，鲁品越等译，河南人民出版社1990年版，第28—29页。

② 摩迪凯・开普兰：《犹太教：一种文明》，第215页。

这段生活经历在犹太教的正式生成中起到了极其关键的作用）。沙漠作为迦南及其周边地区的一种典型的地理特征，对犹太人的宗教意识及思维方式有着不容忽视的重要影响。不少史学家都曾关注到沙漠在宗教意识的萌发中所具有的特殊意义。阿拉伯学者艾哈迈德·爱敏是这样分析沙漠的地质特征及其对人心的特有影响的："沙漠地带生物稀疏，无论植物、动物以及人类，都较城市稀少；大部分地方差不多没有人类的踪迹，没有壮丽的建筑，没有广大的田庄，没有茂密的森林。沙漠地方的人，日对大自然，目无所障；烈日当空，则脑髓如焚；明月悠悠，则心花怒放；星光灿烂，则心旷神怡；狂飙袭来，则所当立摧。人们在这样强烈的、美丽的、残酷的大自然之下生活，心性未有不驰思于仁慈的造物、化育的主宰。这或许可以解释世界上大多数人信仰的三大宗教产生于沙漠地区的秘密：犹太教产生于西奈沙漠，基督教产生于巴勒斯坦沙漠，伊斯兰教产生于阿拉伯沙漠。"[①] 当然，导致宗教意识萌发的因素绝非仅仅是沙漠地理一个方面，但沙漠作为宗教意识萌发的外在物质条件，其重要作用是显而易见的。

犹太人的先祖早在进入西奈沙漠以前就已可能受到埃及、迦南地区土著宗教的影响，而出埃及的历史激变则无疑为犹太教的最终形成提供了现实契因。因而当摩西率领族人进入西奈沙漠后，便找到了犹太教体系化、学说化亦即最终生成的合适土壤——在这里，沙漠的干燥地理却又成了宗教意识的适宜温床。当摩西登上西奈山颁布十诫等犹太教教规时，犹太教的教义便以一种成熟的宗教形态面世了，犹太教在这样的时间、空间条件下得以"成型"，并不是偶然的。

迦南地区特殊的地貌特征和地理位置，也决定了迦南地区独特的气候现象。迦南仿佛是漂浮在沙海上的一块狭小陆地，而这块陆地本身的相当部分就淹没在沙海之中，特别是迦南的西边紧邻广袤的地中海，大海与沙漠几乎在此相聚，这便形成了迦南及周边地区变化无常的气温气候和复杂奇异的自然景观：白昼烈日当空、酷暑难熬，夜晚海风送爽、凉气习习；在这里，呈现着无所不包的天象变化，风、云、雷、电和雾、霜、雨、雪应有尽有，生活在这种环境下的人们，最为深切地感受到了自然威力的奇异、强大与肆虐。奇幻的天象景观培育和陶冶着人们的心智与想象，并使人们将对自然的诸种感受同其对生命的体验、对世界的理解融会贯通地联

---

① 艾哈迈德·爱敏：《阿拉伯—伊斯兰文化史》，纳忠译，商务印书馆1982年版，第48页。

系在一起。

犹太人的先祖们一方面从其切身的历史经验中提升出系统化的超验观念和抽象思想，另一方面又往往借助诸种具象化的物象、形象的想象来论证、解说他们的思想观念——在此方面，种种自然物象无疑成了犹太人丰富而合适的"思想资源"。在早期犹太思想的形成中，犹太人表现出明显的抽象精神与具象方法相结合的特性，抽象与具象的融合在犹太教学说中以及在犹太《圣经》文本的建构中得到相当突出的体现。特别是《圣经》文本，从思想学说的建立到语言修辞的表现、叙述风格的形成，都离不开各种具象性物象的引入和运用，《圣经》的抽象概念和观念思想（如"上帝"、"选民"等等）往往借助自然物象的生动譬喻而得到形象、深刻的解说和具现。

《圣经》编纂者努力发掘、界定各种自然物象的功能、性质，并与所要论证的抽象思想建立一种合乎"内在逻辑"的连接："你们的良善如同早晨的云雾，又如速散的甘露。"[①] 此处为上帝对以法莲、犹大的谴责之词，以"云雾"、"甘露"言及以法莲、犹大缺乏良品善行、良善不能持久。上帝"发响声震遍天下，发电光闪到地极"[②]——此言上帝之威力、上帝之万能。《圣经》还常借助自然物象的设置和运用，或直接说明某种教义，或为某种神圣事件进行必要的神秘渲染。摩西带领族人出埃及途经红海时，"耶和华便用大东风，使海水一夜退去，水便分开，海就成了干地，水在他们的左右作了墙垣"，而当埃及人在后追赶时，海水则复原，"耶和华把他们推翻在海中，水就回流，淹没了车辆和马兵"[③]，此处着重引入和运用了"东风"与"海水"，所叙述的故事无疑是在论述上帝对以色列人的特殊眷顾。值得指出的是，"东风退海"并形成"红海通道"这一奇异现象，或许并不完全是一种虚构，而极可能是红海北海岸所特有的一种自然景观。美国佛罗里达州立大学的海洋科学教授杜龙·诺斯和以色列希伯来大学的科学家内森·帕尔多等经过科学研究后宣称他们证实了在该地区出现这一奇特现象的可能，他们认为这是由于苏伊士海湾北海岸持续不断的大风而导致的一种自然现象——如若这样，则是进一步表明了《圣经》作者对其时自然景观的创造性运用。《出埃及记》还写道，在摩西登西奈山领受上帝颁发的十

---

① 《何西阿书》6：4。
② 《约伯记》37：3。
③ 《出埃及记》14：21—28。

诫时,"在山上有雷轰、闪电和密云,并且角声甚大,营中的百姓尽都发颤。摩西率领百姓出营迎接上帝,都站在山下。西奈全山冒烟,因为耶和华在火中降于山上,山的烟气上腾,如烧窑一般,遍山大大地震动"。① 这里借助"雷声"、"闪电"、"密云"、"烟气"、"震动"等自然景象营造了上帝即将颁布十诫前的非凡气氛,成为上帝颁布十诫这一神圣事典中难以缺少的一部分。

迦南地区地理特征对《圣经》的"嵌入"还表现在《圣经》对诸多自然要素所进行的意象化提升上。在这种意象化的提升中,《圣经》依据迦南的地理、自然特点,赋予某些自然物象以特定的象征意蕴,其中"水"的意象在《圣经》中具有特别突出的地位。迦南地区气候干燥,水蒸发量大,水资源较为匮乏,《圣经》中常说"会众没有水喝"、"那里百姓没有水喝"②、"求你给我一点水喝"③等等,水("甘露"、"雨"等)作为生命之源,在《圣经》中常被比作上帝的鸿恩:"愿上帝赐你天上的甘露、地上的肥土"④,"我们务要认识耶和华,竭力追求认识他;他出现确如晨光,他必临到我们像甘雨,像滋润田地的春雨"⑤。《士师记》也曾载:"参孙甚觉口渴,就求告耶和华说:'你既藉仆人的手施行这么大的拯救,岂可任我渴死,落在未受割礼的人手中呢?'上帝就使利希的洼处裂开,有水从其中涌出来。参孙喝了精神复原,因此那泉名叫隐哈歌利……"(15:18—19)《圣经》有时还将对上帝的慕想比作干旱之地对雨水的渴望。大卫曾唱道:"上帝啊,你是我的上帝,我要切切地寻求你;在干旱疲乏无水之地,我渴想你,我的心切慕你。"⑥ 当然,由于"水"、"雨"等自然物象在不同的情境中有不同的属性功用,因而《圣经》对"水"、"雨"的意象化处理也是多样化的,并未完全固定在某一意义上。

迦南及周边地区地理要素的文化意义甚至还表现在古代该地区部落民族的形成乃至犹太先祖同周边异族的关系方式上。该地区经过漫长的地质演变,或因大海的浸没,或因火山爆发、地壳运动等诸多原因,形成了极为

---

① 《出埃及记》19:16—18。
② 《民数记》20:2,33:14。
③ 《士师记》4:19。
④ 《创世记》27:28。
⑤ 《何西阿书》6:3。
⑥ 《诗篇》63:1。

复杂的地貌形态。这里既有海滨平原，也有高原山地，既有河谷洼地，也有山脉湖泊，各种地貌千差万别、交错并存。该地区著名的平原低地有亚柯平原、沙仑平原、非利士平原、以斯德伦—耶斯列平原、施腓拉低地等；著名的高原山地在西部有加利利高原、犹大山地、撒玛利亚山地，在东部有巴珊高原、亚扪高原、摩押高原、以东高原等；《圣经》中曾描绘过的主要山脉就有亚拉腊山、摩利亚山、基列山、西奈山、何烈山、何珥山、他泊山、尼波山、橄榄山等；《圣经》中提到的河流主要有比逊河、基训河、亚嫩河、约旦河、加拿河、汲沦溪、基顺河、雅博河等等；重要的湖泊则有呼勒湖、加利利海、死海等等。① 这种错综复杂的地貌特征在一定意义上亦可被视作迦南地区部族众多、生产和生活方式千差万别的重要原因所在。

在《圣经》描述过的众多部族中，举其要者有住在迦南南部的亚卫人、住在盐海和约旦河附近的亚扪人、住在西珥山地区的以东人、住在盐海以东希实本平原的摩押人、住在约旦河两岸的亚摩利人、分布于示剑和基遍等地区的希未人，以及最初从希腊爱琴海迁来的非利士人、游牧部落亚玛力人等等。这些众多的部族一般生活在特定的山区、平原、洼地等地区，地貌、地质、气候等方面大相径庭的生活环境陶冶和潜化了他们相去甚远的性情、性格；复杂的生活、生产条件决定了他们很难采以统一的生活、生产方式。人们的性情不同，生活、生产方式不同，也必定导致其在价值观念、思想意识（包括宗教信仰）等方面的不同。同时，各地自然生产条件的优劣悬殊还势必导致了明显的贫富不均，从而又埋下了相互争斗的现实性、功利性契因。因此，迦南地区复杂的地貌地理特征在一定程度上也为各部族之间发生相互冲突制造了必然而深刻的内在条件，就像阿巴·埃班所说，"这个支离破碎的、自相矛盾的地方根本不适合于中央集权，反而促使了部落分裂"②。迦南地区这一特定的地理特征在很大程度上决定了迦南地区各部族之间以冲突为主要特质的关系模式，这也从一个相当深层的角度帮助我们理喻了何以在《创世记》人类生活的最初阶段就出现了该隐、亚伯"兄弟阋墙"的神话，而这一神话又何以不仅在整个《圣经》中成为一种恒定和重要的主题，而且还在这一地区的漫长历程中得到了明显而普遍的现实化。

---

① 参见 G. Frederick Owen, *The Holy Land*, 1977；陈世义：《圣经地理》等。
② 阿巴·埃班：《犹太史》，第 18 页。

同样，迦南地区特定的地理位置对于犹太文化的产生及文化品性的形成亦有着不容忽视的影响。迦南位于亚、非、欧三大洲的交会处，在它的周边陆地区域，有闻名于世的尼罗河、幼发拉底河、底格里斯河等，学者们普遍认为这些大河流域的低地对上古文明的出现起到了十分关键的作用，佩歇尔在《人种及其地理分布》中指出："在旧世界里，文明是得到低地的助力的。那里的文明都出现在稍高于海平面的大河旁边，如尼罗河、底格里斯河及幼发拉底河。中国人也认为他们在下到黄河流域低地以后，他们的文明才得到发展。"[①] 在希伯来文化发生时，在迦南的南边已形成了灿烂的古代埃及文化，在它的北边（和东边）已由苏美尔人、阿卡德人和巴比伦人创造了繁荣的美索不达米亚文化。在迦南的西边，隔海相望则有克里特—迈锡尼文化。迦南地区处于几大文明的中心，特别在埃及文化和美索不达米亚文化之间起到了桥梁和中介的作用。因而在希伯来文化发生的一开始，它就深受周边多种异质文化的影响，吸纳着异质文化的优秀素质。希伯来文化最初的文化事典、观念、习俗，一般均可从周边文化中找到它的渊源，像《圣经》中的伊甸传说、洪水传说、巴别塔的故事等都与美索不达米亚文化有着较为直接的联系，而割礼之俗、安息日之俗等也与周边上古各部族的习俗有着这样那样的关联，只不过希伯来文化在采借异质文化时往往又都进行了相应的消化和独特的运用。

希伯来文化对异质文化的采借和融合不仅是希伯来文化最初产生也是希伯来文化后世成长的恒定性的方式，特别是在犹太人进入流散时期以后，犹太人对各居住地文化的容纳和吸收更成为犹太文化发展和存在的基本模式。值得指出的是，犹太文化发生与成长的这一"方式"在犹太文化的历史演变中其实已远远超过了单纯的"方式"意义，也同时具有了一定的文化内涵和文化精神的特性。

迦南及肥沃的新月地区由于其特殊的地理位置，在古代也是各民族进行商贸往来的"辐辏之所"。虽然迦南地区地势多变，给人们的交通往来带来诸多不便，但从《圣经》中可以看出，在人们的不断开发和建设下，其时迦南地区已形成了较为发达的交通网络。纵贯西部海岸有一条国际性的商道"沿海的路"沟通南北交通；在约旦河东还有一条纵贯南北的陆路，《圣经》中有时称其为"王道"，也是当时相当繁忙的国际商道。在上述两

---

① 见罗伯特·迪金森：《近代地理学创建人》，第69—70页。

条重要干道之间，有许许多多交错并行的道路相互沟通、联结着。中东地区各民族间的商贸往来可以追溯到久远的上古时期，迦南作为商贸活动的重要枢纽，显然也产生了相当发达的贸易活动和商贸意识。从希伯来《圣经》中不难看出，商品交换原则和契约思想对犹太教思想观念的生发有着不可忽视的潜在影响，因为犹太教的基本思想构筑在上帝与人的契约联系上，人—神契约作为一个蕴涵深厚的神学观念，在很大程度上是希伯来人对商贸契约思想所进行的一种深刻的形而上运用和神学运用。同时，犹太民族后世身份特征的形成也似可从这里找到一定的索隐：犹太人在散居地特别以经商著称，中介人身份是犹太人有代表性的身份，中介性意识是犹太人的一种普遍意识，上古迦南地区特定的交通中介位置也许为此提供了某种渊源机制。

　　总之，迦南及周边地区的自然—人文地理要素在犹太文化的发生和成长中起到了广泛而深刻的潜在作用。同时我们还应看到，在"人"与"地"的关系之间，在文化与地理之间，存在着的应是一种双向性的相互作用，这里所说的相互作用并非是指人对地的物理塑造，而主要是指文化精神、文化意识对特定的地理要素的浸染，亦即在人类的文化过程中，特定的地理要素业已融进整个文化的一般发展和发展结构之中，成为一种不可忽视的文化意象和文化象征，成为一种超越了自然地理内涵的文化范畴。《犹太季评》主编、历史学教授阿伯拉罕·A.纽曼曾指出，"甚至在犹太民族被迫离开他们的祖国以后，巴勒斯坦的天空和土壤，雨水和甘露，圣地的树林和果实仍然继续地反映在当今犹太人的祈祷及宗教节日中"[①]。阿伯拉罕·A.纽曼在这里从特定的角度表述了迦南地理在犹太人生活中的"非自然化"或意象化现象。地理要素在犹太文化中的意象化特别集中体现在犹太人对"耶路撒冷"、"锡安山"等所进行的文化处理上。由于历史、宗教等诸多文化要素的作用，"耶路撒冷"和"锡安山"在犹太文化中显然已不再是自然地理意义上的普通城市和山丘，而是一座"神圣之城"和"神圣之山"，是犹太精神的一种象征和寄托，所以犹太人回归故土的复国主义运动亦被形象地叫作"锡安运动"。在犹太人看来，迦南作为犹太人的根基所在，已在犹太文化的积淀中成为犹太人"无法忘怀的历史家园"[②]。这

　　[①] 亚伯拉罕·A.纽曼:《犹太教》，见爱德华·J.贾吉编:《世界十大宗教》，刘鹏辉译，吉林文史出版社1991年版，第235页。

　　[②] Eliezer L. Ehrmann, ed., *Readings in Modern Jewish History*, p.276.

也许正是西奥德·赫茨尔在《犹太国》中虽然陈述了阿根廷的天然优势却无法将阿根廷视作"犹太国"之根基所在的根本原因。阿根廷不是犹太人的家园，同样，马达加斯加也不是犹太人的家园。[①]

需要指出的是，由于迦南不仅是犹太教同时也是基督教、伊斯兰教的发源圣地，诸种宗教、文化不约而同地都对迦南进行了特定的神圣化和意象化处理，这也使得迦南特别是耶路撒冷问题成为宗教—文化冲突的焦点问题，这一"难题中的难题"也从一个独特的方面标识了文化精神对地理要素的"嵌入"和浸染。

迦南作为早期犹太文化产生的基本地理空间条件，在犹太文化的生成与发展、犹太文化的各个不同层面都发挥了不可忽视的作用。用历史的眼光来看，在犹太人进入流散时期后，犹太文化存在和发展的地理空间要素显然发生了重要的转换，即在两千年的流浪过程中，犹太人一直处于无家园的"悬挂"之中，他们的落脚点是在世界各地的异国他乡，影响其文化沿革的地理要素呈现了一种"无家园"、"泛地理"的文化特征，这也许是犹太文化发展中所特有的一种"文化地理要素"。但这种"无家园"、"泛地理"并不意味着地理要素对犹太文化影响的消失，而是意味着它采取了一种独特而崭新的形式对犹太文化的发展而产生作用。当然，在这里所说的"地理要素"中，自然地理因素的作用较古代迦南地理而言无疑是明显地弱化了，起主导作用的是犹太人和犹太文化所处的人文地理空间及由此而形成的特定的文化环境。

[①] 1940年出笼、得到纳粹排犹分子赞赏的《马达加斯加计划》，曾准备将欧洲400万犹太人送往马达加斯加岛做"委任地公民"。

第三章　犹太人的民族意识

第一节　割礼：犹太人的"一次性"标记

"民族性"的问题恐怕是所有犹太问题中最为复杂的一个问题了，这种情形可能在其他民族文化中很难找到。这不仅和犹太民族独特的流浪历程和犹太文化特殊的发生空间有关，也和自古而来诸种复杂的宗教、政治、经济等因素有关。但这并不是说犹太人自古而来就缺乏自己的民族意识，恰恰相反，在犹太生活的每一个细节，犹太人的民族意识都有着十分独特和强烈的表现。

摩迪凯·开普兰指出，"民族性作为人类生活中的一种动态因素，可以一直追溯到历史的初始阶段。的确，民族这个词所暗示的政治条件在古代世界中并不存在，但是，这个词中所包含的理想却是古已有之。从某种意义上来说，每一个比较大的群体，譬如部落、氏族或氏族联邦，由于对共同的利益有着清醒的认识，所以都具有形形色色的情感和观念，并由此而最终发展成为民族性。在古代，这种群体的自我认识总是会采取一种宗教的形式。对一个民族及其目标的忠诚表现为对该民族的神的忠诚"[1]，这种现象在早期的犹太历史中有相当突出的表现。其实早在犹太人的民族历史发轫之初，犹太人便显示了强烈的民族意识，可以说犹太人的民族意识从一开始就是作为犹太文化的一种原生质固着在犹太文化的深层的。譬如在犹太《圣经》的文本建构中，从整体思维到语言习惯都暗含了相当强烈的民族观念，《圣经》在对有关群体进行划分、界定时，运用的显然是一种较为典型的"民族学"思维，因而《圣经》中充斥着的主要是"以色列人"、"埃及人"、"摩押人"、"非利士人"等民族学术语，而非"信道者"、"伪

---

[1]　摩迪凯·开普兰：《犹太教：一种文明》，第269页。

信者"这类意识形态术语,所以犹太人的民族意识在其具有本质意义的语言及其思维上就已有了一种初步但是深刻的显现。

早期犹太人的民族意识往往以某些独特而深刻的方式呈现出来,这些方式无不显现着古代犹太人的文化机智,其中首先值得提出的是犹太人的一种古老的传统习俗——割礼(circumcision),它在对犹太人民族意识的呈现中起到了十分重要的作用。割礼之俗在犹太人中兴起甚早,这从犹太人行割礼时曾坚持使用石刀而不用铁刀上不难看出。其实割礼既非犹太人发明,更非犹太人专有。割礼之俗起源于何时何地,至今在学术界仍无定论,或曰起源于古代巴比伦南部的迦勒底,或曰起源于古埃及或其他非洲地区等。在埃及、埃塞俄比亚、阿拉伯世界、澳洲土著及南美的某些部落,都曾流行,有的至今仍在盛行着割礼习俗。就割礼的种类而言,割礼又分割阳(subincision)和割阴(clitoridectomy)两种,前者施行在男性身上,后者施行在少女身上。割阴特别盛行在西非某些地区。犹太人的割礼是指割阳,在犹太《圣经》中,割礼原文亦作"割阳皮"。割礼作为人类历史上的一个文化密码究竟蕴藏了怎样的含义,在学术界是一个相当歧解的问题:有的解释为婚前准备(尤指割阳);有的解释为生殖器神圣,以此警告不得滥交;有的将割阴与贞节观相联系,说是意在剥夺女性的性感享受;有的甚至认为割阳意在去掉男性身上的女性特征,去掉灵魂的藏污纳垢之所等等。但在犹太人那里,割礼则被赋予了完全与众不同的含义。

《圣经》中最早记载的一次割礼是在犹太人的始祖亚伯拉罕身上施行的,它是遵奉上帝之命而进行的。"上帝对亚伯拉罕说:'你和你的后裔必世世代代遵守我的约。你们所有的男子都要受割礼,这就是我与你,并你的后裔所立的约,是你们所当遵守的。你们都要受割礼,这是我与你们立约的证据。你们世世代代的男子,无论是家里生的,是在你后裔之外用银子从外人买的,生下来第八日,都要受割礼。你家里生的和你用银子买的,都必须受割礼。这样,我的约就立在你们肉体上,作永远的约。但不受割礼的男子,必从民中剪除,因他背了我的约。'"[①] 上帝与亚伯拉罕始定割礼是在亚伯拉罕 99 岁时,是伴随着上帝与亚伯拉罕的订约而进行的,割礼在这里被作为犹太人与上帝订约的标志。犹太人的这种割礼观念不仅是创造性的,而且是富有深意的,它的生成归根到底与犹太人的现世境遇有关,

---

① 《创世记》17:9—14。

特别是与希伯来民族"出埃及"时期的历史经验相关联。约在公元前1710年—前1580年之间,希伯来人因迦南一带的饥荒曾逃到埃及并在埃及生息约400年,在法老拉美西斯二世时埃及人开始变本加厉地迫害希伯来人,以至制定了溺毙希伯来男婴的律法:"以色列人所生的男孩,你们都要丢在河里。"① 以色列族领摩西幼时因引起了法老女儿的怜悯而躲过了被杀的厄运,他长大后肩负了带领以色列人走出埃及的民族使命。经由与埃及法老的种种斗争,摩西终于带领以色列人冲出埃及进入西奈旷野。"出埃及"是希伯来历史上具有关键意义的大事件,冲出埃及无异于冲出了死亡线。面对民族命运奇迹般的转折,希伯来人狂悦地感悟到除非有一种超自然的力量(上帝)相助,否则他们难以冲出埃及的无尽黑暗。在此情境下,希伯来人的上帝被适时地创造出来,并以"订约"的形式将上帝与整个希伯来民族结合在一起。为了证明上帝对希伯来民族的特殊眷顾和上帝与希伯来人相互订约的密切关系,割礼便被希伯来人赋予了非同寻常的神圣意义,即作为上帝与之订约的标志,而这个标志又恰恰打在希伯来人的生命与生殖的关键之所,足见其意义重要。但在割礼的这一神圣意义背后,还掩藏着更为深刻的超神学意义。

我们注意到,与其他民族施割礼一般安排在青少年时期不同,犹太人的割礼被选定在男婴出生后的第八日施行,这绝非一个无关紧要的随意安排。上帝用六日创世,第七日为"圣日",第八日则成为世人实践上帝意旨的开端。在《圣经》文献中,数字"八"常常隐含着一种被固定了的"开端"的意义,最著名的例子是洪水灭世界后有八人幸免于难,并为人类开始了生命的繁衍,这八人是挪亚和他的妻子,以及他们的三个儿子闪、含、雅弗和三个儿媳。但犹太人的割礼安排在第八日施行,其含义还不止于这种"开端"的象征意义。其他民族在施行割礼时一般有一普遍现象,即无论割阳还是割阴,大都安排在青春发动期前后,往往作为成年礼的一部分,预示着青年男女生理上的成熟,即使赋予割礼以种种复杂的文化意义,业已进入成年的受割者作为一个文化个体,也必定具有了接受割礼及其文化含义的心理机制。但对于出生刚刚八日的犹太男婴来说,割礼完全是一种无主观的顺从接受,虽然成人们将其赋予了神圣意义,但此时的男婴非但谈不上信仰问题,就是成年后的信仰及其程度也都显然是一个未知

---

① 《出埃及记》1:22。

数。事实上，犹太人的割礼在"与上帝订约的标志"这一含义的背后，另一个也许是更有根本性的意义在于割礼是一个种族的标志，是希伯来（犹太）民族作为一个民族整体共同约定并遵守的象征标符，它借与上帝订约的神圣形式呈现并以宗教律法的方式固定下来，从犹太民族的发端之初就固着在整个民族的文化结构之中，显示着一种涵括并且超越了神学信仰意义的民族标志意义。这样，犹太父辈们在传递生命的同时，也传递着这一种族的标志，因为在上帝所制定的规范中，"无论何人，不受割礼，即不能为以色列之民"[①]。

割礼习俗在犹太人的历史传递中，它所蕴涵的超越了神学范畴的种族标志意义得到了更为突出的表现，因为割礼的施行不以神学信仰为前提，而以种族血缘为依据，历代的犹太人无论是有神论者还是无神论者，在其男孩出生后的第八日都毫无例外地为之施行割礼。联系割礼被固定为这一特殊的"种族密码"的历史机制，特别是犹太人迁徙不定的生活以及为逃避迫害而四处隐藏的处境，割礼的种族标志意义就更为明显了，在这里，摩西早年的遭遇颇能说明问题。摩西在埃及出生后曾被隐藏了三个月，

> ……后来不能再藏，就取了一个蒲草箱，抹上石漆和石油，将孩子放在里头，把箱子搁在河边的芦荻中。孩子的姐姐远远站着，要知道他究竟怎么样。法老的女儿来到河边洗澡，她的使女们在河边行走。她看见箱子在芦荻中，就打发一个婢女拿来。她打开箱子，看见那孩子。孩子哭了，她就可怜他，说："这是希伯来人的一个孩子。"孩子的姐姐对法老的女儿说："我去在希伯来妇人中叫一个奶妈来，为你奶这孩子，可以不可以？"法老的女儿说："可以。"童女就去叫了孩子的母亲来。法老的女儿对她说："你把这孩子抱去，为我奶他，我必给你工价。"妇人就抱了孩子去奶他。孩子渐大，妇人把他带到法老的女儿那里，就作了她的儿子。她给孩子起名叫摩西，意思说："因我把他从水里拉出来。"[②]

摩西能够死里逃生，在这里被解释为是由于法老之女的怜悯和摩西姐姐的

[①] 海丁氏（James Hastings）：《圣经辞典》（*Dictionary of the Bible*），香港基督教文艺出版社、少年归主社1985年版，第204页。

[②] 《出埃及记》2：3—10。

巧妙安排，这多少是幸运的，也是被《圣经》文本进行了一定的戏剧化了的。埃及时期绝大多数的犹太男婴显然享受不了这份幸运，他们即使活命，也可能走失。

基于希伯来人先前的经验和现时的动荡生活，乃至对未来某些可能复现的可怕情境的提防，创造并固定一个犹太人的统一标志显然是十分迫切和必要的。这样，割礼不但被适时地规定下来，而且被认为是希伯来民族从其始祖亚伯拉罕身上就已开始的民族传统。同时，割礼又被提前到婴儿出生后的第八日来进行，几乎是在婴儿开始生命的同时，犹太人的割礼在时间上与异族人的这一明显区别，则可能导致其割礼在"形式"上的某些独有特征。这种形式上的独有特征显然又隐藏着内涵上的独特意义，即犹太人独特的民族标志意义。犹太人之所以选择割礼并赋予其种族标志的深意，也许与割礼存在于一个隐蔽之所和关键之处不无关系，因为在某些特定的情境下，犹太人不仅需要自己的特殊标志，而且这个标志还需要有一定的"隐藏"效能。这样，割礼在犹太文化中便有了两个基本的含义：一是犹太人与上帝订约之标志，二是犹太人种族身份之标志。如果说前者是神圣的，那么后者则是世俗的，是针对特定的历史境遇和动荡不安的生存方式的。

作为犹太人的一个重要文化符号，割礼中的神圣与世俗的双重意义在这里非但不矛盾，反而极其有效地进行了互补，割礼中的神学意义昭示着犹太人与上帝的特殊联系，这种联系增强了犹太民族的宗教意识、精神联结和内在的凝聚力；割礼中世俗意义的实现即对民族标志的成功传递、对民族生命的纯净延续，反过来也是对上帝的一种忠诚，是对上帝契约的恪守。割礼中的神学意义与世俗意义相辅相成，在对犹太文化和民族生命的延续与保持中，以独特的方式起到了极其重要的作用。同时，为了能使割礼充分显示其应有的文化效用，犹太人还特别强调割礼不仅要割在肉上，更要割在心上，割在灵魂深处，所以《耶利米书》曾说："我要刑罚一切受过割礼，心却未受割礼的。"[①] 要求将割礼不仅割在肉上而且要割在心上，就是要在心灵上进一步达到种族的纯净，当然也是达到对上帝的忠诚，所以传统的犹太观念坚持要求犹太人在肉体和心灵上同时受割礼。

---

① 《耶利米书》9：25。

第二节 节期：犹太意识的周期性提示

如果说割礼是犹太人打在肉体上的"一次性"种族标志的话，那么在犹太生活中尚有诸多周期性的标志或周期性提示，它们连续性地散布在犹太生活的一般发展中，作为其民族意识的不断提示而反复地显现着，其中特别有代表性的是散存在犹太生活中的一系列节期习俗，诸如安息日、逾越节、除酵节等等。

历史上犹太人对节期习俗的遵守在某些方面几乎到了近于刻板和僵化的地步。按犹太律法规定，安息日不得进行任何形式的工作。《马加比传》记载了历史上可能是犹太人最为规范，也是付出代价最大的一次恪守安息日的史例，时值耶路撒冷沦陷后犹太人逃避和反抗着异族人的迫害：

> 与此同时，还有许多信守上帝律法寻求上帝公义的以色列人，携带着妻子儿女和家畜，逃到野外去生活，因为他们受不了那种可怕的压迫。消息很快传到国王的官吏以及耶路撒冷城堡里的士兵们的耳朵里，说是一些藐视王命的人逃到野外藏起来了。一大批士兵追剿他们来了，赶上他们，在他们对面安营扎寨，准备在安息日这天袭击他们。"现在还为时不晚，"士兵们向犹太人喊话，"出来吧，服从国王的命令，我们会饶你们不死。"
>
> "我们不会出去，"他们回答说，"我们不会服从国王的命令，我们不会亵渎安息日。"
>
> 士兵们立刻攻打他们，可是犹太人一点也不反抗，他们甚至连石头也不抛，连他们藏身的洞口也不堵。他们说："我们都将清清白白地死去。让天地作证，你们平白无故地杀戮我们。"就这样，敌人在安息日袭击他们，将他们连男带女以及儿童和家畜统统烧死。有一千人殉难了。①

犹太人由于对安息日的恪守而导致惨痛损失。后来犹太人对战场上的安息日作了特殊处理，规定必要时可以自卫，但不主动出击，将安息日与战争的矛盾进行了最大限度的调适。但在一般情形下安息日无疑是要严格恪守

---

① 《圣经后典》，第278—279页。

的，古代如此，现代亦然；安息日这样，其他犹太节期亦需进行严格的纪念活动。可以说，对犹太节期的遵守是犹太人的一种自觉行为，是无须进行任何强制性规范的，犹太节期在犹太生活中之所以如此重要，是因为这些节期在其生成和历史积淀中业已生发了超越一般节期习俗的文化性质，业已包含了丰富深厚的文化意义。

安息日等犹太节期如同犹太文化的其他要素一样，也渗透了浓厚的神学色彩。"安息日"（Sabbath）一词源于阿卡德语，原意为"七"。在犹太教中，上帝用了六天的时间创造世界，"到第七日，上帝造物的工已经完毕，就在第七日歇了他一切的工，安息了。上帝赐福给第七日，定为圣日"[①]，故犹太人每逢七天便要"安息"一次以纪念这一神圣之日。在上帝与犹太人订约的学说创立时，安息日又被视作上帝与犹太人订约的一个标志，这就使得安息日的意义更加非同小可了。其实，与割礼一样，安息日之说亦非犹太人发明或为犹太人独有，在他们之前，巴比伦、埃及、迦南等地都曾有安息日之俗流行。犹太人视其为圣日，而巴比伦则视7日、14日、21日、28日（也是每七天一个安息日）为不吉之日。在犹太人对"安息日"的神圣化处理中显然呈现了类似于割礼运用中的神学思维。其实不管给安息日何样的解释，安息日原本是与民众的生息劳作相结合并适应了人们的生息节律的，《申命记》便曾强调了它的休息意义，而这一基本的和世俗的意义在今天已被普遍地拓展和运用到人类的一般工作生活当中去。

逾越节（Passover）、除酵节（Festival of Unleavened Bread）作为两个亦很古老的节日，带有希伯来人早期农牧生活的痕迹。过逾越节时，各家须宰杀一只没有残疾的一岁公羊，将羊血涂抹在门框、门楣上，吃掉烤熟的羊肉，余下的东西不可留用，只能焚烧。这是每年犹太教历的第一月（尼散月，Nisan）的第14日。逾越节显然起源于游牧时代，上古游牧之民惯以宰杀牲畜为献祭之牺牲，将血涂抹在门框上往往是为了驱邪避灾。现代以色列人仍然保持了这一节期习俗，只不过有时是将公羊血改换为公鸡血之类的。除酵节定于从逾越节的次日即尼散月15日起到该月21日止。除酵节期间犹太人不得食用往年陈粮，即不能食用发酵饼，而只能食用当年新产的粮食，因为此时正值公历三四月间，是当地大麦收割的季节，人们以此来祈求当年的丰收。在我国许多地区，民间也有正月初一不食前一

[①] 《创世记》2：2—3。

天残剩食品的习俗，祈福的意味亦很浓厚。

值得注意的是，犹太文化在对这些民间习俗进行神学运用的同时，也进行了历史化的运用，它们均被解释为与上帝有关，同时也与犹太民族的历史密切相关和值得纪念的重要事件。

《出埃及记》是这样说明上帝规定逾越节之原因的："因为那夜我要巡行埃及地，把埃及地一切头生的，无论是人是牲畜，都击杀了，又要败坏埃及一切的神。我是耶和华。这血要在你们所住的房屋上作记号，我一见这血，就越过你们去，我击杀埃及地头生的时候，灾殃必不临到你们身上灭你们。你们要记念这日，守为耶和华的节，作为你们世世代代永远的定例。"① 同样，除酵节也得到了类似的解释，上帝说："你们要守无酵节，因为我正当这日把你们的军队从埃及地领出来；所以你们要守这日，作为世世代代永远的定例。"② 在这里，逾越节、除酵节被十分紧密地与希伯来民族出埃及的重要历史联系在一起，被解释为是希伯来早期历史中发生过的事件。犹太文化在使这些节期历史化、经验化的时候，一般都是选取了早期犹太历史中的那些关键事件为依托。逾越节、除酵节、五旬节（Pentecost）、住棚节（Festival of Shelters）不约而同地与出埃及的历史相关联，无疑是基于出埃及事件在希伯来早期历史上的特殊意义。虽然也有一些犹太节期与出埃及无关，与之联系的历史事件相对较晚，但这些事件在犹太历史上亦同样有着非同寻常的意义，如净殿节（Hanukka，亦称"光复节"、"哈努卡节"、"灯节"）与犹大·马加比起义胜利重建祭坛相联系，普珥节（Purim）与希伯来人战胜波斯宰相、死里逃生的事件有关联，等等。

不同的犹太节期在对有关历史事件和历史要素进行联结时，往往有着不尽相同的方式和表现。安息日建基于上帝六日创世的神学故事之上，它所联结的"历史"显然是一种超验的、虚构的"历史要素"，在此可以称之为"神学历史"，即只有在犹太宗教神学中才存在的历史，但这种"神学历史"在犹太文化中并未丧失其"历史"性，这是因为它一方面依附于犹太教对上帝创世学说的严密论证，借助于犹太教的神学框架建立了"创世"与"安息"之间内在的"逻辑性"和"可信性"，另一方面又由于犹

---

① 《出埃及记》12：12—14。
② 《出埃及记》12：17。

太历法的创立和引入而对自上帝创世以来所有的事件——包括"神学历史"的事件，都进行了相当确切的时间定位。

犹太历法是从上帝创世时开始纪元的，在上帝创世后的3760年耶稣才诞生（公历纪元开始）。在从上帝创世至耶稣诞生的3760年中，犹太历史上的那些重大事件都不难被具体限定在犹太文化的时间维度上，这种强烈的时间逻辑无疑为犹太文化中的那些"神学历史"赋予了突出的现实历史性质。而逾越节、除酵节、住棚节等既与犹太民族的现实性历史——出埃及相关，又融进了超验的上帝观念和神学学说，所以逾越节、除酵节联结的历史是一种超验历史与经验历史的结合，也可以说是一种神学历史与现实历史的结合，故可称之为"神学—现实历史"。这种"神学—现实历史"在犹太节期的呈现中，其历史性无疑较纯粹的"神学历史"更为鲜明和突出。

普珥节、净殿节等节期由于直接联系着犹太人摆脱波斯人的统治和犹大·马加比起义等重大历史事件，因而这些节期所呈现的历史要素是一种典型的"现实历史"，是无须借助于任何神学论证即可自然成立的历史事实。但无论犹太节期呈现的是"神学历史"还是"神学—现实历史"乃至"现实历史"，也无论犹太节期以何样的方式与犹太历史相联结，其中的历史要素都是作为基本的和有恒定意义的因素而被固定和呈现的，是一种在后世历史长河的流淌中非但没能被冲淡，反而有可能愈加清晰和稳固的品质。在犹太节期对犹太历史的诸种呈现中，既固着了犹太历史的伟大与荣耀（诸如出埃及、马加比收复圣殿、起义胜利），也固着了犹太历史中的灾难与耻辱（"赎罪日"以神学性的节期形式出现但分明联结了犹太历史上的那些黑暗岁月），犹太历史上的民族荣辱在犹太文化的一系列节期习俗中得到了高度的浓缩和再现。这样，犹太文化中的一系列节期习俗便不再是一般的民间习俗，而是一种渗透着犹太民族悠久历史的象征符号。这些象征符号选取了犹太历史上具有关键意义的事件为基质，并以此构建成一系列呈现着犹太历史的基本特质，焕发着强烈民族意识的文化意象，在犹太民族对犹太节期不断进行的历史化传递中，犹太文化的早期历史得到了不断的复现，犹太人的民族身份和民族意识也得到了不断提示和增强。所以，犹太人的民族意识在这里是以种种"历史"的形式固定在犹太节期中并以历史化的方式得到连续的呈现和强调的。

犹太节期在对犹太民族意识的呈现中，不仅表现出独特的方式特点，也产生着不容替代的特殊效用。

首先,犹太节期在犹太文化中是作为一种民间习俗而不断复现的。这种民间习俗业已成为犹太文化历史中的一种固定的结构品质,它在犹太文化的历史发展中具有持久性的功能意义,因而内涵在犹太节期习俗中的民族意识在犹太文化的延续中也伴随着犹太节期的习俗化而发生着一种固定的、普遍性的文化效力。就犹太节期最初生成时的一般品性而言,每一个犹太节期在浸染着强烈的民族意识的同时,也同样浸染着强烈的神学意识。但在犹太节期的习俗化过程中,犹太节期的民族意识显示了更为根本和稳固的性质。这是因为犹太节期不只局限在犹太神学生活中,它更是一个超越了神学范畴的、在世俗生活中业已固定了的基本内容。任何一个犹太节期的实践者、参与者——不管其宗教信仰及信仰程度如何,都可在对犹太节期的具体实践中体验它的民族情感和感受它的民族历史内涵。就是对那些完全丧失了宗教意识的现代西方犹太人而言,虽然他们可能已完全忽略了犹太节期中的宗教含义,但他们作为犹太节期的忠实实践者,仍然在其节期生活中领受着犹太民族意识的强烈感染和有效陶冶。

同时,犹太节期在对犹太民族意识的提示中还显示出周期性、历时性的时序特征。犹太节期习俗是由一系列的节期汇聚而成的,按照节期的时间顺序形成了一个"节期序列",也就是形成了一个象征符号的序列,它们散布在一年四季当中,伴随着岁月的流转轮回而不断地重复显现着。这里需要指出的是,犹太历法在犹太节期循环化地实现其文化含义时起到了相当重要的作用。犹太历本身可分教历(亦称圣历、寺历)和民历(亦称阴历)两种,教历以摩西率以色列人出埃及获得新生为一年之首的第一个月(尼散月),民历通用在民间,以开始播种为一年之首的第一个月(提斯利月),在相当长的时期里犹太教历与民历是混合使用的。由于犹太教历与犹太民历的月份时序不是吻合一致的,而是错位对应的(如犹太教历的一月、二月分别是犹太民历的七月、八月等),这就为犹太节期赋予了两个不同但又规则对应的月份顺序,即每一个犹太节期每年出现在两个不同范畴的历法月份中,当两种历法同时并用时,则可能在犹太人的文化心理上缩短犹太节期的复现周期,从而也是强化了节期的文化内涵,亦即强化了犹太节期对犹太历史要素和民族意识的呈现。犹太节期借助其在犹太历法中的散布,周期性地、不间断地提示着犹太人的民族意识,使得犹太民族意识在犹太生活中成为一种历时性的文化存在。

犹太节期作为犹太人的一种周期性文化标志，分散在犹太人的日常生活中，借助它的反复呈现潜移默化地在犹太人的心理深层巩固着犹太人的民族意识，并与割礼这个打在肉体上的标志形成相互间的补充和呼应。同时，犹太节期还在另一个层面上实现了与割礼的有效互补，即如果说割礼只注重了对犹太男性的关注，那么犹太节期则是不分男女老幼的，它显然弥补了割礼（割阳）对犹太女性的忽视。当犹太人的割礼习俗与节期习俗相互补充，共同贯通在犹太人的历史生活中的时候，整个犹太民族便被统纳到一种有形而无形、宽泛而深刻的民族标志之下，所有的犹太人也在自觉与不自觉中内涵和焕发了深厚的民族意识。

开普兰在谈到犹太文化中的各种"社会性习俗"、"礼节性规则"、"民族性习惯"、"民间习俗"时，强调指出："千万不要忘记这样一桩重要的事实：这些习惯或习俗恰如表现它的语言和历史一样，能够赋予一种文明以个性与特色。它们给予这种文明中的每一位个体以心理癖好、思想特色、情感反应类型，从而使他同其他每一种文明中的个体区别开来。……一旦一个民族失去了自己独特的习惯与习俗，它这种文明本身就会开始解体。由于自身的本性使然，习惯易于在其原始含义早已经老化过时多年之后依然保持着它们原来的形式，并且只要它们能够获得新的阐释，把它们保留下来就没有什么不妥。这是因为，它们除了能够把注意力吸引到它们与之相联系的那些行为和体验的精神意义上来，还能够造成一种历史连续感，而这种连续感本身会产生一种人性化的影响。正因为如此，犹太民族才能保持了自身的历史连续性。"① 开普兰的论述是非常有见地的，他十分准确地道出了犹太习俗在标志着犹太文明与其他异质文化不同的特性中所发挥的重要作用。

从前述分析中可以看出，犹太割礼及各种犹太节期作为典型的"犹太习俗"在保持犹太文明的民族特性中，是以独特的方式而发挥作用的。可以说，犹太人的割礼和犹太节期作为犹太文化从其远古时期开始便业已营造和传递下来的两个独特、深刻和有代表性的民族标志，使得犹太人的民族意识从中得到了一种历史性的表现与强化。

犹太人的民族意识不仅是强烈和一贯的，而且在不同的机制下有着不同形式的表现。在现当代，在许多犹太社团的领袖们看来，仅有传统的割

---

① 摩迪凯·开普兰：《犹太教：一种文明》，第 494—495 页。

礼习俗和节期习俗似乎还不够,还必须针对具体的生活情境采取更多的能够有效强化犹太人民族意识的新举措。"从民族性的文化概念中所得出的主要推论就是:一种文明的追随者拥有一种把这种文明传授给自己的后代的不可剥夺的权利。"[1] 在现代化进程最为迅猛的美国,犹太人十分强调对青年一代进行系统化的传统教育,无论是正统派还是保守派抑或改革派都有自己的会众学校,"绝大多数的美国犹太人是通过宗教学校来保障犹太文化的延续的……年轻人犹太化的责任被分配给了会众学校……在1970年,84%的15—19岁的男青年和72%的女青年都接受了一些犹太教育。大多数美国犹太人十分清楚的是想使其孩子能够确立犹太人的身份和熟悉他们传统中的基本精神"[2]。犹太社团把犹太青年男女在相关的宗教学校里接受传统性的短期培训或业余进修作为维护和延续其民族传统的一种有效办法,这无疑是犹太人的民族意识在现代美国社会的一种典型表现。

---

[1] 摩迪凯·开普兰:《犹太教:一种文明》,第285页。
[2] Arthur A. Goren, *The American Jews*, p.106.

第四章 犹太文化的散存结构

第一节 格托与精神格托

中国文化与犹太文化相比，两者最大的区别首先在于两种文化有着截然不同的文化流程和文化产生及其存在的方式。中国文化自发轫至成长和沿革，始终固着在特定而稳定的地理空间，代表着传统的"农耕文化"的范式类型，而犹太文化的产生及存在方式，则代表了另一种完全不同的文化类型。虽然早期犹太文化相对集中地产生在迦南和中东地区，但在犹太文化的历史沿革中，犹太文化成长的空间环境发生了明显的变化，特别在犹太人的流散历史开始后，犹太文化的存在空间无疑具有了一种"泛家园"的世界化性质。从犹太文化整体的产生空间及历史流程的双维视野综观犹太文化，不难发现，由于犹太文化常常处于一种空间的转换之中（这一特征几乎自其发轫之初便有了典型表现，而在流散时期更成为一种普遍性的文化特征并造就了相应的文化事实），同时也由于犹太人的文化历史在很大程度上具体表现为一种历时性的流浪式的文化迁徙和文化演变，因而犹太人在几千年的文化史程和文化存在中，营造了犹太文化独特的结构事实和存在方式，呈现了世界文化史上一种独特的"格托"与"精神格托"现象。

"格托"是犹太人进入流散历史后所形成的一种有代表性的文化存在方式，它在很大程度上表征性地揭示了犹太文化历史的若干重要内容。"格托"是 Ghetto 一词的音译，也有人相当形象地将其译为"隔都"，因为它的基本内涵是隔离区的意思。据有关考证，Ghetto 一词源于希伯来语 ghet（意为"隔离"）和意大利语 getto（意为"铸造厂"），因在 16 世纪初曾在意大利某铸铁厂旁建立了一个著名的犹太人居住区，后来 Ghetto 便成为犹太人居住区的代名词。[①]虽然"格托"一词最早于1516年出现在意大利威尼斯，但格托或类似格托的情形却是自犹太人在两次犹太战争失败后就已开始出现的现象，它不仅存在于西欧，也曾存在于北非、中东以及美洲地区，特别是在东欧的波兰、捷克、立陶宛等地的一些城镇内犹太格托非常普遍，有时几乎占据了一些街区的大部分。这种格托现象在不同地区、不同时期往往有着不同的称谓，如在德国和奥地利常被称为"犹太巷"（Judengasse），在荷兰则被称作"犹太街"（Jodenstraat）。"克希拉"（Kehilla）意为犹太社团，在表示的内涵上与格托的本义不尽相同。

格托作为犹太人在流散时期的一种有代表性的生存方式，它的出现既取决于犹太人飘零所至的各居住地主民文化，也取决于犹太文化作为客民文化自身的某些内在原因。在接受犹太人到来的各居住地方面，有关当局以种种理由、出于种种动机对犹太人制订了各种规范并施以强制性的居住管理（犹太人走出中东刚抵达北非的摩洛哥、南欧的西班牙便遇到了这类强制性的隔离）；在犹太人方面，他们人数不等地飘散到四面八方，仿佛漂泊在茫茫大海，这也决定了他们必须生活在一起才能增加相应的力量感，从而最大可能地抵消他们初来新居住地时所必然会有的那种陌生感和弱小感。从更深的层次来说，犹太人的悠久传统、深刻的宗教思想，特别是他们共同而惨烈的历史遭遇，也使得犹太人在其文化心理深处有一种强烈的责任与愿望去保持和延续其民族文化的生命，而格托作为犹太文化在异质文化居住地的重要载体，无疑也成了犹太人保持其文化传统的一种有效工具。可以说，在犹太人的精神领袖要求犹太人修筑保护《托拉》（Torah，即摩西五经）、保护犹太精神的"栅栏"时，格托无疑起到了一种"文化栅栏"的作用。

格托在一定意义上可被视作犹太人在异质文化领域中的"文化飞地"，因为格托内有着健全的机构设施和法律规章，事实上构成了犹太文化主体下的一个个较为完整的文化存在单位。格托中首先必不可少的是其行政管理当局，领导成员被称为帕尔纳斯（Parnas，意为"领袖"），由德高望重、富有学识者组成，其中还必定要有一名专职的神职人员拉比（Rabbi，意为"师傅"、"导师"）。帕尔纳斯依据犹太经典律法制定和颁布出适合特定

[①] 参见阿巴·埃班：《犹太史》，第203页；《简明不列颠百科全书》第9卷，中国大百科全书出版社1985年版，第197页。亦说因当时犹太人被赶进废弃的铸铁厂内加以隔离而得名。

生活情境的规章秩序，为了保证有关法规的实施，有些格托内甚至还建有自己的监狱。在格托内具有特殊意义的是犹太教会堂，这是再小的犹太格托也必不可少的。犹太教会堂不仅成为犹太人精神生活的场所，也是犹太精神的一种象征，是犹太人精神信仰的现实寄托。同时，格托内还建有犹太人自己的学校，在这里使用犹太人特有的语言，传授摩西五经、《塔木德经》等，以使犹太先辈们的思想代代相传。当然，与日常生活相关的公共设施诸如医院、浴室、食品场甚至公墓等，往往也是应有尽有。格托内完善的组织构成为犹太文化的保持和传递提供了必要和有力的保证，事实上犹太格托在犹太文化的历史发展中的确起到了不可缺少的作用，《圣经》时代所形成的犹太文化传统在流散过程中由于有了格托这一有效的文化载体而得以完整和成功地延展。

同时，格托作为保护犹太传统的"文化栅栏"，归根到底又不是一堵不透风的铁墙，否则文化的真空也将导致文化的死亡。即使是由于日常生活的需要，格托内的犹太人也必须时常走出格托而与异族人交往，因为格托内的空间有限，靠自给自足式的生产方式难以满足犹太人的基本生活要求，犹太人无论从事工商贸易等行业中的任何一种，都势必导致其走出格托。所以现世的需求是犹太人走出格托的根本原因，这也决定着犹太人必定与外界建立着种种不间断的文化联系。

另一方面，随着生活的历史进程，传统的格托生活也必定在结构形式上发生若干相应的变化，这种变化在近现代、在美国等发达国家尤其迅猛。"高度的工业化扩大了格托的规模"[1]，其实工业化时代给格托带来的变化绝不仅仅在规模的扩大上，工业化时代的生产方式及合作关系首先改变了传统的封闭式的生产和生活，从而也从根本上动摇了传统的人与人（包括犹太人与非犹太人）之间的关系。在生活现代化进程的有力冲击下，格托的栅栏再也不能成为间隔犹太人与非犹太人的有效屏障，格托的界限开始模糊，传统的"壁垒森严"的格托逐渐由相对松散的格托和社团生活所代替。

特别需要指出的是，给犹太格托生活带来革命性和本质性冲击的是犹太人与非犹太人通婚现象的规模性出现。当然，在现代社会以前并非没有犹太人与异族通婚的先例，早在《圣经》中就有不少这类的记载，但总的说来，由于犹太教严格禁止犹太人与非犹太人通婚，古代犹太人与异族的

---

[1] Gerald Abrahams, *The Jewish Mind*, Beacon Press, 1962, p. 181.

通婚即使有也是极其个别、偶然的现象。但进入现代社会后情形有了很大的变化，格托外的多彩世界无时不在召唤着犹太人特别是犹太青年。以美国的犹太移民为例，如果说第一代犹太移民一般均能恪守犹太传统，那么到第二、第三代在美国土生土长的移民后代则开始了远离父辈世界的旅程，而它的起点则往往首先是个人的感情生活。美国社会的个人中心主义作为一种强大的社会思潮和文化习规无疑对"集体主义"氛围中的犹太青年产生着巨大的感染，爱情的罗曼蒂克理想作为对犹太传统生活的一个适宜突破口，可能成为犹太青年超越格托生活的最早标识。事实也正是这样，在美国，犹太人与非犹太人通婚的比例20世纪以来出现了明显增长的趋势，这一现象往往被文化学家视作文化变迁的焦点性事实。据对纽约犹太人与非犹太人通婚情况的调查统计，犹太人与异族人通婚的比例在1908年时仅为1.17%，直到1940年这一比例大约还保持在3%；在接下来的20年中，这一比例徘徊在6.5%左右；在1961年到1965年间这一比例几乎增加了三倍，达到17.4%；而在1966年到1972年之间每100个结婚的犹太人中就有大约32个与非犹太人结婚。[①]当然这一比例并非无限制地增长下去，在某种条件下甚至还可能出现降低的现象，但就一般情形来说，它在达到一定水平时会保持一个相对平稳的状态。这里统计的是美国纽约犹太人与非犹太人通婚的情况，一般高于其他地区，但它却在某种程度上代表了一种发展趋势。当然，尚需指出的是，在与犹太人通婚的异族人（特别是异族妇女）中，也有一定的皈依犹太教的情形发生。犹太人与非犹太人通婚的增加显然淡化了犹太人的传统意识，在此情境下，传统的犹太格托生活势必发生重大变化，格托之墙在某种意义上即使不是被冲垮了，也是得到了空前的动摇和销蚀。

  但在有形的格托之墙消减、弱化的同时，还有一堵无形和更具韧性的精神之墙仍然规范着犹太人的现世生活和维护着犹太人的历史传统，在犹太人的现代生活中还深刻地呈现和固存着一种与传统的格托生活既有联系又有区别的文化事实——精神格托。

  精神格托喻指的是散居各地的犹太人在可能改变了传统的格托生活的情景下仍然具有一种深刻的精神和文化联系。那些在一定程度上走出了格托生活的犹太人由于其内在的情感积淀，即使不再像他们的父辈那样严格

[①] Arthur A. Goren, *The American Jews*, pp.106–107.

地恪守格托的规范，也在其内心深处自觉不自觉地与犹太传统、与其犹太同胞保持着一种天然的联系，从而构建了精神格托这一犹太文化结构中的重要事实。其实，精神格托现象也并不是在犹太人的近现代历史上才开始出现的，古代犹太人在某些特定的生活环境下也曾有过类似的表现。可以说精神格托在现代是作为犹太文化的一种传统而被继承和光大的，譬如古代的"马兰内现象"，即有一定程度的"精神格托"意味。

第二节 散存结构：世界文化中的独特现象

格托与精神格托作为犹太文化史程中一种独特而又典型的文化存在方式，相当深刻地揭示了犹太文化在世界文化中所呈现的一种极其独特的文化结构——散存结构及其基本特质。

首先，伴随着犹太人在世界各地的分布，格托和精神格托是分散地存在于异质文化中间的，格托与精神格托作为犹太文化的载体和表现，在发生空间上表现出相对的离散性和独立性，而不是表现出存在空间上的集中性和汇聚性。其次，在各格托和精神格托单元中，又表现出内在的紧密联结，这种联结有时有着严格的外在形式与内在精神的双重规范，有时虽然其外在形式较为松散，但在内在精神上则表现着至为密切的凝聚和关联；同时，各相对独立、分散的犹太格托和精神格托之间，又以各种不同的方式发生着相互间的诸种联系，并多样化地共同呈现着犹太文化的基本精神，各种地区性和国际性的联谊会、协会、基金会、代表大会等犹太组织也在一定程度上说明和表现了世界犹太人之间、犹太格托之间的这种联系。格托和精神格托生动地揭示出犹太文化的整体是由分散的犹太文化单元汇聚构建的基本事实。

犹太文化的散存结构作为犹太文化整体的结构特征，并不仅仅意味着文化存在的方式问题，同时也意味着更为丰富、深刻的文化语义和文化原理。在这里，犹太文化的散存结构首先意味着一种不同文化间的相互接触、相互联系的关系状态——在这一关系状态中，犹太文化为关系的一极，犹太人寄居地的异质文化为关系的另一极。散居着的犹太人与居住地文化的接触是必然的，问题在于他们是如何接触和这种接触是在何种意义上得以实现的。文化接触的双方由于各自的特定情境不同，因而在文化接触中的态度、地位等也不尽相同，而且随着时间的延展，原有的接触方式和程度无疑也会发生相应的变化。一般来说，犹太人与异质文化的接触程度是同犹太人与居住地文化接触的时间和居住地文化的宽容态度成正比的。在犹太人刚刚到达一个新的居住地时，犹太人往往只是出于日常生活和经济上的需要而与居住地文化发生较为有限的联系，这种接触常常并不导致犹太文化对异质文化的吸纳，自然，也难以发生犹太文化对异质文化的影响。伴随着时间的推移和犹太人对异质文化居住地生活的深入，犹太人对异质文化的若干采借也就是极有可能和极为正常的了。一般说来，犹太人因其外来客民的身份而在文化接触中往往处于弱势地位，所以散居中的犹太人同居住地文化的接触一般是以犹太文化对异质文化的适应和吸收的方式进行的。但由于犹太文化强大的生命力，在犹太文化与异质文化的接触中亦不能排除犹太文化与异质文化间的双向相互影响，有时犹太文化对异质文化某些方面的影响还会比较明显。

在伊斯兰教的创始时期，犹太人业已在也门等阿拉伯世界居住了相当长的时间，犹太教在伊斯兰教的产生中发挥了相当影响，从而导致这两种宗教的某些雷同。"像犹太人一样，穆斯林也信仰这惟一的神。人们可以不通过中间人接近他。同样，穆斯林也相信灵魂不灭，认为人应该对他在尘世的行为负责和正义是道德的最高标准。穆斯林和犹太人对于施舍（希伯来语叫策达卡，即慈善之举）也有共同的看法。他们认为施舍是热爱正义，而不是寻求博爱的行动。此外，伊斯兰教接受了犹太教的历法、安息日和犹太人的饮食规定。虽然他们作了某些修改，但这两个宗教有许多礼仪是相同的。这里仅举出两个令人信服的例子：第一，穆斯林和犹太人都朝着固定方向祈祷；第二，祈祷前必须净手。人们在研究了《古兰经》之后，会认为穆斯林已把希伯来智慧的结晶吸收到他们宗教的经典中去了。"[①] 在伊斯兰教的形成中，犹太教无疑发挥了一定的作用。这在一定程度上表明了犹太文化在与异质文化接触中所曾显示过的某种"强势"地位，当然，这种"强势"地位是短暂的和有限的。在欧美各地，犹太文化一般很难呈现文化接触中的这种"强势"地位。但无论怎样，犹太文化与居住地主体文化的相互接触形成了一种异质文化间的双向互动的文化联系，这种联系使得犹太文化始终处于同异质文化交互作用、交互影响的动态结构之中。这样，即使犹太文化始终处于弱势文化的接受地位，这种动态的文化结构

---

① 阿巴·埃班：《犹太史》，第129—130页。

也为犹太文化的成长和发展提供了一种特殊的条件机理,并发挥着特殊的重要作用。

犹太文化的散存结构不仅意味着犹太文化同异质文化相互接触的关系方式,更意味着在这种相互接触的关系方式之下所生成的诸种关系内涵,其中首先值得提出的是无论在理论上还是在实践上都有其内在必然性的文化冲突。

文化冲突作为犹太文化散存结构的一种重要的内核特质,在这里指的是犹太文化在特定的文化关系框架中与异质文化间的相互矛盾和相互排斥,而不是指犹太文化自身在不同文化时期所形成的不同文化模式之间的对立排斥。犹太文化在与异质文化的接触中,由于种族、宗教、经济、历史等方面的因素,必定发生着这样那样的文化冲突。文化冲突的根源是综合而复杂的,但在不同的情形下往往会有所侧重地表现出来。同样,文化冲突的形式在不同的文化条件下往往亦会有不同的表现。文化冲突的极端化形式是武力对抗,这在犹太人的流散历史开始之前和开始时期有着突出的表现,犹太人反抗罗马帝国的两次犹太战争便是有代表性的例证。对犹太人而言,抗拒罗马帝国征服的本质是对其民族精神的维护,这在犹太史学家约瑟夫斯·弗拉维所著《犹太战争史》,特别是其中记载的"马萨达事件"中得到了有力的说明。马萨达(Masada)是邻近死海的一座山丘,在公元70年罗马军队攻陷耶路撒冷后,反抗罗马军队的近千名犹太男女退至马萨达山固守,在罗马军队的层层围困下,他们在山上顽强地坚守了三年之久。犹太人在弹尽粮绝的情况下宁愿选择自杀,也不愿俯首就擒成为罗马军队的俘虏,因而在公元73年4月15日即犹太人逾越节开始的日子,犹太男人将自己的妻子儿女杀死后纷纷自毙。今天,马萨达业已成为犹太人民在自己的土地上捍卫自由的决心的象征,马萨达精神是犹太人民民族精神的重要体现。① 显然,犹太历史上这种最激烈的武力对抗是一种你死我活的文化冲突,它将文化冲突的形式和内涵都推向了极致。

当然,散居中的犹太人与异质文化的冲突并不总以武力对抗的形式出现,而是以更为复杂、综合和隐晦的方式进行。在相当长的时期里,犹太人与欧洲散居地文化的冲突首先表现为宗教的冲突,即导源于犹太教与基督教的历史纷争而形成的一种长期固定的信仰观念层面上的矛盾对抗。当

---

① Israel Information Center, *Facts about Israel: History*, Hamakor Press, 1991, p.11.

然，在这种神圣化冲突的背后又存在着民族、经济等方面的综合因素。犹太人在与异质文化的冲突中，虽然处于异质文化的强大包围之下，但常常保持着惊人的自救力和生存机智，犹太史上的"马兰内现象"既是犹太人在文化压迫下的一种生存机智，也是犹太人在尖锐的文化冲突中对本族文化的一种顽强固守。中世纪对欧洲（尤其是西班牙）犹太人来说是一个特别黑暗痛苦的年代，当1481年塞维利亚宗教异端裁判所首次行刑时，就有数名犹太男女被烧死。据阿巴·埃班《犹太史》统计，在异端裁判所存在的三个多世纪里，仅在西班牙和葡萄牙就有40万犹太人受到审讯，其中3万多人被处死。出于明哲保身，也出于无奈，为数不少的犹太人在异族人的刺刀面前被迫"受洗"而成为基督徒，但这些犹太人往往只是改变了他们外在的宗教面貌，因而当西班牙人轻蔑地称这些被迫改宗的犹太人为"马兰内"①时，"马兰内"便不仅是西班牙人对犹太改宗者的一般蔑称，也同时成为犹太人原本身份的一种特殊称谓和标识。无疑，西班牙人对犹太改宗者的这一独特命名也是对犹太人原本身份的一种有效提醒，这一特殊命名的本身就使得犹太人不可能成为一个彻底的基督徒，这也许是那些污辱犹太人、强迫犹太人改宗者所始料未及的。事实上，"马兰内"在相当程度上已成为秘密犹太教徒的代名词。"马兰内现象"典型地表明了处于弱势文化地位的犹太人与异质文化的尖锐冲突及在这一冲突中对犹太传统的深刻固守。"马萨达精神"和"马兰内现象"表明，对本原文化的固守是文化冲突的核心问题和关键所在。

在犹太文化与异质文化的接触中，文化冲突是一种恒定性的关系内容，也是蕴藏于犹太文化散存结构中的极其重要的深层内涵。但在犹太文化与异质文化的接触中，另一种不同于文化冲突而又同样具有代表意义的关系取向则是文化同化（cultural assimilation）。

同化对于犹太文化而言与其说是一种文化调整的手段，不如说是始终面临的文化难题，因为犹太文化在世界各地主流文化中的弱势地位常常使得犹太文化面临着被消融和消解的可能，同化的这一结果取向显然对犹太文化的生命延展有着致命的威胁。但由于犹太文化特殊的散存结构，部分犹太人的某种同化不仅在理论上而且在实践上都是可能甚至是必然的。犹太人被同化的现象早在古代以色列亡国时期便曾大规模地出现过。当公元

---

① "马兰内"（Marrano），流行于中世纪前期的西班牙词语，原意为"猪"。

前722年亚述帝国的铁蹄踏平了北朝以色列的都城撒玛利亚时，大批的以色列之民或四处逃散，或被押往异乡，后来他们的犹太同胞试图将其找回时，却发现这些以色列之民仿佛入海泥牛，杳无踪迹。这些"失踪的以色列十族"是犹太人历史上第一次大规模的以文化同化为特点的失踪现象。至于"失踪的以色列十族"的下落，后来一直成为学术界的"文化谜题"，或曰被亚述帝国改了宗，或曰去了印度、巴基斯坦一带，亦有人声称到了日本，等等。在犹太人离开家园流散世界的漫长的历史进程中，由于异质文化的挤压或诱惑等复杂因素，总有一些犹太人掉队或失踪，特别在现当代，同化的问题是犹太文化发展中一个相当严峻而又无法回避的重要问题。

在文化人类学的一般理论中，文化同化通常分为强制性同化和自然性同化两类。因缺乏"失踪的以色列十族"的文献记载，其失踪与同化的情形和缘由已无以做出具体的解说。但在犹太人进入流散时期后犹太人失踪的现象却是有迹可寻的。就历史上犹太人被同化的一般情形而言，既有强制性同化也有自然性同化，其中自然性同化显然更有代表意义，而那些试图对犹太人施行强制性同化者其结果往往适得其反。以中世纪西班牙、葡萄牙统治者对犹太人实行的有计划的改宗运动为例，犹太人中尽管也有被迫屈服的改宗者，但更有抗拒改宗的抵制者，因抗拒改宗而被处死的葡萄牙大拉比西蒙·冯·米阿密等死难者是他们的突出代表，至于众多的"马兰内"后来则被统治者视为更危险的犹太人。强制性的同化运动远没有实现运动发起者的初衷。另一方面，由于经济、思想、文化等方面的原因，在犹太人中又确有一种脱离传统、归入非犹太文化的自然性同化的倾向，犹太人对异质文化的自然性归入特别发生在两种文化形成了明显的优劣势态，而对于那些处于弱势地位的犹太人而言，居住地的优势文化不仅呈现出强大的诱惑力而且有可能给予立足之地的时候。在近现代的欧美各地，由于启蒙思想、民主思想的传播和发展，犹太人的境遇较中世纪总的说来有了较大的改观，当犹太人与居住地文化处于正常的相互接触时，当居住地文化在经济、社会等方面表现出诸种诱惑时，居住地文化对犹太人的感染、侵蚀和犹太人对异质文化的自然性归入都是正常的。

犹太人的同化过程虽然并无固定的程式，却又是一个由表及里、由浅及深地丧失犹太特性的渐进过程。当犹太人同化的系列进程启动时，犹太人往往首先是从改变其某些外在特征开始的，这可以说是犹太人获得居住地主体文化认同的第一步。它包括使用居住地的语言，去掉服饰、言谈举止方面的外来客特征，以及用当地人惯用的姓名替代"外地人"原有的姓名，等等。改名曾是犹太人的一种传统，按犹太传统所说，改名可以帮助人们避邪免灾，昔时犹太人常以改名来为病人祛病，仿佛换了一个新名便会获得一个新的生命。但犹太人后来对改名进行了多种创造性的运用，其中之一便是把改名作为进入异质文化、谋求居住地文化接纳的一种手段和途径，而这种手段和途径对于欲真正进入异质文化的犹太人而言有时是完全不可缺少的。一些东欧犹太人移民美国时，常常要将东欧斯拉夫人的姓名特征去掉，改换成英语国家的通常人名，在他们的信箱上，"××斯基"之类一夜之间便会换成"罗伯特"、"麦克"什么的。在俄国革命时期，当激进的犹太人左派分子纷纷投入到布尔什维克运动中去的时候，他们亦往往必须经过适当的化装改名，才有可能为红色阵营接纳并找到一个合适位置，于是布隆斯坦变成了托洛茨基，瑟贝松变成了加米涅夫，等等。改名作为犹太人进入异质文化的一种手段，在一定程度上亦可被视为犹太人同化的一种外在标识。但仅有这种名分的改变还远远不能认为犹太人已经实现了本质的同化，因为改名的策略意义有时远远超过了它的同化标识意义。只有当改名者作为文化个体的内涵发生了根本的改变，那么改名才有了文化同化的本质涵义。

在犹太人的同化过程中，比改名更具本质意义的是犹太人在内心情感、思想信仰、价值观念等方面发生的改变。在近现代，当犹太人发现受洗是"进入欧洲文化的门票"[1]并去自愿领取这张门票时，这些领取了门票的犹太人便真正开始了对欧洲主流文化的汇入。此外，在人道主义、启蒙思想、法国大革命、俄国革命、西方民主化等思潮运动的冲击、感召下，犹太人和非犹太人也都更有可能冲破原有的狭隘民族主义的羁绊，这也是为犹太人进入西方世界创造了新的条件。犹太人伴随着对种种超神学理想的追求，往往于自觉或不自觉中实现了对居住地文化的归入，甚至在某些情况下，政治信仰和阶级成分完全有可能超越种族身份而成为对犹太人和非犹太人进行新的组合、划分的更重要的社会标尺。当然，通常情况下，特别在浪漫的政治热情消减、冷却以后，对犹太人而言，民族身份无疑是更为深层、更有本质意义的社会身份。但即使这样，由于文化接触这一根本性的文化

---

[1] Paul R. Mendes-Flohr, Jehuda Reinharz, ed., *The Jew in the Modern World*, p.223.

存在事实，部分犹太人在生活观、婚姻观、价值观、思想信仰等方面对犹太传统的远离、对居住地文化的自然性归入，都是难以避免的。事实上，在犹太人的历史进程中，因文化同化而导致犹太人失踪的现象几乎未曾间断过。需要指出的是，犹太人对居住地文化的归入即使是自然的和主动的，那么在这种自然性同化的深层也必定隐含着某种强制因素，只不过这种强制性因素已不同于中世纪西班牙、葡萄牙统治者所采用的强暴方式，而是以更为隐晦的文化规范来发挥作用的。

犹太文化由于其特殊的散存结构，千百年来一直处于种种同化的威胁之下，并同同化进行着斗争。犹太文化自古而来就表现出一种强烈的律法精神，如果说这在犹太文化的早期在很大程度上是为了维护犹太人对上帝的忠诚的话，那么在犹太人进入流散阶段后，犹太人对其律法传统的恪守和强调就显然具有了某些维护民族特性的企图和功用。作为抗拒同化的重要手段，犹太人的律法传统被各地的犹太领袖们进行了突出的强调和运用，他们希望通过对文化个体的严格规范来达到文化保持的根本目的。犹太律法在抗拒同化的过程中一方面起到了重要作用，但另一方面又不可能完全杜绝犹太人的失踪，有时甚至还会丧失其内在的效用。这是因为随着时间的推移和犹太人在居住地生活的不断深入，犹太人恪守传统、保持犹太特性的责任心发生了消减和变化，传统的律法规范已不再具有至高无上的权威。这一现象在近代欧洲犹太人的身上曾有突出表现，犹太人的精神领袖及理论家为此痛心疾首。列奥·平斯克针对其时欧洲犹太人民族意识的淡漠曾尖锐地指出："不管如何，导致阻止犹太人为民族独立存在而斗争的最强大的因素，正是犹太人自己没有感觉到有这种存在的需要。他们不仅没有感觉到这种需要，甚至还走到了否认这种需要的合理性的地步。"平斯克接下来以"病人"来喻说犹太人的这种状况："一个病人如果缺乏吃喝的欲望，那么这是一个极严重的征兆。并不是总有可能医治好他那不祥的食欲丧失症的。而且，即使他的食欲能够恢复，他是否能够消化食物仍是一个问题，尽管他有消化的欲望。"平斯克一针见血地指出：

>　　犹太人正处于这种不幸的食欲状况。我们必须尽可能精确地研究这一非常重要的问题。我们必须证明犹太人首先由于缺乏民族独立的欲望而导致的灾难；必须证明如果他们不希望永远存在于耻辱状态的话，他们就必须唤起和保持这一欲望——总之，我们必须证明他们一

定要成为一个民族……①

列奥·平斯克及其他锡安运动的倡导者和实践者针对欧洲犹太人民族意识淡化的趋势，在理论和实践上都做出了巨大的努力，在近现代历史上这对唤醒犹太人的民族意识，防止犹太人的失踪、同化，起到了关键的作用。但防止犹太人同化的历史任务远远没有一蹴而就，特别在现当代的欧美各地，社会整合为犹太文化和犹太领袖们提出了更为复杂、尖锐的防止同化的课题，犹太人为此也面临着更为艰巨的考验。

显然，犹太文化的散存结构导致了犹太文化与异质文化之间特殊的文化接触机制，并进一步形成了文化冲突与文化同化这两个基本而又相悖的文化关系内涵。文化冲突与文化同化代表了犹太文化在与异质文化的接触中所呈现的两种并存的极端化的关系取向，其实，无论在一般理论还是在生活实践上，在这两种基本的关系取向之间，又必定会出现以文化变迁为主要内核的文化调适，这种调适并不意味着文化冲突和文化同化诸矛盾的完全消解，而主要是意味着犹太文化在与异质文化既矛盾又吸收的接触中，实现了犹太文化的新的成长和发展。当然，这里所说的文化变迁是作为犹太文化散存结构的一种基本特质，在犹太文化散存结构这一特定的理论框架下的文化变迁，而非泛指一般文化在漫长的发展史程中都必定要出现的那种文化变迁。如果说文化变迁是文化发展的通常规则，那么，犹太文化的散存结构无疑为文化变迁提供了特殊的发生机制和催化机制，文化变迁在这里是作为犹太文化散存结构的一种内在要素而发挥效用和呈现意义的。

文化变迁作为犹太文化散存结构的基本内涵，其实质首先意味着对异质文化的不断吸纳和采用。犹太文化的散存结构决定着犹太文化分散地存在于各异质文化之间，文化接触势在必行，文化间的相互感染亦势在必行，抗拒同化的最好办法也许并不是固守传统，也不是拒不往来——这在文化实践上是难以实现的，而是以开放的姿态，有限地、有选择地吸收异质文化的优秀素质，在文化交融中实现文化的变迁，也就是实现文化的保持和新生，这与其说是理论的设定不如说是现实的实际要求。犹太文化生存与发展的这一必然规则一方面是犹太文化自律运动的经验总结，另一方面也被那些睿智的犹太领袖们有意识地加以发现和张扬。从

---

① Eliezer L. Ehrmann, ed., *Readings in Modern Jewish History*, p.267.

摩西·迈蒙尼德（Moses Maimonides，1135—1204）、摩西·门德尔松（Moses Mendelssohn，1729—1786）等犹太思想家开始，他们就已明确地感受到沟通犹太文化与异质文化是发展犹太文化的必经之路，约瑟夫·L.布劳（Joseph L. Blau）教授在《犹太教的现代流变》（*Modern Varieties of Judaism*）中比较系统地梳理了现代犹太教（犹太主义）的发展及对欧洲文化的诸种吸收，他在论述摩西·门德尔松在犹太教和犹太文化变革中的作用时特别指出："门德尔松的活动也许应该被描述成这样一种调和：他试图将德国文化带给犹太人，并将犹太文化示范给德国人。"为了帮助犹太人了解德国文化，他创建了希伯来文的期刊杂志（*ha-Meassef*）以及建立"犹太自由学校"，设法将德国的重要书籍翻译成希伯来文，等等。[①] 摩西·门德尔松等思想家所做的工作，其意义不仅在于他们翻译的若干书籍、创办的若干杂志等对沟通犹太文化与居住地文化起到了一定作用，更在于这些工作为欧洲犹太人如何对待居住地异质文化做出了示范，并产生了积极和普遍的影响。特别是进入现代社会以后，伴随着欧洲社会的理性主义和犹太世界中世俗主义的兴起，犹太人对异质文化的采借不仅有了新的机遇，也形成了一种不可逆转的强大趋势，这种趋势是以往不曾有过的。

"有鉴于前现代文明（premodern civilizations）的标志是对神圣及神学家正统权威知识的普遍敬畏，那么现代性则将公共和个人生活的大部分领域从宗教的监理和神学价值中解放出来，并对人类理解世界和塑造自己命运的能力充满信心。"[②] 当西方世界的犹太人汇入现代文明的整体发展中的时候，特别是世俗主义成为现代犹太人的一种有代表性的倾向、犹太世俗主义者在一定程度上挣脱了犹太神学的规范（这并不意味着断离了同犹太传统的所有联系）的时候，犹太人身居其中的异质文明及其成果为犹太人提供了无限的采借可能。在异质文明展示的诸种文明成果中，科学、技术是超民族、超宗教的"非意识形态性成果"，犹太人不仅可以毫无顾虑地直接采借，也可与非犹太人一起进行直接的创造并共同分享；即使是具有一定意识形态性质的道德观、婚姻家庭观、社会理想、伦理规范等，犹太人同样可以进行适当的采借或参与营造。在此情境下，一个必然出现的文化事实便是犹太人与居住地文化在一定程度上实现了文化认同，这里所说

---

① Joseph L. Blau, *Modern Varieties of Judaism*, Columbia University Press, 1966, p.17.

② Robert M. Seltzer, *Jewish People, Jewish Thought: the Jewish Experience in History*, Macmillam Publishing Co. Inc., 1980, p.709.

的认同（identification）是指犹太人与居住地文化之间建立的通约性联系，是指犹太人与居住地人在行为与心理上所呈现的部分趋同倾向和"共振现象"，而不是指丧失犹太特质的文化同化。

犹太文化的变迁在意味着对异质文化的吸纳、采借的同时，也意味着对犹太文化本体、对犹太传统的陶冶和强化。犹太文化在经历了对异质文化的冲突与采借以后，无论发生了怎样的变迁，犹太文化的基本精神和传统内核都难以发生根本的歧变。与异质文化达成了某种认同的现代西方犹太人发现，在几十个世纪以前诞生于中东迦南地区的犹太精神不仅被记载在不朽之书《圣经》之中，同时亦镶嵌在犹太文化的整个机体之内，在千余年的流变之中，这种精神并未死亡，"她依然活着，依然受难，依然鞭策着犹太男女的生活"①。即使是那些大量接受了西方教育和西方思想的现代犹太知识分子，他们也并不认为犹太传统已经枯竭、犹太精神已经枯竭，因为对于千千万万的犹太人来说，犹太精神和犹太性"是一种不可剥夺的精神感觉"②。

但在犹太文化的变迁中，保留的是犹太文化的内核和精髓，剔除的是犹太传统中的落后、愚昧的因素。在历史和时代的检验面前，在不断的文化接触、文化冲突和文化吸纳中，犹太传统中的落后因素暴露无遗，尤其是犹太教本身那些与人的现世生活和实际需要多有抵牾的陈腐因素、那些与时代发展格格不入的因素，在犹太文化的变迁中无疑会得到应有的涤荡和消解。犹太文化变迁中的一个基本趋势是理性精神逐渐增强，这种趋势与其说是对其传统的改变，不如说是对其传统的一种选择和光大，因为理性精神原本就是犹太《圣经》和犹太传统精神的重要组成部分。犹太文化对传统精神的陶冶与对异质文化的某种吸收几乎是同时进行的，当剔除了犹太文化本体的糟粕并吸收了异质文化的优质要素时，犹太文化也就实现了新的变迁。这种变迁同时也意味着是对犹太传统和犹太精神的一种重铸，因而这也使得犹太文化在保持其基本内涵的前提下能以更加适应特定的时代、环境需要的形式呈现出来。美国犹太文化作为犹太文化在美国的变迁，就是在保持犹太精神的同时，吸收了美国文明的诸种要素后而形成的一种新型的犹太文化，也是美国主体文化中的一种新的亚文化，作为这种文化

---

① Maurice Samuel, "I, the Jew". see Sol Liptzin, *The Jew in American Literature*, Bloch Publishing Company, 1966, p.178.

② Paul R. Mendes-Flohr and Jehuda Reinharz, ed., *The Jew in the Modern World*, p. 240.

的载体，美国犹太人在继承、传递犹太精神和创造丰富、发达的美国文明方面，都做出了突出的贡献。

犹太文化的变迁表现在文化变迁的实践者——犹太人身上，便是实现了对犹太人身份特征的若干再造。再造的犹太人无论是其外部言行、生活方式，还是其内在思想或情感内涵，都在相当程度上具有了某些新的特质。他们一方面身为犹太人，另一方面也由于同居住地社会的某种认同而成为居住地社会构成的一部分，成为居住地文明的创造者。对于那些深刻地介入了居住地文化的犹太人而言，他们甚至还获得了一种在居住地社会的扎根意识。如果说以色列在他们看来是其永恒的故土和不变的精神家园，那么各居住地则是他们新建立的现实家园或第二故乡。那些获得了居住地文化的某种认同、实现了身份再造的犹太人无疑具备了多重性的文化气质，也就是具有了多重性的文化身份：他们既是犹太人，又是美国人，或者加拿大人、阿根廷人、英国人、澳大利亚人，等等。从德国移民美国并在美国获得巨大成功的经济巨人希夫曾说过一句意味深长的话："我可以一分为三：我是个美国人，我是个德国人，我是个犹太人。"① 希夫所言是作为一个多重身份的犹太人对其切身文化体验做出的一种生动表述，从特定角度看，希夫分别具有三种不同身份，而当把三者合而为一时，希夫显然已不再是原本意义上的纯粹的犹太人，也非纯粹的德国人或美国人，而是实现了身份再造、发生了文化变迁的新型犹太人。

散居世界各地的犹太人正是借助于对异质文化的部分融入而获得再造和新生的，这也是犹太人能够生存于异邦土壤并建立自己家园的原因所在。当散居世界的犹太人怀着寻根情结飞回以色列与当地的犹太人相会时，他们便有了一种既亲切又陌生的难以名状之感。在满足了某种寻根情结后，他们还要飞回到居住地去。生活在"新家园"的犹太人一方面会自然而然地维护和珍惜蕴藏于内心深处的"犹太情结"，另一方面又或多或少地淡化了传统的犹太属性。在他们身上，犹太特性变得空前复杂甚至不确定，这对犹太特质和犹太身份的界定也提出了许多新的挑战。②

综前所述，犹太文化的散存结构就其文化内涵而言，不仅意味着一种文化存在的关系方式，也意味着在文化接触的关系方式之下所发生的文化

---

① 查姆·伯曼特：《犹太人》，冯玮译，上海三联书店1991年版，第240页。
② Paul R. Mendes-Flohr and Jehuda Reinharz, ed., *The Jew in the Modern World*, p.214.

冲突和文化同化，同时更意味着文化变迁这一具有方向性意义的文化取向。犹太文化散存结构的诸种文化内蕴必定在文化形貌上衍生出特定的景观图像，并产生相应的文化功能。

在犹太文化的散存结构中，纵贯几千年、浸染于犹太文化机体的犹太精神得到了一种复杂和多样化的体现。犹太文化的整体汇聚着多种形式的文化单元，这些文化单元由散居世界的多重身份的犹太人亦即再造的犹太人所负载。它们不仅在基本精神上与犹太文化的传统和整体保持着有机的、不可断裂的联系，同时又与居住地主体文化发生着一定的叠合，也就是说，犹太文化的散存结构呈现的是一种既分散又凝聚的文化事实和文化景观。与此同时，犹太文化的散存结构还表现出若干独特的结构功能。

首先，由于汇聚犹太文化整体的各分支单元业已获得了同居住地文化在一定程度上的认同，亦即在一定程度上吸收了异质文化的优质因素，因而在其自身无疑生成了一种特殊的对特定异质文化的适应功能。这也使得获得再造的犹太人具有了相应的"文化弹性"，这种"文化弹性"使得犹太人在其文化环境中有了扮演更为丰富、多样化文化角色的选择可能和自主机能。其次，犹太文化的散存结构在一定意义上也是呈现了一种文化的网状结构，这种文化之网将世界各地的犹太人吸纳和网罗为一个既紧密联系又有所差异、有所疏离的文化整体。在犹太文化的这一网状结构中，犹太民族的文化传统和民族精神显然起到了"网纲"的作用，它牵引和联结了各分支单元——这些分支单元则扮演了犹太文化网络中的诸多"网目"。在这里，"纲举目张"这句中国成语也许十分形象地表述了犹太文化之网的内在机理和关联。犹太文化之网作为一种整体的复合结构无论在其丰富、复杂的容量内涵上，还是在其结构形式与实践功能上，都必定会表现出特殊的文化意义。世界各地的犹太人被统纳在这种"文化之网"中，不仅有着天然的精神联系，也有着相应的现实中心和精神寄托。

以色列作为世界犹太人的故国家园，作为犹太文化的发源地和根基所在，扮演着犹太人的文化中心的象征角色。由于大部分犹太人生活在以色列本土以外，经过现代犹太人的努力，可以说犹太人在美国这个西方世界有代表性的国家业已建立了一个本土之外的第二中心。这个中心并非仅是从美国是世界上生活着犹太人最多的国家这个意义上而言，而主要是从她在以色列本土之外犹太人生活中的代表性及其强大的政治、经济、文化作用上而言。显然，美国无以也无须替代以色列在当代犹太人和犹太文化中的地位，但它在某些方面又对以色列起到了重要的补充和维护作用。

犹太文化的散存结构既是一种既成的文化事实，也是一种发展的文化过程，这也是犹太文化散存结构作为一种动态文化结构的本质特征。犹太文化的散存结构在自身的存在与发展中，过去、现在乃至将来都面临着诸多理论与现实的有力挑战，随着散居世界各地的犹太人对居住地文化的进一步汇入，随着社会文化整合的深入发展，犹太文化的散存结构是否会或者在何种程度上将发生哪些显著的变化？犹太文化散存结构的动态平衡能否恒定性地保持下去？诸如此类的问题都是严峻的和难以回避的。同样，散居世界各地、业已发生了一定程度文化变迁的犹太人应该怎样既能保持对本原文化的恪守又能合理地融入异质文化的某些要素？怎样才能获得"犹太"与"非犹太"相互融合的合适之度？这也都是每个生活在异质文化中的犹太人无以回避的。事实上，即使在"犹太"与"非犹太"之间获得了某种调适和平衡，这种调适和平衡的本身有时非但不是一种愉悦的文化体验，反而是一种深刻的文化困惑，因为这种既是犹太人又是美国人、德国人的身份集合，又常常使得身份集合者既不是纯粹的犹太人，也不是真正的美国人或真正的德国人。也许，犹太人和犹太文化的这种困惑正是犹太人和犹太文化的一种特质所在。

犹太文化的散存结构在世界文化史上是极其独特的，如前所述，它不仅是一个文化发生和存在的方式问题，更有着深刻的文化内涵和特殊的文化功能，这也对铸就犹太文化独特的精神内涵起着关键的作用。

第五章　文化冲突与排犹主义

第一节　兄弟阋墙：神话与现实

犹太文化散存结构的一个重要内涵就是与异质文化的充分接触及其所导致的文化冲突。这种文化冲突其实并非完全发生在犹太人流散世界之后。在两次犹太战争结束前，犹太文化在中东地区的存在就显示了一种与周边异质文化（埃及文化、巴比伦文化等等）的充分接触及其各种错综复杂的关系。

在希伯来《圣经》的一开始，《创世记》就叙述了该隐与亚伯兄弟阋墙的故事。《创世记》说：

> 有一日，那人（亚当）和他妻子夏娃同房，夏娃就怀孕，生了该隐，便说："耶和华使我得了一个男子。"又生了该隐的兄弟亚伯。亚伯是牧羊的，该隐是种地的。有一日，该隐拿地里的出产为供物献给耶和华；亚伯也将他羊群中头生的和羊的脂油献上。耶和华看中了亚伯和他的供物，只是看不中该隐和他的供物。该隐就大大地发怒，变了脸色。耶和华对该隐说："你为什么发怒呢？你为什么变了脸色呢？你若行得好，岂不蒙悦纳？你若行得不好，罪就伏在门前。它必恋慕你，你却要制伏它。"该隐与他兄弟亚伯说话，二人正在田间，该隐起来打他兄弟亚伯，把他杀了。①

亚当与夏娃作为人类的始祖，他们生下的第一个孩子该隐就与同胞兄弟亚伯发生了内讧并将其杀死，这不能不说是人类历史触目惊心的开端。该隐、

---

① 《创世记》4：1—8。

亚伯兄弟阋墙的故事无疑是以神话的方式相当深刻地昭示了古代犹太人与周边异族之间乃至整个迦南地区普遍存在着的一种种族（民族）关系模式。蕴涵了这一关系模式的该隐、亚伯的故事出现在希伯来《圣经》的"创世学说"中，并以兄弟阋墙的神话形式表现出来，这在相当程度上为犹太文化的历史发展展示了一个有典型意义的模式原型。

该隐、亚伯兄弟阋墙的神话作为一种文化原型模式的生成，首先在于它隐含和写照了古代不同部落之间的关系状况，浓缩了各种族之间相互冲突的现实经验。

《创世记》在叙述该隐、亚伯兄弟冲突之前，特别强调了该隐与亚伯的身份特征："亚伯是牧羊的，该隐是种地的"——在这里亚伯代表了游牧部落，该隐则代表了农耕部落。游牧与农耕是古代中东地区两种基本的生活、生产方式，游牧者与农耕者之间由于领地、物产等诸种生产、生活要素的原因而不时地发生着这样那样的冲突，这种冲突有时又是你死我活的。在《创世记》形成的时代，部族之间的冲突和斗争不仅是普遍的，而且在部族间的关系方式中是有典型意义的。用神话的形式对早期的部落冲突进行形象化的表现，是古代文化的一大显著特征。荷马史诗《伊里亚特》以"不和的金苹果"和特洛伊王子诱走斯巴达人的美貌王后海伦为部落战争的契因，再现了阿开亚人与特洛伊人两个部落间长达十年的战争，显示出恢弘的结构和浪漫的幻想。希伯来《圣经》中兄弟阋墙的神话建构在敬奉上帝的神学框架上，虽然缺乏《伊里亚特》的规模，却也深刻地与古代部落间的生活和冲突进行了真实的联结。所以兄弟阋墙的神话虽然带有较强的神学色彩，但从其生成的根本原因上来说，并不是一种纯粹的超验虚构，而是一种浓缩了某些本质经验的神话意象，是一定的历史经验与超验的神话操作相互结合的结果。

《创世记》在浓缩了具有本质意义的民族冲突的经验内涵时，又在对兄弟阋墙神话的具体建构中强调了这一神话在人类生活中的初始意义，即有意将这一神话安排在人类生命延展的最初阶段（亚当、夏娃是由上帝造出的最早的人，而该隐、亚伯才是真正为人所生的第一代人）。强调兄弟阋墙的神话发生在人类的"第一代"，实际上是从历史时序的维度上暗示了兄弟阋墙神话的原始性，亦即暗示了它对后续历史的启示和开端意义。

这种启示、开端意义在亚伯被杀后《创世记》关于该隐后裔谱系的陈述上得到了进一步的表现，《创世记》不仅交代了该隐对人类繁衍的"始祖"意义，而且还强调了该隐的后裔在人类各项职业分工中的"始祖"意义。《创世记》说，该隐同其妻同房生了以诺，"以诺生以拿；以拿生米户雅利；米户雅利生玛土撒利；玛土撒利生拉麦。拉麦娶了两个妻，一个名叫亚大，一个名叫洗拉。亚大生雅八，雅八就是住帐篷牧养牲畜之人的祖师。雅八的兄弟名叫犹八，他是一切弹琴吹箫之人的祖师。洗拉又生了土八该隐，他是铜匠铁匠的祖师"①。《创世记》在这里特别强调了由该隐及其后裔所形成的一个完整体系，这个体系结构所蕴涵和显示的其实不仅是人类生命的一般延展，也包括人类早期生活的若干基本方式，其中既包括"住帐篷牧养牲畜"、"吹箫弹琴"、"铜匠"、"铁匠"之类，也包括由该隐在延展生命之先就已"营造"出的"兄弟阋墙"的人际关系。而这一切又都被《圣经》编纂者有意识地安排在《创世记》中，是作为希伯来文化中一种有初始模式意义的"创世学说"的一部分被制造和表现出来的。

兄弟阋墙神话作为一种文化原型模式，它的本质内涵是一种对抗性的、相互不可容纳的关系方式，且构建这一关系方式的两方（或数方）具有一定的"亲缘"联系，具有某种程度上的"兄弟"关系。

犹太经典文献始终认为人类始于同一祖先，由同一祖先衍化繁殖了诸多部族分支，这从《圣经》中大量出现的族谱系统的梳理、罗列上不难看出。《圣经》的这种族系思想即使从科学的观点来看在一定程度上亦是不无道理的，因为人类学、考古学的深入研究和实地考察都表明，生活在中东北非地区的各部族间存有某种内在的亲缘联系；美国纽约《圣经》考古学会会长加利·格林伯格在《圣经之谜：摩西出埃及与犹太人的起源》(*The Moses Mystery: The African Origins of the Jewish People*)一书中甚至认为摩西原是阿肯那顿新教的祭司长，信奉太阳神阿顿一神教的埃及人就是最早的以色列人。②其实，希伯来人作为闪族的一支本身无论怎样都已融合了当地诸多游牧部落的种族、文化要素。稍加溯源便不难发现，中东地区各部族之间尽管冲突频繁，但在其本源上又都有着千丝万缕的错综联系，各部族的争斗从根本上说都是一种兄弟阋墙。

犹太民族的历史发展在很大程度上把兄弟阋墙的神话现实化了，兄弟阋墙式的冲突在犹太历史上不仅成为一种典型的与异族（异教）的关系模

---

① 《创世记》4：18—22。
② 参见加利·格林伯格：《圣经之谜：摩西出埃及与犹太人的起源》，祝东力等译，光明日报出版社2001年版。

式，而且在犹太历史上得到了持续的历时性再现。兄弟阋墙神话的现实化体现在多种范畴层次，既有实践上的也有观念上的。简言之，它既体现在由神学观念的分歧而引起的以神学对立为主要特征的神学之争，也体现在含有神学因素但又超越了神学范畴、融进了诸多世俗要素的超神学之争。

在神学之争方面，集中表现在犹太教与基督教、伊斯兰教之间的对立与冲突。犹太教与基督教之间原本有着至为密切的联系。在犹太历史的希腊时期（公元前331年—前63年），巴勒斯坦的犹太人历经亚历山大、托勒密王朝、塞琉古王朝等的统治与奴役，在历史的沿革中，犹太人内部在政治态度、经济状况甚至信仰方面都产生了一定的分化。基督教原本就是犹太教中的一个受欺压的下层支派，约在公元1—2世纪时逐渐脱离犹太教而发展成为一门独立的新教，故有人称基督教为"犹太教的私生子"，这一形象的说法相当生动地揭示了基督教与犹太教之间的隐秘联系。基督教与犹太教的内在联系具体体现在上帝的一神观、律法学说、契约思想乃至《圣经》文献本身等各个方面。在基督教早期，犹太教的《圣经》也就是基督教的《圣经》，只是到公元1—2世纪后基督教才另编《新约》而将犹太人的《圣经》称为《旧约》。即使这样，基督教仍将犹太人的《圣经》统纳为基督教《圣经》的一部分。不仅基督教与犹太教有着密切的思想渊源联系，而且在基督教创立中发挥关键作用的显然也都是犹太人，"耶稣是大卫王的子孙"，"作为弥赛亚，耶稣出身于大卫家族"，是犹太人的同胞；[①]《新约》中的使徒保罗自认为是"希伯来人生的希伯来人"，原是一位正统的犹太教徒，后来背叛了犹太传统而成为基督教学说的主要奠基人。在基督教创立伊始，罗马统治者就曾认为基督教无非也是犹太人的教派，因而对犹太教和基督教是同样迫害的。但在基督教自身，自其诞生后从基本学说到现实行为又都同犹太教形成了势不两立的尖锐冲突。在宗教的核心思想上，基督教认为由于犹太人对上帝的背叛，上帝业已离弃了犹太人并重立新约；在宗教对立的现实表现上，自第一位信奉基督教的罗马皇帝君士坦丁大帝（Constantine the Great，约280—337）定基督教为国教以后，基督教便逐渐开始了对犹太教徒的迫害，譬如在历次十字军东征中，十字军对犹太人进行了如同对穆斯林一样的迫害；西班牙等地的异端裁判所也将

[①] 大卫·弗里德里希·施特劳斯：《耶稣传》，第二卷，吴永泉译，商务印书馆1993年版，第6页。

犹太人作为宗教异端而加以种种制裁，等等。历史上欧洲各国的基督徒时常以名目繁多的理由对犹太人施以歧视、迫害和惩罚，甚至基督徒每有儿童失踪，也会指控是被犹太人杀生祭祀了。

在犹太教与伊斯兰教之间同样既存在着紧密的联系，也存在着尖锐的对立。与犹太教的悠久历史相比，伊斯兰教无疑要年轻。伊斯兰教的创立者穆罕默德（Muhammad，约570—632）生于希贾兹南部的一个阿拉伯部落。传说他出生时天上曾有白光出现，阿拉伯人、犹太人和基督徒都曾预言日后必有大任降于穆罕默德，也有传说称穆罕默德少年时就有基督徒劝告他的家人要悉心照料他，以防犹太人对他的谋害。事实上穆罕默德长大后曾与居住在阿拉伯沙漠的犹太人有过交往，对犹太《圣经》及其一神教学说相当熟悉。当时在阿拉伯地区的麦地那（Medina）等沙漠绿洲都曾居住着不少的犹太部落，这些犹太人不仅人数较多，而且在经济、宗教力量上也相当强盛和有影响，甚至在6世纪初，阿拉伯希木尔王朝的末代君主优素福·艾什阿尔还曾以推行犹太教来增强其国家权力，并以犹太教的名义镇压基督徒。[①] 伊斯兰教在这样的环境下发生，与犹太人、犹太教产生这样那样的联系就是再自然不过的了。

事实上，在伊斯兰教的核心思想及其《古兰经》中，都不难发现伊斯兰教与犹太教的亲缘关系。首先在神的性质上，伊斯兰教遵奉的是严格的一神观念，伊斯兰教对一神思想的坚持在世界诸多宗教中只有犹太教能与其相提并论。《古兰经》强调：

> 你说：他是真主，是独一的主；真主是万物所仰赖的；他没有生产，也没有被生产；没有任何物可以做他的匹敌。[②]

这与犹太教对惟一神的坚持，与犹太教上帝的"自在永在"性质何其相似。此外，在末日审判、救赎学说、先知概念、律法思想等方面，也不难发现伊斯兰教与犹太教的隐在关联。不仅如此，《古兰经》与犹太《圣经》在人物名称上也有某些相似性特征，这无疑也揭示了两者之间不可分割的内在联系，如犹太《圣经》中的挪亚（Noah）、亚伯拉罕（Abraham）、摩西

[①] 金宜久主编：《伊斯兰教史》，中国社会科学出版社1990年版，第15页。
[②] 《古兰经》，马坚译，中国社会科学出版社1981年版，第486页。

(Moses)、约瑟(Joseph)、大卫(David)、所罗门(Solomon),《古兰经》中分别有努海(Nūh)、易卜拉欣(Ibrāhīm)、穆萨(Mūsā)、优素福(Yūsuf)、达伍德(Dāwūd)、素莱曼(Sulaimān)等与之相对。除此而外,伊斯兰教创世学说的一些细节与《圣经·创世记》亦有着明显的一致之处,如"你们的主确是真主,他在六日内创造了天地"[①],等等。事实上,伊斯兰教思想并不否认犹太教的超前存在,在《古兰经》中也时有对犹太教的引用(有时是直接出现"犹太教"的字眼),但他们认为伊斯兰教是超越犹太教的完善的宗教。穆罕默德也认为他是可以同摩西、耶稣等相提并论的众先知中的一位,但他从惟一神那里得到的启示是最终的和最完全的启示。穆罕默德曾希望得到阿拉伯地区众多犹太人的承认和支持,但这显然是无法最终做到的;犹太人则运用悠远深厚的经典知识对穆罕默德的教义学说进行反论。这样,伊斯兰教与犹太教的冲突和对抗就是不可避免的了,伊斯兰教与犹太教的论争在当时乃至在以后,一直是阿拉伯人与犹太人冲突的焦点内容,这种论争其实在《古兰经》本身就已有了相当集中的表现,《古兰经》曾称:

> 犹太教徒说:"真主的手是被拘束的。"但愿他们的手被拘束,但愿他们因为自己所说的恶言而被弃绝![②]

诸如此类的内容出现在《古兰经》中不是偶然的。可以说伊斯兰教在沿用犹太教某些要素的同时,又与犹太教呈现着尖锐的对立。其实早在伊斯兰教诞生之前,犹太人就与中东地区阿拉伯人的一些先祖部落产生过种种的对抗冲突,这一传统性的对抗纵贯了几千年,直到现当代犹太人与阿拉伯人的矛盾都是国际事务中的热点话题。由于犹太人与阿拉伯人的冲突虽然包含了一定的神学因素但又融入了明显的世俗性内容,已远远超越了神学观念之争的范畴,所以它在很大程度上又是一种"超神学之争"。在《圣经》时代,犹太人先后与周边的埃及、摩押、非利士、亚述等中东一带的异族发生过为数众多的纷争,在这些纷争的背后,蕴藏着包括物质、领地、权势、信仰等要素在内的诸多错综复杂的文化根源。埃及法老对希伯来人

---

① 《古兰经》,第116页。
② 《古兰经》,第85—86页。

的迫害是出于对其潜在威胁的惧怕,亚述帝国和新巴比伦对以色列人的进攻则出于某种称霸野心。

犹太人在流散时期开始后大规模流入阿拉伯地区,与阿拉伯人在经济、政治、宗教、文化等方面进行了全面的接触、碰撞。犹太人与阿拉伯人的冲突自伊斯兰教创立后开始更为突出地表现出来,由于阿拉伯地区的犹太人不承认穆罕默德为他们的弥赛亚,原本就已存在的经济、政治、文化冲突又由于宗教因素的介入而变得异常尖锐和激烈。阿拉伯人在穆罕默德的率领下,开始了一场驱赶犹太人的运动。624年,生活在麦地那绿洲的犹太部落盖努嘎尔被围困15天后,终被逐出麦地那;625年,阿拉伯穆斯林进攻犹太奈迪尔部落,犹太人抵抗20天后被降;627年,穆斯林进攻生活在麦地那南部的犹太古来扎部落,25天后穆斯林获胜;628年,穆罕默德率军从麦地那北上,打击生活在海巴尔绿洲的犹太人,经过一个月的战斗,海巴尔被穆斯林攻陷,不久斐得克、瓦迪古拉、太玛等地的犹太人也相继败降。[①] 穆罕默德在军事上取得了一系列意义重大的胜利,使得穆斯林在阿拉伯半岛获得了对犹太人在政治、宗教上的彻底优势。在接下来的岁月里,穆斯林的势力空前壮大,穆斯林统治下的犹太人与穆斯林的关系也几度沉浮变幻,既有犹太人与穆斯林和睦相处甚至阿拉伯人吸收犹太人参与政务的友善之举,自然也少不了种种矛盾抵牾。

在现代,虽然距兄弟阋墙神话的远古时代相去已久,但兄弟阋墙的神话却得到了更为集中的实现。犹太人和阿拉伯人纷争的焦点相对集中于巴勒斯坦的归属问题,这一问题自第一次世界大战以来便逐渐成为阿以冲突的中心内容。阿以冲突的高峰是在第二次世界大战后连续爆发了震惊世界的四次中东战争。

国外一些军事学家在追溯四次中东战争的根源时,总要回顾英国发表于第一次世界大战中的两个重要文件《麦克马洪书简》(1915)和《贝尔福宣言》(1917)。《麦克马洪书简》以当时英国驻埃及高级官员麦克马洪之名命名,时值第一次世界大战中,英国等协约国为了让阿拉伯人牵制中东地区的土耳其军队,便鼓励和支持阿拉伯人反抗土耳其的统治,并向阿拉伯世界许诺战后将以"建立阿拉伯国"为补偿;《贝尔福宣言》的主要内容则是英国"赞成在巴勒斯坦建立一个犹太人的民族之家",英国此举的背

[①] 参见金宜久主编:《伊斯兰教史》,第61—65页。

后也含有换取美国犹太人对协约国的支持的功利目的。此时正是犹太复国主义和阿拉伯民族主义勃发的时期。1919年巴黎和会召开并决定将巴勒斯坦置于英国的委任统治之下。欧洲犹太人由于受到希特勒的迫害而大批回归巴勒斯坦，巴勒斯坦的阿拉伯人则相应地开展了种种抵抗运动，在此情况下英国政府只得于1947年4月将巴勒斯坦问题提交联合国。1947年11月29日，在联合国旧址弗拉兴草地举行的联合国大会上以33票赞成、13票反对、10票弃权的表决结果，通过了巴勒斯坦分治决议（英国投了弃权票，美国、苏联及许多欧洲、拉美国家投了赞成票），即规定犹太人和阿拉伯人在巴勒斯坦分别建国，耶路撒冷（圣城）和伯利恒（相传为耶稣的诞生地）则由联合国管辖。

犹太人对分治决议基本持欢迎态度，但阿拉伯人十分不满，根源在于领土的具体分配上。在这个意义上也可以说分治决议是阿以战争的直接引线，因而当1948年5月14日英国对巴勒斯坦的委任统治结束也就是现代以色列国成立时，阿拉伯人向犹太人发起了抗争，兄弟阋墙神话在现代历史上最典型的现实表现——四次中东战争正式爆发。

第一次中东战争也被称为巴勒斯坦战争，它的序幕被认为早在1947年11月29日联合国通过分治决议就已拉开，至1949年2月24日埃及、以色列达成停战协议结束，历经450天，战争中以色列夺占了巴勒斯坦80%的土地，占领了耶路撒冷新城，并造成70多万阿拉伯难民无家可归。第二次中东战争即苏伊士运河战争（从1956年10月29日始至11月6日结束）。在埃及宣布苏伊士运河收归国有并引起英法及联合国不安的情况下，以色列攻击西奈半岛的埃军并向运河推进，英法联军介入进攻埃及，埃及在军事上败北，但其实现运河国有化的政治目的得以实现。第三次中东战争即六日战争，从1967年6月5日起以色列军队对埃及、约旦、叙利亚发动了它所说的先发制人的进攻，战争进行了六天即到6月10日结束，六日战争中以色列从埃及、叙利亚、约旦手中分别夺占了西奈半岛和加沙地带、戈兰高地、约旦河西岸和东耶路撒冷。第四次中东战争即十月战争，或称赎罪日战争，1973年10月6日即在犹太教的赎罪日，埃及和叙利亚南北夹攻突袭以色列，战争伊始以色列损失惨重，但从10月9日后以军逐渐发动反攻，以至攻到距离叙利亚首都大马士革仅34公里处方才停火，两天后赎罪日战争正式结束（10月24日）。这次战争被以色列称为"通向和平的战争"，英国国际战略研究所在其《1973年战略调查》中指出："在第四次中东战争中,以色列在军事上取得了胜利,而阿拉伯国家在政治上取得了胜利。"[1]

将四次中东战争置于犹太人与阿拉伯人关系历史的文化框架中,置于更为久远的具有形而上意义的《圣经》创世学说及兄弟阋墙的"神话—历史"视野中,可以说四次中东战争是以武力对抗的极端化形式对"兄弟阋墙"进行的一种现代实现,而且由于四次中东战争的对抗性质最为贴近《圣经》神话中该隐与亚伯之争的冲突内涵,因而四次中东战争又是对兄弟阋墙神话进行的一种至为严格意义上的现实化。中东战争后以色列与阿拉伯国家的关系更加错综复杂地僵持、对峙着,这种对峙不仅是在军事上的,也是在政治、外交、经济和文化等各个领域中的。"兄弟阋墙"以较为隐晦但又是十分深刻的方式广泛固存在犹太人与阿拉伯人的关系之中。

如果说犹太人与阿拉伯人之间呈现的是一种部族间的兄弟阋墙式的对抗,那么在犹太人与阿拉伯人的内部,又都同时相应地呈现着一种部族内的兄弟阋墙,有时部族间的兄弟阋墙又常常与部族内的兄弟阋墙奇妙地交织在一起。

追溯历史,犹太人的先祖在十二支派时就呈现了明显的分化,至分国时期形成了相互对峙的南朝犹大和北朝以色列,犹太人流散之前,犹太教就已分化成几种主要教派,其中影响较大的有以祭司、富商为主组成的撒都该派,以文士、律法师等中层人物为主组成的法利赛派,以农牧民和手工业者等下层群众为主组成的艾赛尼派,以及以社会下层的无产者、贫困手工业者等激进分子为主组成的奋锐党人;在现代则又形成了正统派、保守派、改革派等等。

同时,在阿拉伯人内部,在穆斯林内部,自伊斯兰教创立伊始也就分成若干不同的政治—宗教派系,并在伊斯兰教史上爆发了多起内战。伊斯兰教历史上涌现的著名教派有哈瓦利吉派、"忏悔者"运动、盖德里叶派、穆尔吉亚派、合法主义运动、阿里派、阿巴斯派、罕百里派、栽德派等,特别引人注目的当然还是什叶派、逊尼派、苏非派。即使在当代巴勒斯坦解放组织中,也分成阿拉法特的法塔赫、乔治·哈巴什的解放巴勒斯坦阵线、纳耶夫·哈瓦特迈赫的解放巴勒斯坦民主阵线等;在非巴解组织成员

---

[1] 田上四郎:《中东战争全史》,军事科学院外国军事研究部译,解放军出版社1985年版,第334页。

中，十分有影响的巴勒斯坦人组织则有伊斯兰抵抗运动（哈马斯）、法特希·沙卡基的巴勒斯坦伊斯兰圣战组织、阿布·穆萨的法塔赫—起义组织、阿布·尼达尔的法塔赫—革命委员会，等等。在这些巴勒斯坦人组织之间，既有共同一致的利益，又常常存有种种错综复杂的矛盾。

当然，总的来说，犹太人或阿拉伯人尽管内部分歧众多，但在与外族发生冲突时，其基本立场无疑是大体一致的，犹太人与阿拉伯人对立的基本格局并未受到根本的影响。当然也有一些例外，比如作为阿拉伯人一支的德鲁兹人就与犹太人不仅没有冲突，反而保持着密切的关系，甚至在以色列军队中还有德鲁兹人出身的官兵服役。德鲁兹人在同犹太人保持密切关系的同时，又常与阿拉伯穆斯林发生着激烈的对抗。这是一个发人深思的现象。

毋庸置疑，兄弟阋墙的神话以种种方式在犹太民族与异族（教）的关系史上得到了相当程度的现实化，并呈现出一种典型的模式意义。但这显然不意味着是兄弟阋墙的神话以"观念"的方式决定了存在，而是表明了这一神话不仅以"故事"的形式提取和浓缩了古代社会希伯来人与异族关系的某些一般性本质，而且在后世的生活中呈现出一定的普遍可适意义，它在漫长的犹太历史上得到持续的实现，显然是由于在犹太人与异族的关系问题上一直存在着发生"兄弟阋墙"的某些类似性、持久性的机制因素。

第二节　兄弟容纳：神话与理想

但兄弟阋墙作为犹太人与异族（教）的一种具有原型意义的关系模式，并不意味着这一关系模式是惟一的和恒定不变的，这一点在兄弟阋墙神话本身就已得到了暗示和强调。《创世记》中，当该隐杀死兄弟亚伯后，上帝对该隐说："现在你必从这地受诅咒。你种地，地不再给你效力，你必流离飘荡在地上。"该隐惧怕在流离飘荡中被杀，上帝又说："凡杀该隐的，必遭报七倍。"耶和华就给该隐立一个记号，免得人遇见他就杀他。[①] 上帝在此为杀人者该隐立记号，显然意在以此警醒世人，它一方面表明该隐犯有杀人之过，应被标上罪恶与耻辱的标符，另一方面这标符又保护着该隐，以避免无休止的冤冤相报继续下去，可见上帝用心良苦。《创世记》的这一

[①] 《创世记》4：11—15。

处理业已显示了上帝和世人对"兄弟阋墙"的否定性判断,"兄弟阋墙"虽然难以避免,却是与上帝和世人的根本意愿不相符合的。因而紧接着该隐、亚伯兄弟阋墙的神话之后,《创世记》又叙述了一个兄弟容纳的感人故事。在《创世记》第27章中,雅各曾冒充他的兄弟以扫欺骗父亲并获得父亲的祝福,"以扫因他父亲给雅各祝的福,就怨恨雅各",并欲杀死雅各。在这里,该隐、亚伯兄弟阋墙式的恶事几乎就要再次重现。然而,到《创世记》第33章时,雅各担心以扫报复的恐惧就化解了,兄弟之间相互善待。当雅各向其兄弟以扫靠近的时候,

> 以扫跑来迎接他,将他抱住,又搂着他的颈项与他亲嘴,两个人就哭了……以扫说:"我所遇见的这些群畜是什么意思呢?"雅各说:"是要在我主面前蒙恩的。"以扫说:"兄弟啊,我的已经够了,你的仍归你吧!"雅各说:"不然,我若在你眼前蒙恩,就求你从我手里收下这礼物,因为我见了你的面,如同见了上帝的面,并且你容纳了我。求你收下我带来给你的礼物,因为上帝恩待我,使我充足。"雅各再三地求他,他才收下了。①

在这个兄弟容纳的故事里,以扫、雅各不仅没有以怨相报,而且以"群畜"相让,充分显示了一种不为名利、功利所囿,超然于宿怨旧恨之上的和睦关系和道德理想。兄弟容纳的故事无疑呈现了一种区别于兄弟阋墙的理想化的族际关系模式。

事实上,在犹太人与周边异族特别是与阿拉伯人的关系史上,也确曾出现过这种兄弟容纳般的和睦状况。历史上犹太人与阿拉伯人由于地理毗邻、风俗相近,在很早就有过相互补充、共同发展的文化接触,并留下不少关于两族人民历史友谊的传说佳话,犹太诗人赛毛艾勒·伊本·阿迪雅由于不顾亲子被杀而恪守对伊木鲁斯·盖伊斯(他自称为"全体阿拉伯人的国王")的诺言而使得他的名字在阿拉伯人中成了"忠诚"的同义词。②犹太人与阿拉伯人在长期的接触中曾广泛采借了对方文化的优质要素,犹太人甚至还创造了一种用希伯来字母书写阿拉伯语的犹太—阿拉伯语。在

---

① 《创世记》33:4—11。
② 金宜久主编:《伊斯兰教史》,第41页。

保持和传播希伯来、希腊和罗马的哲学著作、文化财富方面,犹太学者和阿拉伯学者曾共同努力,共同做出过不可磨灭的贡献,就像 L.M. 霍普夫所指出的那样,

> 倭马亚王朝之后的阿拔斯王朝(Abbasid),对犹太人更为宽容。他们在巴格达建立了首都,巴格达不久便成了中东地区科学、哲学、医学的中心。犹太人成了这黄金时代的一部分。阿拉伯语成了犹太人的语言,萨迪亚(Sadia)又将《圣经》翻译成阿拉伯文。犹太学者和伊斯兰学者一道工作,将希腊的和拉丁的哲学著作译成阿拉伯文,从而使这些著作得以保存,免遭毁坏,欧洲人在文艺复兴时期重新发现了它们。正是在这宽容的世界里,犹太教学院得以繁荣,巴格达成为犹太宗教的中心。①

这是犹太人与阿拉伯人和睦相处、共同发展的一个生动写照。在犹太人和阿拉伯人的关系问题上,可以说兄弟容纳是两族人民的共同愿望和根本利益所在。正因为如此,在历史上的每一个时期,在犹太人和阿拉伯人内部都有不少思想"容纳"的传播者和追随者。目前的中东和平进程由于受到诸种复杂因素的影响而屡遭挫折,但人们有理由相信,在勤劳智慧的阿拉伯和犹太人民的共同努力下,两族人民一定能抛却历史的宿怨,共同完成和平与发展这个人类社会的最为本质的主题。这不仅仅是中国学者的一种祝愿,因为早在希伯来《圣经》中"兄弟容纳"的故事就已再现了这样一种本质性的模式和可能,而且,在"创世学说"的时间序列上,兄弟容纳发生在兄弟阋墙之后,如果说兄弟阋墙的神话在犹太人的历史上业已得到了充分、典型的实现,那么接下来也理应走入兄弟容纳的新纪元。

第三节 排犹:一种历史性的现象

排犹现象是一个古老的历史现象,特别是自犹太人进入西方世界以来,形形色色的排犹更是几乎从未间断过,在许多情况下甚至可以说有犹太人的地方就有排犹主义。在西方犹太人历史的大部分时间里,排犹主义作为

---

① L.M. 霍普夫:《世界宗教》,张云钢等译,知识出版社 1991 年版,第 220 页。

一种独特的外来生存压力，以种种形式融进了犹太人在西方世界的一般生活之中，成为要全面考察犹太历史和犹太人生活而不可忽视的一种重要因素。在这里，排犹主义无论以何样的形式出现，都从一个特殊的角度不仅相当深刻地昭示了犹太人与西方世界诸种关系的文化内涵，也进而昭示了犹太文化本体的某些本质内涵。

排犹主义（anti-Semitism）是一个现代词，一般认为是由德国现代作家威廉·马尔（Wilhelm Marr）首创，但历史上具有"排犹"性质的现象完全可以追溯到希伯来人的埃及时代，今天人们所说的排犹主要是指犹太人进入流散时期特别是基督教兴起后所遭受的各种排斥和敌视。犹太人何以要历史性地承受外部世界的"矢石交攻"，早在希伯来《圣经》的一些篇章中就已进行了一定的探究，当然这种探究主要是神学意义上的。

在《圣经》的论述中，犹太人的一切现世苦难（无论是来自外族还是来自本族或者来自自然界），其最终根源往往都被归纳为犹太人自身的罪责——犹太人对上帝的各种悖逆，由此上帝将诸种苦难加罚给犹太人。摩西在《申命记》中曾告诫以色列众人说："你当记念不忘，你在旷野怎样惹耶和华你神发怒。自从你出了埃及地的那日，直到你们来到这地方，你们时常悖逆耶和华。你们在何烈山又惹耶和华发怒，他恼怒你们，要灭绝你们。"①《诗篇》在追念了上帝的古昔之恩后，又向上帝陈述了"己身今时之苦"："但如今你丢弃了我们，使我们受辱，不和我们的军兵同去。你使我们向敌人转身退后，那恨我们的人任意抢夺。你使我们当作快要被吃的羊，把我们分散在列邦中……你使我们受邻国的羞辱，被四围的人嗤笑讥刺。你使我们在列邦中作了笑谈，使众民向我们摇头。"②在《圣经》中，犹太人受外族所辱以及其他磨难，无疑都被解释为上帝的惩罚，因而犹太人的识罪意识和赎罪意识成了贯通《圣经》的一种重要精神。这种精神不仅在《圣经》中被一贯地保持着，而且在《圣经》后的犹太生活中也得到了持续的延展。事实上，后世的犹太人常常都是以这种识罪、赎罪意识去解释、消减和对抗他们在现世生活中的苦难经验的。但犹太人为上帝受难的解释终究是一种神学信仰的解释，在现实与理性面前，特别是在犹太人负罪受难的日子一再延宕、不知何时为完满终期的时候，犹太人自然会对

---

① 《申命记》9：7—8。
② 《诗篇》44：9—14。

《圣经》的这种神学解释发生疑问。其实这种疑问在《圣经》文本中就曾多次出现，犹太先祖曾向上帝诉道："我们的心没有退后，我们的脚也没有偏离你的路……我们为你的缘故终日被杀，人看我们如将宰的羊。主啊，求你睡醒，为何尽睡呢？"①《圣经》中诸如此类的抱怨在后世的某些犹太人中甚至发展为对上帝的谴责，抑或最终导致了他们对上帝观念的彻底背弃。

排犹主义在历史上以种种不同形式出现，并掀起了几次有代表性的排犹高潮。罗马帝国的排犹以相当典型的武力强暴的方式表现出来，而且业已蕴涵了特定的神学信仰因素。一方面，在犹太人看来，罗马统治者对犹太人宗教信仰的蔑视是对犹太人的最大侮辱，为此在犹太人的心中埋下了对罗马统治者极端愤恨的种子，犹太人也表现出为捍卫宗教信仰而宁死不屈的精神；另一方面，在罗马统治者看来，他们无须尊重犹太人在宗教信仰方面的特殊习惯，因而在犹太人因其反对偶像崇拜的神学观念而拒绝参与对罗马皇帝之像的崇拜时，犹太人便被视为缺乏应有的爱国心，招致屠戮是其咎由自取。虽然罗马统治当局因其政治需要曾一度对与犹太人的紧张关系进行了某些调适，但犹太人的反抗及罗马人的武力镇压无疑构成了罗马帝国统治下犹太人历史的基本旋律。在罗马帝国的排犹主义中，宗教神学因素的引入主要表现在罗马统治者对犹太教的玷污及犹太人对其宗教的捍卫上，这与后世排犹主义中不同宗教信仰间的对立有着明显的不同。

基督教兴起后，在相当长的历史时期里，宗教歧视和宗教迫害成为排犹主义的主要内容和形式。在中世纪，剥夺犹太人的宗教信仰权利、强迫犹太人改宗是欧洲排犹主义者的重要目标。在强迫犹太人改宗的运动中，众多犹太人因不愿受洗而被杀；而那些在"死或者改宗"的抉择面前违心改了宗的犹太人中，也曾有数千人因被作为异端分子而受到异端裁判所的严厉制裁，有的被活活烧死。在12、13世纪，伴随着残酷的宗教迫害和尖锐的宗教对立，还在西方基督教世界衍发了一系列反犹太的谣传。谣传不仅为排犹主义制造了新的"理论根据"，其本身也成为排犹主义的一种恶毒而有效的工具，像"犹太人喜欢在逾越节期间宰杀基督儿童作献祭牺牲"之类显然又在基督教世界对犹太人的宗教迫害中加进了某种"公义"和"道德"的世俗性情感理由。1321年前后在欧洲还流传着这样一个十分普遍的说法，即犹太人收买和唆使了众多麻风病患者将病毒投入水井，从

---

① 《诗篇》44：18—23。

而导致了麻风病在欧洲的蔓延。1348年欧洲流行黑死病，有的地区几乎每三至四人中就有一人因此丧命，格托中的犹太人因与外界联系有限，故染疾者较少，但犹太人的这一幸运又恰恰导致了他们的不幸，因为人们很快便制造和相信了这一谣传：犹太人是带来黑死病的罪魁祸首。接下来便发生了新一轮肆无忌惮的排犹。与"谣传"的排犹方式相呼应，中世纪另一种流行的排犹方法是为所有犹太人强制性地佩戴黄色标记，犹太人无论到哪里，都必须戴上这耻辱性的象征。诸如此类的排犹表现将中世纪推向了排犹主义历史上的一个黑暗的高峰。18世纪启蒙运动曾给欧洲带来了一定的宗教自由，但在此之前，即使是人文主义思想广泛传播的文艺复兴时期，欧洲的排犹主义也一直在不间断地或周期性地发生着，犹太人与基督徒之间的对立在莎士比亚、克里斯托夫·马洛等文艺复兴时期作家的笔下都有生动表现。启蒙运动曾一度为欧洲犹太人带来了境遇的改变，但这种改变既是有限的也是暂时的，因为排犹主义已成为西方世界的一种根深蒂固的思想。

19世纪欧洲排犹主义有了新的和综合性的发展，在德国等国排犹甚至成为其帝国政策的一部分。往日不断出现的自发性的排犹往往演变为有组织、有计划的规模性运动。排犹主义亦从中世纪时期以宗教歧视、宗教迫害为主发展为以种族歧视和种族迫害为主。排犹的最终目的不仅在于剥夺犹太人的宗教信仰自由，而且更在于剥夺犹太人的基本公民权利。因而在排犹主义的表现形式和内容上，宗教歧视、经济制裁、种族迫害、人身自由限制、人格侮辱等等都有突出和综合的表现。排犹主义在19世纪形成了新的汹涌之势，这也为20世纪排犹主义的恶性膨胀制造了内在的必然机制。

20世纪三四十年代是排犹主义得到极端化表现的年代，德国纳粹主义在排犹动机、排犹方式等方面都达到了登峰造极的地步，其根本目的已从剥夺犹太人的宗教权、公民权而发展到彻底剥夺犹太人的基本生存权。希特勒法西斯使用了一切最为恶毒、"有效"的屠杀方式，包括建立屠杀工场、使用化学毒气等等。米克洛什·尼斯利是当时欧洲最著名的犹太集中营奥斯威辛集中营中幸免于难的一位犹太医生（在集中营的编号是A·8450），他在回忆录中曾这样描述了犹太人在地下室被毒死后的惨景：

尸体并不是乱七八糟地平躺在地上，而是簇成一团，堆成塔状，一直垒到房子的顶部。

　　这种现象的惟一解释只能是毒气首先在大厅的底部蔓延开来，继而逐渐上升、扩散到天花板，因此，这些不幸的人们就被迫互相践踏，向上蹿起，一些人踩在另一些人的身上往上爬，爬得高一点，毒气就会晚到一会儿——这是人们本能的求生欲望使然。多么触目惊心、令人毛骨悚然的垂死挣扎！……

　　我发现，尸体的底部是一些婴儿、小孩、妇女和老人，而顶部则是一些体格最强壮的男人，他们的身体一般都是紧紧地抱在一起的，身上、脸上和胳膊上布满了搏斗时留下来的斑斑血印，鼻子和嘴里流着污血，脸部肿大、变形，脸色铁青死灰，令人难以辨认。①

犹太人就是这样被一批批地毒死后再送进焚尸炉的，像奥斯威辛这样的大型集中营还有海尔姆诺、贝尔热茨、贝尔根·贝尔森、布痕瓦尔德、达豪和马伊达内克和特雷布林卡等。2002年诺贝尔文学奖获得者伊姆雷·凯尔泰斯就是因其《不可改变的命运》等作品对集中营生活的描述而获得诺贝尔奖的。纳粹分子的排犹是历史上排犹主义发展到极端的结果，数百万犹太人的丧生不仅是犹太历史也是人类历史上最惨绝人寰的一幕。在1945年纳粹灭亡之后，西方的排犹业已消减，但在某些特定的地区和领域，排犹主义仍时有抬头之势。

第四节　"耶稣效应"：排犹主义的文化根源

　　西方排犹主义作为一种重要的历史—文化现象，它的产生、形成有着深刻的社会文化根源，其中起着根本和关键作用的首先是犹太教与基督教的神学冲突。这种冲突在公元1—2世纪原先仅属犹太教下层支派之一的基督教派逐渐脱离正统犹太教而发展成为影响巨大的新的宗教时就已开始。

　　基督教虽然在其宗教典籍及学说等方面都直接承继和借用了犹太教的重要材料和思想，但无论在一般教义还是在具体的神迹事典诸方面，基督教不仅较犹太教有了质的演变，而且生成了诸多对立性的观念，以致这两

---

①　米克洛什·尼斯利：《奥斯威辛集中营秘闻》，许家维译，天津人民出版社1989年版，第41—42页。

种原本一脉相承的亲缘宗教最终呈现了一种极端对立的关系状态。基督教以普世宗教的形式出现，消减了犹太教中强烈的民族色彩，特别是它认为犹太人与上帝立约的失效、上帝已另立"新约"，以及由此而演变的救世主基督耶稣的学说等等，在观念深层否定了正统犹太神学的基本教义。而且，演绎基督教基本学说的一系列神迹事典，尤其是耶稣受难的传说，既为基督教徒埋下了仇视犹太人的神圣种子，也是以更为生动、具象的方式表述了犹太人在基督教思想和基督教世界中的不良品性。

在基督教学说中，作为耶稣十二门徒之一的犹大因见利忘义而出卖了基督耶稣：

> 说话之间，那十二个门徒里的犹大来了，并有许多人带着刀棒，从祭司长和民间的长老那里与他同来。那卖耶稣的给了他们一个暗号，说："我与谁亲嘴，谁就是他。你们可以拿住他。"犹大随即到耶稣跟前说："请拉比安。"就与他亲嘴。耶稣对他说："朋友，你来要做的事，就做吧！"于是那些人上前，下手拿住耶稣。①

接下来便发生了耶稣被钉死在十字架上的惨剧。上述故事是否可以作为信史解读的确存在着很大的疑问。尽管在犹太史学家约瑟夫斯·弗拉维的《犹太古事记》和罗马史学家塔西佗（Tacitus，55—118？）的《编年史》等几乎与耶稣同时代史学家的著作中不止一次地提到耶稣的问题，但不少学者经过研究后还是认为这能否作为确凿史料仍然值得怀疑。退一步讲，即使其时确有一个被称作"耶稣"的人，那么此"耶稣"亦未必可以等同于《新约》中的耶稣。19世纪在研究耶稣方面影响极大的大卫·弗里德里希·施特劳斯（D.F.Strauss，著有《耶稣传》）以及布鲁诺·鲍威尔（Bruno Bauer）等都认为《新约》中的耶稣实际上是一种神话的耶稣而非历史的耶稣，是经过《新约》作者塑造后形成的神话人物，虽然在该人物的生平经历中可能在一定程度上包含着某种历史素材。即使姑且承认《新约》中的耶稣基本上是历史的而非神话的，那么耶稣被钉的责任是否可以像基督教所说的那样统统归纳到犹太人身上也是一个值得深思的问题。

在《马太福音》中，直接将耶稣送上十字架并将其钉死的，是罗马驻

---

① 《马太福音》26：47—50。

犹太巡抚本丢·彼拉多（Pontius Pilatus）及其手下的罗马士兵，罗马史学家塔西佗在《编年史》中也明确写道，耶稣"在提比留（Tiberius）皇帝时被巡抚本丢·彼拉多处死"。巡抚的士兵不仅将耶稣作为犹太人来戏弄，而且在耶稣的罪状牌上指明耶稣的罪状是："这是犹太人的王耶稣。"[①]但在《马太福音》中，作者显然淡化了彼拉多在杀死耶稣问题上的罪责，而将彼拉多这个极为残暴的罗马巡抚塑造成一个无主见、多善心的巡抚，他之所以决定将耶稣送上十字架，原因在于受到犹太祭司及众人的怂恿和压力。彼拉多甚至还试图为耶稣开脱，但"见说也无济于事，反要生乱，就拿水在众人面前洗手，说：'流这义人的血，罪不在我，你们承当吧！'"[②]强暴的罗马巡抚竟然受制于普通"众人"，这是缺乏足够的说服力的，同时这也清楚地表明《马太福音》将犹太人视作杀死耶稣的罪魁祸首是经过作者一定的主观演绎的，《新约》中的耶稣及其被犹太人杀害的有关叙述在很大程度上是一种"神话"的叙述。当然，在这种"神话"的背后，无疑又相当真实地写照了基督教作为犹太教的背叛者而与犹太教之间固存着的深刻的现实对立。但这种现实性的对立一旦以耶稣受难的宗教神话形式再现出来，它所产生的"耶稣效应"就不仅超越了历史的客观限度，而且还将借助宗教思想的传播而产生着难以估量的社会文化影响。在这种"耶稣效应"中，罗马巡抚的罪责荡然无存，"犹太人必须对耶稣之死负责"便成为一种神圣不可动摇的信念嵌入基督教思想和基督教徒的内心深处。《马太福音》在耶稣被杀时，就让包括犹太祭司在内的众人"自告奋勇"地承担起了这一无可估量的责任，众人说："他（耶稣）的血归到我们和我们的子孙身上。"[③]这样，在《马太福音》的"神话"中，犹太人不仅是杀死耶稣的罪人，而且在杀死耶稣时就已自动承认并担负了这一杀害耶稣的罪责。《新约》中诸如此类的神话故事也许远较基督教与犹太教在思想观念上的分歧更多地为后世的犹太人带来了不利，带来了基督徒对犹太人的憎恨，这也使得犹太人在神学上必定成为基督教世界中永恒的被疏远者。[④]

值得指出的是，"耶稣效应"不仅局限于宗教话语，更成为一种影响广泛的文化效应。当基督教与犹太教之间尖锐的神学对立伴随着宗教对文化

---

① 《马太福音》27：37。
② 《马太福音》27：24。
③ 《马太福音》27：25。
④ Joseph L. Blau, *Modern Varieties of Judaism*, p.2.

的浸染而逐渐生发成一种文化对立时,西方基督教文化中的犹太人面临着的便不仅是宗教的压力,更是一种无所不在的文化压力。

自罗马皇帝君士坦丁大帝信奉基督教并立基督教为国教以来,基督教就逐渐在欧洲文化生活中占据着越来越重要的地位,以致最终与欧洲文化不可分割地交融在一起,形成了西方基督教文化传统。在基督教文化传统的历史建构中,基督教中的神迹典故便不仅仅是一种神学事典,同时也是一种传统性的"文化传说",基督教的某些观念也不仅仅是一种神学观念,而更可以生发为一种普遍性的文化规范。特别是那些寓意深刻的"故事",如《犹大之吻》、《最后的晚餐》、《基督受难》、《基督复活》等在民间作为一种传说而代代传诵的时候,它们所发生的影响就绝不止于宗教范围,而更可以潜移默化地影响到一切文化领域,而且这种影响对于许多西方人来说甚至是从其尚未成年的时候就已开始发生作用的。同时,基督教的某些重要事典在西方文化中往往还以节期习俗的形式固定下来(如"圣诞节"、"复活节"等等),并在周而复始的循环呈现中演变为一种文化习规。基督教中的神迹典故无论以何样的形式、方式传递下来,它所传递的都不仅仅是"故事",而更是一种形象化的观念,这些观念连同基督教的体系学说一起,制约着人们的思想行为,特别制约着人们对"犹太人"的观点和看法。所以,当宗教神圣要素(神迹典故、观念等)演化为一种文化要素时,它对人们的思想言行所发生的制约力肯定远远超过其原有水平。人们在接受这种制约时,其实也并非是完全被动地接受,而常常是一种自然性的吸纳并伴随着能动的运用,人们在以"犹大"表示"变节者"、"叛徒",以"犹大之吻"喻指口蜜腹剑的卑鄙伎俩时,便是这种运用在日常语言中的表现。当然,更重要的运用还是在观念、思想等文化深层的运用。这样,在基督教文化的综合情境中,在西方世界对基督教思想的文化运用中,"犹太人"不仅有了特定的文化语义,也被固定为特定的社会属性和社会角色。在这里"犹太人"被等同于"恶",并被作为"恶"的意象、象征和载体而呈现在基督教世界的社会文化结构中。萨特在《反犹太者的画像》中曾指出,在西方反犹主义者的眼中,犹太人

……是根本坏的,是根本犹太的;他的长处,设若有,也因为是他的长处而变为短处,他的手所完成的工作必然带有他的污迹:如果他造桥,这桥就是坏的,因为它从头到尾每一寸都是犹太的。犹太人

和基督徒所做的同样的事情，无论如何绝不相同。犹太人使得他触摸过的每种事物都成为可恶的东西。德国人做的第一件事就是禁止犹太人到游泳池：对他们来讲，一个犹太人的身体投入水中就会把水根本弄脏。正确地说，犹太人由于他们的呼吸而染污了空气。[①]

萨特的论述清楚地表明了西方世界对犹太人的认知和观念——这样的观念在基督教世界中已不是个别人的观念，而是人们的一种普遍性的思想。它甚至还作为一种不自觉的深层意识融进了一般人对世界、对生活的基本看法当中，并成为一种特定的思维定式。

因此，在1894年法国发生的一次"泄密事件"中，难怪犹太人德雷福斯首先被人们怀疑为泄密者，也难怪当德雷福斯被指控为犯有叛国罪时，绝大部分法国人（包括贵族和平民）都不仅坚信不疑，而且群起攻之。一个多世纪后重新回顾这一事件的缘由和发展，有许多方面是发人深思的：一位清洁女工在德国驻法国使馆的废纸篓里拣到一封写有法国军事秘密的匿名信，引起法国特工部门的高度重视。炮兵上尉阿尔弗雷德·德雷福斯首先成为怀疑对象，怀疑的根据仅在于德雷福斯是个犹太人。法国原本是个具有法律传统的国度，18世纪启蒙思想家孟德斯鸠曾写下了不朽著作《论法的精神》，他在这本书中提出的伟大思想——司法、立法、行政三权分立——对人类的文明和进步产生了深远影响。但在德雷福斯事件发生的时候，法律的崇高和庄严恰恰在这个"法的王国"遭受了损害，这种损害具体表现在法国有关当局对诉讼审判工作的强制性行政干预，以及对证据和事实的全然不顾。虽然德雷福斯始终否认自己犯有罪行，法院也未得到任何有效证据，但法院仍以卖国罪判处他终身监禁。当时只有作家埃米尔·左拉等个别人挺身而出伸张正义，但左拉为此也遭到判刑，甚至有人要烧死左拉。人们不约而同地声讨德雷福斯，还有人为未判德雷福斯死刑而深感遗憾和愤慨。德雷福斯的冤案在他被判刑十多年后的1906年才得以平反昭雪，真正的罪犯被查出，案情真相大白后法国和世界都为之哗然。德雷福斯事件在法国历史和犹太历史上都是值得记取的重大事件。犹太复国主义运动的领袖，当时还是新闻记者的西奥多·赫茨尔后来写道："德雷福斯案件不仅是个司法错误。它反映了绝大多数法国人的心理：判处一个

---

① 见W.考夫曼：《存在主义》，陈鼓应等译，商务印书馆1987年版，第292页。

犹太人并借此宣布所有的犹太人有罪。当有人从德雷福斯上尉的军服上扯掉军官符号时,一群人高喊:杀死犹太人!从此,'打倒犹太人!'就成了一个战斗口令。这一切发生在什么地方?发生在法国!发生在共和的、现代的、文明的法国,而且是在人权宣言发表一百周年之后……"[①] 在排犹意识业已成为一种普遍的社会意识时,人权、平等的理想和理性的力量都显得是那样的脆弱。

法国哲学家萨特以其亲身经历表明不少西方人都患上了病态的"反犹太怪癖":

> 我曾询问过上百的人关于他们反犹太人的事。他们之中大部分人一般归罪于犹太人的错误。"我恨他们,因为他们自私,阴险,难打发,油滑,粗拙等等"——"然而至少你与某些犹太人接触过吧?"——"当然没有!"一个画家曾对我说,"我敌视犹太人,因为由于用他的批评习惯,他们使得我们的仆人变得不顺从。"还有更为确定的经历:有一个没有才分的演员确言犹太人常常用卑下的角色使他不能在戏院出头。一个年轻的妇人曾对我说:"我跟毛皮商有过可怕的经验,他们强夺了我,他们烧了我托给他们的毛皮。对的,他们都是犹太人。"然而为什么她恨犹太人更甚于毛皮商呢?……因为她有反犹太的怪癖。[②]

萨特的分析是生动而深刻的。

无论是德雷福斯案件还是在日常生活中,西方世界的"反犹太怪癖"都不是针对某一个犹太人而是针对"犹太人"的整体的。西方排犹主义的发生和猖獗除了与基督教文化传统有着至为密切的关系以外,也与欧洲传统的种族主义思想有着不可分割的联系,排犹主义在另一种视角下也是一种典型的种族歧视主义。

在欧洲,种族主义曾是一种根深蒂固的思想,种族歧视不仅针对犹太人,也针对非洲和东方的其他有色人种,甚至欧洲人内部也有所谓优劣之分,东欧斯拉夫人种昔时就常遭西欧诸人种的歧视。英国自诩为"爱国主义作家"的吉卜林曾在一首题为"东方和西方"的诗中写道:"西方就是西

[①] 阿巴·埃班:《犹太史》,第279—280页。
[②] W. 考夫曼:《存在主义》,第286页。

方，东方就是东方。/一个天上，一个地下，/永不会变/直到神的最后审判……"①这是白人优越论的集中表白。欧洲种族主义和殖民主义在世界各地（包括中国）的种族歧视和暴虐行径曾引起了包括西方正义人士在内的世界人民的强烈谴责，著名作家雨果、马克·吐温、托尔斯泰等都曾在八国联军入侵中国时向中国人民发出过声援。

犹太人作为流浪客民寄居在欧洲各地，而这块土地原本就有着诸多对犹太人十分不利的宗教因素和文化背景。单从宗教文化的角度而言犹太人与其居住地就已形成了一种对立否定的文化构成，如果加上欧洲种族主义的催化作用，排犹主义在这块土地上就有了更为适宜的膨胀机制。也可以这样说，种族歧视与宗教排斥两股力量的拧合势必使得排犹主义产生难以估量的现实效应。

在此不能不指出的是，对犹太人的种族歧视思想不仅存在于一般的狭隘人士，甚至也存在于那些富有智慧、"照亮"他人的启蒙思想家。法国启蒙运动的著名理论家，曾以传播知识、批判宗教蒙昧著称的百科全书派领袖伏尔泰就曾认为，犹太民族是"一个无知和野蛮的民族，他们长期以来将难填的欲壑、最可恶的迷信和对所有宽容并使他们致富的人们最隐秘的仇恨结合在了一起"。②富有理性、开明的启蒙思想家尚且如此，何况一般褊狭、愚昧之人。

诚然，犹太人同世界上的任何民族一样也有其自身的弊端和劣根性，犹太人自己对此并不否认，因而自古而来不仅随时都在产生着犹太传统的背叛者（其中相当部分是出于对其传统阴暗面的不满），也随时都在涌现着犹太生活丑陋方面的揭发者。但这显然不能成为种族歧视和排犹的正当理由。况且，在西方排犹主义者的眼中，只有犹太人与非犹太人之分，而无好的犹太人和恶的犹太人之分。在欧洲种族主义将其利刃指向诸多"劣等民族"时，也许犹太人是首当其冲的，这除了上述分析的宗教文化等原因以外，另一个"刺恼"西方人的重要原因或许就在于犹太人自认为"上帝的选民"并坚信不疑，这无疑是西方"优等民族"所不能容忍和答应的。惟其如此，犹太人就必须被证明是"劣等的"和"野蛮的"。

如果说种族主义思想虽然超越了宗教神学范畴但毕竟还是一种观念因

---

① 见弗·恩·鲍戈斯洛夫斯基等：《二十世纪外国文学史》，第一卷，傅仲选等译，四川人民出版社1984年版，第17页。

② 见查姆·伯曼特：《犹太人》，第33页。

素的话，那么犹太人的现实活动、与欧洲人的经济联系等则又是导致排犹主义盛行的世俗性和行为性契因，这些契因在某种意义上不仅是最为直接的，也是有根本意义的。

生活在基督教世界的犹太人，因其生存环境的天然压力，只有以百倍的努力方能换得相应的生存保障，有时即使这样也难以从根本上解除生存中的后顾之忧。犹太人的这种无以消解的忧患意识作为一种动力和潜能，对犹太人的现实行为不啻是一种巨大的激发。事实表明，散居中的犹太人在经济及社会生活的其他一些领域都常常制造出了超越性的行为事实和成就。但这对犹太人而言并不总是一种有利的优势设定，因为这同时也使得犹太人更易受到攻击，甚至在犹太人内部也有人抱怨犹太人的不幸在一定程度上是那些"拼命往上爬"的犹太人步子迈得太大的缘故。

在犹太人与欧洲人发生诸种直接的联系时，特别值得提出的是犹太人因其特定的传统和经历而形成的具有某种典型意义的身份特征——商人。并非所有的犹太人都是商人，也非所有的犹太商人都是富人，但商业性活动的确在犹太人的生产、生活中占据着十分重要的地位，其中的历史与现实契因在后文中将会详细探讨。在犹太人的商业活动中，犹太人靠其商业天赋和技巧常常获利甚至发财，这种商业行为及获利效应无疑极易造成商业阶层与非商业阶层之间的差距、隔阂和不信任。经济行为的一切参与者都是运用有利原则来发生其经济联系的——无论是商人与商人之间，还是商人与消费者之间，犹太人作为这种经济活动的一方，无疑也是这样从有利和利己原则出发与西方人发生着直接而对立的经济联系。讨价还价的嘈杂声、嘈杂声背后的利益纷争，以及潜存在内心深处的心理冲突在何样的情境下会得以平息和安抚，在何种程度上会使双方共同认可并予以接受，而这种认可和接受又不至于在短期内重新反悔，这些都是没有把握和令人怀疑的。这只是犹太人与西方人经济联系（或曰经济冲突）的一种浓缩化的象征景象，更为复杂的世俗功利冲突还渗透在生产和生活中的各个方面，涉及生产资料、生产方式、生活空间、就业、升学等内容。其实，诸如此类的利益冲突即使在同族人之间也会存在，但发生在犹太人与西方人之间情形就大不相同了，因为犹太人与非犹太人的经济纷争在排犹主义者看来绝不仅仅是一种经济纷争，而更是一种"是非之争"，就像萨特在《反犹太者的画像》中所描述过的那样，一个鱼贩若被犹太鱼贩的竞争所激恼，便可拿起笔去状告犹太鱼贩，借助社会力量的"伸张正义"来打击和消灭他的竞争对手——犹太鱼贩。与犹太人发生直接联系的人是如此，甚至那些未与犹太人发生直接联系的人有时也会将其挫折归罪于犹太人，从申请奖学金的失败到就业机会的丧失等，人们在追究原因时，往往会不约而同地首先想到犹太人，因为犹太人是一切罪责的永恒的首要原因。

犹太人与西方人在世俗功利上的冲突是西方排犹主义的重要现实契因，犹太人与异族冲突的世俗性质在希伯来《圣经》中曾有集中反映，但在流散后的相当历史时期里往往被强烈的神圣化因素掩盖了。这并不奇怪，因为神圣化理由更能蛊惑人心。西方排犹主义的猖獗在很大程度上就是借助了神学文化之力而得以实现的，但在其深层的文化机理中，无疑融合了宗教与世俗的多种因素及其相互促发。当然，西方排犹主义的文化根源还远远不止于本章分析的若干要素，还有来自欧洲文化及犹太文化自身的更为隐蔽和复杂的因素。

排犹主义有着难以估量的危害，希特勒纳粹分子将西方的排犹推向极端，触目惊心地向世界展示了排犹主义的恶果，这也提醒着人们要警惕排犹主义和形形色色的种族主义滋生的土壤。纳粹排犹既是西方排犹主义发展的自然结果，又有其特定的时代文化因素，遗憾的是某些西方学者在考察这一历史现象时，有时未能运用一种历史的、综合的文化观点去进行全面的分析。有人曾从心理学的角度发掘希特勒的"变态心理"，说希特勒曾与犹太妓女睡觉染上梅毒，因而滋生对犹太人的报复心理；亦有人说希特勒当年爱上的一位美貌女子被一位有犹太血统的青年人拐走，从而产生了对所有犹太人的愤慨，他本人曾在《我的奋斗》中说过"成百上千个姑娘被可恶的罗圈腿犹太杂种引诱"[①]之类的话，等等。希特勒是否曾有过上述经历和心理特征是难以证实的，但即使有，充其量也只是一个方面，难以将其视为希特勒排犹的根本性文化原因。希特勒在《我的奋斗》中曾表白，他"在反犹主义方面的看法是随着时代逐渐起变化的"，这表明希特勒的排犹主义思想是在社会时代的培养下逐渐成熟并最终走向极端的。

19世纪欧洲盛行的白人优越论、社会有机论、社会达尔文主义等思想极大地影响了希特勒，这些思想的基本特点是将人类划分成优等民族与劣等民族，白人自然是优等民族（尤其是雅利安人），其他则是劣等民族，人类社会亦必须遵守生物学优存劣汰的生存竞争原则，而战争则是生存竞

[①] 胡其鼎：《希特勒》，浙江人民出版社1986年版，第26—27页。

争的最高形式，等等。在德国，19世纪后期（1891年）就成立了泛德意志协会，泛德意志主义思潮四处泛滥，这些都直接成为德意志帝国扩张野心的酵母。此外，欧洲的排犹传统在19世纪后期和20世纪初期得到了新的"光大"，人们在津津乐道地传诵和运用犹太人的诸种"古典神话"的同时，又制造和运用了犹太人的诸种"现代神话"，比如犹太人导致了世界，特别是德国的经济困境，犹太人中隐藏着共产主义分子等等，这些无疑都对希特勒排犹主义的孕育和成长起到了不容忽视的作用。早在希特勒还是个无名之辈时，他就树立了坚定的排犹思想，他曾在1919年写过一篇《关于犹太人的意见书》，提出排犹主义的"最终目的乃是坚定不移地除掉全部犹太人"。当希特勒大权在握以后，"全部解决犹太人"便成了他的重要奋斗目标，甚至他还把排犹主义思想融进了对纳粹党旗的解释当中："红色是运动的社会思想，白色是民族主义，带钩十字代表斗争使命，即争取雅利安人的胜利以及过去和现在永远是反犹主义的创造性劳动思想的胜利。"[①]

被特定社会、时代培育出来的一个帝国主义的战争狂人，屠戮了数百万犹太人的生命，也给世界人民带来巨大灾难，这一历史的深刻教训是后人不应忘记的，人们有义务以极大的责任感深刻反思这一历史悲剧。在希特勒肆无忌惮地施行排犹暴虐的时候，世界上许多国家的政府保持了沉默，甚至不给逃难的犹太人提供一个避难的场所，从而在事实上加重了犹太人的灾难，这不同样需要后人的深刻反省吗？关于希特勒的身世在西方甚至还一度流行着这样一个骇人听闻的说法，说希特勒自己就带有犹太血统或是一个四分之一的犹太人！这一传说声称希特勒的祖母早年在一犹太富人家里做女佣时与主人的少爷发生关系生下了希特勒的父亲。人们未能找到任何有关这一说法的确切证据。这一"传说"被某些人故意渲染是不是排犹意识的另一种表现———一种迎合了某种心理的、恶毒的表现呢？

排犹主义的幽灵和文化观念在不同时期不仅有表现形式的不同，而且有表现程度的不同，在特定的历史条件下，它会淡化或沉寂，而一旦遇到适宜的机制，便会被随时唤醒。美国经济萧条的时候，曾有人把经济衰败、农民受到城市的压力等都归罪于犹太人。在冷战和麦卡锡主义猖獗时期，有人认为是犹太人发明了布尔什维克主义，或者将犹太人与社会主义者等同，从而对犹太人进行种种迫害和监禁；而在冷战的另一方，特别是在斯

---

① 参见胡其鼎：《希特勒》，第29—86页。

大林时期的苏联,许多曾为苏维埃政权的建立而流血奋斗的真正的犹太布尔什维克主义者,却又成了权势斗争、党内路线斗争及种族歧视等奇特混合物的牺牲品。冷战的双方严重对峙着,但在冷战双方的内部,又发生着理由不同但事实和结果极其雷同的排犹事件,这是对"世界政治"的一种检验和一大讽刺。

所以,许多敏锐的思想家、哲学家都将排犹视作一部超越了犹太问题的"历史"和"标本"来解读,从中发现理喻人类一般生活的独特视角和特殊参照。哲学家萨特在这方面是有见地的。他在分析了反犹太者的种种心态、完成了对反犹太者的画像以后,深刻地将"反犹主义"视作一种对人类自身的惧怕,将反犹者视为一个"惧怕者":

> 现在我们已经懂了他。他是一个惧怕者。当然不是惧怕犹太人,而是惧怕他自己,他的良心,他的自由,他的本能,他的责任,恐惧孤独,变迁,社会及世界;除了犹太人之外,他惧怕一切。……犹太人不过是一个借口:到了其他的地方就会变成黑人,黄种人;犹太人的存在只不过使反犹太者将焦虑的胚芽及早掐断:他使自己相信他的地位在这个世界上一直是被别人霸占了,世界在等待他,而他由于传统之名有权去占领它。反犹太主义,总之一句话,是对人类命运的惧怕。反犹太者是一种想变为无情的石头、倾盆暴雨、怒吼的雷电的人。总而言之,是什么都可以,只要不是人。①

萨特的论述是否可以认为实际上表达了这样一种思想:反犹太主义在一定意义上也是一种反人道主义。我们说,作为一种种族—文化歧视的排犹主义以及不管来自何方、采以何种形式出现的种族主义和种族歧视,从本质上说都是反人道的。

---

① W. 考夫曼:《存在主义》,第 300—301 页。

第六章　冲突与宽容的文化效用

第一节　排犹的文化效用

排犹主义及其排犹现象就其文化本质而言，在很大程度上可被视作以不同方式对犹太人进行的诸种"文化消解"。对犹太人的宗教歧视和宗教迫害显然是以消解犹太人的宗教信仰为直接和根本动机的，强迫犹太人改宗便是最集中的体现；西方世界长期以来对犹太人的种族歧视，自然亦可被认为是对犹太人种族特性的压制和消解，它旨在迫使犹太人淡化以致最终灭除自己的民族意识；希特勒纳粹主义对犹太人的种族灭绝，是试图从种族存在上对犹太人实行"彻底解决"——不仅解决犹太人的信仰问题、文化特性问题，也从生命存在的根本层面上最终消灭犹太人。

但排犹主义无论以何样的形式出现，在其"消解"犹太人的动机与其实际效果之间都存在着明显的距离，纳粹主义对犹太人的灭绝性屠杀更不例外。以纳粹排犹为例，纳粹分子对犹太人的大规模屠杀实际上造成了两个直接的结果：其一，是纳粹分子在屠杀中屠戮了 600 万犹太生灵，使得 600 万犹太人的生命从现世生活中永远地消失了；其二，在集中营的焚尸炉发出呛人浓烟的同时，人们惊奇地发现又有无数个犹太人被唤醒、被造就出来。无论是靠着个人奋斗进入了上层社会并感觉到在欧罗巴大地上业已获得了立足之地的犹太富翁，还是那些勤勤勉勉、已在某些小镇生息繁衍了几代人并且已有了某种入乡随俗之感的普通犹太人，甚至还包括那些在相当程度上已经与欧洲人融为一体或只有若干分之一犹太血统者，纳粹排犹主义的暴虐不仅阻止了他们对犹太身份的淡漠，而且迅速沸腾了他们的犹太血液，召回了无数原本要消失在异质文化中的犹太子孙，从而也造就了更多的难以消解的犹太人。对犹太人进行灭绝性的"彻底解决"是纳粹的本意，而大屠杀又唤醒和造就了无数的犹太人，这是纳粹分子始料未及的。这不仅从根本上粉碎了法西斯主义的反人道梦想，而且以巨大的代价证明了人间的一个普遍真理：强暴只能使强暴者事与愿违。对西方排犹主义的文化考察也表明了这样一个十分重要的文化事实：历史上各种形式的排犹既给犹太人带来了巨大的不幸，同时又成为唤醒和培养犹太人民族意识的重要因素。换言之，排犹主义在一定程度上亦是对犹太人的一种文化造就。开普兰在谈到犹太传统和犹太生活的保护环境因素时认为："有利于保护犹太生活的力量并不仅限于犹太民族身上所固有的内部动力所产生的那些因素。在犹太民族之外的环境之中，同样也可以找到这样的因素，其中最显著的一种力量就是反犹主义。这一点乍听起来会让人感到十分荒谬，然而，同大自然本身似乎一门心思地要毁灭人类，从而迫使他们建立起固定的生活方式和抵御手段这一过程相比，你肯定就不会感到荒谬了。"①

排犹对犹太人的文化造就首先表现在它对犹太人沉睡和淡漠了的民族意识的重新唤醒上。在犹太人漫长的散居生活中，如前所述无以避免地发生着犹太人对居住地生活的介入。犹太人在汇入居住地生活主流的同时，其民族意识也发生了不同程度的淡化，甚至不少犹太人的民族意识正处于一种深沉的睡眠状态。称其处于睡眠状态，一方面是因为某些犹太人的民族意识在通常情境下不是活跃地呈现在实际生活中，也未成为指导其生活行为的主导因素；另一方面也还因为，犹太人民族意识在一定程度上的沉寂并不意味着犹太民族意识的死亡，它只是以"休眠"的方式存在着，一旦遇到特定的声响，便会自然而迅速地被重新唤醒。西方的排犹无疑有效地促使了犹太人民族意识的觉醒，这正像西奥多·赫茨尔在《犹太国》中论述的那样，反犹太的喧嚣促使了重建犹太国这一沉睡观念的苏醒。无数沉睡中的犹太人正是在排犹的喧嚣中、在承受排犹的切肤之痛的时候而被唤醒起来的。19世纪末，一位被俄国集体屠杀犹太人的事件震醒并逃到巴勒斯坦的犹太青年曾写道：

在此之前，我对自己的血统是不感兴趣的。我自认为是俄罗斯忠诚的儿子，对于我来说，俄国就是我存在的理由和我呼吸的空气。俄国科学家每一个新的发现，俄国每一本经典文学作品的问世，俄国的

---

① 摩迪凯·开普兰：《犹太教：一种文明》，第79页。

每一个胜利，都使我心中充满自豪。我希望为繁荣我的祖国贡献出自己的全部力量，并愉快地恪尽我的职守。可是，他们突然对我们下了逐客令……①

西方世界对犹太人的种种"逐客令"促使犹太人清醒地意识到自己的民族身份——在这里，犹太社团的领袖们梦寐以求地想做而未能完全做到的事情却在西方的排犹之举中得到了相当程度的实现。

排犹对犹太人的文化造就不仅意味着对犹太人民族意识的唤醒，更意味着对其民族意识和民族精神的强化。这种强化往往首先表现在犹太人对居住地陌生感、局外感的重新树立，他们由于对居住地生活的长期参与而产生的所谓"祖国意识"即使不是荡然无存，也是得到了根本的动摇。同时"血统意识"，也就是种族与民族意识不仅再次成为指导和操作其实际生活的主导意识，而且也得到了空前的加强和稳固。这在很大程度上取决于排犹主义采用的标尺是一种种族性的标尺，种族的尺度在排犹行为中显然凌驾于国籍、信仰、阶级、道德、公理等尺度之上，这也正是犹太人构成的巨大复杂性丝毫没能影响排犹进行的原因所在。

在排犹主义者看来，任何一个犹太人的行为都象征性地代表了整个犹太人，所有犹太人也必须为个别犹太人的行为负责。1938年11月上旬，纳粹以波兰犹太青年赫舍尔·格林斯班（Herschel Grynszpan）在巴黎企图刺杀德国驻法大使为由而实施有计划的排犹暴行便是一个极为典型的例证。11月10日夜，被煽动起排犹情绪的暴民们纷纷走上街头，殴打、追捕犹太人，捣毁犹太会堂和商店，破碎的橱窗玻璃遍地皆是，史称"水晶之夜"。事件之后，德国官方很快公布了对犹太人的进一步处罚，他们认为格林斯班的谋刺行为是犹太人的集体罪行，因而处罚包括三重："第一重是，对全体犹太人，包括奥地利和苏台德区的犹太人，处以集体罚款10亿马克。每个犹太人必须出示证书，表明已缴纳自己应付的一份罚款以后，他的移居国外的申请方有希望批准。第二重是，犹太人虽然已经保过险，仍然要为自己的财产损失出钱赔偿。第三重是，颁布一系列法令，目的在把犹太人完全排除出德国的经济生活。所有的犹太人企业都将'雅利安化'，也就

---

① 查姆·伯曼特：《犹太人》，第273页。

是说，将由国家接管或卖给'雅利安人'。"[①] "水晶之夜"事件及其后对犹太人一刀切式的处罚，都相当深刻地表征了种族因素是排犹行为中的核心因素，这也从一个独特的角度深化了犹太人的种族和民族意识。排犹主义的循环出现也是对犹太人民族意识的循环强化，在这种历史的反复循环中，犹太人的民族意识历经锤炼，成为一种稳固、浓缩的精神品质，从而也造就了千千万万个能够抗拒异质文化浸染的犹太人。需要指出的是，排犹对犹太人的这种文化造就既是对具体犹太人的个别造就，更是对犹太人作为一个民族的整体造就，也就是说，排犹对犹太人民族意识的强化也极大地增强了犹太民族的内在凝聚力。历史证明，恰是在排犹主义最为猖獗之时，犹太人才最能摒弃自身的分歧、最能紧密地联结在一起。

排犹对犹太人的文化造就还表现在它对犹太人成长的历时性影响上。排犹作为犹太历史上的一种重要因素，它给犹太人民带来的灾难和痛苦都将作为一种宝贵的历史财富和历史记忆传递给犹太人的子孙后代，在这个意义上又可以说，排犹所造就的不仅是排犹主义发生的同时代人，也包括排犹主义发生后的异时代人，也就是说，排犹主义将以其深远的历史影响对后世犹太人的文化成长产生深刻作用。

西方排犹主义是西方文化与犹太文化之间文化冲突的一种极端化的表现形式。文化冲突意味着不同文化间的相互矛盾和排斥，这一关系中的冲突双方无疑体现出对各自文化特性的固守取向，虽然犹太文化在这一冲突过程中始终处于弱势地位，但这非但没有削弱反而加强了犹太文化对自身特性的固守和保持。从另一个角度而言，极端化的文化冲突不仅破坏了犹太文化在散居地与异质文化的融合趋势和可能，而且将犹太文化与异质文化间的距离无限地拉大了，这一方面标明了犹太文化与异质文化间的深刻界限，另一方面也是对犹太人文化特征和民族意识的有力强化。

第二节 文化宽容与犹太人的同化

在文化冲突实现对犹太人文化造就的同时，我们也发现，在异质文化与犹太文化宽容相处的情境下，犹太人却又在不由自主中发生了犹太性淡化、犹太身份淡漠乃至丧失的趋势，历史上"失踪的以色列十族"是这样，

[①] 戴维·克兰茨勒：《上海犹太难民社区》，许步增译，上海三联书店1991年版，第5页。

开封犹太人的汉化也是这样。抵达开封的犹太人与当地的中国人和睦相处，中国文化对开封犹太人的宽容却最终导致了犹太文化特性的消失，这也许是开封犹太人初来中国时所不愿见到的。排犹主义在文化上造就了犹太人，而文化宽容却导致了犹太人的文化同化，这无论是在文化理论还是在文化实践上都是一个令人深思的深刻悖论。

关于中国犹太人的问题国内已有不少学者进行了相当深入的研究，当然也存留了一些分歧和有待进一步发掘、论证之处。一般认为犹太人到达中国至少已有千年左右的历史。就今天的所谓"开封犹太人后裔"而言，无论从其外貌体质还是从其文化精神、生活习俗等方面来看，都已难以发现任何明显的犹太性特征，面对这些采用中国姓氏、完全汉化了的"开封犹太人后裔"，如果不作特殊的背景提示，恐怕任何人也不会把他们与一般汉人区别对待。他们的祖辈在很早以前，也许是在一到达中国后不久，便开始了包括通婚在内的与中国文化的融合进程，因而在今天"开封犹太人后裔"的血液里，属于犹太人的血缘只能是微乎其微的了。

学术界关于犹太人（或犹太教）初入中国的时间问题众说纷纭，分别有周代（或周代以前）、汉代、唐代、北宋等多种不同界说，上下悬殊千余年。周代论者多以清康熙二年（1663）所立开封犹太碑《重建清真寺记》碑文为据："教起于天竺，周时始传于中州。建祠于大梁。历汉、唐、宋、明以来，数有变更……"但因该碑立时甚晚，未足为凭。有西方学者认为老子的《道德经》中便已出现了"耶和华"的名字，《道德经》第14章中说："视之不见，名曰夷，听之不闻，名曰希，抟之不得，名曰微。此三者，不可致诘。故混而为一，其上不皦，其下不昧，绳绳不可名，复归于无物。"其中不可追究的三者"夷"、"希"、"微"合起来正是"夷—希—微"，与"耶和华"三字谐音，等等。[①] 此观点令人惊讶。《道德经》在此以"夷"、"希"、"微"极言"道"之不可捉摸的诸种玄奥特性，意在证明"道"为万物之源，万物之普遍法则，在一定意义上似与耶和华（雅赫维）惟一神有某种相通之处，但《道德经》何以会把惟一神之名拆而用之？有何凭据足以证明《道德经》在阐述"道"之思想时业已与犹太教发生了联系？西方学者这一"望文猜意"的观点、方法确是值得怀疑的，虽然这一

[①] 参见徐兴东等：《道德经释义》，齐鲁书社1991年版，第31页；张绥：《犹太教与中国开封犹太人》，上海三联书店1991年版，第15页。

观点把《道德经》与犹太教相提并论是将人们的视野引向了中犹古代文化的相互通观。

关于犹太人在汉代进入中国的说法,亦是一个尚待深入论证的问题。明正德七年(1512)开封碑《尊崇道经寺记》曾载:"原教自汉时入居中国",学术界对此持谨慎态度。有一个值得注意的情况是,以色列博物馆内藏有一块据称为中国东汉时的石碑,碑文"记载当时在中国朝廷任军职的一犹太人的事迹"[①]。如果此碑能确证为东汉石碑倒是一个非常有力的证据。犹太人在唐代进入中国的说法,在学术界已有若干较有参考价值的材料予以佐证。唐末穆斯林学者阿布·塞德曾将他在印度、中国的旅行见闻写成《印度中国纪行》,书中曾说在878年黄巢农民起义时,约有12万回教徒、犹太人、景教徒(基督徒)等异教商贾被杀。另外,英国考古学家斯坦因20世纪初曾在我国西北地区,发现过一件犹太人写于718年前后的商函残片,此残片现存伦敦。加之其他相关论据,把犹太人来华时间定在唐朝已获不少学者的共识,当然这并不绝对排除犹太人在唐朝以前来华的可能。

那么,来华的犹太人从何而来?在敦煌千佛洞曾发现过犹太教祈祷文残片,表明陆路是犹太人进入中国的重要途径,而且极可能是沿丝绸之路而来的商贾之人。但这批商人是否就是开封犹太人?开封犹太人究竟从何而来?这是人们所感兴趣而又难以定论的问题。能为此提供一些线索的,也许是三块开封犹太古碑的碑文。三块石碑关于犹太教和开封犹太人的来源有一个共同的说法,然而这非但没能为人们拨开迷雾,反而令人更加迷惑不解了:

1. 明弘治二年(1489)所立《重建清真寺记》碑:"噫!教道相传,授受有自来矣。出自天竺,奉命而来。"

2. 明正德七年所立《尊崇道经寺记》碑:"至于一赐乐业教,始祖阿耽,本出天竺西域。稽之周期,有经传焉。"

3. 清康熙二年所立《重建清真寺记》碑:"教起于天竺,周时始传于中州。建祠于大梁。"

三块古碑分别立于明末清初,所载仅可视作参考。但三块古碑都称犹太教(或犹太人)源自"天竺"(古时对印度的称谓),这是十分令人费解

[①] 达洲:《浅谈中国与犹太人和以色列的关系》,见达洲等著:《中国人看以色列》,新华出版社1990年版,第265页。

的。从碑文的其他内容来看，开封犹太人对以色列及其宗教中的人物、教义等已相当熟悉，只不过碑中所载人名、地名与今译稍有不同罢了：

古碑译名	今译
一赐乐业	以色列（Israel）
阿无罗汉	亚伯拉罕（Abraham）
阿耽	亚当（Adam）
女娲	挪亚（Noah）
乜摄、默舍	摩西（Moses）
昔那山、西那山	西奈山（Sinai）

在这种情况下，他们（开封犹太人）何以会认作"教起于天竺"？是他们仅仅把天竺作为一个遥远之处的代称吗？他们既然已明确知道以色列、西奈山，又何必多此一举借用"天竺"来代指"祖地"呢？

德国学者霍尔根·凯斯顿曾在《耶稣在印度》中提出了一个大胆的论点，他认为亚伯拉罕祖籍克什米尔地区，犹太教与印度《吠陀》有很大联系，甚至《创世记》中的有些自然景观也与克什米尔的实际地理有一定的关联，等等。史学家们也发现，在克什米尔地区的确生活过犹太人，一些当地人在体质等方面亦与犹太人有某些类同之处。这该作何解释？克什米尔地区究竟从何时开始有犹太人在此居住？难道犹太人的祖先确曾生活在克什米尔地区，后来才辗转渡河来到迦南？当他们遭到亚述帝国等诸强迫害时，"失踪的以色列十族"或其中的一部分怀着寻根情结往东方挺进，有的"叶落归根"、散居在印度的一些地区，有的或出于对更好境遇的渴求而走上丝绸之路，或在寻根的途中出现了某些偏差而进入了中国？倘若这样，开封犹太石碑中的"天竺"便有了答案，"失踪的以色列十族"不就有了一些踪影了吗？然而，不能回避的是，一般认为，关于犹太人在印度定居的最早文献约产生于974—1020年，而且，为什么犹太《圣经》不提"天竺"呢？是出于何种动机、策略或原因？或者犹太人根本就与"天竺"无关，将犹太人与"天竺"相联系只是某些人的"学术观点"？如若这样，开封三块石碑上的"天竺"又该作何解释？为何不说"出自一赐乐业"？诸如此类的历史疑问，有待学术界作进一步的深入探究。

不管开封犹太人何时何地而来，怀着什么样的心态到达中国，也不管是否是他们的本意，开封犹太人被逐步同化却是一个客观事实。明弘治二年碑有一段犹太人来开封时的生动记载：

> 噫！教道相传，授受有自来矣。出自天竺，奉命而来，有李、俺、艾、高、穆、赵、金、周、张、石、黄、李、聂、金、张、左、白七十姓等，进贡西洋布于宋。帝曰："归我中夏，遵守祖风，留遗汴梁。"

这段文字显示了一个十分重要的事实，这就是中国的皇帝在受了犹太人的礼之后并未忘记原则，而是提出了"归我中夏，遵守祖风"的要求——这正是开封犹太人汉化的重要关节所在。在中国文化作为主民文化对犹太客民提出这一文化规范的前提下（这也是文化宽容中的"强制性因素"），在中犹文化的相互接触中，开封犹太人的文化特性逐渐发生了根本性的变异。开封犹太人所负载的犹太文化与中国文化发生的文化碰撞，从一开始就不是对等意义上的文化接触，这倒不仅仅因为抵达开封的犹太人人数甚微、仅是华夏文化中的沧海一粟，更主要的是因为中国文化所处的绝对优势地位因种种特定的文化机制而对犹太人发生了实际的强势文化效用，这些机制要素包括中犹两种文化的某些契合，中国文化的宽容态度及巨大引力，抵达中国的犹太人的特定背景及其以归入为主要特征的文化心态等等，这些因素是犹太人进入西方基督教世界、生活在基督教文化氛围中所不曾遇到的。

中国作为礼仪之邦有着与异族人民友好相处的悠久传统和文化精神，抵达开封的犹太人分明地感受到华夏文化对远道而来的犹太客人敞开着大门："凡归其化者，皆赐地以安居乐业之乡，诚一视同仁之心也。"[①] 华夏文化的巨大包容性、宽容性无疑为犹太人的归入提供了必要的先决条件，这是不难形成共识的。但这仅仅是一种条件，促成这一条件发挥实际效用的还在于中犹两种文化之间固存着的一系列相通契合之处。抵达开封的犹太人以其切身体验及理性分析，不仅发现而且强调了中犹文化作为异质文化的"同质"要素。明弘治二年碑《重建清真寺记》以简练的文字，对中犹文化作了具体而精致的比较，这也可能是现存中犹文化比较的最早文字之一了：

> 愚惟三教，各有殿宇，尊崇其主。在儒则有大成殿，尊崇孔子；在释则有圣容殿，尊崇牟尼……在清真，则有一赐乐业殿，尊崇皇天。

---

① 明弘治二年碑《重建清真寺记》。

其儒教与本教，虽大同小异，然其立心制行，亦不过敬天道，尊祖宗，重君臣，孝父母，和妻子，序尊卑，交朋友，而不外于五伦矣。

在这里，碑文主要比较了儒、释、"清真"（这里的"清真"指"一赐乐业教"，即犹太教），特别是比较了儒教与"本教"，并将两教之核心精神统纳到"五伦"之上，发现并建立了两教之间的内在沟通和共鸣。有了这种基本精神上的沟通和共鸣，华夏文化的宽容便在文化接触的实际过程中对开封犹太人发生了潜移默化的涵化作用。在犹太人方面，他们离开居住地，对刚刚逝去的一路艰辛甚至对其祖先曾遭受的磨难都还记忆犹新，他们虽然来到了中国这个异国他乡，却有一种亲切的如归之感。这样的文化环境以及犹太人自身的经历和对中国文化的一定认同，使得犹太人在一定程度上产生对华夏生活的归入意识也就不足为奇了。明弘治二年碑《重建清真寺记》相当真切地写照了开封犹太人对归入华夏生活的感恩心态，并以"颂君"的文辞表达出来："受君之恩，食君之禄，惟尽礼拜告天之诚，报国忠君之意。祝颂大明皇上，德迈禹汤，圣并尧舜，聪明睿智，同日月之照临，慈爱宽仁，配乾坤之广大，国祚绵长，祝圣寿于万年，皇图巩固，愿天长于地久，风调雨顺，共享太平之福。"

明弘治二年碑碑文所阐发的中犹文化在基本精神上的某种契合以及华夏文化的宽容、犹太人的归入意识等诸种文化因素相互作用，无疑会加速犹太人对中国文化的汇入进程。明正德七年所立《尊崇道经寺记》碑文中的有关文字不是宽泛地比附中犹文化的相通类同，而是较为深入地综合论述了犹太教与儒教在伦理、规范、"道"等方面的特质内涵，这种论述与其说是一种比较分析，不如说是对两种文化的融合性再现，是对犹太人汇入中国文化的真切写照：

然教是经文字，虽与儒书字异，而揆厥其理，亦有常行之道，以其同也。是故道行于父子，父慈子孝；道行于君臣，君仁臣敬；道行于兄弟，兄友弟恭；道行于夫妇，夫和妇顺；道行于朋友，友益有信。道莫大于仁义，行之自有恻隐羞恶之心；道莫大于礼智，行之自有恭敬是非之心；道行于斋戒，必严必敬；道行于祭祖，必孝必诚；道行于礼拜，祝赞上天。

这里所谓的"道",既有一定的"一赐乐业教之道",更有明显的"儒教之道",两者的融合生发了一种兼容性的"逻各斯"———一种有普遍意义的形而上规范和规则。在此规则下,容纳了儒家的仁义礼制与伦理纲常,并巧妙地寄寓了希伯来传统的若干行为规范和道德准绳,就像碑文接下来所说:"至于鳏寡孤独,疲癃残疾者,莫不周恤赈给,俾不至于失所。贫而娶妻不得娶,与葬埋不能葬者,莫不极力相助,凡婚资丧具,无不举焉。及至居丧,禁忌荤酒,殡殓不尚繁文,循由礼制,一不信于邪术。下至权度斗斛,轻重长短,一无所敢欺于人。"这里呈现的规范理想明显地容纳了希伯来传统与中国文化的某些基本道德取向。

开封犹太人在对中国文化的接受、吸纳中,不仅在"仁"、"道"等道德伦理的基本文化精神上与中国文化达成了一定的沟通与融合,而且在某些具体的生活观念上也取得了相当的共识。崇智观念是儒家思想中的一个重要内容,它在中国历史上特别在唐宋这样的文化繁荣时期有着广泛、深远的影响,这与希伯来文化传统的崇智精神不谋而合。更值得注意的是,在中国的崇智观念中有一种明显的倾向是将崇智观念与一定的功利思想相结合,"学而优则仕"便是这种结合的典型范例,而希伯来《圣经》中的崇智思想在具有明显的神圣性质的同时,也包含着强烈的世俗功利性,这种神圣与世俗的结合不仅是《圣经》崇智观也是整个犹太文化的一种根本性特征。如果说中犹崇智观念在其内核性质上的这一相似特征为犹太人对中国文化的汇入展示了特别重要的机制条件的话,那么中国的科举考试制度无疑为开封犹太人提供了具体而适宜的用武之地,当然,犹太人对科举考试的热衷,其目的也许不在"仕"而在于以此获得更佳的生存权和生存条件。有关史料显示,开封犹太人很早便投入到中国的科举考试之中,"进取科目而显身扬名者"大有人在。中举后带来的不仅是荣誉,自然还有实实在在的好处。我们认为,中国的科举考试制度和"学而优则仕"的思想不是改变了犹太人的生活观念,而是契合了犹太人的生活观念、文化传统及其生存境遇。在这种契合中,开封犹太人顺流而下,不仅在观念上更在生活实践上逐渐汇入了中国文化的主流。

在开封犹太人被同化的历史进程中,另一个具有十分关键意义的因素是犹太人与汉人的通婚,这种血缘上的结合从根本上冲淡和改变了开封犹太人的民族特性,促使了犹太人最终被彻底同化。开封犹太人与汉人通婚始于何时,由于连其抵华的时间都无以完全确定,因而这更是一个难以具体界定的问题。但我们相信，犹太人与汉人的通婚应是与犹太人在思想观念、伦理纲常乃至生活实践等方面对中国文化的迅速归入基本同步或相去不远的，况且抵达开封的犹太人人数不会太多，实行族内婚在客观上亦有极大的困难。从今天开封犹太人后裔的体貌特质及婚姻习俗来看，犹太人与汉人通婚已有相当长的时间，因为这些"开封犹太人后裔"已经丧失了闪米特人的特征，而且在其婚姻习俗中一般也没有内部联姻的情况出现，基本上都是犹太后裔中的男性娶汉人女性，犹太后裔中的女性嫁给汉人男性（也有少量与回族人通婚的）。[①] 这种习俗被固定延续下来，肯定不是短期内可以完成的事情。开封犹太人与汉人通婚不仅冲淡了犹太人的物质血液，也冲淡了他们的精神血液。伴随着物质与精神双重血液的冲淡，汉人文化习俗的全面带入和犹太人对中国文化的彻底归化都是不可避免的。在某些特定的情境下，开封犹太人后裔及其汉人配偶还会自觉加速这种归化的过程，因为建立起一个彻底的"中国家庭"而不显露任何犹太方面的痕迹，也许对其生活会更加方便，或者更利于减少可能来自外界的某种压力，这在中国社会是不难理解的。

总之，由于中犹文化的基本精神、伦理规范乃至生活观念等方面的沟通契合，由于中国文化对开封犹太人的文化宽容和开封犹太人特定的文化处境、文化心态以及包括通婚在内的文化融合等诸多文化机制的综合作用，伴随着时间的流逝，"开封犹太人"作为犹太人的文化特性终被消解殆尽，开封犹太人终于被同化到恢弘、博大、古老的中国文化之中。

自然，开封犹太人在归入中国文化的过程中，无疑获得过归入的温暖和愉悦，但不容否认的是文化同化也给他们带来了相应的痛苦，因为犹太人即使是出于一种自愿的同化，在品尝到归入的甘甜之余，也不免勾起缕缕怀旧的情丝，何况他们来自那样一种悠远的文化，更何况犹太人的同化未必是一种完全自愿的同化，而同化所带来的又未必尽是甘甜。所以开封犹太人在同化的过程中明显表现出对其传统的依恋、固守意识，这集中表现在开封犹太人对修建"一赐乐业寺殿"的热衷上。也是在作为犹太人与中国文化相融合之见证的同一块明弘治二年碑的碑石上，就曾镂刻着这样的字句：

[①] 参见张绥：《犹太教与中国开封犹太人》，第117页。

> ……以是寺不可无典守者，惟李诚、李实、俺平徒、艾端、李贵、李节、李升、李纲、艾敬、周安、李荣、李良、李智、张浩等，正经熟晓，劝人为善，呼为满刺。其教道相传，至今衣冠礼乐，遵行时制，语言动静，循由旧章，人人遵守成法，而知敬天遵祖，忠君孝亲者，皆其力也。

字里行间表明了开封犹太人对其传统的恪守之举和珍惜之情。事实上他们到达中国后的相当长时间里都仍然努力进行着传统的宗教生活，三番五次地修建、重建清真寺便是明证。清康熙年间天主教教士 Domenge 亲临开封参观一赐乐业寺殿，曾描绘了当时一赐乐业寺庙的盛况，由此可见直至其时开封一赐乐业教的活动都是相当正常的（是否与正统犹太教的规范完全吻合，这里就难以断定了）。在清咸丰年间因黄河水泛滥而毁掉了一赐乐业寺殿，此后再未修复，这也许是因寺庙后来在人们的生活中已不再是非有不可的了，也许是民不聊生的经济状况所致，也许两者兼而有之。总之，在开封犹太人的同化进程中，开封犹太人对犹太人传统虽尽力固守，但最终仍未能改变文化同化的历史命运。

被汉化的开封犹太人虽然人数有限，但其汉化的史实却蕴涵了十分深厚的文化内涵，也提出了许多发人深思的问题。西方世界无数次排犹甚至灭绝人性的屠戮均未能泯灭犹太人的特性，反而使其愈发强化，而在遥远、古老的东方，在一个礼仪之邦，却以一种奇妙、无形而难以抗拒的方式，不动声色地实现了对犹太人文化特性的消解。这里向人们展示了一个深刻的文化悖论，即在犹太文化与异质文化相互接触的关系框架中，以犹太文化特性的保持与丧失为标识，呈现了文化冲突与文化宽容的悖论，具体地说来，也就是呈现了排犹（文化冲突的一种极端表现）对犹太人的造就与开封犹太人的汉化（由于文化宽容和文化融合而导致的文化特性的丧失）之间的悖论。这一文化悖论深刻地揭示出文化关系中的"冲突—固守"规则与"宽容（融合）—消解"规则，即激烈的文化冲突（甚至以消灭异质文化为动机）反而造就和强化了异质文化特性并使之得以有效的保持；文化宽容及文化融合虽然并不以销蚀异质文化为目的，但最终却可能导致异质文化的被同化和被消解。在这个意义上也许可以说，文化的这一悖论现象也是一种动机与结果的悖论。自然，我们在此所做的分析归纳，是就文化关系中的一般情形而言的，无意排除一般理论与具体史实之间可能具有的种种距离或"悖论",因为任何一种文化分析都应是一种辩证的、历史的分析。

第二次世界大战期间,当希特勒纳粹主义的排犹在欧洲最为猖獗的时候,在世界各地几乎都对犹太人紧闭其门的时候,中国的上海以宽容的姿态迎接犹太难民的到来,但由于时代机制等方面的因素,上海的宽容,中国人民对犹太难民的友善,没有也不可能使开封犹太人汉化的史实在中国再次重现。当时有数以万计的欧洲犹太难民涌进上海,虽然他们在上海生活得很艰辛,甚至有人沦为帮工、娼妓,但这与性命难保的欧洲相比,即使不是天堂,也可谓一个"良港"。况且,那时中国百姓自身处境亦十分艰难,犹太难民在上海避难的日子里,与周围的中国邻居结下了深厚的友情。但上海对犹太难民而言毕竟只是一个暂时的避风港,第二次世界大战结束后,上海犹太难民纷纷离开上海到了美国等地。然而在上海度过的这段日子是他们难以忘怀的,他们在美国、以色列等地以各种形式表达他们对上海的怀念。1992年3月29日,由数千名曾在中国上海等地居住过的犹太人发起,在特拉维夫成立了以色列—中国友好协会,致力于发展中犹人民的传统友谊。上海犹太人的这段历史国内外已有不少学者进行了相当深入的发掘和研究,它与开封犹太人问题一样,是犹太人直接与中国发生文化联系的重要范例,是中犹文化关系史上十分重要的历史篇章,呈现了深刻的文化理论意义。同时,将中国文化与犹太文化在更广阔的范围引向更为深入的比较通观,也有着十分广阔的理论前景和不容忽视的重要意义,其意义不仅在于将中犹文化的比较研究推向新的空间和新的阶段,也在于借此而可能向理论界提供一个观照人类文化的独特视角。

中犹文化比较通观的可比性及其价值主要在于两种历史悠久的文化在伦理、道德、哲学、社会等历史文化方面既有着巨大的差异,也有着某种程度的雷同和"互补"。而且,两种文化在始终如一的贯彻发展中,都呈现了有代表性的文化意义:悠久的中国文化在东方文明中的地位和意义是不言而喻的,而犹太文化发端于东西方之间,作为西方文明的源头之一,对西方文明的"启示"和影响同样是不言而喻的。开展中犹文化的通观研究,是一项极富理论价值的工作。

第二编

思想方式与生存机智

第七章　犹太人的神学观点

第一节　"选民"：超验命名与经验功用

　　从人类文化的一般比较中不难发现，不同民族会以不同的方式对世界做出不尽相同的认知反应，并积淀出独具特质的思想学说。犹太民族在几千年的文明史上创造了丰富、深厚的宗教、哲学思想并表现出独特的思想方式。作为犹太民族认知世界的智慧结晶，犹太民族的思想成果无疑以其特定的方式浓缩和焕发了犹太民族的文化精神。这里需要特别指出的是，在犹太民族的思想财富中，宗教及其学说占据着十分突出的地位。恩格斯在《反杜林论》中指出："一切宗教都不过是支配着人们日常生活的外部力量在人们头脑中的幻想的反映，在这种反映中，人间的力量采取了超人间的力量的形式。"[①] 犹太民族的宗教学说是犹太民族早期历史生活的曲折反映，是一种以非理性的虚幻形貌出现但又隐含了一定理性潜质的思想形式，也是早期犹太民族认知世界的一种复杂、特殊的方式，体现出独特的生存机智，以理性和科学的精神进行分析，犹太民族的宗教学说恰是犹太文化特质的一种重要体现。同时，还需要指出的是，由于"不是人们的意识决定人们的存在，相反，是人们的社会存在决定人们的意识"[②]，因此，我们在分析犹太民族的诸种思想观念时，无论其思想观念以何样的形式（宗教、神话、哲学等）出现，都必须紧密联系犹太民族特定的现世生活来加以考辨，都必须与犹太人的现世行为紧密地联系在一起。而且，这种联系还应是一种有机的联系，既应看到现世生活对生成特定思想观念和思想方式的决定作用，也应看到一种思想学说和思想方式一旦生成，又将对人的现世

---

　　① 恩格斯：《反杜林论》，《马克思恩格斯选集》，第三卷，人民出版社1972年版，第354页。
　　② 马克思：《〈政治经济学批判〉序言》，《马克思恩格斯选集》，第二卷，人民出版社1972年版，第82页。

行为产生巨大的"指导"作用。这一点在我们分析犹太文化时是尤其值得重视的,因为犹太民族不仅善于将一般经验提升为种种"超验观念",而且还特别善于将"超验观念"应用到实际的生活操作当中去。

"选民"观念是犹太文化中极其重要和极有代表性的一种思想学说,同时也是犹太人的一种非同寻常的思想方式。犹太人认为自己生来就是与众不同的,上帝在芸芸众生中专门拣选了他们作为"上帝的子民"。以色列的首领摩西曾谆谆告诫族人说:

> 因为你归耶和华你神为圣洁的民,耶和华你神从地上的万民中拣选你,特作自己的子民。耶和华专爱你们,拣选你们,并非因你们的人数多于别民,原来你们的人数在万民中是最少的。只因耶和华爱你们,又要守他向你们列祖所起的誓,就用大能的手领你们出来,从为奴之家救赎你们脱离埃及王法老的手。①

犹太人将自己视作"上帝的选民",既非出于无端的臆想,亦非出于莫名的虚荣,其间蕴涵了深刻的现世意味。

犹太人"选民"观念的生发,主要基于出埃及时期的历史转折。当埃及法老下令溺死埃及境内所有以色列人生的男婴,整个以色列民族面临灭绝的紧急关头,民族英雄摩西带领族人奇迹般地冲出了埃及。在摩西和他的族人看来,以色列族人之所以能走出灾难获得新生,是因为有上帝相助、被上帝选中了的缘故。这最初或许是个别人和少数人的"发现",但这种"发现"一旦传播于众,便不仅获得了全族人的认同,也极其迅速和深刻地镶嵌在全族人的心中,使得整个民族获得了一次集体性的以"上帝的选民"为名分和内涵的心理命名(naming)。

令人惊诧的是,这种貌似虚妄的心理命名和"选民"身份,在以色列民族的历史遭遇中却能发挥着突出的现实效用。起初,"选民"的思想主要是对过去历史的解释,但很快人们便发现它用在现时的世事万物上也同样合适和有意义。值得注意的是,这种运用主要不是对犹太人的现实优越境况做出的解释——事实上犹太人的优越境况在其历史上是极其少见的,而更多的是针对犹太人的现实挫折所进行的一种心理自慰和平衡补偿。

---

① 《申命记》7: 6—8。

"选民"作为以色列民族的超验性的心理命名,实际上是呈现了一种优势心理特质。希伯来《圣经》中,在以色列人被"选"以前,《创世记》关于上帝创造亚当、夏娃及亚当、夏娃繁衍子孙的叙说为上帝挑选子民的工作作了必要的铺垫,上帝第一次与希伯来人的祖先亚伯拉罕(那时还叫亚伯兰)接触是以"言辞"(Word,即"道")的方式进行的:

> 我必叫你成为大国。我必赐福给你,叫你的名为大,你也要叫别人得福……地上的万族都要因你得福。①

这里以上帝之"道",既提出了亚伯拉罕的优选身份,又摆平了亚伯拉罕与万族的关系,适度的种族功利思想造成了一个极为完善的关系体系:世界都将普照到神的光芒,但以色列首当其冲,以致万族得到的神光都将要经由选民的折射。希伯来《圣经》设置的这种关系模式虽然蕴涵着犹太民族主义的狭隘意识,却尽可能以"合适"与"公道"的形式出现,并以上帝所选和上帝所"道"的形式固定下来,从而导致了以色列民族对异族优势心理定式的形成。

然而与心理的优势特质形成鲜明对照的是,犹太民族在万民中非但未能享受优越的选民荣耀,反而经历了极为恶劣的现实境遇,非利士、摩押、亚述诸强纷起,以色列于其中并未如上帝所许"成为大国",而是一再经受了被扰、被侵、被驱的凌辱。但这不仅没能泯灭犹太人的选民观念,反而进一步使其强化了:精神世界中的心理优势正好被用作抗拒现实生活实际劣势的重要力量和有效工具。选民观念把人生的存在问题、民族命运问题消解和转化到超验世界中去,通过对与异族关系的调节,去获取相对平衡的关系结构。这种调节的运行规则是:将经验世界的"原本身份"(包含着现实处境等因素)消解和转换为超验世界的"选民身份",因而经验世界里的"原本身份"与异族人的关系则相应地变为超验世界中"选民"与"非选民"的关系:

$$\text{经验世界中的劣势状态}\left(\frac{\text{原本身份}}{\text{异族人}}\right) \longrightarrow \text{超验世界中的优势状态}\left(\frac{\text{选民身份}}{\text{非选民}}\right)$$

---

① 《创世记》12:2—3。

在消解和转换过程中，已有的社会形态和关系结构演变为一种新的结构存在。这种演变显然是按有利原则进行的，变原来的无利态势为有利态势，变劣势为优势，而在实际的生活中，经验世界的劣势与超验世界的优势两相抵消，最终呈现了相对平衡的生存状态。

然而这种转换有时并不能实现预期的效用，特别是当犹太人一再遭受现实的挫折，其"选民"身份在经验世界无以实现时，犹太教的末世论思想则又进行了适时的补充。末世论思想作为对"选民"观念的一种拓展，设想在未来的某一时刻，上帝将会对全世界加以审判，到那时恶人将受惩罚，以色列人终将获救，并作为上帝的子民君临万邦。一位自称是犹太著名祭司以斯拉的犹太人在耶路撒冷沦陷后曾做了一个耐人寻味的梦：

……我看见一阵风从海里刮出来，掀起一股巨澜。我一眼望去，这风从海中带出一物，状如男子，他在云彩上飞翔。当他转脸的时候，他所望见的一切全都开始颤抖。当他说话的时候，凡是听见声音的，全都如同蜡在火中一样地熔化了。

我再看，看见一大群人，多得数不过来。他们是从世界各地集合起来的人民，要跟这位从海中出来的男子打仗。随后我看见这位男子开辟出一座高山，飞了上去。我力图看清这座山是从什么地方或区域开辟出来的，可是我看不清。接着我看见那些所有集合起来跟他打仗的人民全被吓住了，然而他们仍然要跟他打仗。这位男子看见大群人上来攻击他，他并没有拿起任何武器。我只看见一件东西，状如火流，从他口里喷出来。他从唇上喷出热风，他从舌上迸出暴雨。这火流、热风和暴雨结合在一起，向着前来攻击他的人群扫射过去，把他们全都烧着了。片刻之间，大得无计其数的人群消失了，荡然无存，只剩下灰烬和烟味。我看到这一切，感到毛骨悚然。

随后，我看见这位男子走下山来，把另一大群人召集到自己身边——此乃热爱和平之民众。各种各样的人全来了：有的乐观，有的沮丧，有的手脚捆绑着，有的拿他人作礼物献给主。

做梦者此时现出疑惑不解的样子，上帝晓谕说，他"提出了关于末日幸存者的问题"：此梦描述了在未来某一时刻所发生的事件，从海中出来的男子是上帝选派的儿子，他遭到了各民族的联合攻击，但他却战无不胜，以致所有的攻击者均被灭亡了，只留下"一大群爱好和平的人民"。而这"爱好和平的人民"又是谁呢？上帝说："这就是以色列人的十个支派，他们在何西阿王年间被押去囚禁。"①

以色列民族在现实世界中做不到的事情，则在梦境世界中去实现；在现在时刻做不到的事情，则在未来时刻去实现——这一切由于与万能的上帝联系在一起，都获得了毋庸置疑的"真实性"和可靠性，这对困境中的"选民"来说，无疑是可能有的最大希望和慰藉。所以希伯来文献一再宣告那些末日到来的信号，当那信号出现时，末日审判、以色列得救的日子也就为时不远了。

然而不是末日的信号没有在现实中真正出现，就是虽然出现了一些而末日的审判并未到来，以色列人也并未得救。于是，焦虑不安和望眼欲穿的情绪便成了苦难中的以色列人的一种典型心态。那位自称是以斯拉的犹太人表述了全体犹太人的怨恨心绪：

> 主啊，我把这一切全部告诉你，因为你说过，你创造这第一个世界是为着你的人民的。你说过，尽管亚当的其他一切后代列国人数众多，但却是无所谓的，不过是一滴水，不过是唾沫。可是现在，主啊，正是这些无所谓的列国统治着并且消灭着我们。我们是你的人民，你称我们为你的头生子，你的独生子，你的见证人，你的可爱的人，然而我们已经被交在这些外国的政权之下了。如果这个世界真是为你的人民而创造的，那为什么我们没有占有它呢？还叫我们等待多长时间呢？②

这位犹太人的申诉情真意切，充满雄辩和论理，上帝的有关观念在这里显然受到了某种怀疑和动摇。但犹太人的诸般慷慨陈词和论辩并未真正难倒上帝。《圣经后典》中上帝的天使反唇相讥道：

> "难道你认为自己是个比上帝还要高明的法官吗？难道你认为自己比至高上帝还要聪明吗？"天使又明确地指出，以色列未曾得救，根

---

① 《以斯拉下》，见《圣经后典》，第470—473页。
② 《以斯拉下》，见《圣经后典》，第445页。

源在于自身,在于以色列对上帝的悖逆,"他们否认他的律法,拒不接受他的许诺,不服从他的谕旨,不按他的命令行事"。[①]

其实,类似的观点在希伯来《圣经》中早被反复宣讲了很多次,《圣经后典》中的天使只不过在这里复述了希伯来《圣经》中的经典观念。

在此观念下,以色列"选民"身份未能实现以及以色列的一切现世苦难,都被归结为以色列自身的根源。这样"选民"的虚幻观念一旦与现世的实际生活建立了联系,便具有了对实际生活的巨大操作、指导意义,犹太人从对"选民"身份未能实现之根源的发掘和矫正中,实现了"上帝的选民"、"悖逆上帝的人"等诸种神学思想的现实效用。所以犹太民族在《圣经》中一再宣谕的事实便是以色列人行了"耶和华眼中看为恶的事",以致"耶和华的怒气向以色列人发作,就把他们交在抢夺他们的人手中。又将他们付与四围仇敌的手中,甚至他们在仇敌面前再不能站立得住。他们无论往何处去,耶和华都以灾祸攻击他们,正如耶和华所说的话,又如耶和华向他们所起的誓。他们便极其困苦"[②]。希伯来众先知在解释和运用上述神学思想并使之与现实相联系上起到了重要作用,先知们在诸先知书中极其详细地剖析了犹太人是怎样背弃上帝和为何遭受上帝弃绝的。众先知不仅深刻解释了犹太人承受现世苦难的自身根源,而且为族人指明了摆脱苦难之途径所在。

希伯来先知及先知书以最具忧患意识著称,如耶利米世称"流泪的先知"。希伯来历史上的先知运动主要出现在统一王国分裂为北朝以色列和南朝犹大、民族面临内忧外患的危机时期。王国时期的前半期,即从扫罗被立为王(前1028)到大卫之子所罗门在位(前973—前933)这段时间,扫罗、大卫、所罗门三位君主先后称王,其间以色列人团结奋战、勤勉治国,达到了古代以色列最辉煌的鼎盛时期。然而至所罗门在位的后期,王国内部各支派分歧加重,统治者上层奢侈荒淫,捐税四起、民不堪负,以致以色列十二支派终于分裂为北朝以色列和南朝犹大。民族的分裂并未引起统治者的足够重视,南朝犹大和北朝以色列反而变本加厉地相互敌视,致使两败俱伤,而族内则是世风日下、贫富悬殊。先知们以非凡的胆识,

---

① 《以斯拉下》,见《圣经后典》,第446页。
② 《士师记》2:11—15。

直接列举以色列人的罪恶:"起假誓、不践前言、杀害、偷盗、奸淫、行强暴、杀人流血,接连不断。"然而这一切却为昏庸暴虐的统治者视而不见。为了能振聋发聩,使族人从昏梦中惊醒,先知们将以色列的现世行为上升到对上帝的悖逆的高度来认识——这对曾被上帝解救、为上帝选中的民族而言无疑是最具说服力的:"我的民因无知识而灭亡。……敌人如鹰来攻打耶和华的家,因为这民违背我的约,干犯我的律法。"[1]这里所说的"无知识"显然是指弃掉了对上帝的知识;"干犯我的律法",显然是指行了有损于民族利益之恶事。然而希伯来先知(希伯来人的知识精英)的良苦用心,并未为希伯来各支的首领所领会,"悖逆上帝"的深刻警醒亦未能使之回心转意,以致最终导致了以色列民族沦亡的历史悲剧。

显然,犹太教义把犹太民族的一切灾难均归结到对上帝的悖逆,并且自责本族为"悖逆上帝的人",其目的不仅在于对现世挫折做出一个神学的解释,更重要的在于在同上帝的有关联系中,提醒其民族悠远而不幸的历史,提醒民族肩负的历史使命,特别是提醒犹太人在现世生活中的种种迷误——从自相残杀到道德沦丧,从不践前言到骄侈忘忧等等,其根本目的在于催人醒悟,促人自强,通过发现和弥补自身的缺陷去达到民族拯救和民族复兴。从"上帝的选民"到"悖逆上帝的人",尽管名分不同,但都是犹太人对现世生活所采用的一种神学观点,其根本实质均在于借助神学的演绎和力量去达到解释现实、抗拒现实和改变现实的目的。这样,犹太人营造的这种神学眼光既是一种关于世界的观点,又是一种对待世界的策略,特别是将现时态的困苦消解到未来时态的拯救时,这种策略意义就表现得更为突出。

上述分析虽然主要基于《圣经》时期犹太人借助神学对现世生活进行解说的事实,但我们同样可以说,对现世生活采以神学的观点并进行神学化的理解,是犹太民族贯穿始终的一种文化传统。

吉拉德·亚伯拉罕在其著名的《犹太之心》(The Jewish Mind)一书中曾指出:"也许在当今世界或者在历史上,还没有哪个民族在敬神观念上能够与犹太民族相提并论。"[2]在现代世界,犹太民族业已形成了一个不可更改的历史传统,他们善于并且喜爱将现世的生活纳入神学的框架,只要

---

[1] 《何西阿书》4:2—6,8:17。
[2] Gerald Abrahams, *The Jewish Mind*, p.170.

能够对实际的生活做出某些解释（这是毋庸置疑的），他们随时可以信手拈来地从《圣经》及犹太教的传统教义中提取理喻实际生活的篇章词句和思想学说。这种传统对于犹太教的狂热信徒自不待言，就是对于超越了犹太教范畴的"世界主义者"也同样有效。犹太复国主义运动的重要先驱摩西·赫思在锡安主义思想的经典之作《罗马与耶路撒冷》中曾着重分析了世界主义与犹太民族传统教义并不矛盾对立的思想，并且指出犹太教是所有当代犹太世界主义者的生命观之根源所在。[①] 这无疑表明了犹太神学观点对现代普通犹太人认识生活、理解世界的重要意义。犹太人作为宗教的民族，其属性、特质是在该民族诞生之初便被"命名"和固定下来的，在很大程度上可以说，神学气质是犹太民族整体的一种原生质，对现世生活的神学认知是犹太人理解和思想世界的一种传统性方式。

第二节　契约：神学与世俗双重性订约

"约"（covenant）的概念是犹太教的关键性概念。《圣经后典》中的《马加比传》（下）曾讲述了一个惨烈悲壮的"母子殉教"的故事，它相当典型地表现了契约思想在犹太文化中的重要意义：

> 还有一次，一个犹太母亲和她的七个儿子被逮捕了。国王下令打他们，强迫他们吃猪肉。这时其中的一个青年人说："你们这样干想得到什么呢？我们宁可死也不抛弃祖先的传统。"
>
> 听了这话，国王大发雷霆，他下令把大盆和大锅烧红，这事立刻照办了。接着他叫人割下这位说话人的舌头，剥下头皮，砍断他的手和脚，同时叫他的母亲和六个兄弟看着。这个青年人被肢解，剩下一堆奄奄一息的活肉以后，国王命人把他举起来扔入大锅里。大锅里冒出一股烟，这时兄弟们和母亲互相鼓励着，要英勇就义，他们说："主上帝正在看着，知道我们的苦难。摩西在写一首谴责背主者的歌时，把这点讲得明明白白。他说：'主将怜悯那些伺候他的人。'"
>
> 这样弄死第一个兄弟之后，士兵们又开始拿第二个取乐，他们撕下他的头发，剥下他的头皮。然后他们问他："现在你是愿意吃猪肉，

[①] Eliezer L. Ehrmann, ed., *Readings in Modern Jewish History*, p.265.

还是愿意我们一块一块地切下你的手脚呢？"

回答如同刚刚死去的兄弟，士兵们亦像对待他的兄弟一样对待他，对待第三个、第四个、第五个和第六个兄弟。当士兵们企图迫使第七个也就是最小的一个兄弟屈服时，这位少年非但没有屈服，反而大义凛然地说：

> 因为我们犯了罪，为了纠正和训练我们，我们的活主对我们发怒并使我们受难，这是事实。但是这很快就会过去，因为我们仍然是他的仆人，他会饶恕我们的。……所以说，当你惩罚上帝之民的时候，就别用伟大的梦幻来欺骗自己了。你无法逃避这全能全智的上帝之手的惩罚。我兄弟们的苦难是短暂的，因为我们忠于上帝的圣约……①

就这样，犹太母亲和她的七个儿子为了"忠于上帝的圣约"而一起殉难。与上帝订约的观念是犹太教的核心思想。犹太教的其他相关教义往往都是建立在契约思想之上或与其保持最为紧密的联系。基督教在继承犹太教义时也继承了犹太教中关于人与神契约的学说，但基督教也正是在这一核心思想上进行了重要改造。它认为上帝与犹太人的立约业已失效，上帝又与世人另立了新约，故基督教将希伯来《圣经》称为《旧约》，并另编《新约》。

当犹太人自命为"上帝的选民"时，在上帝与民之间是以一个实践性极强的"选"字加以联系的。"选"（elect）被称为"《圣经》中最要之道，即主用选以成其旨也"。上帝成其旨的完整工作有二：一是创造之工，二为护理之工。创造为前提，护理则为过程和关键。护理者，养护治理也，而"选为其工之最要者也"②。上帝在挑选子民时，选中了以色列，但上帝所选，归根到底是以色列所选，只不过在这里选用了神的名分和方式。因而"选"的背后实质上存在着上帝与民之间的双向选择，而联结这种双向选择的关系方式及实质，便是上帝与以色列民之间所立的契约。

《圣经》载，创世伊始，上帝曾与挪亚及一切活物订约，并以虹为记号。这其实只是上帝单向性地赐予世界生命，尚不具备相互之间的契约性

---

① 《马加比传下》，见《圣经后典》，第356—359页。
② 海丁氏（James Hastings）：《圣经辞典》，第877页。

质。真正建立起双边通约关系的，还是上帝与亚伯拉罕、摩西及其后裔的契约。上帝首先在万民中选中了以色列民，按《申命记》所说，是因为上帝专爱他们。上帝虽然出于"专爱"这个没有理由的绝对理由，但上帝之爱绝非无条件的，而是以选民的诸种义务为对等前提的。所以说上帝与亚伯拉罕、摩西及其后裔的立约，才是希伯来《圣经》中的首次真正契约，而且这一契约虽以神—人契约的方式出现，但在双方互负责任这一实质问题上与人—人契约并无两样。犹太教的契约观显然是演绎了西亚地区发达的契约活动和契约思想。因为西亚地处欧、亚、非三洲的交通要塞，自古而来商贸业十分兴盛，协约方式、交换原则渗透于人们的日常生活并潜移默化了人们的思想。《圣经》中亦多次出现了人与人之间的契约活动，立约时双方须申明各自的条件和信誉，并伴以一定的礼节仪式等。犹太教在对契约方式加以运用时将人—人契约换以了神—人契约的关系形式，并从中生发出了特定的内涵。

在立约思想最初确定之时，《创世记》记载了上帝有关契约的规范特别是上帝的种种许诺，我们惊诧地发现，神圣与世俗在这里竟毫不掩饰地像一对孪生兄弟赤裸裸地一同来到世间：

> 亚伯兰年九十九岁的时候，耶和华向他显现，对他说："我是全能的上帝，你当在我面前作完全人，我就与你立约，使你的后裔极其繁多。"亚伯兰俯伏在地，上帝又对他说："我与你立约，你要作多国的父……我要将你现在寄居的地，就是迦南全地，赐给你和你的后裔，永远为业。……"①

在这段简短的文字中，上帝宣谕了与民立约的基本思想，也同时作了几个世俗的许诺。"后裔极其繁多"直接针对了希伯来人在埃及遭受的灭绝性迫害，繁衍众多的希伯来子孙，壮大民族队伍，乃希伯来人的当务之急。由于冲突是此期希伯来与异族关系的基本特征，且长期以来希伯来人多处于异族的压迫之下，因而"作多国的父"便突出体现了希伯来抗拒并征服异族的民族理想。在希伯来文献后来的进一步阐发中，这种理想既体现在物质范畴，也表现在精神领域。"迦南全地"作为希伯来人的生存空

---

① 《创世记》17:1—8。

间，则是其民族生存权利的具体物化，亦是民族生存与文化发生的必要条件。上帝的上述许诺，再集中不过地揭示了希伯来民族生存中的那些最突出的矛盾，这些矛盾难题相互联系而且至为严峻，甚至是在现实中难以解决的，惟其如此，上帝才成为帮助他们解脱困境的万能之神。显而易见，在立约思想的深层，借上帝之许诺，明显体现了犹太人的一种世俗性价值取向，一种功利主义的价值判断，而这种判断无疑是紧扣着犹太民族的整体利益的。

事实上，犹太教中的上帝雅赫维在本质上正是一个典型的民族神，只不过后来被犹太人升华了某种普世神祇的意义。上帝所做一切工作的中心，可以说都是围绕着希伯来民族的命运而展开的。虽然选民们辜负了上帝的殷切期望，上帝对选民的不忠亦痛心疾首甚至发出诅咒，但当以色列与异族发生利益纷争时，上帝便会毫不犹豫地偏袒以色列本族。

这里特别需要指出的是，上帝最初与之立约的不是按照信仰状况区分出来的一批信徒，而是亚伯拉罕及其世世代代的后裔，即全部犹太民族整体，所以订约后上帝关注的是一个民族对"约"的履践，而不是依据民族内的信仰水平从选民的身份资格上进行若干取舍。相反，立约的思想与选民的身份正好主要被用在堕落者的道德唤醒上。显然，民族利益是犹太教的核心标尺，犹太教虽然历史悠久却未能如基督教和伊斯兰教那样发展，原因亦就在于此。可以说，犹太教中的世俗性因素在很大程度上就是这样与犹太民族主义思想扭合在一起的。赫茨尔在《寻找自身的美国犹太人》中，曾强调指出："犹太教是犹太民族的宗教，这是我们的宗教哲学所作出的最基本的界定。"[1] 契约观及犹太教诸观念中的民族主义思想是犹太教中世俗性因素的一种集中表现，是世俗性因素与神学因素进行了某种调和后的结果和形式。

犹太教作为一种民族宗教，它所设置的一切观念无不具有鲜明的民族主义色彩，并隐含着深刻的现实性因素。当《创世记》叙述上帝创造了世界、创造了人类的时候，它只是向人们讲述了一个"故事"（tale），在上帝创造人的背后，是人创造了上帝，这在犹太教的上帝身上表现得尤为突出。虽然"上帝是什么"的问题在不同的文化视野下会有不同的回答，但在犹太文化中，上帝的一个基本含义显然在于：他集中而曲折地体现了犹太民

---

[1] Richard C. Hertz, *The American Jew in Search of Himself*, p.20.

族物质、道义的理想境界，这种理想境界立足于现实情境并直接针对着世俗的生活要素。犹太文化借助上帝的塑造，实质上是为全民族树立了一个超越性的奋斗目标，一个超越现实、走向理想境地而又潜含着强烈世俗动机、功利愿望的目标。所以人们不能抱怨和指责"上帝"在《圣经》中的诸种挑肥拣瘦、上帝的势利，因为"上帝"不仅内含着犹太人的神学信仰价值，也内含着犹太人的某些世俗功利价值，"上帝"曾一再强调人们献祭要头生的、肥嫩的、最好的祭物，这不仅是要检验人心的虔诚与否，也是要求人们创造出丰裕的成果，从中也寄托了犹太人的世俗功利愿望，但这层含义在《圣经》中显然是被浓厚的神学色彩掩盖了。世俗性作为犹太神学观念中的一种潜在本质，它在神学中的呈现无疑经过了一定的神学修饰。

那么，在犹太教以"上帝"的形式树立了一个理想境界和奋斗目标以后，犹太人如何才能实现这一目标？如何才能获得"上帝"的首肯、"上帝的专爱"呢？犹太教反复强调的答案是：犹太人必尽选民的义务。这是上帝与犹太人立约的关键。

选民的义务众多，但主要集中体现在对摩西十诫的遵守上。上帝规范的十诫是：①

① 除了我以外，不可有别的神。
② 不可为自己雕刻偶像；也不可作什么形象仿佛上天、下地和地底下、水中的百物。
③ 不可妄称耶和华你神的名。
④ 当记念安息日，守为圣日。
⑤ 当孝敬父母，使你的日子在耶和华你神赐你的地上得以长久。
⑥ 不可杀人。
⑦ 不可奸淫。
⑧ 不可偷盗。
⑨ 不可作假见证谗害人。
⑩ 不可贪恋人的房屋；也不可贪恋人的妻子、仆婢、牛驴，并他一切所有的。

---

① 详见《出埃及记》20：3—17。

十诫的内容主要涉及对神的忠诚及其相应的道德规范,特别是将对神的忠诚列在首要位置,这十分突出地强调了人——神间的对等契约联系,而将若干道德规范的训诫紧列其后,其用意显然在于净化心灵,进一步增强对神的忠诚。这样,在上帝与选民之间以契约的方式建立了一种相互制约甚至具有商业交换性质的对等关系,即以选民对上帝的忠诚来换取上帝的许诺,来实现对理想境界的渴求。这里,犹太人的先祖们在创立与上帝订约的思想时,所做的主要工作在很大程度上就是将商业交换原则移植到神学框架中,或者说是将商业原理进行了哲学化和神学化的提升。

上帝与选民之间的这种对等契约联系是实现犹太教以"上帝"的形式所树立的理想目标之必要理论(信仰)条件,但这还不够。为了确保这一价值目标的实现,犹太教的契约观还特别强调了实践在沟通和坚固犹太人与上帝联系中的重要作用。在这里,犹太教契约观之内涵关键有二:其一,它固定了上帝的报答与选民的忠诚之间的信仰联系;其二,它还固定了目标与实践之间的"义务"和"责任",以及两者之间的对等规则和因果关系——选民的忠诚和实践是因,"上帝"的许诺、"上帝"的目标是果。基于对契约观之真谛的深刻感悟(而不一定是理性分析),犹太人在执著于宗教神学的信仰追求时,并不忽视实践特别是学习的意义,并未因对宗教的热衷而荒疏了劳作;相反,他们将学习、实践看作是敬神的一种表现,视勤奋为神所悦纳的一种美德。所以在人们称犹太人是宗教的民族时,我们必须指出的是,犹太人也是一个努力实践的民族。

犹太教将犹太人的诸种世俗功利意愿浓缩和设置为一个理想化的奋斗目标,以"上帝"的神圣面貌出现,并以神——人契约的形式内涵和隐蔽了内在的奥秘,同时也是揭示了这一目标实现的途径,这一切都是犹太人十分技巧化地将其对生活的观念和生存法则所进行的神圣化处理。

犹太人与上帝订约,其实质是与自己订约,但由于借用了与神订约的方式,这种神圣化的对世界的观念和洞察也就获得了一种特殊的文化效用。这种特殊的文化效用表现在:"上帝"作为一个包含了世俗与信仰的双重性价值目标,在犹太人以此作为行为的出发点和终极追求的过程中,实际上是实现了世俗与信仰这一原本十分矛盾对立因素的同步运转和相辅相成;而这一切在犹太文化中又都采用了易于为其时的人们、易于为犹太民族所接受的神圣形式出现,因而它势必对犹太人的现世行为产生着极为巨大的感染力和影响力。问题一旦归结到此,我们又不由得发现,对犹太人生存法则的神圣化原本就是出于一种世俗的功利动机，神圣化成了实现世俗目的的手段和途径！至此我们可以说，犹太教的契约观对犹太人生存法则的神圣化与契约观潜在的世俗性动机和本质，是一个事物的两个方面，它昭示了犹太教和犹太文化对神圣与世俗双重要素的有机贯通的基本事实。这种贯通是犹太智慧与犹太精神的一种表征。

当我们谈到犹太教的核心思想契约论时，我们不禁想到犹太教在中国的特殊称谓"一赐乐业"这个饶有兴味的名字，它在一定程度上揭示了犹太教契约思想的基本内涵并佐证了上述我们所做的若干分析。

"一赐乐业"一般被认为是以色列（Israel）的汉文音译，这恐怕只说对了问题的一半，因为更重要的是"一赐乐业"相当准确地涵括了契约观甚至犹太教的中心内涵。"一"是一个完美而重要的数字，它代表"惟一"、"独一无二"；代表"第一"、"初始"、"发端"和"创造"。在"一赐乐业"中则代表创造世界的惟一神上帝，代表了犹太教的一神教本质，代表了契约观中选民对上帝的独一无二的忠诚。"赐"不仅是一般地给予，而且是上帝的恩赐，是上帝所"选"，也是上帝的要求，是选民必须回报之物及回报之举；"乐业"则相当集中、生动地体现了犹太人民的理想境界和奋斗目标，带有明显的世俗功利性质。"一赐乐业"四字不仅与 Israel 音近，而且令人惊诧地浓缩和昭示了犹太教、契约观丰富、深刻的基本要素和内涵——一神观念、犹太人与神的对等契约联系、世俗性本质等等。所以说"一赐乐业"不仅是 Israel 的汉文音译，也是一个典型的意译，或者说是音译与意译的完美结合。皇皇论之不尽者为"一赐乐业"四字涵括也。由此可以断定，发明"一赐乐业"译法的人定是对犹太教十分熟谙并有深刻洞察，且又对中国文化特别是对中国汉字有相当造诣的人，而这个（些）人极有可能是一定程度地融进了中国文化的犹太人，因为古时普通的中国人难以对犹太教有如此深刻的理喻，而刚抵中国的犹太人，又不可能如此成功地利用了汉字的丰富表现力。因此可以说，"一赐乐业"四个字写照了中犹文化的一种奇妙融合。

第八章 犹太神秘主义

第一节 神秘的犹太文化意象

犹太神秘主义既是犹太文化的一种固有气质,也是犹太人应对世界的一种独特方式。在犹太文化深远的历史沿革中,生成和固存了一系列具有浓厚神秘色彩的文化意象。在这些文化意象中,犹太神秘主义的特质功效得到了充分的表现,其中神秘数字"七"就是一个典型的带有神秘主义色彩的符号意象。

人们注意到,现代犹太历史上若干有关键意义的重大事件,常发生在与数字"7"有关的年份:1897年,在西奥多·赫茨尔的组织主持下,在瑞士巴塞尔召开了第一届世界犹太人代表大会,成立了"世界犹太复国组织",影响深远的锡安运动由此进入正式的实施阶段;1917年英国外交大臣贝尔福发表了支持犹太人在巴勒斯坦建立犹太国家的《贝尔福宣言》,标志着西方世界开始承认犹太人在巴勒斯坦建立国家的权利;1947年,在第二届联合国大会上,通过了犹太人与阿拉伯人分治巴勒斯坦的决议,表明国际社会对犹太人建立现代以色列国的正式认可,同时也由此引发了第一次中东战争;1967年,爆发了对以色列及整个中东地区影响巨大的第三次中东战争,战争虽然只进行了短短的六天,但改变了阿以双方的力量对比,特别是以色列得到了四倍于战前的领土和控制了耶路撒冷旧城,战争不仅消灭了阿方的大量有生力量,而且造成数十万阿拉伯难民,从而使得国际舆论明显倾向阿拉伯方面;1977年,阿拉伯世界最大国家的代表——埃及总统萨达特——令全世界深为震惊地来到耶路撒冷,同以色列领导人会晤并承认了以色列的合法存在,这是史无前例的,人们称这是"金字塔被颠倒过来了","比人类第一次踏上月球还要了不起！"①在现代犹太历史上不到一个世纪的时间里，如此众多的重大事件都与带"7"的年份相关，难怪引起某些史学家和一般公众的好奇与猜测。这到底是由于某种神秘因素所致还是偶然的巧合，自然可以见仁见智。但倘若联系深远的犹太历史传统，的确可以发现数字"七"在犹太文化中的非凡意义———一种打上浓厚神秘色彩的文化意象。

"七"的特殊的神圣意义首先是在《圣经·创世记》中被赋予的。上帝用六日创世，到第七日便歇了工。"神赐福给第七日，定为圣日，因为在这日神歇了他一切创造的工，就安息了。"②在后来的神学解释中，安息日不仅是上帝休息的日子，还是上帝与希伯来人立约的证据，在这里"七"被生成为一个与上帝相关的神圣化原型数字。

在希伯来《圣经》这一犹太文化的原始母本中，许多重要的事件、物象无不与"7"或"7 的变数"（如 14、17、49、70、77 等）相关联。《创世记》中当上帝后悔创造人类并以洪水灭世界时，"7"在人类获得生命的挪亚方舟传说中起到了特殊的作用。上帝命挪亚进入方舟，并嘱凡是洁净的畜类和空中的飞鸟，都要带上七公七母以便留种；当挪亚 600 岁时，在"2 月 17 日那一天，大渊的泉源都裂开了，天上的窗户也敞开了"，"7 月 17 日，方舟停在亚拉腊山上"；在挪亚放飞的第一只鸽子因找不到陆地而返回后的第七天，挪亚又放飞了第二只鸽子，此次鸽子带回了橄榄树叶，这表明水已退去；"他又等了 7 天，放出鸽子去，鸽子就不再回来了。"③这样，人类经受了洪水的考验，终于生存下来。这一系列似无意义的"7"，实质上正暗含着方舟神话与创世神话、人类生命与上帝之间的隐秘联系。

在犹太宗教和世俗生活中具有普遍意义的犹太律法规定，七天为一个安息日，七年则为一个安息年，"七个安息年，就是一个七七年"；犹太人过住棚节时"要住在棚里七日"；甚至"女人行经，必污秽七天"④；小偷盗窃，被抓后需"赔还七倍"等等，不胜枚举。

尤其值得注意的是，古代犹太教和现代以色列国的象征徽号便是一个

---

① 雅克·德罗日、埃西·卡尔梅尔：《以色列秘史》，孙昆山等译，群众出版社 1988 年版，第 282 页。
② 《创世记》2：3。
③ 《创世记》7：11，8：4—12。
④ 《利未记》15：19。

以"七"为中心意象的七烛灯台。灯台由七根烛柱构成，两旁略矮的六根象征了上帝六天创世，中间稍高的一根象征着圣安息日。现代锡安运动的创始人赫茨尔在他设计的犹太复国主义的旗帜中以六角形的大卫盾为中心意象，并在大卫盾的六个角中各增添一个小的大卫盾，他在解释旗帜的这一构思时指出："白底标志着犹太人纯洁的新生活，七颗金星（一颗大的'大卫盾'和六颗小的'大卫盾'）代表我们为犹太人走向新的故土每天辛勤工作七个小时。"[1]

事实上，由于数字"七"在犹太文化中的普遍弥散，"七"业已成为贯通犹太历史的一种特殊而神秘的意象符号，它反复呈现，有着犹太文化自身及古代周边异质文化等方面的复杂机制。

上古时期，世界上的诸多文化都曾不约而同地对数字"七"进行着特殊的认知运用，这在古希腊、波斯、印度文化中都有程度不同的表现。印度《阿闼婆吠陀》曾说："时间用七根缰绳驾驭着，千眼、不朽之骏马"，"时间操纵着七轮之车，七毂中插着永动之轴"。[2] 这里着重强调了"七"在时间范畴中的非凡作用。列维·布留尔在《原始思维》中则特别强调了"七"在上古文化中对空间范畴的终极认知，即"七"穷尽和象征了宇宙的一切空间——东、西、南、北、上、下、中，因而"七"被视为神秘的宇宙之数。[3] 在与希伯来文化密切相关的古代两河文化中，类似的认知有着更为突出而生动的表现，著名的巴比伦通天塔共有七层——它将天地连接了起来；在巴比伦、迦南一带，都曾有安息日之类的习俗流行，"安息日"（Sabbath）一词就来源于阿卡德语，含义为"七"。只是巴比伦视安息日为不吉之日，而非圣日。以"安息日"为索隐，显然可以发现希伯来文化对"七"的运用与古代异质文化特别是两河流域文化有着内在的隐秘联系。希伯来文化一方面借鉴并吸收了异质文化关于"七"的某些抽象意义及其对数字进行形而上化和符号化的思维，另一方面又对"七"进行了极其独特的理喻。

犹太民族作为宗教的民族，在观察世界时无不戴上宗教的眼镜，其文化事实的营造均被纳入神学的运思之中。"七"在希伯来文化中被独特地理

---

[1] 见达洲等著：《中国人看以色列》，第108页。
[2] 雷蒙多·帕尼卡：《印度传统中的时间和历史：时间和羯磨》，见路易·迦迪等著《文化与时间》，郑乐平等译，浙江人民出版社1988年版，第69页。
[3] 列维·布留尔：《原始思维》，丁由译，商务印书馆1981年版，第207页。

解和运用为与上帝相关的神圣数字，被作为一种具有浓厚宗教色彩的神学意象。由于犹太神学对犹太生活的普遍浸染，所以神圣化的"七"不仅充斥在犹太神学领域，也充斥在犹太世俗生活的各个方面。最初的神圣化意象在犹太生活中得到了无限拓展和演化，并生成为一种整合了宗教与世俗的各种复杂意蕴，充塞着虚幻、非逻辑而又有着某种现实功效的神秘主义文化意象。

第二节　犹太神秘主义的现实功效

"七"的神秘意象表征了这样一个事实：犹太神秘主义既与犹太神学相联系、相伴生，"和犹太教一样古老"[①]，又是吸收了异质文化，在相当程度上超越了宗教神学的犹太文化品性，同时在一定意义上，犹太神秘主义还是一种普遍散布在犹太宗教和世俗生活中的大众情感、情感方式。因此犹太神秘主义不应仅仅用来特指斐洛在融合了毕达哥拉斯、斯多葛学派等希腊哲学和犹太思想后所形成的神秘主义思想体系，也不应仅仅指中世纪喀巴拉派（Kabbalah，意为"承袭"）神秘主义哲学。犹太神秘主义作为犹太文化的品性之一，在犹太文化中有其具体表现，并以独特的方式昭示了犹太人在特定历史条件下对世界的感受、认知及其限度。

犹太神秘主义在理喻人与上帝、人与世界的关系这一根本问题时，表现为突出的不可知论思想。在这种思想看来，不仅上帝及世界是神秘和难以认知的，而且人自身的主体地位和能动作用亦被极大地贬低和抵消了，就像约翰·希克所说："意识到上帝是神圣的，就是意识到一个无限神秘的惟一存在，同其存在的强度相比，人类实际上形同虚无。"[②] "希伯来第二《圣经》"《塔木德经》在解释人为何在创世纪的第六天才被创造出来时认为，那是因为上帝能够以此打击人的骄傲：连跳蚤都比人类生得早。人在上帝和世界面前如此无能无奈，又谈何理解上帝、理解世界？在《圣经后典》中，上帝的使者乌瑞尔曾将一位自称理解上帝的犹太人问得张口结舌，天使说：

[①] L.M. 霍普夫:《世界宗教》，第222页。
[②] 约翰·希克:《宗教哲学》，生活·读书·新知三联书店1988年版，第34页。

> 你能称出一斤火吗？你能量出一斗风吗？你能追回过去的一天吗？
>
> ……你连自幼熟悉的事物尚且不懂。那么你这小小的头脑怎么能够理解得了至高上帝的方式方法呢？一个业已被腐朽世界弄得精疲力尽的人怎么能够理解得了不朽上帝的方式方法呢？[1]

这里显示的内在逻辑是：上帝以其特有的方式创造了世界，无以理解上帝也就无以理解上帝的产物——世界。犹太文献围绕着上帝所表现出的这种不可知论思想，既是犹太神秘主义的一个核心内容，也是犹太神秘主义的认识论基础。在这样的认识之下，确定了上帝（人为的超自然存在）与人之间的支配与被支配的关系，也确定了人在世界的被动位置——这种确定与其说是后天人为的，不如说是对人在世界中的客观处境的曲折反映。

《圣经》文本及相关的犹太文献所普遍出现的神迹奇事，是犹太神秘主义的一种突出表现，这些神迹奇事以特殊的视角渲染了种种非现实现象，也折射了其时社会生活的某些状况。当上帝遣摩西领以色列人出埃及时，摩西担心人们不信耶和华曾向自己显现，于是"耶和华对摩西说：'你手里是什么？'他说：'是杖'。耶和华说：'丢在地上。'他一丢下去，就变作蛇，摩西便跑开。耶和华对摩西说：'伸出手来拿住它的尾巴，它必在你手中仍变为杖。如此好叫他们信耶和华他们祖宗的神，就是亚伯拉罕的神，以撒的神，雅各的神，是向你显现了。'"为了万无一失，耶和华还嘱摩西说，倘若有人不信这些神迹，也不听你的话，"你就从河里取些水，倒在旱地上，你从河里取的水必在旱地上变作血"[2]。作为以色列族领的摩西由于受到上帝的特殊眷顾，因而能在危难关头化险为夷。他在埃及法老面前借神的帮助施行了诸多魔法，其中包括以蛇变杖，使埃及人的河水变成血水而无法饮用，让青蛙泛滥成灾、遮满埃及大地，以及施布风灾、蝇灾、畜疫之灾、疮灾、雹灾、蝗灾、黑暗之灾等等。诸如此类的灾害是古代中东地区人们面临的共同威胁，《圣经》中的有关陈述原本是曲折地反映了这种威胁及其对人类生活、心理的影响，但在神学的演绎中，都将此统纳到与上帝相关的神迹奇事上。自然，上帝对摩西及其族人的眷顾，体现了犹太

---

[1] 《以斯拉下》，见《圣经后典》，第433—434页。
[2] 《出埃及记》4:2—9。

人对生活的理想意愿。

神迹奇事往往以神为动作主体，或在神的参与帮助下完成，神秘事实的呈现完全依托于神的超自然功能。与此不同的是，犹太文献中的许多异象是以人为施动者，但因人与神的不同及人自身的限制，人对异象的制造只能技巧化地以人的梦幻为媒质，呈现出超自然的物象。梦作为人对客观世界的特殊心理映像，具有随意、不定、多变的特性，这种无意识的心理现象一旦被有意识地用作说明世界的方式，便不再是世俗意义上的梦，而是寄寓了"梦者"主观意志的"理性指向"。《创世记》中曾载雅各在梦中得见上帝，耶和华告诉他："我要将你现在所躺卧之地赐给你和你的后裔，你的后裔必像地上的尘沙那样多，必向东西南北开展，地上万族必因你和你的后裔得福。"[1] 这里显然表达了犹太人渴望固定居所的世俗功利思想。犹太文献中的有些异象甚至完全舍弃了梦的形式，而直接以人的幻觉出现，但这种幻觉又由于时间、地点等确定因素的引入以及形象化的叙述而体现出很强的"真切性"。

犹太文献在对各种异象的呈现、释解中，耶利米、以西结、但以理、何西阿等先知起到了特殊作用，可以说，古代犹太文化中的"先知现象"是操作和演绎犹太神秘主义的一种重要因素。先知（Prophet）被认为是受上帝指派、能够向普通民众传达神谕的使者，是连接神与民众的中介。实质上，希伯来先知是民众中的智慧之士，他们往往能洞察世界、针砭时弊，但先知的思想又必须借助神谕的名分来表达，因而他们常常通过释梦、制造并解释异象、解释星象等方式来实现其思想的传达。这种传达需要借助异象制造及其神秘感染而发挥效用，但希伯来先知绝不像异族巫师那样制造妖魔鬼怪，更不允许雕刻、敬畏偶像，因为摩西戒律严格规定："不可为自己雕刻偶像，也不可作什么形象仿佛上天、下地和地底下、水中的百物。"[2] 与上古巫师相比，希伯来先知是神职人员和思想家的混合体。

犹太神秘主义的另一集中表现是犹太观念与行为规范上的一系列禁忌、戒律。在犹太生活中，各种戒律计达613项条款，不仅对安息日、无酵节、五旬节、赎罪日等节期习俗有着种种规定，就是日常饮食、起居作息也都有相当繁缛的禁忌。

---

[1] 《创世记》28：13—14。

[2] 《出埃及记》20：4。

《申命记》中规定,"凡分蹄成为两瓣又倒嚼的走兽",如牛、绵羊、山羊、鹿、狍子等均可食用,但骆驼、兔子却不可食用。猪亦不可食用,因其虽是分蹄却不倒嚼,为不洁之物,不仅肉不可以吃,死的也不可以摸。水中有翅有鳞者可以吃,无翅无鳞者为不洁之物,不可食用。鸟中不可食用的为雕、乌鸦、鸵鸟、猫头鹰、蝙蝠等等,因为这些均属不洁之物。在上述所禁"不洁"食物中,有许多是因卫生等原因而不可食用的,其中暗含着中东地区民众的共同生活经验(在犹太人与阿拉伯人的生活习俗中,类同之处并不鲜见),但这里不是以科学的名义而是以上帝的戒令禁止人们食用的。倘若有人偷食中毒或丧命,自然会被解释为上帝的惩罚。在犹太历史的发展沿革中,诸如此类的禁忌不仅成为犹太生活中的民间习俗,也成为一种神秘主义传统。犹太人的各种律法、禁忌作为一种文化习规,虽然在后世的延续中受到某些矫正,但即使在现代犹太生活中,也得到了较为完好的保持。许多禁食习俗依然实行着。在安息日这样的犹太节期中,犹太人尽可能地避免一切劳作,就是安息日的饮食也都是提前预备好的,甚至安息日的灯火也通夜明亮,以避免灭灯之类的动作违背了安息日之戒。人们对犹太律法、禁忌的恪守,显然不仅仅出于宗教信仰的原因,其中必定包含着神秘情感之类的传统积淀,就像犹太人对割礼习俗的遵守,有宗教信仰的人是这样,无神论者也是这样。

神秘主义作为犹太文化的传统之一,必将随着社会时代的发展而变化,在科学与理性的时代尤其如此。这也使得犹太神秘主义往往以更为复杂的内涵和形式出现。现代历史上众多犹太科学家曾以非凡的理性精神剖析世界,并在各学科领域做出突出贡献,同时,他们当中的许多人往往又把世界的各种物象统纳在上帝的光辉之下,甚至表现出浓重的不可知论和神秘主义思想。科学理性精神与不可知论的神秘主义有时竟能得到相当的调适,这是极耐人深思的。

由于犹太神秘主义的发生、演绎常常与上帝的神学观念扭合在一起,所以犹太神秘主义的一个突出效用也就表现在神学方面,即表现在对上帝及其相关思想的论证上。借助神秘主义的运思,上帝的伟岸和神圣不仅得到了突出和强化,与上帝相关的思想也得到了成功的设置,犹太教的一神论、契约观特别是末世论都是如此。在对犹太教末世论思想的建构中,希伯来先知以各种神秘的预言,不时将"上帝的神谕"传达给困境中的以色列族人,并将现时的灾难转化到未来某一时刻的拯救上,这种拯救是以上帝的公开审判方式进行的，即到世界末日之时，上帝将要依据人们的现世表现逐一审理，以色列人作为上帝的特选子民，最终将获得君临万邦的特殊荣耀，等等。这种非理性的、虚妄的宗教臆想，没有先知的神秘操作是不可能的。神秘主义在犹太宗教思想的呈现中表现出无所不能的工具意义，借助它甚至可以设置出诸种"末日的信号"，末日到时，"那书卷要漫天打开来，有目共睹……播种过的田地将会突然变得光秃秃的，满满的粮仓将会突然变得空荡荡的。随后喇叭响起来，突如其来的恐怖抓住每个听众的心。朋友们将会像仇敌那样格斗，大地及其居民将会担惊受怕。河流将要停止流动达三小时之久"[①]。这种"末日的信号"只有在神秘主义的氛围条件下才能生成并有真实可信性，所以，不夸张地说，在一定程度上，犹太神秘主义是犹太宗教神学思想赖以存在和传播的重要基础。

但犹太神秘主义还有着更为深层、世俗的文化效用，这就在于神秘主义借助于对超凡世界（物象、意象、氛围、观念等）的营造，使人从神秘观照和神秘体验中获取抗拒现世的心理能量。

神秘主义作为一种特定的观念意识、情感内容或思维方法，无论以何样的方式发生和消长，也无论与宗教神学有着多么密切的关联，它归根到底都与特定的人类境遇相契合，并对世界做出反应，尽管这种契合和反应有时是极为曲折、复杂的。我们发现犹太神秘主义最为盛行的时期，往往正是犹太人灾难最为深重、对自身的现实力量深感不足的时期，所以在很大程度上，神秘主义体现了犹太人对自我本体的怀疑、对超常力量的渴望、对现实世界的不满及其以虚幻世界所进行的虚妄置换。

《圣经》时期，犹太民族内忧外患，终于导致民族沦亡和国家丧失，此期犹太神秘主义迅速勃发和膨胀，《圣经》文本所设置的大量异象及焕发的神秘主义精神，为危难中的犹太民众提供了一种难得的心理慰藉、意愿寄托，也可以称之为精神麻醉。进入流散时期，传统的犹太神秘主义得到进一步发挥，巴比伦犹太人编撰的《创造之书》（*Sefer Yetzirah*，即《塞菲尔·叶茨切》）、法国犹太学者编著的《光明》（*Bahir*）、西班牙犹太神秘主义者所著《光辉》（*Sefer ha-Zohar*，即《塞菲尔·哈－佐哈尔》）等等，都是犹太神秘主义的经典之作，书的内容充满了对犹太教、对世界的神秘阐释。在这种阐释中，不仅将古代犹太神秘主义精神弘扬光大，而且更加

---

① 《以斯拉下》，见《圣经后典》第442页。

贴近了流散各地的犹太人的世俗生活。① 这些神秘主义著作有时对犹太人的影响较《圣经》更为直接、具体，就像 L.M. 霍普夫指出的那样："在犹太人最困难的岁月里，神秘主义著作伴随着他们。1492 年以后，随着犹太人被驱赶出西班牙、被驱赶出欧洲的其他国家，以及巴比伦犹太社会的崩溃，世界犹太人进入了受迫害、被驱逐、受压抑、贫穷的时期。《塔木德》一书适用于在正常环境中生活的有理性的人；神秘主义著作则适用于处在绝望中的受压迫受蔑视的人。"② 以色列作家阿格农（1888—1970）在反映东欧犹太人生活的著名长篇小说《婚礼的华盖》（1922）中，成功地塑造了一个相当生动的犹太神秘主义虔敬派（哈西德派）信徒瑞布·余德尔，"他超然于尘世的俗务之上，既没有社交、应酬，也不做买卖，只是在上帝的《托拉》，在喀巴拉神秘主义中寻找自己的快乐，既从它的明喻，也从它隐含的哲理中寻找快乐"③。

所以，虽然犹太神秘主义本身具有超俗的、非理性的性质，但在实际的操作应用中，犹太神秘主义的深层又包含着极为明显的世俗功利目的，乃至于充斥着强烈的理性精神与生活机智。其实非理性的犹太神秘主义常常是与理性主义结合在一起的，因为"对原因和逻辑给以理智的解答"④，是犹太文化的另一重要传统，只不过这种结合的方式、强度在不同历史条件下有不同表现。实质上，非理性的犹太神秘主义亦是犹太理性主义的一种特殊表现。

犹太神秘主义的文化效用还不仅仅停留在世俗功利动机和精神慰藉的心理层面，它作为一种观念意识一旦生成，又必将对人的实践行为做出影响，中世纪发生在欧洲犹太人中的一系列"假弥赛亚拯救"事件，集中地说明了这一点。其时欧洲基督教世界以宗教裁判所、迫使犹太人改宗、放逐甚至焚烧、屠戮等手段，对犹太人进行骇人听闻的宗教—种族迫害，在此情势下，犹太人已不能再仅仅满足于一般的神秘缅想，而是在神秘主义的驱使下表现出期待弥赛亚拯救的狂热举动。生于土耳其的犹太人扎巴泰·茨维曾导演了中世纪影响最大的一次"弥赛亚事件"。虽然在他以前

---

① Robert M. Seltzer, *Jewish People, Jewish Thought: The Jewish Experience in History*, pp.419-453.

② L.M. 霍普夫：《世界宗教》，第 223 页。

③ S.Y.Agnon, *The Bridal Canopy*, Schocken Books Inc., 1967, p.3.

④ Richard C. Hertz, *The American Jew in Search of Himself*, p.98.

曾有人自称为救世主并使犹太人多次失望,但当他毫无根据地自称是被上帝选定的救世主弥赛亚时,仍然赢得了众多水深火热中的犹太人的信任。但扎巴泰作为"弥赛亚"最终却背离了犹太人而皈依了伊斯兰教。扎巴泰事件给犹太人致命的一击,它导致的直接结果是一部分犹太人从虚妄的幻想中走出,以更富理性和实践精神的姿态正视世界;另一部分犹太人则走入更为深远的神秘主义,从犹太神秘主义著作中的意象、只言片语,甚至数字和希伯来字母本身去牵强附会地生发各种"信号"、暗示和启示,并从中获得虚妄而神秘的快感。

犹太神秘主义对人的观念、行为的影响是多方面、多种程度和多种方式的,中世纪一系列假弥赛亚事件只不过是在特定历史条件下的一种突出表现。事实上,弥散在犹太文化中的神秘主义,常常是曲折、隐晦地影响着人们的心理世界和实践行为的。

数字符号"七"作为犹太神秘主义的一种典型意象,在犹太文化的特定条件下,特别在与"七"相关的空间、时间序列里,亦会发生某种神秘的启示作用,借助这一意蕴深厚的神秘符号的提示,犹太传统和犹太精神得到了某种凸现和强化,并可能进而激发犹太人的现实行为或促发某些重要决策的出笼。这种文化现象甚为复杂和不定,加之"七"的意象在漫长的犹太史程中业已充塞了极其繁复、神秘的成分,因而后世发生的与"七"相关的事件,也就极易被"合乎历史地"视作"神秘的延续"。可以这样说,在今天人们看来神秘的许多事件中,这种神秘感一方面来自复杂的文化现象本身及其历史背景,有时更多地来自于观察者的"神秘"发现,来自观察者的主观"神秘"认知——在这里,观察者不仅对犹太文化的神秘主义传统有所感知,而且其自身亦被纳入并构成了一种"文化神秘事实"。

第九章　犹太理性主义

第一节　以色列的思想以人为中心

人与上帝的关系是古代犹太思想思考的中心问题，这一点是为学界所普遍认同的；而且，由于上帝神学思想对犹太生活的普遍浸染和上帝权威的至高无上，因而一般也总是认为，人在犹太思想学说中完全服从于上帝。就犹太教的一般情形而言确也如此。

但几乎从犹太思想的最初生成中，一种潜在而深刻的以人为本的"个性"意识和理论精神，非常明确地固着在犹太教的经典文献中。

耶利米在与上帝的对话中，昭显了明确的"个人"（"我"）意识，甚至抱怨"我被上帝诱惑了"：

> 耶和华啊，你曾劝导我，
> 我也听了你的劝导。
> 你比我有力量，且胜了我。
> 我终日成为笑话，
> 人人都戏弄我。
> 我每逢讲话的时候，就发出哀声，
> 我喊叫说：有强暴和毁灭！
> 因为耶和华的话
> 终日成了我的凌辱、讥刺。[1]

在这里，耶利米以"我"为基点，与上帝讨论的重点是"我"的问题，特

---

[1] 《耶利米书》20：7—8。

别是他毫无忌讳地认为上帝"曾诱惑我,我也听了你的诱惑",所显示的"个性"意识是十分强烈的。中文和合本《圣经》译者在这里将《圣经》原文中的"诱惑"(entice)译成了"劝导",也许是认为"诱惑"(entice)一词过于刺眼的缘故。

耶利米的这种思想及意识并非是个别的。利奥·拜克认为:"以色列的思想以人为中心,所有的以色列思想家都接受了这个首先由先知们圈定的中心论题。什么是人的需要? 这一问题已为犹太天才人物首先提出……当希腊人早期对自然的兴趣转向人时,犹太教则在关注人之后转向了自然。甚至在自然中,犹太教也看到了人,发现了人的经验方面,人与上帝的接近或疏远。……世界是通过人证明自己,每个事物在人的心灵中有其起源,并会返回那里。世界是上帝的世界,上帝是人的上帝。这一观点是以色列精神所独有的。"[①] 以人为中心,或者说强烈关注人的境遇和命运,是犹太理性主义的突出特点。

犹太理性主义的一切生发和演绎,首先离不开它对上帝权威的怀疑甚至挑战。《圣经》曾围绕着人与上帝的关系这一中心问题,向上帝发出了一系列的责疑和挑战。

在以色列屡遭劫难之时,上帝认为这是由于以色列人违背了与自己的契约所致,但以色列人却不这样认为:"上帝啊,你在古时,我们列祖的日子所行的事,我们亲耳听见了;我们的列祖也给我们述说过。你曾用手赶出外邦人,却栽培了我们的列祖;你苦待列邦,却叫我们列祖发达……但如今你丢弃了我们,使我们受辱,不和我们的军兵同去。你使我们向敌人转身退后,那恨我们的人任意抢夺。你使我们当作快要被吃的羊,把我们分散在列邦中。你卖了你的子民,也不赚利,所得的价值,并不加添你的资财。你使我们受邻国的羞辱,被四围的人嗤笑讥刺。你使我们在列邦中作了笑谈,使众民向我们摇头……这都临到我们身上,我们却没有忘记你,也没有违背你的约。我们的心没有退后,我们的脚也没有偏离你的路。"[②] 在这里,《诗篇》的作者在检讨以色列人遭劫难的根源时,未如《圣经》通常所做的那样将罪责归于自身,而是声言"没有违背你的约"、"也没有偏离你的路"。

这显然是与《圣经》的基本观念唱反调,而且是在"契约"这个连接

[①] 利奥·拜克:《犹太教的本质》,第30页。
[②] 《诗篇》44:1—18。

上帝与人乃至建构各种学说的基石和关键问题上。麦克劳林在《公元前10—前6世纪的希伯来神学政治》(*The Hebrew Theocracy in the Tenth To Sixth Centuries B. C.*)[①]一书中指出："以色列存在的全部基础是建立在她同上帝的契约上。"所以当以色列现世存在的某个方面一旦出了问题，用犹太神学的观点来看，便是由于以色列与上帝之间的契约出了问题——而问题的根源毫无疑问是在以色列方面而不可能在上帝方面。但《诗篇》的作者大胆声言"责不在己"，并进行了深入的论辩。以此为标识不难看出，《诗篇》乃至《圣经》的其他部分虽然在整体上焕发了神学思想，但在某些情境下又呈现了与传统神学相反的理性指向。

《圣经》还围绕着"上帝为何苦待百姓"、"恶人为何反享平康"、"切望死的人为何有生命赐给他"之类的问题，同上帝展开了一系列的论辩。犹太拉比 Anson Laytner 曾在其重要著作《与上帝论辩：一个犹太传统》(*Arguing with God: A Jewish Tradition*)中非常详细地梳理了犹太人挑战权威的理性传统。可以说，犹太人与上帝论辩，是将论辩的基点和出发点设置在"人"上，从"人"的立场和观点看问题，这与《圣经》的"神本"意识形成强烈对比，表现出强烈的"人本"特征。《圣经》在责问上帝"为什么苦待百姓""为什么向百姓发列怒"之类的问题时，在反复陈述人的不公平待遇时，都明显的是将"人"作为关注的主体和中心；即使是在抒发人生的虚无甚或诅咒生命，也都与《圣经》的"神本意识"形成强烈的反差。犹太神学反复营造的思想即为上帝中心论，在上帝与人、上帝与世界之间，上帝居于中心地位，上帝与世界之间是一种"创世"的关系。上帝与人之间是一种"天启"的关系。但在"与上帝论辩"中，犹太教既有的结构被打乱，"人"成了观察问题的中心，人与上帝的关系成了一种对话、论辩的关系，这种关系不仅改变了传统的人对上帝的敬畏，更重要的是改变了人的思想基点，即以人的立场去看上帝、看世界，而不是以上帝为中心去看人，而且，论辩的价值取向明显地集中于非神学的功利、道德等世俗层面。在纯神学的话语中，是非判断（或事物正负价值判断）的标准建基在以上帝为核心的神学思想上。与上帝论辩实质上就是对以上帝为中心的神学价值体系和价值取向进行挑战，论辩者关注的是以色列民族的现实

[①] E.C.B.Maclaurin, *The Hebrew Theocracy in the Tenth to Sixth Centuries B. C.*, Angus & Robertson Ltd., 1959.p.26.

利益，是个人的祸福境遇，是摆脱了神学的虚幻冥想后人在现实世界的真实状况和实际利益，即使有对超功利伦理规范的关注，那么这些伦理规范也主要是非神学的，是"人间道德"包括直言真伪、说老实话——哪怕与上帝论争，亦被作为一种具有至上价值的道德追求，就像安森·莱特纳所言，"约伯向上帝挑战，只是因为他把在上帝面前说实话当作是一种道德责任"[①]。所以，在观察世界的思想运思上，以一定的理性认知消减或替代神学冥想，以现实功利和世俗道德为判断事物的标尺及价值取向，构成了"与上帝论辩"人文内涵的基本特质。

自犹太古代传统中就已明显生成的理性主义，既是犹太人的一种思想方法，更是一种文化精神，这也从文化的原生质上决定了犹太人源远流长的哲学传统，所以犹太人亦被视作哲学的民族，并在漫长的历史沿革中涌现了大批的哲学家。

第二节 哲学：一种犹太现象

进入流散时期后，由于犹太人长期生活在异质文化中间，并成为一个永恒的被隔离者和少数族类，因而犹太人更不能一味沉湎于神学感悟，而必须以更强的理性方式去直面人与世界的根本问题和现实问题，哲学对于保持犹太生活与其他传统和文化的紧密联系上是非常重要的。[②] 利奥·拜克指出"犹太人始终是一个少数民族，但却是一个被迫去思想的少数民族。命运赐予犹太人以思想"[③]。犹太人的思想传统在斐洛、斯宾诺莎、海涅等一大批犹太裔哲学家那里得到了各种不同的弘扬，并进而影响了整个世界的思想领域。

荷兰犹太哲学家巴路赫·斯宾诺莎出生于一个典型的犹太人家庭，一生清贫，只能靠磨制镜片为生，是颇有名气的眼镜师傅。但他生活的清贫却被思想的自由和丰裕大大地补偿了，他思想的富足甚至恩泽了众多的哲学家，所以海涅曾对他作了一个十分精彩的评价，它已成为哲学史上的一句名言：

---

① Anson Laytner, *Arguing with God: A Jewish Tradition*, p.33.
② Jacob Neusner, *The Way of Torah, An Introduction to Judaism*, Wadsworth Publishing Company, 1993, p.123.
③ 利奥·拜克：《犹太教的本质》，第5页。

> 我们今天所有的哲学家，往往自己并不自觉，却都是透过巴路赫·斯宾诺莎磨制的眼镜在观看世界。①

如果我们稍微回顾一下西方哲学的历史和审视一下西方哲学的现状，便不得不十分赞同海涅的这一论断，并且还会进一步发现，除斯宾诺莎外，尚有众多影响深远的犹太人思想家曾以各自不同的方式和内涵磨制出各式各样的"思想眼镜"。许多人也正是像海涅所说的那样，常常是"自己并不自觉地"透过这些眼镜来观看世界的。

斐洛（Philo Judeaus，约公元前30—约公元40）是生活在泛希腊主义文化环境中的伟大思想家，他出生在亚历山大城一个著名的犹太人家庭。他一生所从事的重要事业便是沟通犹太思想传统和希腊哲学，他一方面将哲学思想的基础建立在体现了上帝意志的摩西五经上，另一方面又主张要达到对上帝真义的领悟必须借助于希伯来以外的思想文化，所以他坚持用希腊的理性精神阐释犹太的神学观念，力图为希伯来的上帝和希伯来文化在泛希腊主义的文化时代里寻找一个适宜的解释。但斐洛的努力并没为犹太传统所承认，后来相当多的犹太人甚至对其十分陌生，相反，他的思想却被基督教哲学所继承，斐洛也因此被哲学家鲍威尔等人誉为"基督教之父"。斐洛思想的基石和材料可以说基本上都是犹太的，但由于斐洛对希伯来文化和希腊文化的整合，又使得他的犹太基石和材料所焕发的精神是崭新和超犹太的，以致在基督教文化世界中产生了极深远的影响。这也许并非他的本意，或是他始料未及的，所以在这个意义上，人们也认为他是一个未能实现理想但却创立了深刻思想的伟人。在斐洛之前的各个犹太思想家包括希伯来众先知，严格地讲都是毫无例外地以各种方式带有程度不同的神学色彩，而斐洛则完全以理性的方式对待犹太传统，理解世界和人生，因此有人认为真正的犹太哲学是从斐洛开始的，他亦被称为犹太哲学之始祖。

摩西·迈蒙尼德（M. Maimonides，1135—1204）生于西班牙的一个犹太人家庭，为逃避宗教迫害，幼时便随家人离开西班牙，迁往巴勒斯坦并最终在埃及定居。他有丰富的天文学、数学、物理学等方面的知识，而又特别以医学造诣著称。他不仅是个高明的医生（曾做过御医），还写作了

---

① 海涅:《论浪漫派》,《海涅选集》,第103—104页。

不少有名的学术论文。他对哲学有着特殊的兴趣，对亚里士多德的哲学尤其熟谙和推崇。这些都决定他对犹太教的认识是充满理性精神的。他力图协调犹太教义和科学、哲学的联系，协调犹太教与希腊哲学特别是亚里士多德的哲学，试图在保持犹太教基本旨义的前提下，将犹太教从繁缛的规章条文中解放出来。他的长达14卷的《密西那托拉》系统地梳理了犹太教规和教条礼仪的方方面面，并加以甄别说明，称誉为"犹太宪章"。他的名著《迷途指南》是一部内涵丰富的哲学著作，不仅采纳了希伯来哲学的精神，也吸收了外国哲学的重要思想，用阿拉伯语写成后被译成多种西方文字。迈蒙尼德的思想不仅被犹太人所认可，而且产生了深远的影响（斯宾诺莎被认为是迈蒙尼德最杰出的学生）。犹太人曾将他与率领以色列人出埃及的民族领袖摩西相提并论，誉其为"第二摩西"。他生前不断地有来自四面八方的犹太人向他请教、咨询，死后他的思想继续引导犹太人前行，犹太人对他的赞美之情集中体现在这样一句话上："从摩西到摩西，谁也比不上这个摩西。"[1]

迈蒙尼德的哲学思想在基督教世界也有广泛影响，特别是对中世纪最重要的经验哲学家托马斯·阿奎那（Thomas Aquinas，约1224—1274）有重要影响。托马斯·阿奎那的《反异教大全》和《神学大全》虽然是从基督教的立场对犹太教、伊斯兰教的教义进行了论争，以基督教的体系论述了上帝的存在与属性等等，但在他的神学方法论中，特别在他对亚里士多德的形式与质料学说的神学运用中，很明显地与迈蒙尼德的哲学思想和方法有着内在的紧密联系，而托马斯·阿奎那的神学思想和哲学方法对后世基督教文化的影响又是深远和不言而喻的。[2]

斯宾诺莎（Baruch Spinoza，1632—1677）和斐洛、迈蒙尼德相比，更具异端和叛逆精神。表面上，他似乎仍然囿限在"神"的樊笼之内，努力致力于证明"神的存在"和"神是什么"的问题（他在《神、人及其幸福简论》中的回答是"神是万物之因"），但在"神"的幌子后面，却表现出非神化的思想精髓。他的哲学体系的基本框架是以认识神、认识自然为开端，通过爱神和爱自然来达到人的最高境界，即人的自由和幸福。因而斯宾诺莎的神已不再是犹太教中那种可以支配万事万物的人格化上帝。他接

---

[1] 阿巴·埃班：《犹太史》，第153—154页。
[2] John Y. B. Hood, *Aquinas and the Jews*, University of Pennsylvania Press, 1995.

受了希腊哲学、布鲁诺的自然神圣性的泛神论思想和笛卡尔哲学的影响,当然他也在很大程度上接受了中世纪的犹太理性主义(以迈蒙尼德等为代表)。但在斯宾诺莎的接受中,没有哪一种思想是被他原封不动地承继下来的。他继承了犹太和非犹太的哲学遗产,并把这种遗产加以综合、消化,最终生成出一种不属于特定宗派和时代的思想内核。作为近代无神论思想的先驱,斯宾诺莎是近代哲学史上影响最大的思想家之一,用海涅的话说,他影响了几乎所有的现代哲学家。英国哲学家罗素也推崇说:"斯宾诺莎是伟大哲学家当中人格最高尚、性情最温厚可亲的。按才智讲,有些人超越了他,但是在道德方面,他是至高无上的。"[①]

19 世纪是一个急剧变革的时代,不仅生产力得到空前发展,社会关系得到新的调整,而且在思想哲学领域也发生了重大变革,其中影响最为深远、具有划时代意义的事件是马克思主义学说的诞生。

马克思(Karl Marx,1818—1883)1818 年生于德国莱茵河畔特里尔市的一个犹太人家庭,祖父是犹太拉比,而他的父亲则带着全家皈依了路德新教。马克思自幼曾在耶稣会学校读书,但他完全没有受自己的家庭和文化背景的限制,而是以非凡的智慧既对人类社会的历史与现状作了深刻的洞察,又汲取了人类思想的一切精华,包括犹太先哲们的哲学思辨精神,特别是直接汲取了德国古典哲学、法国空想社会主义等方面的优秀思想,从而创立了伟大的马克思主义学说。

19 世纪后半期至 20 世纪前期,是各种哲学、思想不断涌现和大发展的时期。神学的基石发生了空前的动摇,斑驳陆离的思想学说令人目不暇接。犹太裔的思想家们不再像他们的先辈那样致力于犹太神学的诠释或改造,亦不再满足于对外族文化的嫁接采纳,而大多是作为土生土长的西方人,自觉地汇入到欧美文化的整体发展中去,以全新的姿态立足于欧美的文化土壤上,并生发出形而上的思想结晶。但现代的犹太裔思想家对犹太传统不同程度的远离,并不意味着他们已完全断绝了与犹太传统的联系,恰恰相反,在他们的思想学说中仍然可以发现若干犹太传统的蛛丝马迹,只不过这种犹太索隐有时较为隐晦而已。不过有一点是明晰的,这就是犹太民族传统的思辨精神、"哲学民族"的遗传因子,在现代犹太裔思想家的身上得到了充分的继承和光大。

[①] 罗素:《西方哲学史》,下卷,何兆武、李约瑟译,商务印书馆 1976 年版,第 92 页。

亨利·柏格森（Henri Bergson，1859—1941）是直觉主义的创始人，他的非理性主义哲学思想在当代思想文化领域产生了重大影响，他亦被称为"变的哲学"的创始人、非理性主义的集大成者和生命哲学的突出代表。他生于巴黎的一个犹太人家庭，在数学、心理学、生理学、哲学、文学、艺术诸方面均有精深造诣，曾任法国科学院院士、法兰西学院教授。19世纪后半叶，理性主义遭到空前挑战，这一时期哲学文化发展的最大特点就是非理性主义的异军突起，而柏格森在这场反传统的哲学变革中起到了旗手和先锋的作用。他以直觉为核心，认为只有直觉才能掌握和揭示生命现象和意识现象，才能达到世界的本质，即"揭示生命的冲动"。"直觉"作为哲学史上时常出现的概念，在不同的思想体系和历史条件下有不同的范畴意义。在理性主义的理解中，"直觉"是一种理性的认识活动，现代心理科学则将"直觉"视为一种创造性的心理活动。但柏格森认为"直觉"是一种本能和下意识，一种神秘和非理性的内心体验，正是靠着它才能接近本质性的"生命冲动"的。柏格森直觉主义对传统的反动曾引起哲学、思想界的巨大反响，在哲学和文学艺术领域的影响尤为巨大，普鲁斯特、德彪西、莫奈、詹姆斯、怀特海、伯纳德·肖、桑塔雅娜等人都曾程度不同地接受了他的思想的影响。1927年瑞典学院为"表彰他丰富而生机勃勃的思想及表述上的卓越技巧"而将当年诺贝尔文学奖授予柏格森。将诺贝尔文学奖授予一位哲学家，足见其时柏格森影响之大。诺贝尔奖的颁奖词中甚至这样说："如果他的思想纲领足以成为人类精神的指南，那么我们可以肯定地说，在将来，柏格森的影响将远远超过他目前已经赢得的影响。"[①]瑞典学院的溢美之词也许并不过分。

在某种意义上，"无意识之父"和现代精神分析学派的创始人、奥地利犹太人弗洛伊德（Sigmund Freud，1856—1939）对当代哲学特别是文学的影响较柏格森要来得更为广泛和直接。"弗洛伊德主义"（Freudianism）虽然最初被当作一种心理学说，但其内容、思想及影响可以说涉及哲学、历史、宗教、道德、文艺等各个领域。弗洛伊德学说极度夸张人的本能和无意识的作用，是现代非理性主义的极端表现。虽然他的学说在治疗精神病患者的临床实践上曾有过成功的范例，在解释人类的心理和意识现象方面也确有其深刻、独特之处，但客观地讲，弗洛伊德学说远离人的社会属性

[①]《诺贝尔文学奖颁奖演说集》，毛信德等译，百花洲文艺出版社1991年版，第215页。

及由此所带来的根本缺陷，是不容否认的。但耐人深思的是，弗洛伊德主义的思想体系有着十分广泛的接受市场，并从心理科学渗透到社会文化的各个方面，特别是文学方面。不仅劳伦斯、乔伊斯、普鲁斯特、伍尔夫、福克纳、艾略特、萨特等现代主义作家对他推崇备至，就是较为传统和写实的杰克·伦敦、德莱塞、罗曼·罗兰等亦深受其影响。要尽列那些曾受弗洛伊德学说影响的中外文学艺术家及其艺术作品是相当困难的。弗洛伊德学说影响巨大只是一个方面，另一方面，弗洛伊德学说同时也许又是现代思想史上争论最大的一种学说，斥责反对者大有人在，其中包括他的一些得意弟子；自然，褒扬称赞者也不乏其人，认为弗洛伊德"和卡尔·马克思一样，提出了一种人类行为的学说"[①]的观点，在西方并不少见。

与弗洛伊德主义有所联系但又明显不同，且在当代哲学思潮中占特殊地位的重要思想是新弗洛伊德主义或新弗洛伊德学派（The New Freudianism，The New Freudian School），这一学派的主要代表卡伦·霍妮（Karen Horney，1885—1952）和埃里希·弗洛姆（Frich Fromm，1900—1980）都是出生于德国的犹太人，都在二战期间为逃避纳粹对犹太人的迫害而逃避到美国加入美国国籍。

霍妮曾受教于弗洛伊德的高足卡尔·亚伯拉罕，但霍妮的学说却完成了对弗洛伊德、亚伯拉罕传统精神分析学的修正和批判，她在《我们时代的神经症人格》（1937）、《精神分析的新方法》（1939）等著作中，十分强调文化环境的社会因素对人的影响，而不是像弗洛伊德那样只是注意到"本能"在人类生活中的意义。与霍妮相比，弗洛姆的影响更大，他的理论著作曾成为百万册以上的畅销书，他的学说甚至被运用到青年学生运动、和平运动当中去。弗洛姆认为，马克思是具有世界历史意义的伟人，但马克思在强调人的社会性和理性的同时，忽略了人的非理性层面；弗洛伊德是"真正的科学心理学的创始人"，但又达不到马克思的高度和深度。基于这样的认识，弗洛姆认为："我要认识支配个人生活的规律和社会的规律，也就是人在其社会生存中的规律。我也试图找出弗洛伊德学说中那些仍然闪烁着真理光辉的思想和那些需要修正的论断。对于马克思的理论，我也是这么做的。在理解和批评这两位思想家后，我最终达到了一种综

[①] Rod W. Horton, Herbert W. Edwards, *Backgrounds of American Literary Thought*, Prentice-Hall, Inc., Englewood Cliffs, p.356.

合。"① 力图综合马克思主义和弗洛伊德主义是弗洛姆学说的基本特点,因此弗洛姆的理论亦被称为"弗洛伊德的马克思主义",在当代西方世界有很大影响。弗洛姆在1929—1934年间曾在法兰克福精神分析研究所和社会研究所工作,他也被视为法兰克福学派的重要代表之一。他的《基督的教条》(1930)、《逃避自由》(1941)、《自我的追寻》(1947)、《健全的社会》(1955)、《爱的艺术》(1956)、《精神分析与禅宗》(1961)、《超越幻想的锁链》(1965)等等,都是当代学术界的知名著作。

赫伯特·马尔库塞(Herbert Marcuse,1898—1979)几乎与弗洛姆同时出生也同时谢世。他生于柏林一个有教养的犹太人家庭,1933年时加入法兰克福社会研究所,并成为法兰克福学派的中坚人物。第二次世界大战期间,他也与弗洛姆等人一样辗转到达美国。马尔库塞在政治倾向上十分激进,他把哲学、文化的理论探讨与对资本主义的深刻批判结合起来,战后曾作为新左派运动、学生运动的精神领袖而受到广泛拥戴。他涉猎的领域十分广阔,从历史、哲学、文化学、社会学到美学,都有卓越建树。他的《历史唯物论的现象学导引》(1928)、《黑格尔本体论与历史性理论的基础》(1932)、《理性与革命》(1940)以及《爱欲与文明》(1955)、《单维人》(1964)、《审美之纲》(1978)等都曾获得很高评价并有广泛的读者。由于他思想中的反传统精神和理想主义色彩,人们也将他视为面向未来的预言家。当然,这种预言的眼光主要不是建立在诗人的幻想和激情之上,而是建立在对海德格尔、黑格尔、马克思、弗洛伊德等学说的研究、综合上。

提到马尔库塞,我们不得不回过头来看一看现象学的创始人埃德蒙特·胡塞尔(Edmund Husserl,1859—1938)。马尔库塞曾拜其门下,其实受胡塞尔影响的远不止马尔库塞一个人,还有对后世影响深远的海德格尔。胡塞尔亦是犹太人的后裔。他最早感兴趣的是数学和物理学,曾获数学博士学位。这也许是胡塞尔的现象学较其他现代西方哲学思潮更具理性特质和逻辑色彩的原因所在。但这并不能掩饰胡塞尔现象学自身的矛盾与非理性的本质。胡塞尔所说的现象既包括事物的感性表象,也包括抽象的观念,他所谓的"现象学方法"不仅排斥假设,而且排斥实证和观察,而是强调以主观反省的方法发掘"纯粹意识"、"纯粹现象",亦即发现存在

---

① E.弗洛姆:《我的一些经历》,张燕译,《哲学译丛》1984年第5期,第73页。

的本质。胡塞尔的现象学极大地影响了当代西方哲学，存在主义、"现象学本体论"等形形色色的哲学思潮中均可发现胡塞尔现象学的痕迹，他甚至被推崇为当代西方哲学的泰斗人物。存在主义的创始人海德格尔是其入门弟子，存在主义的另一代表让－保罗·萨特曾专门来到柏林学习胡塞尔现象学。在西方学术界与胡塞尔相提并论的是另外两位犹太裔哲学家格奥尔格·齐美尔和马克思·舍勒，德国学者波兹瓦拉在《齐美尔、胡塞尔、舍勒散论》中形象地阐述了这三位犹太裔思想家对现代西方思想的影响："他们的伟大和他们的被人所遗忘使三位哲人成了今天人们可以不冒泉眼被人发现之危险而悄悄从中汲水的井泉。于是，齐美尔（正如我以前所证明的）成了罗曼诺·格瓦尔蒂尼和马丁·海德格尔哲学之源；胡塞尔的方法被隐姓去名变为当今所有哲学家普遍采用的方法；舍勒光芒四射的直觉主义则成为现在一切人类学、心理学和伦理学（如海德格尔、菲利浦·莱尔施等人的学说）赖以存在的基础。"[①]

路德维希·维特根斯坦（Ludwig Wittgenstein，1889—1951）曾被公认为英美分析哲学的开创者，哲学大师贝特兰·罗素（Bertrand Russell，1872—1970）是他的良师益友，可以说是他们一起开创了逻辑实证主义哲学。维特根斯坦生在柏林的一个犹太人家庭，但当时全家已皈依了天主教。1912—1913年间他曾到剑桥三一学院学习，深得贝特兰·罗素和乔治·爱德华·摩尔（1873—1958）的赏识。第一次世界大战爆发时他曾加入奥地利军队，在土耳其服役期间为意大利军队俘获过。他始终没有停止他的哲学笔记和论文的写作。他一获释便急切地希望能同罗素相会，为的是能够深入讨论他业已形成的那些思想。当两人在阿姆斯特丹相会时，罗素手里捧着的是维特根斯坦的一部深厚的哲学书稿。罗素为书稿的内容所打动，欣然为该书作序，这就是1921年发表的《逻辑哲学论》，维特根斯坦曾以此获得剑桥哲学博士的学位，并被选为剑桥三一学院研究员。后来维特根斯坦又以笔记的形式对该书的思想进行了新的修正和发展，直到他死后的1958年这些笔记才以《蓝皮书和褐皮书》为名得以面世。维特根斯坦早期的思想较为接近罗素，罗素的著名观点"逻辑是哲学的本质"曾对他有较大影响，在一定意义上他在《逻辑哲学论》中对此进行了进一步的发展；

[①] 波兹瓦拉：《齐美尔、胡塞尔、舍勒散论》，宋健飞译，见王岳川等编：《东西方文化评论》第四辑，北京大学出版社1992年版，第255—256页。

但维特根斯坦后期的思想则与胡塞尔、海德格尔较为接近,他更倾向于把哲学从"形而上学"和逻辑法则中引导出来。由于维特根斯坦思想自身的复杂构成,人们在观照他时往往颇多歧解,但无论人们如何去解读他,他在 20 世纪西方哲学中的地位和影响都是十分显著的。

恩斯特·卡西尔(Ernst Cassirer,1874—1945)1874 年 7 月 28 日生于德国的一个犹太富商家庭,他的《语言与神话》(Language and Myth,1925)和《人论——人类文化哲学导论》(An Essay on Man: An Introduction to a Philosophy of Human Culture,1944)不仅在西方,在中国也有着极广泛的影响。他被称为"当代哲学中最德高望重的人物之一,现今思想界具有百科全书知识的一位学者"[①]。卡西尔的一百多种重要著述涉及的领域十分广阔,从哲学、神话学、语言学、美学到文化人类学无所不包,难能可贵的是许多"独立学科"在卡西尔的运思中都获得了有机的整合。科学哲学家们曾从他那里获得重要启发;语言哲学的推崇者则将其视为语言哲学的重要先驱;以他的学生苏珊·朗格为代表的符号学美学家更将他视为本学科的始祖——而所有这些领域又似乎均可归纳到他所创立的"文化哲学体系"之下,可以说构建一个涵括面极广的"文化哲学体系"是卡西尔一生致力的主要目标。卡西尔的"文化哲学体系"最集中地体现在《符号形式的哲学》和《人论——人类文化哲学导论》中。卡西尔认为人的突出特征在于"劳作"(work)——人的创造性活动,科学、宗教、艺术、语言、神话等均是人类运用符号所创造的文化内容,因而关于人的哲学必定是一种文化哲学,卡西尔也称之为"符号形式的哲学"。卡西尔的"文化哲学体系"汲取了诸多学科的研究成果,对当代哲学有着影响深远的重大贡献。

在哲学、文化学、社会学、人类学、美学等各个理论领域,还有众多的犹太裔思想家在各自的学科领域做出了突出的贡献。他们中有些早已为人们所熟知,有些对非专业读者来说还较为陌生。从德国逃到美国的思想家、科学家爱因斯坦是 20 世纪对人类影响最大的智者之一;生于法国的犹太人埃米尔·杜尔克姆(Emile Durkheim,1858—1919)被公认为经典社会学的奠基人之一;生于德国后加入美国籍的犹太人弗朗兹·博厄斯(Franz Boas,1858—1942)被誉为人类学历史学派的创始人、美国人类学

[①]《在世哲学家文库》第六卷《卡西尔的哲学》(1949)扉页题词,见《人论·中译本序》,《人论》,甘阳译,上海译文出版社 1985 年版,第 1 页。

之父，著名人类学家本尼迪克特（著有《文化模式》《菊花与刀》等）、玛格丽特·米德（曾任"美国人类学协会"主席，获"20世纪杰出妇女奖"，提出过著名的"三喻文化"学说）等都是他的学生。此外还有提出"后工业社会"理论的美国犹太人D.贝尔和生于匈牙利的科学哲学家拉卡托斯（1922—1974，他的学说被人称为"精致的证伪主义"）以及生于匈牙利的著名美学理论家卢卡契等等，他们在思想理论界都有重要影响。

  犹太人的"哲学现象"有其特定的历史文化机制，在这种机制中，既有犹太民族的历史因素（诸如思辨传统、受迫害的遭遇、特殊的双重身份等等），又有犹太人所处的时代、文化环境因素。他们对问题的思考既源于经典性信仰，也切合各种现实情境。[1] 这些犹太裔的哲学家生于犹太家庭，但对犹太传统大都采取了背离或远离的态度，这特别表现在斯宾诺莎以后的现当代犹太裔思想家中。同时，他们又整合了欧美文化的各种学说思想，并进行了一种新的创造性生发。但这种"背离"或"整合"，都不是一个简单的单向性运动，而是充满矛盾的复杂的文化过程，简单地将哲学思想史上的"犹太现象"归结为属于犹太的或非犹太的某一文化历史原因，都是难以解决问题的。生于波兰的马克思主义理论家、历史学家、犹太思想家伊萨克·杜茨切（Isaac Deutscher，1907—1967）关于犹太人哲学现象的一段论述是颇有见地的：

  超越了犹太传统的犹太异端者仍然与犹太传统联系着……如果你希望，你可以将斯宾诺莎、海涅、马克思、罗莎·卢森堡、托洛茨基和弗洛伊德等（犹太思想家）置入犹太的传统之内。他们都发现犹太人过于狭隘，过于陈腐、闭塞，他们都在寻找超越了犹太人的理想和事业，他们提出了现代思想中最伟大的要点和观念，即过去三个世纪中发生在哲学、社会学和政治学领域最具深远意义的变革的要点和观念。……他们如此深刻地影响着人类的思想，也许是由于他们独特的"犹太天赋"？我不相信任何种族有什么非凡的天赋，然而我却认为他们在一些方面的确是非常犹太的。他们自觉吸收了犹太生活和犹太智慧中的一些精华，他们的"超前"优势在于作为犹太人他们生息在不同文明、宗教和民族文化的交界线上，他们诞生和成长在不同时代的

---

[1] Jacob Neusner, *The Way of Torah, An Introduction to Judaism*, p.123.

交界线上。他们的思想成长在最为斑驳的相互沟通、相互滋养的文化影响之中，他们生活在他们各自国家的边缘，或隐蔽处和偏僻角落。他们中的每一位都既在其社会之中又超然其外，既属于它而又超然于它。正因为如此，才使得他们创造了超乎其社会之上，超乎其国家之上，也超乎其时代和同代人之上的思想，才使得他们的精神遨游在宽阔的地平线上，向遥远的未来遨游。[1]

伊萨克·杜茨切在这里的论述不只适宜于斯宾诺莎、海涅、马克思、卢森堡、托洛茨基和弗洛伊德，也基本适宜于所有那些为现代人类思想做出卓越贡献的犹太裔思想家、哲学家。

---

[1] Paul R. Mendes-Flohr and Jehuda Reinharz, ed., *The Jew in the Modern World*, pp.230–231.

第十章　犹太人的时间思维

第一节　时间创立者与先知预言

在犹太人对世界的诸种认知中，一种有代表性的认知方式就是营造严密的时间概念并进行某些独特的运用，从而形成一种建基于时间基石上的思想维度。"与作为空间创立者的埃及人或希腊人，作为国家和帝国创立者的罗马人，以及作为天国创立者的基督徒形成鲜明对照的是，犹太人是'时间创立者'。"[①] 犹太人自《创世记》起便建立了一个严密的时间世界，并在时间的维度上以"过去"、"现在"和"将来"作为相互联结而又不尽相同的认知基点，发出对世界的诸种思想认识。

预言可以说是犹太人时间思维的一种典型产物和表现，它作为犹太人认知世界的一种重要方式，也是犹太人的一种突出的思维传统。这一传统可以追溯到犹太文化的发轫之初，追溯到亚伯拉罕和摩西时代，特别是希伯来早期历史中的"先知现象"。

"先知"就其《圣经》原意而言，是指受上帝委派、能够接受并向一般民众传达上帝旨意的智士、超人，在这个意义上，《圣经》中的亚伯拉罕、摩西可被视作犹太民族历史上最早的先知者和预言者。但真正以预言为主要或专门性活动内容并形成了系统的学说理论的，恐怕还是先知运动中涌现的众先知，他们创作了一系列先知书，并发展和完善了预言的技巧与内涵。先知运动主要集中于公元前 8 世纪到公元前 5 世纪，在这数百年的时间里，希伯来人先后受到亚述帝国、新巴比伦、波斯帝国等的奴役，希伯来民族的未来命运问题空前尖锐地呈现在希伯来思想家的面前，正是在这种民族危难但又并未为大多数希伯来人所自觉的情形下，希伯来先知及先

[①]　安德烈·内埃:《犹太文化中的时间观和历史观》，《文化与时间》，第 195 页。

知书开始涌现和成熟起来。

　　希伯来先知出于对现实世界的不满，借助对时间框架的操作运用，在先知书中以预言的方式努力塑造一个未来的"第二现实"，以期达到对现时生活的解说、界定和抗拒。先知的预言所设置的生活内容、发展趋势在先知书中呈现了两个不同的价值取向：肯定性的设置对未来可能出现的生活状态进行一种积极、肯定的判断，显示出某种理想化的图景，在此可以称之为正面乌托邦；否定性的设置在预言所塑造的第二现实中，显示出一种消极、否定的生活图景，故可以称之为反面乌托邦。

　　肯定性的生活图景向以色列人展示了一种诱人的生活可能："兴起，发光！因为你的光已经来到，耶和华的荣耀发现照耀你。看哪，黑暗遮盖大地，幽暗遮盖万民，耶和华却要显现照耀你，他的荣耀要现在你身上。万国要来就你的光，君王要来就你发现的光辉。""你举目向四方观看，众人都聚集来到你这里。你的众子从远方而来，你的众女也被怀抱而来。那时你看见就有光荣，你心又跳动又宽畅。因为大海丰盛的货物必转来归你，列国的财宝也必来归你。"[①]

　　综观诸先知书，在希伯来先知对未来第二现实的塑造中，否定性的反面乌托邦占有更重要的位置，这类预言主要展示了在未来某一时刻将要出现的种种灾难："以色列家啊，要听我为你们所作的哀歌：以色列民跌倒，不得再起；躺在地上，无人搀扶。"[②] 由于以色列人的罪，"因此，这地悲哀，其上的民、田野的兽、空中的鸟必都衰微，海中的鱼也必消灭"[③]。先知的预言在经文中往往是借"上帝所言"的形式表现的，有时预言近乎一种诅咒：

> 耶和华说："到那时，人必将犹大王的骸骨和他首领的骸骨、祭司的骸骨、先知的骸骨，并耶路撒冷居民的骸骨，都从坟墓中取出来，抛散在日头、月亮和天上众星之下，就是他们从前所喜爱、所侍奉、所随从、所求问、所敬拜的。这些骸骨不再收殓，不再葬埋，必在地面上成为粪土。并且这恶族所剩下的民，在我所赶他们到的各处，宁

---

① 《以赛亚书》60：1—5。
② 《阿摩司书》5：1—2。
③ 《何西阿书》4：3。

可拣死不拣生。这是万军之耶和华说的。"①

值得注意的是,先知书中的有些咒语性预言是针对各异族人发出的,如《阿摩司书》用上帝的口吻说:"大马色三番五次地犯罪,我必不免去他的刑罚,因为他以打粮食的铁器打过基列。我却要降火在哈薛的家中,烧灭便哈达的宫殿。我必折断大马色的门闩,剪除亚文平原的居民和伯伊甸掌权的。亚兰人必被掳到吉珥。"②《阿摩司书》预言将遭受惩罚的异族还有非利士、推罗、以东、亚门、摩押,等等。对异族的咒语性预言虽然就其形式取向而言是否定性的,但在其内核上,却显示了一种对以色列人的有利性判断,这与对以色列人的咒语预言在价值判断上完全不同。

希伯来先知书对希伯来民族命运的各种预言(包括肯定性和否定性的),虽然设置的是未来可能出现的第二现实,但不难发现,它的判断基点完全建立在以色列人的现世生活上,是以未来时间里的正反趋向,来表明先知对以色列人现时生活的评判,并试图以此来影响和指导人们的现时行为,在这里,希伯来先知的未来观正是一种深刻的现实观,希伯来文化中的诸先知书正是一种典型的"现世书"。先知书的诸种预言在形式上虽然具有某些虚妄、神秘的特点,但其深刻的世俗用意是显而易见的。"我们决不可认为这些先知们都是一些不可救药的、不实际的神秘主义者,或是一些渴望某种未来世界的幻想家,因为他们人人都与他们的时代历史有着紧密的联系。他们对具有令人困惑的社会、政治、国家与国际问题的周围世界十分关切。他们认为,理想的社会终将出现。不论他们要宣扬的真理是什么,他们从来不以抽象的形式加以表述,而是以他们那个时代人民的条件、他们生活上的基本问题、当时的道德与政治情况、威胁他们的危险以及他们对当时明显的社会力量的态度等作为基础的。这些先知者的目的在于影响人们,因此他们是把这些人作为他们所处时代的成员来对待的。先知者的主要目的与他们自己时代的要求紧密相关;但在他们完成了这项工作之后,他们的重要性并不因此而丧失殆尽,因为他们所确认的原则过去是、现在仍然有幸是能够在广泛得多的范围内加以运用的。"③

先知预言现实效用的发挥首先依赖于先知预言在其建构中所呈现的强

---

① 《耶利米书》8:1—3。
② 《阿摩司书》1:3—5。
③ 乔·奥·赫茨勒:《乌托邦思想史》,张兆麟等译,商务印书馆1990年版,第48页。

烈的理性逻辑。希伯来先知预言所设置和建构的未来图景虽然是属于将来时态的，但却与现在时态的实际状况有着内在的紧密联系，它将未来的各种可能视作现时状况的自然延续，有什么样的"现时"，便有什么样的"将来"，显示了一种严密的时间逻辑。同时，在预言的具体设置中，先知们十分强调事物自身发展的内在规则，预言所设置的各种征兆、异象与其结果之间存有一种合乎理性的因果推演，这在继承了希伯来先知传统的《圣经后典》中有着更为集中的表现。比如末世论本身是神学虚妄的，但在末日的信号与末日的结局之间却往往有着较紧密的内在逻辑关联。《圣经后典》中的《以斯拉下》是这样描绘末日到来时的征兆、信号的：

> ……当世上所有的人都处于极大的混乱之中的时候，那时间就要到了。真理之路将被隐藏起来，地上不留下任何信仰。那邪恶将要增长到你前所未见的程度……突然间，夜晚出太阳，白天出月亮。树木淌血，石头说话，各国处于混乱之中，星星的运行改变了方向。一个被人厌烦的国王将要执掌朝纲，鸟儿要飞走。鱼儿被水冲上死海的岸边。夜里将有一种声音发出来，许多人听不懂，人人都会听见。大地将要裂开多处，开始向外喷火。野兽将要离开原野和森林。妇女将在月经期间生出怪物。淡水要变咸。朋友们将要到处互相攻打。那时，知识将要消灭，理智将要隐匿……①

此外，末日的信号还有田地突然光秃、河流静止三小时，等等。这里描述的"末日信号"既有社会现象也有自然景观，大都具有一个共同的特征，即违背现实世界的正常秩序。因此，客观而言，这些信号倘若果真纷纷出现，自然意味着既有的世界规则已被打破，现存世界将不复存在或临近了终结的末日，从这个意义上讲，末日信号的设置在其思维逻辑上无疑存有一定的理性因素。《圣经》及《圣经后典》中设置的诸种预言之所以能够对人们的现时生活发出特有的影响效力，与预言建构中所蕴涵的理性逻辑因素是分不开的，这也是希伯来先知预言的一个重要特质所在。

希伯来先知预言立足现实，通过对民族处境、自身弊端的清醒审察并预测具有内在逻辑的未来发展，来实现对人们现时行为的规范制约，因而

---

① 《圣经后典》，第437页。

希伯来先知预言的现实效用又主要是在道德规劝、神学感染的层面上得以实现的。当希伯来先知谴责以色列人堕落、腐败时,必定会指出将要随之出现的灾难性未来,这完全是以一种特定的方式向以色列宣讲先知们的道德理想,这种宣讲有时在先知书中还直接表现为一种带有预言性质的"诅咒异象",像《撒迦利亚书》所描述的那样,先知撒迦利亚"举目观看,见有一飞行的书卷。他(天使)问我说:'你看见什么?'我回答说:'我看见一飞行的书卷,长二十肘,宽十肘。'他对我说:'这是发出行在遍地上的咒诅。凡偷窃的,必按卷上这面的话除灭;凡起假誓的,必按卷上那面的话除灭。万军之耶和华说:我必使这书卷出去,进入偷窃人的家和指我名起假誓人的家,必常在他家里,连房屋带木石都毁灭了"[①]。这样的"咒诅异象"明显体现了对人的道德规范和道德制约的意义。

同时,希伯来先知的诸种预言一般又都显示出强大的神学感染效能,这不仅因为神学因素的引入特别契合了其时人们的信仰状况和心理特点,还因为先知学说的本身在很大程度上就是建基于犹太一神教的神学框架之上的。在这里,民族的危机常常被视作因于对上帝的悖逆,而获救的重要途径,自然也是走向对上帝的忠诚。在《圣经》中,先知的一切预言只有在传达了上帝意旨的时候,才被认为是可信和真实的,上帝雅赫维一再申言,他坚决反对那些没有表述他的思想的预言活动,告诫人们不要被那些托雅赫维之名的伪先知及其预言所迷惑。从希伯来先知预言的内在功用性质上不难看出,先知预言不仅关注人们的伦理道德,更关注人们的神学信仰,先知预言:"不仅要求建立正常的人类关系,而且要求建立超人类、超尘世、神权政治的关系。它意味着要改变人类的性格而根据不同的先知者的意见,还要由人类集团集体地或个别地承认神即耶和华的存在。所谓新生的个人乃是他们本人和耶和华共同努力的产物。因此,变革不仅是伦理性的,而且是伦理—宗教性的。"[②] 所以在很大程度上,希伯来先知的预言是一种神学—道德预言。

作为早期希伯来人认知世界的一种十分重要的思想和思想方式,先知预言不仅充塞着强烈的理性精神和强烈的神学道德说教,也充塞着明显的思想技巧和思想策略。这就在于希伯来先知不是将其视野局限于现时态

[①] 《撒迦利亚书》5:1—4。

[②] 乔·奥·赫茨勒:《乌托邦思想史》,第50页。

的事物上，也不是静止地关注事物本身的属性，而是以预言的形式通过对时间概念的操作运用，通过对未来世界的虚构设置，特别是通过对现在时态与未来时态的沟通、转换及内在逻辑的发现，不仅建立了一种深刻的时间哲学，也形成了一种认知世界的独特的思维方式。这种思维方式固着在《圣经》之中，作为犹太民族的一种思想传统，在后世犹太人对世界的认知中，也得到了突出的表现。

第二节　先知预言思维的传承

在犹太人的思想史上，每个时期都曾涌现了一些有代表性的预言家，他们善于以典型的预言式思维邀游在时间的维度之中，通过对未来世界的建构表述他们对世界的历史化认知。从中世纪的诺查丹玛斯到现当代的托夫勒、丹·贝尔等，都是历史上有影响的职业预言家。至于具有预言家性质，以各种特定的方式昭示未来发展趋势的犹太裔思想家更是难以尽数，像马克思、弗洛伊德、爱因斯坦等，均有"现代世界的预言家"之称。当然，不同时期犹太人预言现象的发生有其不同的时代机制，众多预言家的思想内核各有其特定的意义指向，他们对希伯来预言思维传统的继承和焕发也必定有其不同的表现，难以同日而语。

在中世纪，法国犹太预言家诺查丹玛斯（Nostradamus）的影响远远超过了犹太生活的范围，其情景也复杂得多。诺查丹玛斯1503年出生，大约从1550年前后开始发表一系列关于未来世界的预言著作。当他在1564年去世以后，他的名声和影响愈来愈大，以至于他的预言内容逐渐成为街谈巷议的重要话题。国外不少文献都称他曾准确地预言了后世历史上的许多重大事件，包括奥斯曼军队进攻塞浦路斯岛、巴黎人民起义甚至希特勒的出生与发动战争等等。诺查丹玛斯预言是一个极其复杂的现象，国外不少学者对此进行了多方面的研究，但并未形成一个最终的共识。诺查丹玛斯预言虽然迷雾重重，但就诺查丹玛斯预言的基本内容、表述方式等方面来看，还是可以发现其中的若干特质和特性的。诺查丹玛斯作为犹太人，熟悉犹太文献的各个方面，特别是《圣经》中的诸先知书。他的预言式思维和预言思想的基本内容与表述方式，即使不是完全来自希伯来先知书，也是与其有着至为密切的联系。诺查丹玛斯在其《诸世纪》中描述末日来临的各种景象时，也是像先知书那样，运用各种异象怪物来表述灾难的即将来临：有一些多头的怪物飞降；宇宙里充满火、血、洪水等等。这不难使人想起先知书中四头四翅、似豹非豹的怪兽，头上有角、角上有眼的怪兽等异象景观。先知书在解释这种异象时称其为将要在世上兴起的大王，诺查丹玛斯预言亦有极类似的表述。诺查丹玛斯曾将人类遭到灭顶之灾的时间定在1999年7月，其中的"7"字令人非常自然地联想到希伯来文化中的原型神秘数字"7"，而"1999"则是一个十分醒目别致的数码。在诺查丹玛斯的同时代前后，犹太神秘主义者也曾作过1666年将是弥赛亚来临的拯救年之类的预言。将诺查丹玛斯预言现象置于中世纪犹太神秘主义勃兴的文化背景中来考察，更易发现诺查丹玛斯预言对希伯来先知书的承继、转换及其虚妄的神秘主义特征。中世纪欧洲犹太人生活在极度的水深火热之中，人们为了摆脱现世的苦难，不得不求助于神秘主义，从神秘主义的沉湎中获取抗拒现世的力量，因而借助预言的种种设置来实现对现世生活的"置换"，便成了其时犹太人对生活的一种适时性的"认知"。中世纪犹太人营造的神秘主义预言较为完好地承继了希伯来先知的预言思维及预言方式，但又人为地夸大了先知书中的神秘、虚妄成分，消减了先知书中的理性因素，从而也是大大降低了预言的现实意义。

国外学者的某些研究也表明，在诺查丹玛斯的星占预言中，又确实含有一定的天文学原理和某些具有理性因素的预测计算，在保持希伯来先知书和犹太神秘主义的某些传统形式、要素的同时，诺查丹玛斯的预言又引入了一定的经验观察甚至逻辑推理（日本学者还声称他们通过计算机计算验证了诺氏的若干预测）。15、16世纪是欧洲科学大发展的时期，特别是波兰天文学家哥白尼（1473—1543）《天体运行论》的发表，彻底否定了一千多年的"地球中心说"，这无疑刺激并促生了形形色色、合理与悖理的天文预测。历史上的某些星占预测虽然充满了唯心的主观臆断，但作为历史文化的一种积淀，在通过对星象变化、天文景观的长期观察中，完全可能留下某些符合自然规则的合理经验，比如星象的排列规律、彗星的运行变化、日食月食对自然界及人体、人心的巨大影响乃至对社会事变的诱发等等，有些也业已得到历史和现代科学的某些印证。诺查丹玛斯在致儿子的信中曾称，他对人类未来的预言，依据的是精确的天文计算和神秘的灵感。神秘主义的感悟臆想与某些天文计算、观测经验的融合，可能正是诺查丹玛斯留给后人的难题。而对这一难题，需要的是辨识和研究，而不是简单排斥，更不能盲从轻信。对于诺查丹玛斯预言这一历史现象，西方学者的某些研究和演绎以及由此而生发的某种警世作用，是颇令人深思的。他们认为诺查丹玛斯《诸世纪》中所说毁灭人类的"恐怖的大王"，根据预言中有关诗句的描述推测，大概是暗指那些能给人类带来毁灭性灾难的危险事物，如中子弹之类的杀伤武器，或细菌武器、化学毒物武器，等等。另外，也有可能暗指某些更为隐蔽但具有同样危害的工业污染、臭氧层的破坏（有人预测，如果不加以控制，光家用冰箱和冷库设备中释放的氟利昂就足以最终破坏保护地球的臭氧层而导致生物灭绝）等等，诸如此类的危害如果被人们视而不见，亦将成为导致人类毁灭的"恐怖的大王"。其他诸如一些科学家提出的宇宙黑洞、宇宙线等现象，亦会给人类带来灾难性影响。1980年由百余位美国著名科学家联合写成了《走向2000年》的科学预测报告，报告从纯科学理性的精神出发，预测2000年前后人类将要面临种种灾难性威胁，这些威胁导源于人口过剩、能源危机、核武器的扩散、环境污染等等，人们认为这在一定程度上也是吻合或佐证了诺查丹玛斯预言中的"恐怖的大王"。在学者们对诺查丹玛斯预言的发掘研究中，也曾有人联系诺查丹玛斯预言中涉及的人性和人类自身生活的某些内容，指出文明的崩溃、人类的毁灭还源于人类自身的堕落，以期达到对世人的警醒。当然，这些都是人们对诺查丹玛斯预言的演发运用，就诺查丹玛斯预言本身而言，作为希伯来先知的预言传统在中世纪犹太人身上的一种体现，它的虚妄神秘成分远多于它的理性科学因素。

在现当代，犹太裔的思想家在继承和发展其民族文化中的预言传统时，其理性科学精神得到了空前的加强，形成了诸多影响广泛的未来学说，其中有两位犹太裔的未来学家在当代未来研究中占有特殊重要的地位，一位是以《未来的冲击》（1970）、《第三次浪潮》（1980）、《权力变移》（1990）等著作闻名于世的阿尔温·托夫勒，另一位是以提出"后工业化社会"理论而著称的美国社会学和未来学家丹尼尔·贝尔。

托夫勒在《未来的冲击》、《第三次浪潮》中特别关注了现代科学技术的发展对人身、心理、教育、家庭、道德及社会结构各个方面的巨大影响，提出了若干具体而又带有指导性的"生存战略"。在1990年底出版的《权力变移》中，托夫勒又以大量的资料、缜密的推理，预测了21世纪人类社会的发展变革，再次引起世界学术界的高度关注。

丹尼尔·贝尔从1965年起就曾担任美国"2000年委员会"主席，亦是"总统80年代议程委员会"重要成员，曾名列美国十位最著名社会科学家之榜首。他在《后工业社会的来临——对社会预测的一项探索》(1973)一书中,提出了"后工业化社会"理论,认为工业化以后的社会将是"理论知识居于核心地位,即理论知识成为社会革新和制度政策的源泉"。这一理论的重要特点是强调"知识"的意义,认为"智力技术"将在指导社会发展上起到重要作用。此外,贝尔关于"图画人"(Homo Pictor)的文化观,以及资本主义的文化矛盾等方面的论述〔如《资本主义文化矛盾》(1976)、《风道——社会学论文集》(1980)〕,对研究未来社会的发展均有深远影响。

托夫勒和贝尔均为犹太人的后裔,我们认为,作为一种深厚的传统积淀和文化背景,犹太人传统的预言思维当在某种意义上成为他们未来学建构的一种重要背景机制,将托夫勒、丹尼尔·贝尔与犹太文化突出的预言传统相联系,似可对托夫勒、丹尼尔·贝尔的未来意识及犹太人传统性的未来式思维有一个较为历史的认知,但就像丹尼尔·贝尔从少年时代起就脱离了犹太教的上帝观一样,托夫勒、丹尼尔·贝尔的未来式思维及内涵特点也与犹太传统的预言学说不可同日而语。可以说他们对未来世界的关注,他们立足于现时态的基石对未来发展的眺瞻,他们突出的未来意识和预言式思维,都与希伯来先知的预言意识有着内在的契合和一脉相承之处;但他们走出了希伯来先知的神学框架和诺查丹玛斯的神秘主义,从"神"学走向科学,从主观情感化臆测走向客观理性的理论推导,消减了先知书中的神学道德功用和实用主义意图,力图建立的是一种理性的、历史的、理论的未来学思想,因而它能在一定程度上反映现时代人类的某些普遍问题和危机,提出若干富有启发意义的关于未来社会的学说。如果说希伯来先知书是一种神学—道德预言,那么托夫勒、贝尔的未来学则是一种理论—社会预言。但是,即使他们的理论—社会预言和未来学思想影响甚为广泛,甚至进入众多大学的课堂,其未来学著作被视作西方当代未来学的经典著作,他们的未来学说亦绝非预知未来的权威天书,这不仅在于理性和理论本身固有的限制,也不仅在于未来时态下社会事物的无限可能,还在于他们的立足点、观察对象及范围等都不可避免地存在着这样那样的局限。

预言作为犹太人时间思维的一种重要表现和犹太人认知世界的一种传统性方式,在犹太文化的历史沿革中不仅得到充分完好地延续和保持,而且呈现了先知预言、神秘主义预言和具有科学理性精神的未来学思想等多种形式，构成了犹太人思想、思维和文化实践的一个重要方面，并显示出特殊的意义、价值。在现当代，人类对未来研究的关心程度超过了历史上的任何一个时期，这既取决于科学的发展、人类视野和思想维度的拓展，也与日新月异、变化神速的生活自身有关。作家和科学家C.P.斯诺曾说："本世纪以前……'社会变化'慢到一个人一辈子都看不出来什么。现在，变化的速度已经提高到我们的想象力跟不上的程度。"[1] 在此情境下，作为科学门类之一的未来学研究在世界范围内迅速兴起，有些学者甚至认为"未来研究已成为今天世界上最有意义的学术活动"[2]。事实也的确如此。犹太人因其特殊的历史和文化而形成的突出的时间思维及其预言传统，不仅是犹太人理解世界的一种智慧，也是人类思想史上的一种宝贵遗产。

---

[1] 阿尔温·托夫勒:《未来的冲击》，孟广均等译，中国对外翻译出版公司1985年版，第2页。

[2] C.韦尔顿语，见沈恒炎:《未来学与西方未来主义》，辽宁人民出版社1989年版，第124页。

第十一章　犹太人的金钱观

第一节　犹太人与钱

犹太人似乎天生就与钱有着不解之缘。关于钱和与钱有关的事项，诸如贷租、交换等经济活动或经济学思想，在《圣经》中就已相当发达，到了犹太人的流散时期特别是近现代，犹太人挣钱获利的事业和天赋表现得更加突出。难怪法国启蒙思想家孟德斯鸠在《波斯人信札》中说过，"有钱的地方就有犹太人"。

孟德斯鸠在这里表述了西方世界关于犹太人有钱的一种普遍看法。千百年来，西方人在钱的问题上营造了说不尽的"犹太神话"，把犹太人等同于富贾巨商、银行老板以至于残酷的高利贷者、吝啬鬼之类的现象已司空见惯，莎士比亚的名剧《威尼斯商人》所塑造的犹太高利贷者夏洛克不仅成为家喻户晓的文学人物，也为世人塑造了一个对犹太人极为不利的"犹太人"典型。西方语言学家在研究西方社会的俚语、谚语时发现，在欧洲各国语言中都存在着大量"把犹太人和钱扯在一起的诽谤性秽语和谚语"，出现在《国际秽语词典》中的一些有代表性的例句有：

> 犹太税（利率）和窑姐儿的要价都很高。（德国）
> 讨价还价像犹太人。（波兰）
> 犹太吝啬鬼的最大懊恼莫过于不得不放弃自己的包皮。（俄罗斯）
> 犹太人的上帝——财神。（匈牙利）[1]
> ……

---

[1] 参见杰拉尔德·克雷夫茨：《犹太人与钱》，1992年版。

在现代国际事务中，大量流传着关于犹太人用钱或企图用钱控制某某体育、文艺运动，甚至操纵某某政府、支配某某势力之类的说法。臭名昭著的《郇山智者会议纪要》事件就是其中一例，那是在19世纪末，俄国沙皇的密探为了煽动欧洲的反犹浪潮，曾在巴黎伪造了著名的反动文件《郇山智者会议纪要》，称该文件记录了犹太人在巴塞尔召开二十余次秘密会议的内容，这些会议的一个主要用意便是犹太人试图通过国际金融资本进行操纵，以达到颠覆和控制欧洲乃至控制全世界的目的等等，这显然是出于排犹的罪恶动机。

有钱原本不是一件坏事，但犹太人有钱，情形就不那么简单了，难怪犹太人对钱讳莫如深。但不容置疑的是，西方构建这一犹太神话，又确与犹太人自己建立的有关"钱的神话"有关。

历史上犹太人最大限度地尽其所能，创造了世人瞩目的经济成就，其成功的事实和手段曾被汤因比等史学家誉为"获利的犹太艺术"。其实，早期犹太人并不十分长于经商，但在历史的沿革中犹太人学习并实践了经商获利的诸种技巧，以致成为商业活动方面的大师，商人和中介人甚至成了犹太人有代表性的职业身份。钱在犹太人这里不仅是犹太产业的第一目的，也常常是犹太产业的直接工具和手段，这便导致了犹太人以最迅捷的方式获得最大限度的货币增值的可能。当今流行的诸多经济体制和手段，如股票交易、可转让票据、政府债券等都是由犹太人在商业活动中"熟能生巧"地发明或发展起来的。商业生产成为犹太人特别是现当代犹太人的一种传统，以致有人认为假如犹太人有某种普遍性特征的话，那便是犹太人做生意都非常精明。

资本主义社会所发展起来的自由贸易、市场原理等其实早为犹太人所熟悉，马克斯·韦伯在他的《新教伦理与资本主义精神》中就一定程度地论述了摩西法典、犹太教对清教徒并进而对资本主义精神的影响，所以，有人视犹太人为最初的资本家恐怕并非完全没有道理。历史上，也确曾涌现过一些著名的犹太财阀和银行家，仅在19世纪的欧洲，就有亿万富翁莫里茨·赫希（1831—1896）以及不少名声显赫的大银行家及其大金融机构，譬如在布鲁塞尔有奥本海姆等创立的"布鲁塞尔银行"；在瑞士有伊·德莱福斯等创立的"巴塞尔商业银行"；在布达佩斯有"匈牙利信贷银行"、"匈牙利商业银行"等；在俄国圣彼得堡，则有冈茨伯格家族的"圣彼得堡银行"；在波兰华沙则有M.爱泼斯坦建立的"华沙贴现银行"

等等。①特别是自一次大战前至当代在国际金融资本中一直具有举足轻重地位的罗斯柴尔德家族，往往更被视为犹太人经商成功的典型代表，在关于这个家族的诸多历史轶事中，常为人们乐道的是当年莱昂内尔·罗斯柴尔德曾以400万英镑帮助英国人通过购买股份而获得了对苏伊士运河的控制权。

在当代，生活在世界各地（以色列本土以外）的犹太人的收入往往远高于其居住地居民的平均收入，美国黑人经济学家托马斯·索厄尔（Thomas Sowell）在其《美国的少数族类》一书中指出："在美国所有大的族类群体中，犹太人的家庭收入最高——比全国平均高72%……在以受过4年或4年以上的大学教育、年龄在35岁至40岁之间的男子为户主的家庭中，犹太人家庭的收入也高出75%……今天犹太人家庭中有多人挣钱的比例小于美国一般家庭的实际比例。甚至无人工作的犹太人家庭的收入也高于其他同类家庭。"②据有关统计，占美国总人口约3%的犹太人掌握着远远超过这一比例的美国企业，特别在有些犹太人擅长的行业中，这种情况就更为明显，比如犹太人控制着全美皮毛工业的90%、粮食加工业的60%，以及控制着全美钢铁工业的约25%等等。在以色列本土，自1948年建国以来，以色列的工农业生产得到了极快的发展，以不变价格计算，其国民生产总值（GNP）和人均国民生产总值得到较快增长：1950年GNP仅为22亿美元，人均GNP为1710美元；1970年GNP达到136亿美元，人均GNP为4580美元；到1980年时GNP达到226亿美元，人均GNP5570美元；1988年时GNP为350亿美元，人均GNP则是7800美元；1991年GNP约为550亿美元，人均GNP达1.1万美元。可以看出，在数十年中以色列的国民生产总值平均年度增长率约近8%，人均国民生产总值平均年度增长率约4%。③考虑到以色列自然条件极差，特别是几次中东战争的爆发和不安定的国际环境，以色列能在数十年内保持如此高的国民经济增长率确实不易，难怪人们视以色列的经济成就是世界经济发展中的一个奇迹。

---

① 查姆·伯曼特：《犹太人》，第48页。
② 杰拉尔德·克雷夫茨：《犹太人和钱》，第10—11页。
③ 综合《以色列统计摘要，1988》，《中国人看以色列》，第63—71页。

第二节　钱的文化指令

　　历史地看，犹太人之所以成为特别善于赚钱的民族，并非犹太人天生精明，而是有着更为深刻的犹太人对钱的独特观念，因为在犹太生活中，钱已生成和表现出一种特定的文化指令，并影响和决定了犹太人对钱的实际行为。通常情况下，钱被视为一种决定生活水平程度的物质力量，但在犹太人眼中，钱的意义不仅决定着生活水平的高低，而且更决定着生活的本质——生活的权利，也就是说犹太人往往视钱为生命的一种根本性的保障力量。

　　在漫长的流散过程中，犹太人作为外来客民，无时无刻不在寻求和争取生的权利——包括物质生活的权利和精神信仰的权利。在犹太人的营生之道和求生谋略中，中国人常说的"有钱能使鬼推磨"得到了相当的共鸣。犹太人每每受到异族人的桎梏和胁迫时，惟有钱可以帮助他们在一定程度上释减这种外来的压迫。犹太人以钱购买生活权利的事例，在罗马、西班牙及欧洲其他各地都有突出表现，官方在向犹太人收取这笔特殊的财政收入时，曾立以年保护金、税金等名目繁多的称谓，能出得起大价钱的犹太人有时还能得到较高的社会地位，甚至成为能够出入宫廷的"特殊的犹太人"。人们常说钱在犹太生活中居于中心地位，便是强调了钱与犹太人生活、犹太人生存的紧密联系，所以"犹太人视钱如命"之说就不应再被简单地理解为仅是一种贬义的嘲讽，因为对犹太人而言，视钱如命恰是一种真实和无奈。马克思的《论犹太人问题》在西方、在犹太人中都是一篇极有影响的论著，在这篇文章中马克思曾说："犹太人的世俗偶像是什么呢？做生意。他们的世俗上帝是什么呢？金钱。"[①] 历史地看，马克思的有关论述是从一个特定的角度相当深刻地揭示了犹太人对钱的特殊认知以及犹太人与钱的特殊关系。

　　由于犹太人对钱的特殊认知及其历史处境，犹太人必须不遗余力地去获取钱财并尽可能地想方设法成为富有之人，虽然历史上大部分犹太人不可能也并未做到这一点。但无论怎样，以"护身符"和生存权利为内核的钱的意味——钱的文化指令——一旦形成并发出，便必定会在犹太生活中

[①] 马克思：《论犹太人问题》，《马克思恩格斯全集》，第一卷，人民出版社1956年版，第446页。

产生相应的现实效用。但这种效用一旦实现，哪怕是部分实现以后，犹太人便又陷入了一种新的更加困难的处境：作为流浪客民，"犹太人"的本身已足以构成欧洲主民排斥的一个把柄和理由；而作为有钱的犹太人——从事着钱的事业和会挣钱，则又为欧洲主民提供了难以容纳的另一种有力的把柄和理由。在此双重的把柄与理由之下，对犹太人的诸种限制与重压便会接踵而来，新的更重的苛捐杂税便会愈演愈烈，换句话说，犹太人生存的"费用"开始涨价，进入欧洲生活的"门票"价码越来越高。于是，犹太人必须加倍努力、加倍挣钱，方可支付购买生存权利的不断袭来的"通货膨胀"。这里，形成了一种奇妙的循环机制，这种机制不仅进一步丰富了钱在犹太生活中的意义，也由此形成了一种独特的促使货币增长的机制：犹太人须用钱去购买生存的权利，因而犹太人须努力挣钱；当犹太人有了这种购买生存权利的能力时，犹太人便又因为有了这种能力而再次成为众矢之的，从而面临着更高的购买价码，因而犹太人必须从更高的起点向新的目标迈进，去获取新的购买能力。在此循环过程中，犹太人的获利意志和获利技巧都得到了突出的锤炼。当然，这并不意味着犹太人因为有了突出的获利意志和获利技巧便能以此赢得一个公正、安全的生存境遇。"对于犹太人来说，人类由于自己的贪婪、剥削和残忍等种种罪恶而引火烧身的世界性萧条比对任何一个其他的民族都更具破坏性。光凭这一点就可以使犹太人有充分的理由意识到，对于他们来说，惟一安全世界就是一个建立在经济公正基础上的世界。"① 但这种"经济公正"的理想在历史上的很长时间里只能是犹太人的一种幻想。也许这种幻想正成为了犹太人增长获利技巧的一种精神动力。

犹太人的获利艺术一方面如前所述是出于生存的需求，另一方面也由于欧洲社会在很长一段时间里为犹太人提供了这样一个可以施展才华的领地。基督教世界曾在相当一段历史时期里对经商、获利的行业采以鄙视的态度，"商人"与"小人"往往是同义语，直到19世纪资本主义因素普遍生长的时候，那种死抱着宗法风范的贵族迷仍然大有人在。所以犹太人海涅曾认为，是欧洲人自愿放弃商业领地并迫使犹太人走上商业之道的：

> 犹太人的这种经商奇才咄咄逼人地发展着，难道是他们的罪过

---

① 摩迪凯·开普兰：《犹太教：一种文明》，第531—532页。

吗？罪过完全在于中世纪人们的那种谬见，他们误解了实业的意义，把生意买卖看作某种下贱的事，甚至把放款取利看作某种可耻的事，所以才把这个实业部门最有利可图的一部分，即放款取利，交给犹太人之手；这样，犹太人便被排斥在其他一切行业之外，不得已才成为最会精打细算的商人和理财家了。人们迫使他们变得富有，然而又为了他们的富有而仇恨他们；虽然现在基督教界已经放弃他们反对实业的成见，基督徒在商业活动中已经成为同样伟大的骗子手，变得和犹太人同样富有，但是传统的民族仇恨仍然笼罩在后者头上，人民仍然把他们看作财主的代表，并且仇恨他们。①

即使把宗教和种族的因素降到最低限度，单从经济的角度而言，在犹太人与非犹太人之间所形成的也是一种相互制约和复杂冲突的经济关系，这种关系在不同历史时期有着不同的内容、方式，它在一定程度上昭示了犹太人在欧洲的历史演进。历史学家汤因比认为犹太人在与欧洲非犹太人的经济关系上曾上演了一个三幕剧："……在第一幕中，犹太人正像他们之不可或缺那样地不得人心，但是由于他们的非犹太人迫害者在经济上没有他们就过不去，他们所受的虐待是被保持在限度之内的。一旦新兴的非犹太人资产阶级获得了为自己所有的充分的经验、技能和资金，感到他自己能够取当地犹太人之位而代之的时候，第二幕就在一个接着一个的西方国家中拉开了。在这一阶段里——英国是在13世纪达到的，西班牙在15世纪，波兰和匈牙利则在20世纪——非犹太人的资产者运用他们的新到手的力量得以排除他们的犹太对手。在第三幕中，一个现已确立起来的非犹太人资产阶级已变成了这样的犹太人经济艺术的老手，以致他们的败于犹太人竞争的传统恐惧已不再强制他们放弃重新使用犹太人的才能为他们的非犹太人的国家经济服务的这种经济利益了。本着这种精神，塔斯康政府在1593年及以后允许来自西班牙和葡萄牙的暗奉犹太教的难民定居于勒格浑；荷兰从1593年起就向他们敞开了大门；而在1290年曾感到强大得足以排除犹太人的英国，在1655年感到更强大得足以再让他们进来了。"②

虽然由于宗教、种族等原因犹太人在欧洲的生活保持着相对的独立性，

---

① 海涅：《莎士比亚笔下的少女和妇人》，刘半九译，《海涅选集》，第518—519页。
② 汤因比：《历史研究》（下），曹未风等译，上海人民出版社1964年版，第212—213页。

但"西欧犹太人与其非犹太邻居之间的距离在实践上并不如在理论上那样巨大和不可逾越",特别在经济生活方面,"他们不可能完全脱离他们的邻居"。[1]而这种联系又是一种时而容纳时而冲突的联系,犹太人在西方社会不断"排挤—接纳"的循环往复中,对钱的内涵也有了更为全面的理解。在犹太人看来,钱是其生存的必要保证,却不是其生存的必然的保证,对他们而言,没有钱万万不能,有了钱并非万能,因为在许多特定的复杂情形下,钱远不能解决一切问题。有了这一层理悟,犹太人便会更加珍惜钱的作用。可以说,犹太人是在生存的磨难中铸就了对钱的深刻认知和非凡的经营之道的。

犹太人经商艺术的成功及其经济上所取得的成就,除了犹太人对钱的特殊认知以及犹太人的历史处境外,还取决于犹太人之间所固有的特殊的民族凝聚力。这种凝聚力使得散居欧美各国的犹太人能够尽可能地结合在一起,在人数、经济力量等方面化劣势为优势,从而在错综复杂的经济文化之争中站稳脚跟。

犹太民族就其本身的气质而言,是一个复杂、多变、爱争论的民族,即使在其民族精神的核心部分——宗教意识上,自古以来也分化成多种教派、教义,有些矛盾冲突还相当尖锐。但在异邦居住地,犹太人往往能够自动地联系在一起。这种联系一方面是其文化传统使然,另一方面又是其生存环境使然,特别是外族人的种族歧视使然。在世界任何一地,涉及某一个犹太人的事情,往往也是涉及整个犹太人的事情,就像在当今国际事务中,涉及以色列,往往也就意味着涉及整个犹太世界。在犹太人与阿拉伯人的经济、文化斗争中,人们常形象化地用"油浓于水,但血浓于油"的说法来形容犹太人的团结,这种团结对犹太人在世界经济活动中的意义是非常重要的。

那么,在犹太人的获利艺术中,究竟有没有若干具体的获利技巧和手段呢?这是一个难以回避也令人十分感兴趣的问题。需要指出的是,犹太人的获利艺术从根本上说是其特定的文化背景和价值观念决定的,犹太人的文化传统在犹太人的经济行为中起到了一种潜在而又深刻、关键的作用,在犹太人千百年苦心经营的经济事业中无疑形成和铸就了一些具有犹太特质的实业道路及其富有启发性的获利技巧。

---

[1] Joseph L. Blau, *Modern Varieties of Judaism*, p.3.

这首先表现在犹太人对实业领地的选择上。犹太人由于诸种历史与现实、自身与外界的因素,特别注重并历史性地选择了商贸活动作为犹太实业的基本方面。如前所述,海涅曾分析自中世纪以来是欧洲人的谬见、偏见迫使犹太人从事商贸和金融事业的,此话不无道理,却又不尽然。在中世纪以前,犹太民族作为一个迁徙不定的游牧民族,特别是生活在欧、亚、非洲交通的咽喉要道之上,这些都在其民族心理的深层造就了强烈的中介意识,中东地区发达的商贸往来及商贸意识不仅对犹太人的生产劳作有影响,而且还影响了犹太人的观念思想,希伯来《圣经》中有关商贸活动和商贸思想的大量记载便是一个有力的证明。所以犹太人的经商素质在一定程度上多少是其祖先传递下来的,它并非一种无源之水,也非一日之功。

同时,还应看到犹太人特定的生活方式、历史程式也决定了犹太人千百年来必须选择商业、金融业这一"犹太式"的生产方式。综观犹太历史,倘若将时间的维度稍加浓缩以形成一种宏观的视野,眼前便会出现这样一种景观:稀稀拉拉、三五成群的犹太人肩背行囊,行色匆匆地从一地不停地辗转往另一地。犹太人的流浪生活决定了他们不可能采以固定于某一地的生产方式,这也许是历史上极少有犹太人从事农业劳作的重要原因所在,这种传统直到今天都没有改变——在当今以色列,城市人口高达90%以上;在美国的约600万犹太人,约有50%集中在纽约、洛杉矶、费城三大城市,其余也主要分布在芝加哥等城市而绝少生活在乡村。[①]像农耕之类周期长、见效慢的行业,犹太人即使偶有所为,不是迫不得已,便是权作副业,不可能自愿视其为一种终生的理想职业。特别在排犹随时可能发生的岁月和环境里,犹太人绝不可能将赌注押在携不走的农田之上。犹太人有了钱以后,也不会毫无后顾之忧地添置不动产,而是以握有黄金为最上策。如果说犹太人流离般的生活方式使得犹太人必然从事经商、金融的实业道路,那么从事该项实业所带来的现实效益则使得犹太人不约而同地发现他们的确选择了一条获利的最佳途径。犹太人形成的传统性行业有金融业、商业等,但在历史的发展中,犹太人的行业已有较大的改变和延展,当然这都是在获利原则下出现的变动。以美国犹太人为例,对美国犹太人的有关调查表明,犹太人在商业领域仍占有较高的比例,如美国销售业中30%的最高级职务由犹太人担任,纽约市四分之三的零售商店由犹太

[①] Arthur A. Goren, *The American Jews*, pp.91–92.

人开办，但在金融业中犹太人已不占任何高的比例。特别引人注目的是，犹太人的如下行业已在美国经济中占据着举足轻重的地位：废旧物资利用业、轻纺业、家具制造业、烟酒制造业、裘皮业以及制衣业，其中尤以制衣业为甚，犹太人的制衣厂家生产了美国85%的男装和95%的女装。[①]

犹太人行业的变化是耐人深思的，它表明美国犹太人的生活方式与历史上的传统方式相比已有很大不同，犹太移民在美国一般已生活了二至四代，美国多元文化的宽容已使得犹太人找到了自己的立足之地，甚至成为一定程度的美国人。在此情景下，犹太人有可能发现并从事那些对于他们的传统来说是十分崭新的行业，这些行业在其祖辈们看来是完全不可能的。在犹太人最感兴趣的新行业中，仍不难发现犹太人"择业"的艺术和特点。具体来说，犹太人所看重和热衷的行业是那些与消费大众关系最为直接的行业，是那些日常生活必不可少的行业。但有一个值得注意的例外是，犹太人对教育事业表现出特殊的关注，在美国，约有20%的犹太人从事教育。

犹太人的经济成功，特别是那些经济巨人的成功，还离不开犹太人在营生过程中所具有的冒险、开拓精神。他们重视传统但又不囿于传统，而是审时度势、不断开辟新的适时领地，有时几乎到了无孔不入的地步。

旧上海号称冒险家的乐园，一批犹太商人眼疾手快地进入这块富有刺激而又尚未开垦的新领地，当时名声显赫甚至不可一世的犹商巨贾就有沙逊、哈同、安诺德、卡道理等等。犹商在上海投资广泛、多方经营，从食品、纺织品的生产到鸦片、西药的进口，特别是对房地产业的操纵，使得他们在"炒地"中赚取了巨额利润。

上海犹商中最富传奇色彩的是大冒险家哈同。1872年21岁的哈同从印度只身来到香港谋生，但未有成就，遂于1873年不名一文地来到上海滩。他最初只是在沙逊洋行做下等职员，但靠着他的聪明机智而渐得赏识，逐渐步入洋场上层。1886年他与聪慧异常的罗迦陵（一位法国人与中国女性所生的女儿）的结合，更使他如虎添翼，从而开始了这对夫妇在上海的飞黄腾达。使哈同暴富的是哈同洋行的房地产经营，哈同将他的全部机智融入房地产生意的操作中，他变戏法式地控驭、操纵上海房地产界的行情，在地产行情的潮起潮落中，无数财富滚入哈同的腰包。1931年6月27日的《时报》曾有文载曰："哈同以敏捷的手段，一忽儿卖，一忽儿买，一忽

[①] 杰拉尔德·克雷夫茨：《犹太人和钱》，第31页。

儿招租，一忽儿出典……先生专以地皮操奇取赢，则其价日涨，至有行无市。"① 这相当逼真地写照了哈同发迹的一个侧面。值得指出的是，哈同在其发迹过程中，在一定程度上是以损害民众利益为代价的，这特别集中体现在他发家致富的另一支柱产业——走私鸦片。他不顾当时官方禁烟的行政命令，更不顾民众的身心健康，靠鸦片生意获取暴利，这是哈同发迹中极不光彩的一面。致富后的哈同曾潜心于佛教文化和中国古典文化，也许是在寻找一种心理情感上的平衡自慰。

导致犹太人在世界各地获得经济成功的因素往往是综合而复杂的。犹太人还十分强调市场预测，在开辟某一新的实业领域时，犹太人会三思而后行地去评估获利的可能与大小，然后再作出相应的决策。他们特别重视一个好的获利策略，因为有了好的获利策略，便有了获利的最初保证，正所谓好的开端是成功的一半。犹太人往往还有一种强烈的超前意识，他们能从昨天的历史、今天的现实中去努力发现明天的未来，发现明天的发展轨迹和趋势。同时，犹太人既十分注重经验、将经验本身视作一种宝贵的财富，又不被经验所限制，表现出随机应变的灵活精神和改革精神，譬如实业家布隆内尔蒙德在人们已习惯于日工作12小时的时候，首先实行了日工作8小时制，并创造了更高的工作效率。除此而外，犹太人还格外强调勤奋敬业精神的重要，这是做成任何一项事业都必不可少的。归纳犹太人的各种营利技巧，如果说有一种技巧是有普遍性、代表性和本质性的话，那也许就是犹太成功者常说的，在别人睡觉时，他们快步向前。

至此，我们尚需思考的另一方面的问题是，犹太人是否如人们一般想象的那样都很富有呢？在西方人业已制造出来的种种"犹太神话"与犹太现实之间究竟有无距离？不能回避的事实是，犹太人一方面的确是一个善于与钱打交道并获取钱的民族，但另一方面又绝不可以一概而论地将犹太人与富翁画等号，因为犹太人本身无论在政治、信仰、思想还是经济状况方面都是千差万别的。

犹太人在进入流散时期以后，伴随着政治、信仰权利的被剥夺，其经济权利也遭到了最大限度的剥夺，在很长一段时间里，衣衫褴褛、走家串户的流浪者形象更接近犹太人的典型身份。新大陆发现后，犹太移民

---

① 1931年6月27日《明报》，引自唐培吉等著：《上海犹太人》，上海三联书店1992年版，第59—60页。

特别是来自东欧的犹太移民在美国经历了一个十分艰难的创业过程。迈克尔·高尔德（Michael Gold，1894—1967）生在纽约东区（纽约生活着三分之一的美国犹太人），他对犹太移民的艰难生活有着深切感受，他在1930年出版的著名作品《没有钱的犹太人》（Jews without Money）中令人触目惊心地反映了美国下层犹太人的贫困状况，在他的笔下既有惨淡经营的小商小贩，也有在贫困线上苦苦挣扎的打杂工、街头卖身女。主人公汉门和麦克父子俩是来自东欧的移民，他们穷困潦倒的境况和心态在下面的一段对话中表露无遗：

> "啊，上帝，美国真是个富裕的国家！真是发财的好地方！瞧那一大批有钱的犹太人！为什么他们发迹那么容易，我就那么困难？我不过是个可怜、渺小的没有钱的犹太人罢了。"
>
> "爸爸，不少犹太人都是没有钱的呢！"我安慰他说。"我知道，我的儿子。"他说，"可是别跟他们一样。在这个国家里，没有钱，还是死了干脆。答应我，你长大成人，一定做一个有钱的人，麦克！"
>
> "我答应你，爸爸。"
>
> "啊，"他亲切地说，"如今这可是我惟一的希望啦！……"
>
> "是的，爸爸。"我说，我竭力随着他一块儿笑。可是我觉得自己比他年纪还老，我没法接受他的天真的乐观主义；我一记起过去，一想到将来，就心灰意懒。[①]

如果说犹太移民初期的艰苦生活在后来已有所改善的话，那么这种改善一方面是伴随着美国民众生活水准的普遍提高而进行的，另一方面改善的程度也不是无限的，"没有钱的犹太人"并未消失。美国的有关调查显示，在近600万美国犹太人中，约有60万人生活在贫困之中，有人认为这还是相当保守的统计；布兰奇·伯恩斯坦（Blaunch Bernstein）等在提出的题为《纽约的犹太穷人和犹太工人阶级》的报告中认为，有15%以上的纽约犹太人生活在贫困之中。美国人口普查局的调查也表明，犹太人处于贫困线以下的人口比例，高于爱尔兰人、英格兰人、德国人、意大利人、俄国人和波兰人。美国犹太人的经济状况构成了一种发人深思的现象："犹太

[①] 毛信德：《美国小说史纲》，北京出版社1988年版，第299—300页。

人在美国社会中既是最富的群体，同时又差不多是最穷的群体。"①

综上关于犹太人与钱这一命题的简略考察，在这个十分敏感而又复杂的问题上至少有几点是需要强调的：

第一，"犹太人与钱"的问题绝不仅仅是一个经济问题，它虽以经济的形式出现，却是蕴含了深厚的宗教、社会、种族、历史等多种因素而积淀成的一种复杂的文化事实。

第二，犹太人由于特定的历史机制和文化背景，靠着百倍的努力创造了一种经济成就的"神话"；而西方人由于复杂的文化原因则演绎和生发了一种带有虚幻因素的"犹太神话"——这两者之间一方面存有巨大的差异，另一方面又共同营造了一个深厚的文化密码，以此为窗口，可以从中窥视千百年来犹太人的生存史、发展史，窥视犹太民族与异族文化的深刻冲突与联系。

第三，要特别辨清犹太经济行为中的种种神话与犹太人的生活现实之间的客观距离，应避免对犹太人的经济行为进行一概而论的任何企图。在经济状况上，犹太人中既有百万富翁也有一般庶民；在所从事的行业上，犹太人既热衷经商，也钟情于教育和科技，既对第三产业有着特殊的兴趣，也关注石油、矿产、交通运输等基础产业（如闻名世界的西方石油公司总裁哈默先生等）；在犹太人对钱的态度上，既有惟利是图甚至吝啬的一面，也有慷慨大方、乐于赞助慈善事业的一面——犹太人对美国和世界慈善事业的贡献是有目共睹的；在获利艺术上，犹太人一方面有高超的获利技巧、经营之道，另一方面又没有一个固定不变的能打开财富宝库的万能钥匙——否则，犹太人也就不成其为犹太人了。

---

① 杰拉尔德·克雷夫茨:《犹太人和钱》，第271—274页。

第三编

文化母本与现实表征

第十二章 《圣经》的母本意义

第一节 非凡的《圣经》

希伯来《圣经》(亦即基督教话语中的《旧约》)在犹太文明史乃至人类文明史上,它的影响和意义都是非凡的。进入现代社会以来,《圣经》及相关论题受到了学术界空前的关注,并出现了专门的学科——圣经学,这种现代式的圣经学已不同于传统的神学解经理论和解经方法,而是一种引入科学思维和科学方法的崭新学科,国外甚至有学者认为:"20 世纪最获进展的学科,当属原子物理学和圣经学。"①

关于希伯来《圣经》,鲁迅先生在《摩罗诗力说》中曾精辟地评价说:"虽多涉信仰教诫,而文章以幽邃庄严胜,教宗文术,此其源泉,灌溉人心,迄今兹未艾。"②鲁迅先生以哲人的睿智眼光极其准确地揭示了希伯来《圣经》的伟大意义。几千年来,希伯来《圣经》(基督教诞生后常常借助于基督教的继承和传播)不仅对犹太文化,而且对西方文化乃至整个世界文化,都产生了极为深远的影响;不仅影响了基督教、伊斯兰教等宗教学说,而且在哲学、律法、伦理道德、文学艺术等方面,都产生了而且还将继续产生深远的影响。可以说,没有希伯来《圣经》,世界文明的历史将会重写。托马斯·卡希尔(Thomas Cahill)在其名著《犹太人的礼物》(The Gifts of the Jews)中曾指出:"如果我们要了解自我,要了解我们所具有的特征,要了解大多数'现代人'不再思考的、业已被我们视为天然的和不言自明的行为方式的渊源,我们就必须回溯到这部伟大作品,回

---

① 山本七平:《圣经常识》,天津编译中心译,东方出版社 1996 年版,第 34 页。
② 鲁迅:《摩罗诗力说》,《鲁迅全集》第 1 卷,人民文学出版社 1981 年版,第 64 页。

到西方文明的这块基石。"① 卡希尔将《圣经》称为西方文明的基石（The cornerstone of western civilization）是颇为贴切的，他在该书中详细解说了犹太人这个游牧民族，在文明进程的方方面面是如何影响这个世界和人们的生活的。他发现，犹太人通过《圣经》这部书，给人们的影响有外在的，也有内在的，人们甚至在清晨起床抑或横过街市，亦都不可能不受到犹太人的影响。事实上人类生活中许多最美好的词汇，譬如创新、探索、独特、个性、个人、使命、时间、历史、未来、自由、进步、精神、信仰、希望、正义，等等，都是犹太人赠予的礼物。② 因此，称《圣经》为世界上影响最大的书不为夸张，迄今《圣经》已被译成 180 多种语言文字和方言，人们以各自不同的方式理解《圣经》，从中寻找智慧的源泉；《圣经》也以其特定的方式启迪着人类的心智，这种启迪显然远不止于宗教情感的，也完全可以是世俗意义上的——这种启迪对犹太人而言尤其明显和重要。

第二节　生活与思想的百科全书

《圣经》之书在神学的观照里自然是"上帝的话语"，是先哲受上帝的感悟后所作。科学和理性的认知告诉人们，《圣经》无论多么非凡、神圣和神秘，归根到底它是犹太民族集体智慧的积淀，是早期犹太民族生活和思想的高度总结。

要寻找《圣经》中的集体人为痕迹（特别是各种矛盾、重复之处）并不困难。摩西五经在犹太《圣经》中最具权威意义，但不少学者发现，五经如若确为摩西所作，何以会在《申命记》第 33 章中叙述者有时用第一人称"我"有时用第三人称"他"，表现出叙述人称的混乱呢？为何摩西在死后还能知道以色列人为他哭泣三十日（《申命记》34：8）？类似的矛盾在《圣经》中并不少见。事实上，《圣经》的形成经历了一个相当漫长的时期，犹太人根据他们的历史经验，经过若干代人的传递和提炼，才完成了《圣经》文本的创造，这在近代学者的理性观照中得到了有力的证明。

《圣经》考据学家韦尔豪森（Julius Wellhausen）等在 19 世纪后半叶提出了摩西五经形成的"底本说"，即五经并非摩西一人所作，而是由不同

---

① Thomas Cahill, *The Gifts of the Jews*, pp.7-8；《上帝选择了犹太人》，徐芳夫译，世界知识出版社 2001 年版，第 6 页。

② Thomas Cahill, *The Gifts of the Jews*, pp.240-241.

时期的四种底本综合而成,这四个底本是:约形成于公元前 10 世纪末的"J 本"(耶典),该底本称神为 Jahveh;约出现于公元前 8 世纪的"E 本"(上典),该底本将神称为 Elohim("埃洛欣",上帝);出现于公元前 7 世纪中叶的"D 本"(申典,以《申命记》为代表,D 是 Deuteronomy 的缩写);出现于公元前 6 世纪中叶的"P 本"(Priestly Code,祭司法典)。这四个底本在历史的沿革中经历了不断的整合杂糅,从有关底本的最初出现到摩西五经的最后编定,约经历了 400 多年时间。《但以理书》、《以斯帖记》等在希伯来《圣经》中形成较晚,约为公元前 2 世纪。所以整个希伯来《圣经》的形成大约经历了从公元前 10 世纪末到公元前 2 世纪这样一个相当漫长的历史过程。有关《圣经》的成书,美国纽约《圣经》考古学会会长加利·格林伯格在其 The Moses Mystery: The African Origins of the Jewish People（中文译名为《圣经之谜:摩西出埃及与犹太人的起源》）一书中,结合他对埃及学的研究提出了某些新的观点,认为古代以色列人原为土著埃及人等,在此不多赘述。①

希伯来《圣经》凡 39 卷,基本上以希伯来文写成,也有个别处夹用了亚兰文。按犹太人的传统划分,希伯来《圣经》可分为律法(律法书)、先知(前先知书、史书)、文集(后先知书、诗文)三部分。近代学者常常惯用四分法,即:一、律法部分(摩西五经),包括《创世记》、《出埃及记》、《利未记》、《民数记》、《申命记》共五卷;二、历史部分,包括《约书亚记》、《士师记》、《撒母耳记》(上、下)、《列王纪》(上、下)、《历代志》(上、下)、《以斯拉记》、《尼希米记》共十卷;三、先知部分,包括《以赛亚书》、《耶利米书》、《以西结书》、《何西阿书》、《约珥书》、《阿摩司书》、《俄巴底亚书》、《弥迦书》、《那鸿书》、《哈巴谷书》、《西番雅书》、《哈该书》、《撒迦利亚书》、《玛拉基书》共十四卷;四、诗文部分,包括《路得记》、《以斯帖记》、《约伯记》、《诗篇》、《箴言》、《传道书》、《雅歌》、《耶利米哀歌》、《但以理书》、《约拿书》共十卷。无论是三分法还是四分法,都主要是按《圣经》文本的题材、体裁所做的相对区分,而《圣经》各部分的思想、内容既是互相联系,又是博大恢弘、蕴涵深广的,难以做出简单的界定。

在对《圣经》的传统解读中,《圣经》的宗教典籍属性往往被作为《圣

---

① 参见加利·格林伯格:《圣经之谜:摩西出埃及与犹太人的起源》。

经》的首要属性。但在神圣的帷幕之后，《圣经》还涵括了希伯来人早期生活中的各种世俗要素，其中既有具体的生活细节，也有各种观念情感，完全可以称其为希伯来民族生活和思想的百科全书。

希伯来人在定居迦南以后，农耕生活逐渐取代了早期的游牧生活，因而各种农事操作在《圣经》中被大量记载，倘若把相关内容提取结集，俨然是一本希伯来人的《农作与时日》。《圣经》中曾提到的主要农事活动有种植（《创世记》9：20）、灌溉（《申命记》11：10）、修剪（《利未记》25：3）、耙耕（《约伯记》39：10）、收获（《撒母耳记上》6：13）、簸粮（《路得记》3：2）等等。从《圣经》中可以发现当时迦南地区的主要粮食作物有大麦、小麦、红豆，主要的水果盛产有葡萄、橄榄、柑橘、杏子、无花果、石榴、番石榴等。

采矿业在当时显然是人们的一种副业，但《圣经》中亦有所记载，《申命记》曾说"那地的石头是铁，山内可以挖铜"（8：9），虽未进一步说明如何开采，但后人的确在巴勒斯坦发现了铜矿，证实了《申命记》的记载。《创世记》还说，在西订谷（即死海地区）有许多石漆坑（14：10），这里所说的石漆坑，也就是人们所说的沥青矿。此外，关于牧羊、捕鱼、狩猎、射艺、雕刻、纺线等诸多牧猎工事，《圣经》中也均有提及。光《圣经》中记载的主要生产工具，就有锤、锯、斧、钉、橛、榨、标、轭、机槛、磨、犁、耙、锄、网等等。

古代巴勒斯坦是一个交通便利的商贾之地，有着较为发达的商贸业，《圣经》还相当集中地再现了其时的诸多经济活动。早在以色列人初来埃及时，《创世记》就曾记载，当时已有了以钱易物、以物易物等多种商贸方式："饥荒甚大，全地都绝了粮，甚至埃及地和迦南地的人，因那饥荒的缘故，都饿昏了。约瑟收聚了埃及地和迦南地所有的银子，就是众人籴粮的银子，约瑟就把那银子带到法老的宫里。埃及地和迦南地的银子都花尽了，埃及众人都来见约瑟，说：'我们的银子都用尽了，求你给我们粮食，我们为什么死在你面前呢？'约瑟说：'若是银子用尽了，可以把你们的牲畜给我，我就为你们的牲畜给你们粮食。'于是他们把牲畜赶到约瑟那里，约瑟就拿粮食换了他们的牛、羊、驴、马。那一年因换他们一切的牲畜，就用粮食养活他们。"[①] 在记载诸多形式的经济活动时，《圣经》还提炼和反映了

---

① 《创世记》47：13—17。

当时相当发达的经济概念、经济思想，像市场、买卖、债主、负债者、债务、利息、关税、质物、凭据、信托、通商、兑钱、钱肆（银行）、赎地、赎宅、雇、工价等等，表明当时已有了相当成熟的商业活动和产生了相当系统的经济思想。

在《圣经》中，涉及人的饮食保健、起居卫生等方面的内容甚多，且有详细的例证。麻风病看来曾是巴勒斯坦地区相当严重的一种疾病，《圣经》中多次提及，其诊断之细致、记载之翔实，简直是专业性的医学研究报告和治疗方案："人的肉皮上若长了疖子，或长了癣，或长了火斑，在他肉皮上成了大麻风的灾病，就要将他带到祭司亚伦或亚伦做祭司的一个子孙面前。祭司要查看肉皮上的灾病。若灾病处的毛已经变白，灾病的现象深于肉上的皮，这便是大麻风的灾病。祭司要再查看他，定他为不洁净。若火斑在他肉皮上是白的，现象不深于皮，其上的毛也没有变白，祭司就要将有灾病的人关锁七天……第七天祭司要再查看他，若灾病发暗，而且没有在皮上发散，祭司要定他为洁净，原来是癣。"[①]《利未记》在这里详细描述了麻风病的各种病状，并已认识到这是一种传染性很强的疾病（《圣经》中称其为"蚕食的大麻风"），因而对麻风病患者的用具规定了严格的消毒措施："那染了灾病的衣服，或是经上、纬上、羊毛上、麻衣上，或是皮子做的什么物件上，他都要焚烧。"对于痊愈后的病人，也要进行妥善的消毒处理，依据希伯来人的经验，他们是用洁净的活鸟之血，以香柏木、牛膝草等蘸洒在人的身上；此外，病愈者还需洗衣服、剃毛发、洗澡等等。对染疾者的住宅，也有严格的消毒规定：首先要将屋子腾空，祭司进去查看，若墙上有绿色或红色的凹斑纹，就要把房子封锁七天，还要将墙上有灾病的石头挖出扔在城外，并刮剥房内的四壁，刮掉的灰泥也要倒在城外不洁处，同样，还要用鸟血与活水，以香柏木、牛膝草蘸洒七遍[②]。诸如此类的卫生经验，显然都是早期希伯来人对实际生活教训的朴素总结。

《圣经》不仅涉及其时人们生产生活的一般状况和正面经验，甚至还涉及了一些生活弊端、不登大雅之脏事，并针对具体情况，提出了一系列详细的惩处措施："与邻舍之妻行淫的，奸夫淫妇都必治死。与继母行淫的，就是羞辱了他父亲，总要把他们二人治死，罪要归到他们身上。与儿妇同

---

① 《利未记》13：2—6。

② 《利未记》14：1—53。

房的，总要把他们二人治死，他们行了逆伦的事，罪要归到他们身上。人（男人）若与男人苟合，像与女人一样，他们二人行了可憎的事，总要把他们治死，罪要归到他们身上。人若娶妻，并娶其母，便是大恶，要把这三人用火焚烧，使你们中间免去大恶。人若与兽淫合，总要治死他，也要杀那兽。女人若与兽亲近，与它淫合，你们要杀那女人和那兽，总要把他们治死，罪要归到他们身上。"① 这里涉及乱伦、同性恋、兽奸等现象，可以说当时的社会生活与人性状况中的阴暗面在《圣经》这本神圣之书中也得到了相当透彻的披露。

当然，《圣经》作为希伯来文化的宗教典籍，其中的一切世俗生活内容均被容纳和运用到神学体系之中，皆被浓厚的神学色彩掩盖着，只有拨开人为的"神圣"帷幕，才会显现《圣经》文本中内在潜存着的基本生活要素，这些生活要素既是早期犹太人生活的集中反映和经验总结，又几乎表征性地涵括了人类一般生活的所有基本方面。

《圣经》的生活百科意义不仅体现在《圣经》容纳了诸方面的具体生活事项，而且还体现在《圣经》对各种观念思想学说的汇聚。《圣经》所焕发的思想虽然往往多被人为地与上帝的学说联系着，但其中也同样显现了一定程度的非神学性质，并且在对后世有关思想学说的启发中获得了完全超神学的张扬。《圣经》中的各种思想观念在一定意义上只是初始性的种子和萌芽，但正由于这种种子和萌芽的意义，才使之成为后世人类思想学说的一种重要源泉。

律法思想贯穿于《圣经》的始终，大到不可信奉异神的信仰观念，小到哪些可吃、哪些不可食用的饮食规章，在613条戒规中，可以说涉及了人类生活的各个方面。剔除那些典型的神学规范，或退去其中的神学属性，不少律法条文都显示出较强的独立性，并表现出极其重要的现实意义，它们往往直接与现世生活、人伦关系、健康人性密切相关，与人类社会的普遍理想相契合。其中最具积极意义的是《圣经》所制定的各种世俗性的道德规范，如不可杀人、不可奸淫、不可偷窃，不可作假证陷害人，不可贪恋人的房屋、妻子、仆婢、牛驴及其他，打死人者必治死，拐卖人口的也必治死，甚至咒骂父母的也要治死（《出埃及记》20—21），等等。特别是摩西五经各章所制定的各种处罚条文已达到相当精细的地步："人若偷牛或

---

① 《利未记》20：10—16。

羊，无论是宰了，是卖了，他就要以五牛赔一牛，四羊赔一羊……人若将银钱或家具，交付邻舍看守，这物从那人的家被偷去，若把贼找到了，贼要加倍赔还；若找不到贼，那家主必就近审判官，要看看他拿了原主的物件没有……"① 诸如此类的律法条文不胜枚举。经文中的一系列道德规范都以"法"和"典章"的形式出现，以为绝大多数人认可的通约规则出现，不仅对规范其时人们的行为起到了积极作用，也在后世犹太人的生活中得到了较为有效的保持和延续，就像犹太拉比 M.J. 柯恩先生在他的《如何阅读你的圣经》一书中所说的，"圣经是我们道德教育的宝库"②。

在《圣经》中，塑造未来社会理想的乌托邦思想有着相当系统而充分的表现。《以赛亚书》曾这样描绘了一幅人类生活的理想图景：

> 那时瞎子的眼必睁开，聋子的耳必开通；那时瘸子必跳跃像鹿，哑巴的舌头必能歌唱；在旷野必有水发出，在沙漠必有河涌流，发光的沙要变为水池，干渴之地要变为泉源；在野狗躺卧之处必有青草、芦苇和蒲草。……在那里必没有狮子，猛兽也不登这路，在那里都遇不见，只有赎民在那里行走。并且耶和华救赎的民必归回，歌唱来到锡安，永乐必归到他们的头上，他们必得着欢喜快乐，忧愁叹息尽都逃避。③

这里借助理想化的自然景观和人文景观的叙述，表达了强烈的理想主义、乌托邦思想。《以赛亚书》还以寓言的方式象征性地表述了消除种族纷争的伟大理想，到那时"豺狼必与绵羊羔同居，豹子与山羊羔同卧，少壮狮子与牛犊并肥畜同群；小孩子要牵引它们。牛必与熊同食，牛犊必与小熊同卧，狮子必吃草与牛一样。吃奶的孩子必玩耍在虺蛇的洞口，断奶的婴儿必按手在毒蛇的穴上"④。类似的乌托邦设置在阿摩司、何西阿、耶利米等先知的论述中也并不鲜见。乔·奥·赫茨勒在《乌托邦思想史》中认为，这些希伯来先知"作为社会评论家和社会设计师，如果不是高于柏拉图的

---

① 《出埃及记》22：1—8。
② Richard C. Hertz, *The American Jew in Search of Himself*, p.105.
③ 《以赛亚书》35：5—10。
④ 《以赛亚书》11：6—8。

话，至少也可以和他相媲美"①。希伯来《圣经》创造的这些不晚于柏拉图的乌托邦思想不仅对基督教的乌托邦学说、奥古斯都的《上帝城》之类的神学乌托邦有直接影响，而且在其内核和思维方式上也影响了后世的各种乌托邦理论和乌托邦文学作品，因而在一定意义上完全可以视《圣经》为后世乌托邦思想的一个重要渊源。民族主义思想是希伯来《圣经》的一种核心思想，只要通读一遍《圣经》便不难发现这种思想以各种方式散布在《圣经》的每一个具体细节上。

除了《圣经》中突出表现的律法思想、乌托邦思想、民族主义思想以外，后世的其他各种学说也都可以从中找到一定程度的表现，诸如伦理学、人类学、经济学、国家学说、契约思想、正义论、战争论、未来学、统计学、建筑学、历史主义、世界主义、崇智主义等等，有些思想还表现得相当系统和完善。托马斯·卡希尔还认为，假如没有《圣经》的影响，废奴运动、监狱改革运动、劳工运动、民权运动、南非反对种族隔离制度运动、波兰团结工会运动等亦很难见到；上述运动都可从《圣经》中找到它的依据。此外，对当今世界产生重要作用的力量，如资本主义、共产主义、民主主义等，也都以特定的方式把《圣经》作为蓝本加以参照。他甚至认为，资本主义和共产主义是《圣经》的"私生子"（Capitalism and communism are both bastard children of the Bible）。②

尤其令人惊诧的是，完全可被视为虚无主义、"现代主义"的思想倾向也曾出现在经典性的《圣经》文献中，其中《约伯记》表现得最为典型。约伯曾愤懑地诅咒道："愿我生的那日和说怀了男胎的那夜都灭没。愿那日变为黑暗；愿神不从上面寻找他，愿亮光不照于其上。愿黑暗和死荫索取那日，愿密云停在其上，愿日食恐吓它。"③发人深思的是，约伯在《圣经》中并非那种戏弄人生的玩世不恭者，也非作恶多端的罪人，而是"完全正直"、"远离恶事"的君子与善人，他的一切感悟均是基于人生的痛苦、存在的烦恼而发，代表了其时普通人的一般感受："人在世上岂无争战吗？他的日子不像雇工的日子吗？像奴仆切慕黑影，像雇工盼望工价；我也照样经过困苦的日月，夜间的疲乏为我而定。我躺卧的时候便说，我何时起来，黑夜就过去呢？……我的日子比梭更快，都消耗在无指望之中……人为妇

---

① 乔·奥·赫茨勒：《乌托邦思想史》，第8页。
② Thomas Cahill, *The Gifts of the Jews*, pp.248–249.
③ 《约伯记》3：2—5。

人所生，日子短少，多有患难。出来如花，又被割下；飞去如影，不能存留。"① 约伯的上述思想不仅与《圣经》的基本教义相违背，而且具有一定的现代主义气质。

第三节 文化母本的生成与效用

《圣经》不仅是犹太人生活和思想的百科，同时还是犹太民族的"文化母本"。这种"文化母本"的意义除了体现在《圣经》作为早期希伯来人生活经验的总结，几乎涵盖了希伯来生活一切方面的"全书"性质以外，还主要地体现在它以语言文本的形式负载了希伯来文化的各种"元素"，并作为文化的成品遗产代代传递，成为历代犹太人可资参照和运用的模式、范本和规则。犹太学者赫茨尔在谈到《圣经》的意义时强调指出，《托拉》是

> 我们民族的珍贵遗产，它在我们的每一个世代中为文盲提供了学校，为风雨中人提供了灯塔，为被困中的人提供了避难的地堡，为学者提供了书房，为书的民族提供了宝库。《托拉》教诲我们的人民自智、自尊和自制的价值。它激励我们的青年继承它的学习、虔诚、道德、正派的值得骄傲的传统。它是我们忠诚的象征、知识的源泉和民族的旗帜。

其实不只是《圣经》中的《托拉》部分，而是整个《圣经》都是犹太民族知识的源泉，都为犹太民族的文化发展提供了最初的规范、规则和形式。赫茨尔接下来指出："每一个犹太人都应该对'他的'《圣经》有所了解。我说是'他的'，是因为《圣经》是每个犹太人的个人财产。"② 将《圣经》不仅视为一个民族的公有财产，同时也视为一种"个人财产"，这更进一步地昭示了《圣经》对于犹太文化的每个个体成员而言都内在具有的深刻的文化母本意义。不夸张地说，对犹太人而言，《圣经》是一部"人生指南"，为犹太人提供了他们需要知道的一切东西。③

---

① 《约伯记》7：1—6；14：1—2。
② Richard C. Hertz, *The American Jew in Search of Himself*, pp.19–20.
③ Thomas Cahill, *The Gifts of the Jews*, p.249.

《圣经》作为犹太人的文化范本所浓缩的各种文化要素具有鲜明的恒定意义，诸如生活与生产、生与死、爱与恨、个人与世界、本族与异族、现在与未来、精神与物质、世俗与宗教等，都是人类生活的持久性内容和一般范畴。特别在思想情感、道德理想等方面，每个犹太人"从《圣经》的语言中都能倾听到自己的愿望、希望和思想；每个个体也能从中倾听到他心底的热情。《圣经》是如此接近心灵，以至于绝不能从历史的观点来理解它。犹太教在自己随后的发展岁月中，绝没有把《圣经》当作一种古籍，它仍是一本关于生活的书，一本关于每一个时代的书"[①]。切近生活，切近人生最根本性的情感和问题，并提供可资寄托和参照的元素，这是《圣经》对后世犹太生活产生母本效用的重要根据。对犹太人的世俗生活是这样，对犹太人的宗教生活更是如此。"《圣经》中的一切都为犹太教——从亚伯拉罕到摩西再到耶利米，从耶利米到《约伯书》的作者——指明了所必须遵守的道路。不同时代的这种历久不竭的连续性赋予犹太历史相同的特征。……《圣经》中有犹太教稳定的根基、变化中保持不变的恒久因素。"[②]

同时，《圣经》的文化母本意义还表现在它所浓缩的世俗生活层面的文化"元素"、规则大都具有初始和胚胎的性质，作为文化的种子，它只是展示了某种基因的意义和提供了文化成长的最初模式和文化发展的若干可能，而这些种子的生长、发育尚需后天的具体土壤来培育。因此可以说，《圣经》的语言文本蕴涵着的是一系列的文化意象，这些意象在后世的生活中得到了具体多变和丰富多彩的复现。与《圣经》文本的意象性相联系，《圣经》文本使用的是一种叙述性的文学语言，它布满了一个又一个的生活故事，这种叙述方式和叙述结构的本身，亦是以文学的修辞去呈现象征性的文化意象，从而使得《圣经》既蕴涵了基本的文化"元素"，又充满了无限可供填补和生发的空隙。在千百年的历史中，犹太民族营造出丰富、复杂、矛盾的思想文化景观，与此不无关系。

《圣经》作为文化母本意义的实现，并不仅仅在于《圣经》文本的本身，从犹太文化发展的历时性角度看，还在于《圣经》被犹太民族继承、运用和生发的历史过程。这一过程实际上形成了一种文化的"投影"现象：一方面《圣经》文本投影、放大和转换到犹太人的历史生活和犹太文化的

[①] 利奥·拜克:《犹太教的本质》，第16页。
[②] 同上书，第14—15页。

历史帷幕之上；另一方面，在犹太文化的历史流变中，也可在一定程度上追溯出《圣经》要素的本源所在并灵活地解读和运用《圣经》。如果说《圣经》的文化母本为这种"文化投影"提供了可能和条件，那么"文化投影"则是文化母本的现实化，这是一个事物的两个方面、两个不同的认知视角。但这又不仅仅是一个视角的问题，它又在相当程度上揭示了一种文化发展的动态结构和内在的历史联系，强调犹太文化中的这一"投影"现象，旨在强调文化母本不仅仅是《圣经》的文化属性，也是犹太文化的一种历史结构和结构要素，这也在一定程度上揭示了犹太文化一贯发展的某种内在机制。在人们常说"不是犹太人形成了《圣经》，而是《圣经》形成了犹太人"[①]的时候，所表述的不仅是对《圣经》母本意义的揭示，也是对犹太文化历史发展的一种揭示。

但"文化投影"显然不等于文化复制。如果说《圣经》母本为文化的投影提供了内在的基因质，那么各个特定时代的文化条件、特定的文化实践者则是文化投影的条件质。《圣经》在犹太文化中的投影是跨越时间和空间界限的，在不同的历史时期和生活环境中，人们依据实际的生活情境和思想需要，对《圣经》母本进行多样的、实用性的读解和运用，并共同创造出犹太文化的复杂内涵，因而我们所说《圣经》母本的"投影论"并非一种传统的决定论，也不是一种唯心的先验史观，而应是一种辩证的、历史的文化发展观。正如利奥·拜克所说："《圣经》本身总是伴随着时代向前发展，而每个时代总会获得自己的《圣经》。斐洛、阿索巴、迈蒙尼德、门德尔松在《圣经》中各自所发现的东西是何等的不同！他们读同一本书，然而在许多方面它对他们每一个来说却表现为一本不同的书。……处于犹太传统中的《圣经》总是被创新，因为《圣经》具有每一个真观念为趋向更高的精确性而奋争的本性，它内在地包含不断生发精神活动的力量。"[②]

由于《圣经》的意义和影响业已超越了犹太文化的范畴而成为一种世界性的财富，因而在一定意义上它的母本意义及其投影现象也可能超越了犹太生活和犹太文化而成为一种具有普遍意义的现象，特别在西方基督教世界中，这种文化的母本与投影现象的存在不仅是可能的，而且是合理的，事实也的确如此。其根本原因主要在于犹太教及其《圣经》与基督教的内

---

① 江文汉：《中国古代基督教及开封犹太人》，知识出版社1982年版，第152—153页。
② 利奥·拜克：《犹太教的本质》，第17页。

在联系，以及犹太教借助基督教对西方世界潜在而强大的影响。

　　同时，由于《圣经》自身所蕴涵的文化要素和规则具有一定的普遍性，因而它的母本意义亦可能对全人类文化产生相应的影响。美国的犹太学者在教导犹太人如何看待《圣经》时特别强调了两点：一是"《圣经》的精神是与美国民主之根缠绕联结在一起的"，二是"《圣经》对未来的最大梦想和希望是建立一个致力于全人类之正义与和平的和睦的世界"。① 这其实也是揭示了《圣经》与西方文化的联系以及《圣经》所蕴藏的关于全人类的思想和理想。

　　当然，《圣经》母本及其投影意义在不同文化条件下实现的方式、程度绝不可能完全一致，特别是犹太人作为《圣经》的民族，将《圣经》不仅视为民族财产也视为"个人财产"，与非犹太人对《圣经》的一般阅读和接受不可同日而语。同时，《圣经》中的民族主义等要素显然又使得《圣经》母本会对犹太人与非犹太人产生不尽相同的文化指令。但这些并不抹杀《圣经》对全人类文化所具有的某些普遍意义。历史证明，《圣经》作为人类文明史上发行量最大、影响最为广泛的一部书，业已通过各种方式为世界文明的发展做出了巨大贡献，这是每一个熟谙历史的人都不难发现的。透过《圣经》的神圣和神秘帷幕，不仅可以发现犹太民族历史经验和智慧的高度浓缩，发现犹太人历史生活的内在联结，也可以发现它对全人类文明的发展所具有的某些特殊的启示意义。

---

① Richard C. Hertz, *The American Jew in Search of Himself*, p.105.

第十三章　圣经乌托邦：从空想到现实

第一节　圣经乌托邦与大同主义

在《圣经》呈现的诸多思想中，一种渴求人人平等、共享安康的大同主义思想是有典型表现的。《利未记》中，雅赫维告诫摩西说：

> 在你们的地收割庄稼，不可割尽田角，也不可拾取所遗落的。不可摘尽葡萄园的果子，也不可拾取葡萄园所掉的果子，要留给穷人和寄居的……
>
> 不可欺压你的邻居，也不可抢夺他的物。雇工人的工价，不可在你那里过夜留到早晨。不可咒骂聋子，也不可将绊脚石放在瞎子面前……
>
> 你们施行审判，不可行不义，不可偏护穷人，也不可重看有势力的人，只要按着公义审判你的邻居。不可在民中往来搬弄是非，也不可与邻居为敌，流他的血……
>
> 若有外人在你们国中和你同居，就不可欺负他。和你们同居的外人，你们要看他如本地人一样，并要爱他如己，因为你们在埃及地也作过寄居的……[①]

在犹太人进入流散时期以后，《圣经》中的这种思想也一直在犹太人中得到了有效的贯彻。

[①] 《利未记》19：9—33。

犹太传统文化中普遍散存着的具有一定大同主义性质的思想是与犹太教的一神观念紧密联系着的，犹太教一神观念的本身便是一种典型的具有宗教性质的大同主义。犹太教作为世界上最早的一神教，其一神观念约产生在公元前13世纪的摩西时代，一神观念的核心在于：世界上只存在着惟一神（雅赫维），惟一神是最高的超自然实体，惟一神无所不在、无所不能，创造、治理并统摄着整个世界。在一神教的观念里，人类始于同一祖先，因而这是一种典型的单种论（monophyletic）学说。《创世记》以寓言故事的方式，说上帝先造了亚当、夏娃，而后由亚当、夏娃繁衍了人类的子孙后代，其中包括人类的各个种族，所以，从根本上说，人类生活在同一个大家庭之中，人人均为上帝的孩子，原本是应该平等的。人类不仅来自同一祖先，也将归于同一去处——犹太文化对生命本体的认知表明，由于人类丧失了永生的可能，因而最终都将归于泥土。犹太教中的末日学说曾为世人勾勒了这样一个神学的乌托邦世界：

> 末后的日子，耶和华殿的山必坚立，超乎诸山，高举过于万岭，万民都要流归这山。必有许多国的民前往，说："来吧！我们登耶和华的山，奔雅各神的殿；主必将他的道教训我们，我们也要行他的路。因为训诲必出于锡安；耶和华的言语必出于耶路撒冷。"他必在列国中施行审判，为许多国民断定是非。他们要将刀打成犁头，把枪打成镰刀；这国不举刀攻击那国，他们也不再学习战事。[①]

如同犹太文化的所有事项一样，《圣经》表现出的乌托邦和大同主义思想也是与其神学理念相联系的。

类似的乌托邦和大同主义思想，在中国文化和欧洲文化中，也都有着非常突出的表现。中国从《诗经》、老子时期就萌生了相当明确的大同思想。《礼记·礼运》篇曾对"大同"作了具体的界定：

> 大道之行也，天下为公，选贤与能，讲信修睦。故人不独亲其亲，不独子其子，使老有所终，壮有所用，幼有所长，矜寡孤独废疾者皆有所养。男有分，女有归。货恶其弃于地也，不必藏于己；力恶其不

---

① 《以赛亚书》2：2—4。

出于身也,不必为己。是故谋闭而不兴,盗窃乱贼而不作,故外户不闭。是谓大同。

如果说《礼记》在这里是对"大同"的内涵做出了基本的规定,那么陶渊明在《桃花源记》中则是用生动的叙述展现了一个充满诗情画意、具有理想主义的既成景象:

晋太元中,武陵人捕鱼为业。缘溪行,忘路之远近。忽逢桃花林。夹岸数百步,中无杂树,芳草鲜美,落英缤纷。渔人甚异之。复前行,欲穷其林。林尽水源,便得一山。山有小口,仿佛若有光。便舍船从口入,初极狭,才通人。复行数十步,豁然开朗,土地平旷,屋舍俨然,有良田美池桑竹之属,阡陌交通,鸡犬相闻。其中往来种作,男女衣着,悉如外人,黄发垂髫,并怡然自乐。……

在古希腊,喜剧之父阿里斯托芬在他的《鸟》中把理想寄托于"云中鹧鸪国";文艺复兴时期的法国小说家拉伯雷在《巨人传》中塑造了一个以"干你所愿意干的事情"为院规的乌托邦式的德莱美修道院,借以寄托反封建的人文主义思想;英国空想社会主义者托马斯·莫尔则在著名的《乌托邦》中系统地描绘了他的乌托邦蓝图,对后世产生极大影响。此外,孟德斯鸠在他的《波斯人信札》、伏尔泰在他的《老实人》、斯威夫特在他的《格列佛游记》中,也都以不同的形式描述了种种理想境地,表现出对平等、均富社会的向往。但这种理想社会不是出现在思想家的主观构想中,便是出现在作家的文学作品中,尽管有些著作往往以"纪实"的叙述去再现这种理想境地。"世外桃源"、"乌托邦"今天已被普遍地用来表示"空想"、"不存在的地方"之类的不切实际、不现实的意义。

然而,犹太文化却向世人展现了一个实实在在的具有"大同"意味的社会组织——基布兹,这不是出现在犹太哲人的构想中,也不是出现在犹太作家的小说诗文里,而是出现在当代以色列本土。《圣经》中的乌托邦在当代以色列生活中得到了实现。

第二节　基布兹：现实与根源

"基布兹"（Kibbutz）在希伯来语中是"聚集"、"集体"的意思，一般用来指以色列国内存在的一种由一定数量的人员共同组成的工作、生活单位。过去亦有人将"基布兹"译（视）作"集体农业组织"，但因基布兹成员的工作已远远超越了单纯的农业生产范围，故今天也有人把它视作或翻译成"集体化"。

基布兹最早出现在 1909 年，其时在以色列北部一个叫作代加尼亚（Deganiah）的地方建立了第一个基布兹，而后基布兹组织不断发展壮大，到 20 世纪末以色列已有基布兹约 300 个，生活在基布兹内的人口约有十几万。虽然它的人口只占以色列全国人口的 3% 左右，但它在以色列国的作用却是举足轻重的，特别是它近一个世纪以来一直有效地奉行"各尽所能，按需分配"的原则，因而引起了世人的极大兴趣和关注。

每个基布兹的具体人数从 200 多人到 2000 多人不等。在基布兹内，一切财富属大家共有，领导管理人员由成员们民主选举产生，有关决策也要由大家共同决定。领导成员绝不可能成为特权阶层，即使是被称之为"米拉克西·哈米希克"（merakesh hameshek）的总管，其收入也不会高于从事最低级工作的人员的收入。自然，不同工种的人之间、劳力者和劳心者之间也都享有相似的待遇。在这种平等原则之下，基布兹成员享有一样的劳动权、生活权，以及一样的社区服务。

基布兹成员从衣食到住行，从教育娱乐到卫生保健等等，都由基布兹统筹安排，基布兹成员内的工人、农民只要专心工作即可，因为食品由专人制作，大小衣物均由公共洗衣房负责洗熨，就连居室内的用具，包括冰箱、彩电、空调、家具，也都由基布兹统一免费发放。对于那些不具备工作能力的婴幼儿及老人则由专门的服务机构给予良好的料理。基布兹内设施齐全，除了必备的生活设施，还有各种文化娱乐场所，像会堂、剧场、博物馆、健身房、足球场、网球场、游泳池等等应有尽有。可以想见，在这样的生产、生活环境中，基布兹成员的人际关系、道德品行也都达到了很高的水平，有的作家（如 Amos Oz）作为基布兹成员甚至还把所得稿费也都交由基布兹统一安排使用。基布兹成员的生活水平甚高，是一般非基布兹成员望尘莫及的。令人深思的是，基布兹成员吃着"各尽所能，按需分配"的平均主义的"大锅饭"，却并未产生"大锅饭"通常必定要带来的一系列弊端。基布兹成员以良好的素质、勤奋的工作作风和高度的责任感创造着极高的生产效率,由占全国人口3%的基布兹成员所生产的粮食及粮食出口量均占以色列全国的40%以上,牛肉产量占全国的55%,棉花则占80%以上。现在,基布兹的生产门类已突破了传统的农业生产,兴办了包括时装、食品、塑料、机械、电子等在内的多种工业生产门类,其产量、产值在以色列工业生产中均占据重要地位。[1]

"基布兹现象"的发生根源是极其复杂的。《圣经》在描述人的创造时叙述说,上帝在造了空中、地下、水中的鸟虫、百兽和鱼草后,

> 上帝说:"我们要照着我们的形象、按我们的样式造人,使他们管理海里的鱼、空中的鸟、地上的牲畜和全地,并地上所爬的一切昆虫。"
>
> 上帝就照着自己的形象造人,乃是照着他的形象造男造女。[2]

上帝是按照自己的形象造了人,上帝在造了最初的人之后,《圣经》特别显示和强调了人人都是"上帝的孩子"(《申命记》14:1),即强调了人类之间的内在统一性。《圣经》对人类谱系的梳理是翔实、细致的,人类的这个"大树"虽有"七十部族"(seventy nations)等等,但缘于一个根须,"从犹太人的国土上产生了一个人类、一个世界——遵循戒律将使世界成为一个统一体——的学说"[3]。《圣经》的这一思想影响是深远的,美国《独立宣言》所称"这些真理是不言而喻的:人人生而平等",亦可溯源到《圣经》的这一学说,而对犹太文化而言,这种影响更是深远的。以《圣经》一神论及单种论思想为根基的圣经乌托邦、大同主义思想,显然是一种具有神学色彩的乌托邦思想。可以说犹太大同主义是建基于这样一个基本的认知之上:由于一切都是"上帝"创造的,一切都是"上帝"支配、治理的,因而才有了实现"大同"的最初可能和保证。这是基布兹现象的重要思想渊源。

与此形成鲜明的对比,散见在中国古代文化典籍中的大同观念,一般绝少借助"上帝"这块基石,而多是基于一种社会公平、正义的道德判

---

[1] 参见达洲等著:《中国人看以色列》,第42—45页。
[2] 《创世记》1:26—27。
[3] 利奥·拜克:《犹太教的本质》,第134页。

断，表现出鲜明的"人本"思想。从孔子的"老者安之，朋友信之，少者怀之"(《论语·公冶长》)和"均无贫"的观念，到墨家的"有力者疾以助人，有财者勉以分人"(《墨子·尚贤下》)的精神；从老子"损有余而补不足"(《老子》)的"天之道"，到庄子"天地虽大，其化均也，万物虽多，其治一也"(《庄子·天地》)的"天德"思想，都是以"仁"、"义"、"天道"之类的道德规范为出发点和准绳的，这与犹太"大同"观念中的神学色彩颇有不同。乔·奥·赫茨勒（Joyce Oramel Hertzler）在他的《乌托邦思想史》(*The History of Utopian Thought*)中把阿摩司、以赛亚等希伯来先知的思想，以及基督教的天国学说、奥古斯丁的《上帝城》等等都视为伦理—宗教性的乌托邦思想，是不无道理的。与这些宗教性的乌托邦相比，柏拉图的《理想国》、托马斯·莫尔的《乌托邦》、弗兰西斯·培根的《新大西岛》、康帕内拉的《太阳城》、哈林顿的《大洋国》等等，均可被视作世俗境界的乌托邦大同主义，因为它们摆脱了"上帝"对乌托邦大同理想的制约。

值得注意的是，犹太传统中的大同思想从一开始就表现出极其矛盾的因素，它一方面借一神论设立了在上帝的光耀之下共同存在和相互联系的同一体系——一个世界化的大家庭，另一方面又极力宣扬选民观的学说，体现出极强的民族主义思想。而且，由于这种民族主义思想的极端化和无所不在，以致它又在相当程度上淡化和掩盖了犹太传统中的大同观念，并赋予其极复杂的特性。在一定意义上，《创世记》中有关人类始于同一祖先的学说，既是一种初始性的社会理想，又是为"选民观"之类的民族主义思想进行的必要铺垫，因为没有这样一个相互联系、由众多民族组成的群体，也就无所谓"选民"。由于犹太民族特殊的历史遭遇，民族主义思想始终渗透到犹太文化的各种要素之中，特别是为达到种族的纯正延续，犹太文化在婚姻习俗上制定了极为严格的戒律规范，表现出对与异族通婚杂交的恐惧和担忧。早在流散时期开始以前，这种恐惧和担忧在犹太经典文献中就已有突出表现。生活在公元前5—前4世纪的犹太教领袖以斯拉在得知以色列人与异族人通婚的情形时，痛心疾首地说道：

……众首领来见我，说："以色列民和祭司并利未人，没有离绝迦南人、赫人、比利洗人、耶布斯人、亚扪人、摩押人、埃及人、亚摩利人，仍效法这些国的民，行可憎的事。因他们为自己和儿子娶了这些外邦女子为妻,以致圣洁的种类和这些国的民混杂,而且首领和官长在这事上为罪魁。"我一听见这事,就撕裂衣服和外袍,拔了头发和胡须,惊惧忧闷而坐。①

对于那些娶了外族人为妻的以色列人,祭司以斯拉曾责成各族族长进行细致的普查登记,要求娶异族女子者向上帝识罪,"离绝这些国的民和外邦女子"。这种以种族纯净为标识的民族主义呈现了与世界大同观念矛盾冲突的思想指向,但它又是与犹太文化中的大同思想相互交融并奇妙地结合在一起的。

那么,这两种矛盾的观念是如何统一起来的呢?从根本上说,导源于一神论和选民观等宗教学说的犹太大同主义与犹太民族主义均是犹太文化的共同传统,这种传统在犹太人的历史演变中,虽然在不同的历史条件下会有表现方式和程度的差异,但始终没有泯灭其中的任何一个方面,而且由于犹太民族散居世界的特殊历史,更使得大同主义与民族主义成为他们不可或缺的文化价值。世界各地的犹太人将民族传统中的大同主义思想以其世界主义者的身份和世界主义思想(显然是指一般意义上的,而非特指一种帝国主义的扩张理论)的方式体现出来,世界主义的理想是犹太人的一种普遍价值所在,而且犹太人本身的历史无疑是在实践着这种思想;另一方面,民族主义对于保持犹太人民族特性的意义显然又是毋庸置疑的。世界主义与民族主义正是犹太人已经铸就和仍在铸造着的"一块硬币的两个方面"。

即使是强调犹太民族性的犹太思想家在努力唤醒犹太人民族意识的时候,也没有忘记力图将犹太人的世界主义与民族主义两种要素调和、统一起来。犹太复国主义的理论家和领袖之一摩西·赫思在《罗马与耶路撒冷》中认为:"犹太教的民族特性并不排斥世界主义和现代文明;相反,这些价值正是我们民族性格中的逻辑因素。"赫思在强调犹太教对犹太民族的根本影响时,是兼顾了犹太教中的民族主义与世界主义的双重意义的,他明确指出:"直到法国大革命,犹太人民是世界上惟一在其宗教中既有民族主义同时也有世界主义精神的民族。"② 有些犹太思想家还进一步认为,融合

---

① 《以斯拉记》9:1—3。
② Eliezer L. Ehrmann, ed., *Readings in Modern Jewish History*, p.265.

了世界主义精神的犹太人完全可以在世界事务中发挥其特殊的作用。1917年德国犹太社会主义理论家爱德华·伯恩斯坦（Eduard Bernstein，1850—1932）曾出版了一本深有影响的著作《犹太人在世界大战中的任务》(*The Task of Jewry during the World War*)，认为由于犹太人的流散及其世界主义的作用，犹太人具有独特的资格和能力去将世界引导到团结各民族、结束战争的国际主义当中去。[1] 可以看出，民族主义与世界主义在犹太文化及其理论家的一般论述中，是相互调和和统一的。但这种调和与统一并不意味着两种因素事实上的恒定对等。

回顾犹太文化的历史不难发现，犹太大同主义思想在与民族主义思想的矛盾—调和中，是以一种独特的内涵和方式呈现出来的。赫思在论及犹太世界主义与民族主义的统一时，耐人寻味地运用了"犹太教的民族之根"（the national root of Judasim）和"世界主义之花"（its universalist blooms）这样一对比喻，孰表孰里在这就不言而喻了。虽然世界性的大同主义或世界主义可以说是犹太人或犹太文化的一种理想甚至一种品性，但"民族化的大同主义"恐怕才是犹太历史上所表现出的大同主义思想的主要内涵和方式，同时也是对犹太民族主义与大同主义这对矛盾的一种自然调适及其合理结果。"民族化的大同主义"的含义在于：一是将民族主义与大同主义相交融、相叠合，达到两者的内在联系和共同呈现；二是重申了大同主义中民族利益的位置；三是在达到世界性的大同之前，首先在其民族内部实现"大同"。我们认为这样的认识不仅符合犹太教的传统和犹太理论家的阐发，也符合犹太文化的历史实践。1948年现代以色列国建立时，以色列的首领们所制定的立国原则是——犹太复国主义+社会主义+平均主义。这在很大程度上昭示了犹太传统中大同主义思想的内涵、方式，自然也蕴涵了它与犹太民族主义的内在联系。《塔木德经》曾一语道破了犹太传统中"大同"思想的一个关键之处："所有的以色列人彼此负有责任。"当然，许多犹太裔的思想家对犹太传统中的"大同"思想进行了新的升发，形成了超越民族阈限的理论学说。希特勒当年迫害犹太人时就曾以"犹太人发明了共产主义"为由，鼓吹什么"犹太人的最终目的是非民族化，使其他民族杂交，降低最高民族的人种水平"[2] 之类的谬论。

---

[1] Paul R. Mendes-Flohr and Jehuda Reinharz, ed., *The Jew in the Modern World*, pp.229–230.
[2] 胡其鼎：《希特勒》，第115页。

20 世纪初出现的"基布兹现象"与犹太传统思想密切相关,更与特定的时代机制有关。现代历史上的犹太人掀起回归巴勒斯坦的高潮,是在 19 世纪锡安主义思潮在欧洲犹太人中广泛传播以后开始的,特别是在 20 世纪初,生活在俄国、东欧的数百万犹太人中,有不少人出于各种原因成群结队地返回了巴勒斯坦。最早在以色列建立基布兹的就是来自欧洲的犹太移民,他们大都较为贫穷,富有吃苦耐劳精神,并有一定的社会主义思想或返归自然的思想(像阿侬·大卫·戈登等)。他们自愿走到一起,立意靠自己的双手,在荒芜的不毛之地建立属于自己的美好家园,去实现在其传统中本来就固有的、在异国他乡又孕育成长的平等、均富的生活理想。同时,基布兹的建立在一定程度上也是出于抗拒外界环境的需要,因为在巴勒斯坦这样一个自然条件相当恶劣的环境里,相互合作、相互帮助才是有效可行的生产、生活方式。而且,有时他们还面临着与巴勒斯坦的阿拉伯人的各种纷争,这也是基布兹建立的外部因素之一。

基布兹是犹太传统特别是《圣经》思想、时代机制及客观环境等各种复杂因素交互作用的产物,它所呈现的意义不仅在于它所取得的经济成就及在以色列经济中举足轻重的地位,更多的还在于它所展示的深厚的文化意蕴及值得深思的文化命题,这种命题不仅具有理论意义,同时也具有很强的现实意义。基布兹存在的事实本身蕴含了深刻的文化内容,而基布兹的发展和未来同样值得人们的关注。因为一方面基布兹及其成员的数量有逐年扩大的趋势,另一方面也有一些基布兹成员特别是年轻人,似乎又在渴望着更多的属于自己的生活天地,渴望脱离那些多少有些机械了的生活原则和生活方式。基布兹何去何从?在历史的视野里,这是一个值得拭目以待的文化命题。

第十四章　圣经智慧观与犹太崇智行为

第一节　智慧在圣经中的位置

智慧（wisdom）既是《圣经》的重要论题，也是《圣经》所要着重宣扬的内容。《圣经·箴言》在颂扬智慧的篇章中以"智慧的口吻"唱道：

> 我口中的言语都是公义，
> 并无弯曲乖僻。
> 有聪明的，以为明显，
> 得知识的，以为正直。
> 你们当受我的教训，不受白银；
> 宁得知识，胜过黄金。
> 因为智慧比珍珠更美；
> 一切可喜爱的都不足与比较。
> 我——智慧以灵明我居所，
> 又寻得知识和谋略。
> ……
> 帝国借我坐国位；
> 君王借我定公平。
> 王子和首领，
> 世上一切的审判官，都是借我掌权。
> 爱我的，我也爱他；
> 恳切寻求我的，必寻得见。

> 丰富尊荣在我,
> 恒久的财并公义也在我。①

《圣经》中类似的有关智慧的论述大量地散见于《圣经》的有关篇章中,详尽地论说了智慧之属性、智慧之重要、智慧之功用、通向智慧之路径等各个方面。除了在《箴言》、《诗篇》、《约伯记》等经典性的"智慧文学"篇章中,在《创世记》、《申命记》、《约书亚记》、《撒母耳记》以及《以赛亚书》、《耶利米书》、《以西结书》等篇章中,也都有种种形式的关于智慧的论题和论说。希伯来圣经中的有关智慧篇章如下:②

创世记	3：1—7；37—50
出埃及记	1：8—2：14；18：13—27；28：3；31：3；35：31—39：31
申命记	1：13,15；6：1—25；32：1—47
约书亚记	1：8
撒母耳记上	25：2—42
撒母耳记下	9—20
列王记上	1—2；3：1—12：15
以赛亚书	1：2—3,26；3：2—3；5：20—21,24；8：9—10；10：13—15；19：11—15；26；28：23—29；29：13—16；32：5—8；40：12—41：1；42：5；44：9—20；44：24—26；45：9—23；46；48：13；53：11；61：11；65：6—7
耶利米书	4：22；5：3,20—29；7：28；8：4—9；9：12,23—24；10：1—16,23；12：1—4；17：5—11,23；18：18—23；20：7—18；23：18—22；31：35—37；49：7；50：35—36
以西结书	12：21—25；15：2—8；16：44—63；17：2—10；18：2—30；20：49；28：2—19
何西阿书	4：11,14；9：7；14：9
阿摩司书	3：3—8；5：8—15；9：2—6
俄巴底亚书	8
哈巴谷书	1：1—2：5；3
玛拉基书	1：6；2：6—9

---

① 《箴言》8：8—18。

② Donald K. Berry, *An Introduction to Wisdom and Poetry of the Old Testament*, Broodman & Holman Publishers, 1995, pp.27–28.

续表

诗篇	1；9：1—10：18；14；19：7—13；36；37；49；53；73；112；119；127；128；144：3—4
约伯记	（全部）
箴言	（全部）
传道书	（全部）
耶利米哀歌	3：37—45
以斯帖记	1：13—20
但以理书	1：3—5，17，20；2：12—23，25—30；9：22；12：3
历代志下	1：10—12；9：1—9，22—23
所罗门智训	（全部）

"智慧"原本是一个世俗范畴的概念，但在《圣经》中，"智慧"的属性却被赋予了强烈的神学和神圣色彩，智慧为上帝所造，因而智慧便成了上帝神性的一种流溢。《圣经后典·便西拉智训》说：

> 博大智慧，
> 来自天主，
> 智慧与他，
> 永世相随。
> ……
> 智慧先于万物，
> 知识永世长存。
> 谁曾获悉，
> 智慧祖籍何方？
> 何人理解，
> 智慧之聪明玄妙？
> 万象归一主，
> 全智又全能。①

在这里，尊崇智慧就是敬奉上帝，智慧完全成了上帝神性的一种外延和体

---

① 《圣经后典》，第127—128页。

现。敬畏上帝就是"知识的开端"。①

因此,智慧在《圣经》中就显得非同一般的重要了。希伯来《圣经》十分强调智慧在万事万物中的最先序列。《箴言》以智慧的口吻说:"在耶和华造化的起头,在太初创造万物之先,就有了我。从亘古,从太初,未有世界以前,我已被立。没有深渊,没有大水的泉源,我已生出。大山未曾奠定,小山未有之先,我已生出。耶和华还没有创造大地和田野,并世上的土质,我已生出。"②可以看出,希伯来《圣经》在将智慧与上帝相联系的同时,又从犹太人极为强烈的时间意识上通过强调智慧的"时间序列"来突出智慧之关键和重要。这样,在犹太人的形上思维中,智慧不仅因与上帝结合而有了神圣意义,同时又因在时间序列中的先前位置而有了理性逻辑上的重要性。

希伯来《圣经》还力图将智慧与人的现世生活和世俗需要相联系来强调智慧之宝贵:"得智慧、得聪明的,这人便为有福。因为得智慧胜过得银子,其利益强如精金,比珍珠宝贵,你一切所喜爱的,都不足与比较。她右手有长寿,左手有富贵。她的道是安乐,她的路全是平安……"③《圣经》智慧观中,关于智慧的效用,最为关键的思想是:

耶和华以智慧立地,以聪明定天。④

《圣经后典》则认为:"富有智慧的言词会使你走在世界的前列。"⑤这可被认为是犹太崇智主义的精髓和本质所在,它将智慧提高到"立地"、"定天"的高度,将神圣与世俗、理想与功利结合在一起,体现了犹太文化独特的知识观、智慧观:以智慧立足世界并超越世界。《圣经》智慧观在犹太文化中发挥了极其深刻的影响,并由此而生发了在犹太文化发展中具有重要作用和深远传统的犹太崇智主义。

因此,犹太文化的经典著作不仅从各种角度阐发智慧之重要,有的还十分具体地探讨了追求智慧、学习智慧的方式方法。《圣经后典·便西拉智

---

① 《箴言》1:7。
② 《箴言》8:22—26。
③ 《箴言》3:13—17。
④ 《箴言》3:19。
⑤ 《圣经后典》,第163页。

训》这样教导人们:"儿呀,你在年轻的时候要学会珍惜智慧,那么当你年老的时候,便仍然能够找到她。要像农民耕种田地那样努力寻求智慧,而后你才能指望丰收。你得先工作一段时间,不过你很快就会享受到劳动成果……""把智慧的锁链缠到你的脚上,把她的项圈套在你的脖子上。把她扛在你的肩膀上,不要怨恨她的羁绊。追随智慧,全心全意跟她走。"①

第二节 犹太崇智主义及崇智行为

犹太崇智主义伴随着犹太教的传播、犹太文化的发展而得以不断地延展和弘扬。公元五六世纪所形成的《塔木德经》不仅结合现世生活阐释了犹太教的原始教义,而且进一步生发了更具实践价值的观念学说,特别是关于崇智和学习的思想。《塔木德经》认为学习是一种至高的善,是敬神的一部分,学习应是犹太人日常生活中不可缺少的内容。显然,犹太人在学习《塔木德经》的神学经文时,毫无疑问地也接受了经文中的崇智思想,并努力将这种思想付诸实践,难怪史学家们发现,从中世纪起犹太人就几乎消灭了文盲。

实际上,被犹太人奉为圣典的《圣经》、《塔木德经》作为犹太人的生活课本和基本读物,其本身所具备的文本品质对犹太人智慧力的发展和提高也起到了非同寻常的作用。《圣经》、《塔木德经》等犹太经典著作既有生活化的描述,也有抽象的思辨;既有形象的隐喻、象征,也有严密的逻辑推理;既有人文学说的呈现,也有数理知识的推演、运算……经典著作中诸如此类的文本品性极为深刻地影响了犹太人特别是犹太少儿,因为每一个犹太少儿自幼便开始接受经书的教育和陶冶,他们接受的不仅是教义和知识,还有读书的习惯和学习的思维。每一位犹太父母及长者都是犹太少儿的天然导师,犹太少儿这种特殊的早期教育对其成长关系甚大。在现当代,一种有代表性的情形是,犹太人自幼接受了传统教义的教育,长大后往往远离那些僵硬的教义而保留了经书中的智慧、哲理和思想方法,他们对学习的崇尚、对新知识接受的畅达无疑是受惠于早期的读书训练。

现代社会犹太人的崇智传统得到了进一步发扬,犹太人在现代科技领

---

① 《圣经后典》,第138页。

域中的创造现象即是最好的说明。自从19世纪中后期大量欧洲犹太移民来到美国，美国便成了犹太人生活的新的中心，并培养了无数的犹太英才。这与美国的犹太移民几代人在教育方面的巨大投入是分不开的。一方面，犹太父母深知子辈们要进入现代化的美国社会，就必须掌握和美国人一样的知识、技能，因而他们几乎毫无保留地支持其子女进入美国学校学习当地的语言，学习最现代化的科学知识——在这里，世俗人文知识替代了传统的神学知识；另一方面，美国开放性的教育体制也为犹太青年男女的进入和成长创造了优良的氛围和条件，对犹太学生而言，崭新的世俗科学知识在一定程度上比他们自幼接触或从其父母处学来的知识更具吸引力，而且他们也同样清楚要迈进美国生活的门槛，作为一个犹太人应该怎样做和做些什么。可以说，犹太移民的父辈和子辈们是怀着同样的心情渴望知识的，因为他们同样知道知识的问题在很大程度上也是一个生存的问题，而不仅仅是一个敬神的信仰问题。在一段时间里，或许是感受到了犹太学生的种种冲击（如人数的骤增、犹太学生的勤奋精神等），加之种族和宗教歧视的抬头，美国的一些学校曾对犹太学生采取了限额的办法。这虽然在人数上限制了犹太学生，却刺激了犹太青年的自尊和好学，因而在各级学校中，犹太学生的学习成绩一般总是名列前茅。犹太移民对教育的热衷和投入在美国很快得到了实际的酬偿，他们发现美国是一个知识越多社会经济地位也就越高的国家，因为有了知识，他们得到了许多他们父辈渴望得到而没有得到的东西。犹太人热爱知识的传统并非是在功利报偿的前提下得到延续的，但倘若热爱知识而又能得到相当的功利奖赏，那么完全可以想见犹太人的崇智传统和对知识的嗜好将会得到何样的激励和发展。《美国犹太人年鉴》、《美国统计摘要》等显示，近90%的犹太青年男子和65%的青年女性得到过一定的大学教育，其中大部分能坚持完成学业；犹太男子中约有30%多的人取得过博士学位或其他专业职称，这些都远远超过美国的其他民族群体，一般是美国人平均数的两倍。美国犹太人占美国总人口不到3%，但犹太人在大学教师中却占了9.3%左右，而在哥伦比亚大学、哈佛大学、耶鲁大学等名牌大学的教师中，犹太人出身的大学教师则占了20.9%。与在美国所受教育程度相适应，犹太人在美国主要所从事的是非体力工作。在20世纪初，80%的犹太男性从事体力工作，到六七十年代，从事非体力工作的犹太人已达95%。①另一个值得人们深思的问题是，美国犹太人不仅重视自身的知识教育，而且鼓励人们对犹太文化进行研究。在20世纪70年代时，在美国已有数百所大学开设了有关犹太问题的研究课程，这显然得到了犹太人的支持和鼓励。这似乎不仅说明了犹太人对知识和传统的热爱，也说明了"犹太人"及"犹太人问题"在知识领域和学术界的巨大影响。

在以色列，教育不仅得到民间而且得到官方的高度重视。以色列早在1949年就颁布了义务教育法，规定以色列国的所有5—14岁少年儿童都须接受义务教育。从1978年起，受义务教育者的年龄又延至16岁。以色列政府在教育上投入了大量的经费，自20世纪70年代中期以来，以色列的教育经费占国民生产总值的百分比大致保持在8%—8.6%，这在许多发达国家也是难以做到的。以色列曾自豪地宣称，平均每三个以色列人中就有一个人在上学；以色列是世界上按人口平均拥有教授人数最多的国家（约为1/4500）；以色列基本上消灭了文盲；等等。以色列是一个多民族、多宗教的国家，犹太教徒占83%，伊斯兰教徒占13%，基督教徒占2.4%，德鲁兹派信徒和其他教徒约占1.6%，这为以色列提高全民的教育水准增添了不少的困难。以色列能取得今日的教育成就实属不易，这多少要归功于以色列政府实行的多轨教育体制。以色列建立了各种不同类型的学校，如国立学校与私立学校、全日制学校与业余学校、普通学校与职业学校等等，灵活的办学方式是以色列教育成功的重要因素。即使国立学校所学的基本科目，国家也只规定了其中的75%内容，另25%由各校自行规定，这很好地适应了各地的特殊情况。②可以说，以色列在教育上的大量投入及完善的教育体制是其经济、文化繁荣的必要基础。

由于《圣经》中独特的崇智观及犹太人强烈的崇智传统，犹太人表现出了突出的崇智行为及崇智效用，都是不难理解的。

诺贝尔奖是当代世界最有影响的文明成就奖项。国内外的一些学者曾对自诺贝尔奖设立以来获奖的犹太人数作过统计，由于统计截止的年代和统计依据的材料等不同，统计的具体数字也稍有不同，但犹太人获奖者在

---

① 综合H.乍克曼：《诺贝尔奖获奖奥秘》，第79—80页；杰拉尔德·克雷夫茨：《犹太人和钱》，第44页；Arthur A. Goren, *The American Jews*, p.105 等。

② 参见Basckin Design Limited《以色列》（以色列科学与人文科学院驻北京联络处提供），第24—25页，《中国人看以色列》，第72—76页。

整个诺贝尔奖获奖者中所占的比例是大致相同的。在这些统计中，较有权威的大概是克雷夫茨根据美国犹太人委员会提供的"全犹太和部分犹太血统的诺贝尔奖获奖者名单"及其他相关情报所做出的统计。他在《犹太人和钱》中称，自1901年首次颁发诺贝尔奖以来，犹太人获奖者所占比例约为17%。这一统计结果在笔者所见到的多种统计中，属中间水平。[①] 但不管怎样，这个比例都是十分惊人的，因为世界上犹太人的总和仅占世界总人口的0.3%不到，按人口比例计算，世界上的任何一个民族都不曾如此频繁地登上过诺贝尔奖的领奖台。

美国著名心理学家西尔瓦诺·阿瑞提致力于创造研究，他在其名著《创造的秘密》中专辟章节讨论"现代犹太人的创造力"，他曾列举多种统计图表，相当形象地表明了犹太人与其他获奖民族比较时所显示的高比率。阿瑞提统计的是诺贝尔奖设立70年的颁奖情况，他得出的结论是："阿根廷的获奖者与世界其他地方的获奖者的比率是1.3，意大利的是1.6，德国是4.4，法国是6.3，而犹太人获奖者的比率是世界其他获奖者的28倍。"[②] 这里有一个值得指出的情况是，获奖的犹太人大多集中在西方犹太人中，在全部美国籍的诺贝尔奖获得者中，犹太人就占了27%—28%。[③]

诺贝尔奖的权威地位和崇高威望已得到世界各国的普遍重视和推崇，诺贝尔奖本身已成为一个具有相当前沿性和世界性的文化现象与文化课题，其蕴涵的意义已超越了单单对某位个人科学文化成就的肯定和褒奖，而往往成为对一个国家、一个民族在当代世界科技文化中所占重要地位和作出突出贡献的表彰。获奖者本身也业已成为当今社会事务中的一种重要象征力量，并对社会、科技、经济、政治等产生重要影响。犹太人在诺贝尔奖获奖者中所占的惊人比例作为一个极有效的标识，表明了犹太人对当代世界科技、文化的突出贡献，这是非常值得重视和进行专门研究的。

撇开上述的有关统计数字，犹太人在现代科技诸学科中的贡献亦是十分卓著的。犹太人的创造现象包罗甚广，要想把现代科学史上贡献突出的犹太人尽列出来是很困难的，举其要者，为大家所熟悉的主要有：爱因斯坦，现代物理学之父，相对论的创始者；莱维·奇维塔，张量运算的创始

[①] H.乍克曼称诺贝尔奖获得者中犹太人占19%(《诺贝尔奖获奖奥秘》，第75页)，徐向群、达洲统计犹太人在诺贝尔奖获得者中约占15.8%(《中国人看以色列》，第78页)。

[②] S.阿瑞提：《创造的秘密》，第422—425页。

[③] H.乍克曼：《诺贝尔奖获奖奥秘》，劳永光译，教育科学出版社1987年版，第75页。

人；佩亚诺，数学基础的先驱者；费代里科·恩里科斯，科学哲学家；埃米·纳脱，最有创造性的抽象代数学家；弗洛伊德，现代精神分析学之父；阿道夫·冯·拜尔，使有机化学成为一门独立学科的人；乔治·坎托，通过建立无穷大的数学概念而为科学开辟新维度的人，等等。类似的卓越的犹太科学家还很多，他们的业绩已记载在现代文明的发展史上，他们的名字有的已直接作为科学名词而被收入各种专门性的技术词典，譬如"亨利环"、"亨利裂沟"等医学名词是以弗里德里希·古斯塔夫·亨利的名字命名的，他被称为"德国解剖学和病理学研究的先驱者"；"克雷布斯循环"（关于食物转化为二氧化碳、水、能量的循环学说）是以著名生物学家汉斯·克雷布斯的名字命名的；"夏姆伯格病"、"乌纳病"、"拉沙药膏"等等也都是以犹太医生的名字命名的，[①]这无疑是对犹太杰出人士的一种合适表彰。

  犹太人在人文科学领域对当代世界的影响和贡献丝毫不亚于自然科学。除了众所周知的马克思、弗洛伊德、柏格森、卡西尔、杜尔克姆、胡塞尔、维特根斯坦、马尔库塞、弗洛姆等等以外，还在哲学、语言学、未来学、经济学、人类学等领域涌现了一大批影响深远的思想家，甚至还形成了影响巨大的犹太知识群体，如在当代美国学术界占统治地位的"纽约文人群"（The New York Intellectuals）就主要是由犹太人构成的。他们当中包括社会学和未来学家丹·贝尔，社会学家S.M.李普塞特，历史学家霍夫斯塔特，政论家诺曼·波德莱茨、欧文·克里斯托、爱泼斯坦，批评家屈瑞林、德怀特·麦克唐纳、欧文·豪、苏珊·桑塔格，以及名作家索尔·贝娄、诺曼·梅勒、菲利浦·罗斯等等。

  犹太人在自然科学和人文科学诸领域中的创造现象虽然是广泛和普遍的，但并非在每一个领域都取得了同样的成就。大致说来，在自然科学中犹太人特别擅长于医学、物理学和化学，这三个领域获得诺贝尔奖的犹太人占有更大的比例，在实际研究中犹太人的贡献也最大。但在农学、动物学等领域，一般较少涌现有突出贡献的犹太科学家。

  在人文科学方面，犹太人最有影响的领域是哲学、经济学。如果说哲学是犹太人的传统性领域，那么经济学则可以说是犹太人充分施展才华的一个新兴领域，仅在美国，著名的经济学家就有P.塞缪尔森、罗伯特·所

---

  ① 查姆·伯曼特：《犹太人》，第140—144页。

罗门、E.M. 伯恩斯坦、P. 伯恩斯坦、A. 伯恩斯、W. 哈伯等等。培育和影响犹太人创造力的因素甚多，既有历史的也有现实的，譬如犹太民族作为宗教的民族和哲学的民族，其传统的思辨精神对犹太人在抽象学科中的才能的培养与影响；犹太人作为非农业民族在农学领域的欠缺；犹太人对经济问题的特殊兴趣和传统天赋促使犹太人在获得解放以后得以自由探讨经济运行的内在奥秘和理论规则等等。

犹太人的创造现象是一个复杂的系统工程，它受到多种因素的制约和影响，国外学术界在探讨这一问题时曾提出许多不同的论点，纯粹从人种因素去解释犹太人的创造现象显然是片面和危险的；犹太人特别注意优生优育的说法也仅仅是一个方面——一个显然并不十分关键的方面；还有的学者（如维布伦）提出因为犹太人被人疏远、隔离，这使得犹太人能够成为冷静的怀疑论者和探索者（见《创造的秘密》）等等。客观地说，没有一种整合的观点，不是从历史和文化理论的宏观高度去全面求证这一问题，所作出的结论充其量只能是对这一问题的部分解说。自然，影响犹太人创造力的因素有轻重主次之分，有若干主要的因素在犹太人创造力的形成中起到了基本和关键的作用。在这里，可以说犹太文化中的崇智主义及犹太人的崇智行为对犹太人创造力形成的重要作用。

第三节 中犹崇智观之比较

《圣经》崇智观及犹太人的崇智主义思想和崇智行为及其现实效用是颇值得深入探究和思考的。在对待知识、对待教育的问题上，中犹文化既有相当的共识之处，也有许多不同的地方。中国传统文化有着尊师重教的优良风尚，特别是"学而优则仕"的思想在一定程度上融合了崇智主义和功利观念，极类同于犹太人"以智慧立地，以聪明定天"的神圣—世俗化思想，表现出相似的精神内核。也许正因这种契合，宋代的开封犹太人极其自然地热衷于中国的科举考试并在科举应试中一显身手。但中犹两种文化中的崇智主义在其历史沿革中并未得到一样的保持和实践，并在具体内容上体现出相当的差异。

首先崇智主义在犹太文化中是与宗教神学观念一起生发并被保持下来的，崇智的观念和学习的思想在犹太文化中居仅次于敬神的地位，这样，崇智观念不仅极端重要，而且伴随着犹太教的延续、犹太民族的生存而完整、不间断地保持下来。在中国,崇智主义虽然也有悠久的历史,但缺乏历时性的持续保持,并伴随着某种非智化的对立因素存在。儒家学说虽然声称仁智兼重,但实质上智远未达到仁的地位,儒家思想的核心无疑在于"仁"、"忠恕"之类,"智"有时只被作为一种道德判断的工具。而影响深远的道家哲学在一定意义上则表现了一种颇为典型的反智主义思想。老子的"绝圣弃智"自不用说,庄子在《庄子·人间世》中表述的思想更为典型:"德荡乎名,知出乎争。名也者相轧也;知也者争之器也。"认为"知"是争杀的一种凶器。所以中国的崇智思想从一开始就缺乏一个坚实的神圣性的基石。另一方面,"知"(智)往往被作为特定政治、意识形态的附庸,在历史上的政治斗争、学说之争中不免遭到株连,党派斗争不断,知识的被斫杀也就不断,而知识分子则常常是政治力量任意支配甚至摧残的对象,其登峰造极者乃骇人听闻的"焚书坑儒",而这种"焚书坑儒"竟然在后世得到相当的推崇和模仿。知识在中国历史上并没有被推崇到神圣不可侵犯的地步,当然,学习和崇智的行为也就得不到应有的赞扬,有时甚至连人的基本的读书权、受教育权也被剥夺了。

其次,崇智的观念在犹太文化中是作为一种世界观而呈现和发挥效用的,它与有关宗教学说一起,表述了犹太人对世界和人生的一种根本看法,当犹太人世界观中的宗教神学因素随着历史的沿革而有所淡化的时候,崇智观念非但没有被削弱,反而得到了加强。学习在犹太人那里被看作是一种使命和责任,被当作是与民族(当然包括个人)命运、民族的生死存亡紧密相关的根本问题,因而在犹太人观察世界时,以学习得生存、得发展的思想始终成为其民族精神的一个重要部分,"向一切学习"甚至成为犹太人的一种座右铭。在中国传统文化中,由于中国文化发生的空间相对集中、稳定,因而并未像犹太民族那样在长期的颠沛流离中积淀出对知识和学习格外重视、将其与民族命运相契合的系统思想。虽然在近现代帝国主义列强对中国的炮舰政策已使得不少有识之士对教育、对知识给予了极大的关注,但总的说来,从文化理论的层次看,中国文化并未将崇智主义提升到一种"世界观"的高度,未能很好地将其融会为理解世界的基本观念的一部分——至少没能形成一种全民性的共识。

而且,中国的崇智思想从一开始就有极大的偏谬,从儒学强调的"智"到后世的文化习规,往往都将"智"的含义主要囿限在人文知识方面,在一定程度上忽略了对自然知识的关注。中国古代自然科学曾取得惊人成就,李约瑟先生等在此方面具体纠正了世界特别是西方对中国古代科学的偏见。然而就一般情形而言,在几千年的历史上,中国人对自然客体的理性探讨远少于文人雅士对人文主体的沉湎与想象,琴棋书画常常代表了社会趣味对"智"的趋向和理解,知识的理性内涵并未得到应有的重视,有时甚至将知识本身视作一种点缀和悠闲的消遣。

此外,中国的科举制度虽然就其表面看来具有一定的"崇智"特点,但实质上绝不是一种全民性的健康的崇智主义机制的体现,它的主旨不在提高全民的知识素质,甚至将一些有为青年引向脱离生活的"八股"之类中去,起到了反智主义的危害作用。英国哲学大师、著名思想家伯特兰·罗素在比较中西文化、谈及中国古代的传统教育时指出:"中国教育创造了稳定和艺术;它不能创造进步和科学……中国的文明局限于为数很小的一部分受过教育的人,而希腊的文明是建筑在奴隶制的基础上的。由于这些原因,传统的中国教育不能适应现代社会的发展……"[1] 罗素对旧时代的中国教育的批判是不无道理的。在近代,当走家串户的犹太人到处游动而不断接触新的社会思想、感受资本主义文明的迅速发展,因而能够适时地抛却蒙昧、保守,汇入现代文明的发展时,中国却在封建主义的闭关锁国中沉湎于固步自封和愚昧无知,甚至有的封建帝王将愚民政策作为一种国策,以不惜牺牲全民族的利益来达到维护其统治的目的。五四时期有识之士呼唤科学与民主,可惜的是封建主义、蒙昧主义积重难返,并未能很快实现全民族科学意识的觉醒。当西方世界以"加速的冲力"飞速发展时,中国的科学事业已被远远地抛到了后面。

知识的价值观不同,必然会导致知识分子社会文化处境的不同。在古代犹太文化中,从希伯来先知到犹太教拉比都具有极高的威望,不仅如此,凡是有知识者,均会受到人们的普遍尊敬,知识人是社会阶层中光彩夺目的社会形象。中国传统中同样有对书香门第的称颂,但那往往与其说是对知识和知识人的称颂,不如说是对书香家庭伦理道德境界的称颂,而且总的说来,文人的形象是缺乏光彩的,"馊先生寡大夫"是中国百姓对一般知识人的典型评价。在现代,鲁迅先生塑造的孔乙己可以说是惟妙惟肖的旧文人经典形象。中国知识人形象的铸就,有着极关键的经济因素的作用。知识人未能在社会中得到较高的经济地位,长期以来处于知识富裕、经济

---

[1] 罗素:《教育与美好生活》,《中国人的性格》,王正平译,中国工人出版社,第70页。

贫乏的"倒挂"状态。当然，造成这一现象的社会原因是复杂多样的，既有文化传统、价值观、社会风气等方面的问题，也有来自知识分子自身的种种复杂问题。当前，中国人民已经开始矫正关于知识和知识人的传统偏见，新的崇智思想正在形成之中，知识和知识人应有的价值和地位在知识经济来临的时代正在得到逐步实现，这亦是社会历史发展之必然。

第十五章 《圣经》言语论与犹太人的语言意识

第一节 巴别塔的倒塌

犹太教重建主义哲学体系的创立者并因此而被视为几代犹太人精神领袖的著名学者摩迪凯·开普兰在其经典性的学术巨著《犹太教：一种文明》中，专门论述了犹太人的语言问题。他认为："语言是一种文明的显著的独特标志。一种共同的语言赋予一个民族以个性，这一点似乎在很早的年代里就已经为人们所认可。在《圣经》的传统中，据说'雅赫维'（YHWH）就是通过弄乱了人们的语言而把人类这个统一体划分成了各个不同的民族。"[①]

犹太人的确在《圣经》时代就已生成了一种强烈的语言意识，并对语言问题进行了深入的思考。《创世记》中，犹太人的先祖以一个著名的巴别塔倒塌的故事呈现了他们对人类语言混乱的自觉，只不过这种自觉如同犹太人关于世界的其他认知一样也被纳入了上帝神学的学说框架之中。《创世记》说：

> 那时，天下人的口音言语都是一样。他们往东边迁移的时候，在示拿地遇见一片平原，就住在那里。他们彼此商量说："来吧，我们要作砖，把砖烧透了。"他们就拿砖当石头，又拿石漆当灰泥。他们说："来吧，我们要建造一座城和一座塔，塔顶通天，为要传扬我们的名，免得我们分散在全地上。"耶和华降临，要看看世人所建造的城和塔。
> 耶和华说："看哪！他们成为一样的人民，都是一样的言语，如今

---

① 摩迪凯·开普兰:《犹太教：一种文明》，第219页。

既作起这事来，以后他们所要作的事，就没有不成就的了。我们下去，在那里变乱他们的口音，使他们的言语彼此不通。"于是，耶和华使他们从那里分散在全地上，他们就停工不造那城了。因为耶和华在那里变乱天下人的言语，使众人分散在全地上，所以那城名叫巴别（就是"变乱"的意思）。①

这个著名的神话虽然运用的是神学思维，但实际上表现了其时人们对"语言"问题的思考。在巴别塔的故事里呈现了这样几个"事实"：一、人类的语言原本是一样的（"他们成为一样的人民，都是一样的言语"），这是缘于上帝一神教、单种论的原因，世人都是"上帝的孩子"；二、人类意欲造一座塔（塔顶通天），目的是"要传我们的名，免得我们分散在全地上"——但此事引起了上帝的不快，因为在上帝看来，如果这事也做成了，以后就没有不成的事了；三、因为上帝的不悦，他便变乱了天下人的言语，造成了天下人的言语不一样的事实；四、由于言语的变化，人们便"分散在全地上，他们就停工不造那城了"。

这个简短的巴别塔的故事，融进了早期犹太人关于上帝与人、人与人（"彼此言语不通"）等诸多层面的重要论题，其中尤以"言语"为标识，为关键。"言语"在这里被犹太人界定为上帝管制人类的关键媒质，即通过变乱其言语，使其停工并分散在全地上；"言语"的变乱使人成为各种不同族类的人，因而言语成为不同族类的基本标识。《圣经》的这一"言语论"不仅是深刻的，还十分明确地表现了犹太人的先祖作为游牧部落在迁徙不定的生活中所遇到的语言困惑，而"那时，天下人的口音言语都是一样的"则相当强烈地体现了古代犹太人对语言沟通的内在渴望。

卡西尔在其名著《语言与艺术》中早就指出："语言和艺术可能被认为是我们人类一切活动的两个不相同的焦点。我们对它们似乎比对别的事情更熟悉。语言从我们生命伊始，意识初来，就围绕着我们，它与我们智力发展的每一步紧依为伴。语言犹如我们思想和情感、知觉和概念得以生存的精神空气。在此之外，我们就不能呼吸。艺术看起来被限定在较为狭窄的范围内。"②对于犹太民族而言，语言的问题尤其成为其民族情感和民族

---

① 《创世记》11：1—9。
② 恩斯特·卡西尔:《语言与神话》，于晓译，生活·读书·新知三联书店1988年版，第127页。

文化中的焦点性要素,"巴别塔的倒塌"及由此而形象化地表征出的《圣经》言语观,则昭示了犹太人对语言问题非同凡响的自觉。

第二节　犹太人的语言意识及意义

　　语言问题在犹太文化的历史演进中是一个极为突出、尖锐的问题。一方面,犹太人素有"语言专家"的美称,因为犹太人伴随着漫长的流散历史形成了掌握多种语言的特殊能力和使用多种语言的文化传统。在犹太人中,能操作运用两种或两种以上语言者并不少见,国外不少学者在研究犹太人的商业成就特别是犹太人的学术成就时,都往往把犹太人的语言天赋视作一种特殊的"机动能力",视作犹太人成功的一种重要机制。事实也确是如此,在哲人们看来,就像卡尔·克劳斯所认为的那样,"语言是发现思想之泉的神杖"[①],其实语言不仅是发现和达到智慧的工具,同时也是一种智慧的流溢。但这只是问题的一个方面,对于犹太人而言,另一个不容忽视的重要方面在于犹太人的这种语言现象又在其文化心理深层为犹太人带来了无尽的精神折磨和思想困惑。这倒不仅因为语言丰富的本身也意味着一种对语言不信任的加深,更因为犹太人在运用各种语言的天赋和传统中,在其民族母语的丧失、变异中,既破坏了一个民族正常、稳定的语言体系,也由此进一步影响和破坏了他们的文化心理结构。

　　如果说语言变乱的困惑对人类是普遍而共同的,那么对犹太人而言,语言变乱的困惑便不再是人类交际和文化生活中的一般的沟通与表达意义上的困惑,而是围绕着母语的丧失与变异、对异族语言的吸收与采借以及由此而导致的文化深层的本质困惑。在语言学家们看来,"这是一个众所周知的事实:民族最突出的特征就是它的语言。光从外部的记号来看,人们往往不能辨认一个人是从哪个地区来的,更无从知道他的经济利益或思想方法。但是只要他一张口说话,人们就能知道,他是哪一个民族的。同时,语言也许是民族最稳定的特征。人们很少能够随意决定把它改变"[②]。但犹太民族正是在民族文化中具有突出意义的语言问题上发生了与一般语言一

[①] 约瑟夫·布罗茨基:《从彼得堡到斯德哥尔摩》,王希苏等译,漓江出版社1990年版,第574页。

[②] A.格拉乌尔:《关于统一的民族语言》,《国外语言学论文选译》,芩麒祥译,语文出版社1992年版,第94页。

文化规则有所抵牾的诸种变异，而在犹太人的语言变异中，犹太民族的文化困惑与特征又得到了至为集中的体现。

在犹太民族的语言史上，民族母语的变异与固守构成了犹太民族语言发展的基本特征。在流散时期以前，犹太人相对稳定地使用着犹太人的民族母语希伯来语，此期犹太民族的语言基本上处于较为稳定的"母语时期"。希伯来语是犹太人在其先祖亚伯拉罕率领族人进入迦南后，吸取了迦南方言等的语言要素和影响而形成的一种民族语言，它属闪米特语的西北支派，有时亦被划为迦南语，在读音、拼写等语言要素上与当地的一些语言（如亚兰语，亦称阿拉米语）有很多相似之处，比如计有22个辅音字母、书写格式从右到左、无大小写之分，等等。希伯来《圣经》主要就是用希伯来文撰写的。从被掳于巴比伦到纪元前后，随着犹太人被囚、被逐，希伯来文化愈发衰落，官方的亚兰文不仅深刻地影响和改变着希伯来文，到后来甚至取代了希伯来文，致使犹太人改用亚兰文。公元2世纪末，伴随着犹太教的经典文献《密西拿》（Mishna）的形成，希伯来文在书面写作中有所回复，形成了拉比希伯来语，但这种拉比希伯来语已远非在日常生活中可以通用的语言，它只是在特定的宗教活动中才被运用。虽然如此，拉比希伯来语的出现十分清楚地表明了犹太人在宗教生活领域对希伯来民族母语的坚强固守。[1]

随着犹太人对异质文化的接触特别是在流散地生活的深入，犹太民族的语言也开始发生巨大的变异。一种有代表性的倾向是将犹太人的民族母语希伯来语与居住地语言杂糅结合，从而生成一种兼具希伯来语与居住地语言双重要素的新的犹太语言，如犹太—阿拉米语、犹太—阿拉伯语、犹太—希腊语、犹太—贝尔伯语、犹太—波斯语、犹太—西班牙语、犹太—葡萄牙语等等。当然，由于各居住地犹太人自身的语言条件及语言环境等方面的差异，各居住地犹太人所形成和使用的犹太"方言"在融合希伯来母语与居住地语言的方式、程度上亦不尽相同。在欧洲犹太人中，使用最广的犹太语言则是意第绪语（Yiddish），它主要是由希伯来语、德语和斯拉夫语混合后生成的一种欧洲犹太人语言。意第绪语采用希伯来字母拼写，语法结构接近于日耳曼方言，它的词汇来源更加丰富多样，约有近20%源于希伯来语，70%源于德语、俄语、波兰语、乌克兰语、罗马尼亚语，还

---

[1] 参见雷立柏（Leopold Leeb）：《圣经的语言与思想》，宗教文化出版社2000年版。

有少量源于拉丁语、法语等。意第绪语最初主要流行于中欧和东欧的犹太人中，欧洲犹太人移居美洲、以色列后，在美洲、以色列等地亦有不少犹太人操用意第绪语。由犹太人的希伯来母语与各居住地语言杂糅结合的犹太语言，在对居住地语言进行了若干采借的同时，仍然多多少少地保留了一定的母语要素，但对于纯正的希伯来语来说，这些语言无疑是发生了相当的变异，有的变异程度还甚大，成为"另一种语言"。所以，阿米凯·开普兰曾明确指出，犹太人（犹太教）在历史上实际上是使用了"双重语言"、"两种语言"：

> 为了了解语言在犹太教的历史上所起的作用，我们必须时刻牢记，自公元前5世纪以来，犹太教并不是像大多数的文明一样，使用一种单一语言，而是双重语言。它不是用一种语言来赋予自身独特的个性，而始终使用两种语言。因此，后来，在发展希伯来语的同时，还出现了各种阿拉米语、波斯语、阿拉伯语、埃塞俄比亚语、西班牙语和德语的犹太方言。这些方言不仅包含了大量的希伯来语单词和习语，并且还用希伯来文的字体书写。每一种这一类的方言无不染上了犹太人的其他社会遗产的浓重色彩，所以将之分离出去就成为强烈抗议的最佳借口，并且就仿佛是一旦把它丢弃了，犹太教中的根本因素就会随之牺牲掉一般。对于那些来自东欧地区、同时又没有受到过西方文明影响的犹太人来说，他们几乎难以相信一个不懂意第绪语的人竟然会是一位"真正的"犹太人。[①]

"双重语言"现象成为犹太历史上的一种奇特现象，它既表征了与犹太传统的联系，又隐含了对"母语"本源的变异。

对于希伯来母语而言，较之上述杂糅性的"犹太方言"更具变异意义的则是散居中的犹太人对希伯来母语和各种杂糅性犹太语言的拒绝和摆脱，亦即对各居住地语言的完全采借和运用，这在近现代社会的犹太人中是一种较为普遍的现象，许多犹太人随着对居住地生活的深入和对传统文化的远离，逐渐改用了英语、法语、德语、西班牙语、俄语等外族语言，仅从外在交际的语言特征上，已难以像语言文化学家所认为的那样可以轻易标

[①] 摩迪凯·开普兰:《犹太教：一种文明》，第222—223页。

示出其民族身份。这里大致有两种情况：一是使用居住地语言时，还能同时保持使用犹太性语言（如意第绪语等）的习惯，往往是在外使用居住地的"外语"，在家使用犹太人自己的"家语"；二是无论居家外出，均完全改用了居住地语言，这往往发生在移民时间较长、文化同化程度较高的犹太移民后裔中。这两种情况无论哪一种，都深刻地标示了在犹太人中普遍存在着的远离民族语言的倾向。

历史地看，在犹太人的民族母语发生诸种变异的同时，犹太人始终没有放弃对其民族母语的固守努力，拉比希伯来语的出现是犹太人力图保持和回复希伯来语的一种典型例证。在流散地，犹太人将希伯来语同各居住地语言融合创造的各种杂糅性犹太语言虽然已难以与希伯来母语同日而语，但在很大程度上由于这些语言努力吸取和保留了希伯来语的若干语言特征，故仍可将其视作对希伯来母语的一种固守努力。但从严格意义上讲，希伯来语并未在书面及口语两方面得到始终完好的延续、保持，并未作为一种恒定和普及性的民族语言在历史上的犹太人中得到普遍性的运用，实际上在不少语言学家看来，希伯来语在相当长的时期里是处于"死亡"或"半死亡"的状态。前述拉比希伯来语及杂糅性犹太语言并未真正实现对希伯来母语的完好固守，到19世纪随着犹太复国主义运动的兴起和大批犹太人陆续返回巴勒斯坦，恢复统一的民族语言——希伯来语——便被一些犹太学者和社会活动家提到十分紧迫的日程上来，并被作为"重建犹太国"这一庞大政治—文化工程的一部分。从俄国返回巴勒斯坦的埃利泽·本·耶胡达（Eliezer Ben Jehudah，1858—1922）在此方面做出了杰出贡献。耶胡达等以密西拿希伯来语为基础整理出现代希伯来语的基本句法，并根据社会文化的发展，在借用外来语的基础上创造了大量新的希伯来词语，编辑了《新希伯来语词典》，这些都为复活和推广希伯来语打下了必要而坚实的基础。在耶胡达等人的极力推动下，"死去千余年"的希伯来语在巴勒斯坦犹太人中竟然得以复活，这被世界语言学界视为一大奇迹。可以说，这一奇迹的出现并不是一个单纯的语言问题，在语言复活的背后实则蕴涵了锡安运动的文化内涵。不难看出，希伯来语对犹太精神和犹太文化延续而言，是一种不可或缺的资源要素。"作为一种文明的犹太教在它根据历史的需要而发展形成的两种语言中，希伯来语是更加不可缺少的一种。首先，它为历史上的连续性和当前的凝聚力提供了丰富的内容。在斐洛时代，生活在埃及的犹太人超过了100万。尽管一连串的迫害、屠杀，并强迫皈依基督教，后来又强迫皈依伊斯兰教，但是，如果这些犹太人没有完全丢弃了希伯来语，或者不是一味地自得于翻译自己的文学遗产的话，这部分残余很有可能会存活下来。他们对于犹太教的教义和制度的狂热已经为他们身后留下的大量作品，以及他们努力争取自己身边的异教徒群众改教的行为所证实。然而，他们却完全彻底地销声匿迹了，这只是因为他们缺少了犹太文明中的一个最根本的因素——希伯来语。希伯来语的再生是一个现代的精神奇迹。作为一种母语，在沉寂了数千年之后，仅仅靠一小撮热衷此道者在那里不慌不忙地喧嚷一番，便又在生活中冒了出来，这几乎是令人难以置信的。"[1] 目前，希伯来文不仅成为以色列国的官方语言，而且亦被视作世界上有影响的语种之一。在美国，希伯来语早已被美国大学委员会认可为大学入学外国语测试的语种之一，其他得到认可的作为美国大学入学外语测试的语种为德文、法文、西班牙文、阿拉伯文、日文、中文。

  希伯来语在以色列的恢复和复活，并未从根本上改变犹太民族业已形成的语言史实及语言现状，这除了由于现代希伯来语的复兴开始于19世纪末到20世纪初和基本局限于以色列本土以外，更主要的是由于犹太民族几千年来在散居的历史生活中业已形成的民族母语的变异历史及相应的语言—文化结构并未由此而改变。在这个意义上，现代希伯来语的出现在犹太民族的语言史上，仅是对民族母语变异的一种抗拒和回复。历史地看，这非但没能由此改变犹太民族母语变异的历史和消解犹太民族的语言困惑，反而相当深刻地揭示和表征了犹太民族强烈的语言意识和语言困惑。犹太民族母语的变异与固守及两者之间的矛盾对立，在犹太文化的整体结构中既是一种既成的事实，也是一种现存并将继续下去的文化事实。犹太民族从中生发出的强烈的语言意识不仅是对犹太民族特殊的语言史实和语言困惑的自觉，也是一种深刻的文化自觉。

  在犹太人的语言意识中，犹太人的语言困惑同时也是一种深刻的文化困惑，犹太人民族母语的变异业已隐含着民族文化内涵的变异，在犹太人的语言分化中，犹太民族的文化整体无疑也发生着相应的分化。当然，民族文化的分化亦将反过来进一步促使犹太人的语言分化，因为在语言与文化之间潜存着的是一种双向互动的有机关联。

  关于语言与文化的内在关系是现代民族语言学研究的中心课题，学术

---

[1] 摩迪凯·开普兰：《犹太教：一种文明》，第223页。

界提出了若干较为深刻的理论学说,特别是美国语言学先驱爱德华·萨丕尔(Edward Sapir,1884—1939)和他的学生本杰明·李·沃尔夫(Benjamin Lee Whorf,1897—1941)提出的萨丕尔—沃尔夫假说(The Sapir-Whorf Hypothesis)对不同语言语义体系的差别及其与文化的关系等提出了较为深入的解说。按照萨丕尔—沃尔夫假说的基本原理,不同的语言在分割和组织经验时采用了不同的方式方法,从而决定和呈现了不同的世界图式。这表明,在不同语言体系之间存在着的不仅仅是作为"工具"的语言差异,同时也是一种思想方式乃至对世界的理解的差异,这就像德国19世纪著名思想家洪堡特(W. von Humboldt)所指出的那样:"每一语言都包含着一种独特的世界观。"[1] 在一种既成的语言结构体系中,它不仅积淀了一个民族对世界的传统认知方式,在一定程度上也是积淀了一个民族对世界的传统认知内容,即在一种民族语言中,蕴涵了这个民族特定的文化精神。因而当人们用一种崭新的异族语言试图表述其对世界的理解时,势必割断和改变了人们理解世界的原有传统;当用一种崭新的异族语言去表现既有的经验、传统时,便会在语言和经验、语言与传统之间产生诸种错位和脱节,也可以说是无法实现正常的语言与文化的"接轨"。所以在犹太文化中,民族母语的变异亦意味着民族文化的变异,犹太人语言的分化实际是其民族文化分化的一个深刻的标识。

其实希伯来《圣经》早曾对语言中的民族因素、语言与民族特性的关系问题给予过高度的关注,在《圣经》有关语言的陈述中,不难发现隐约存在着的关于语言与民族特性关系的思考,《诗篇》唱道:"以色列出了埃及,雅各离开说异言之民。"[2] 这里将异族人的主要标识界定为"说异言";上帝在警告以色列人时也说:"以色列家啊,我必使一国的民从远方来攻击你,是强盛的国,是从古而有的国。他们的言语你不晓得,他们的话你不明白。"[3]《圣经》在这里对言语问题的强调绝不是偶然和无意的。

散居中的犹太人由于生活在异族语言的文化环境中,因而对民族语言与民族传统、文化精神不可分割的紧密联系有着更为切身的感受,在犹太人看来,犹太人的民族语言是犹太历史和犹太精神及其文化传统的一部分,

---

[1] 卡尔·威廉·冯·洪堡特:《论人类语言结构的差异及其对人类精神发展的影响》,伍铁平等译,见胡明扬编:《西方语言学名著选读》,中国人民大学出版社1988年版,第45页。

[2]《诗篇》114:1。

[3]《耶利米书》5:15。

即使是像意第绪语这种杂合了一定异族语言要素的新语种，在犹太人看来由于意第绪语对犹太民族母语的继承，由于意第绪语本身已成为犹太历史的一种典型证明，因而意第绪语已不再是一种纯粹的语言，而是一种历史和一种文化。犹太作家艾·巴·辛格坚持使用意第绪语而拒不使用异族语言，清楚地表明了他对犹太传统的固守和对犹太文化的维护，这种固守和维护在辛格看来显然不是语言形式上的，而是文化内涵上的。他在获得诺贝尔文学奖时所做的《受奖演说》中明确指出："对我来说，意第绪语与说这种语言的人们的行为是等同的。""人们不难发现，在意第绪语言以及意第绪精神之中，有这样的一些表达方法，表达了虔诚之乐，对生活的向往和对救世主、耐性及个性崇尚的渴望。意第绪语有一种淡淡的幽默，对每一天的生活、每一点的成功和每一分的爱意都有一片感激之情。"辛格在论及意第绪语的现状时说："意第绪语仍未枯竭。它蕴藏着尚未挖掘出来的奇珍异宝。"[①] 当有记者问及辛格"你认为意第绪语有任何前途吗？或者说你是否认为不久它就会成为一种完全死去的语言？"时，辛格明确答道："它不会成为一种死的语言，原因是意第绪语与6000年的犹太历史紧密相连……十分重要的犹太历史。"[②] 在辛格看来，意第绪语作为犹太历史的一部分，它的生命将与犹太历史共存。事实上，意第绪语也已成为犹太传统的一部分，"在耶路撒冷的那些极端正统派犹太人中间，用希伯来语代替意第绪语的做法招致了强烈的不满，这并不仅仅是因为这样使用希伯来语过于俗气，而且还因为放弃使用意第绪语被看成是一种对真正的犹太教精神的'异化'"[③]。

在犹太人强烈的语言意识中，保持母语的主观意向与母语变异、丧失的客观现实构成了一个深刻的文化悖论。一方面，语言作为文化精神和文化传统的一部分，文化惯力会使之在犹太人的现世生活中得到正常的保持和延续，作为犹太文化负载者的犹太人有着对民族语言的天然固守取向；另一方面，由于现实的实际需要，生活在异族语言环境中的犹太人又不得不以各种特定的方式借用或改用异族语言，从而也是在以各种特定的方式实践着对母语的变异和远离。这种语言意向与语言实践上的矛盾两难，在

[①] 艾·巴·辛格:《受奖演说》，见《魔术师·原野王》，陆煜泰等译，漓江出版社1992年版，第488页。

[②] 《诺贝尔文学奖获奖作家谈创作》，第474页。

[③] 摩迪凯·开普兰:《犹太教：一种文明》，第223页。

犹太人的文化心理深处事实上造成了强烈的异化感——自我文化身份的异化以及犹太个体与犹太文化整体关系的脱节和异化。在这个意义上也可以说，任何一个民族语言变异的实践者同时也都是一个文化异化的实践者。

卡夫卡生活在奥匈帝国统治下的布拉格，使用德语创作，这在卡夫卡的心灵深处成为一个巨大的梦魇。美国评论家伯尔特·那格尔对此曾有深刻、精彩的分析：

> 人们惊讶地发现，尽管卡夫卡的德语被誉为当时"最纯正的德语"，但他从来不觉得，德语是他的"家乡语言"。他不胜遗憾地发现，由于使用德语，家庭成员之间的关系疏远了，特别是，德语给他和妈妈的关系蒙上了一层阴影。正是因为使用了德语，他没有像一个孩子应该做的那样，去热爱自己的妈妈。在他看来，把德语中的"妈妈"一词用到一个犹太妈妈身上，这是不适宜的，因为，这个德语词不能确切地表达出犹太妈妈的含义。一个居住在中欧的犹太人，如果把德语当成自己的母语，那么，他就歪曲了自己同犹太民族的关系……

卡夫卡从他使用德语的切身体验中感受到他与母亲、与犹太之根之间的关系被歪曲了，他从采用德语中体验到了一种"改换母亲"式的痛苦。不仅如此，他从对德语的使用中甚至还发现了自我存在的危机，"在他那里，德语所表示的意思与被表示的事物之间的关系扭曲了，因此，他的思维也变形了。首先，他的言谈偏离了常规，接着，他的思维也紊乱了，他的思想疏远了情感，他成了自己的陌生人"[①]。卡夫卡的这种以文化异化、自我异化为内涵特征的语言困惑和语言意识，无疑体现了一种深刻的文化自觉。卡夫卡在成年后曾开始努力学习希伯来语，显然这并非一个简单的语言问题，而是一种理顺自己与犹太"母亲"关系的努力，是一种企图消解语言困惑和文化困惑的努力。生活在西方世界、操用非犹太语言的犹太人，应该说都有着与卡夫卡类似的困惑和感受。

现代社会以来，犹太人做了诸种试图消解语言困惑的努力，这不仅反映了语言困惑给犹太人带来的文化异化、文化隔绝的程度，也从一个特定

---

① 克劳斯·瓦根巴赫：《卡夫卡传》，周见明译，北京十月文艺出版社1988年版，第263—264页。

的侧面进一步表现了犹太人语言意识的深层内涵。在犹太人试图消解语言困惑的努力中,柴门霍夫对世界语的创造是有典型代表意义的。拉扎洛斯·路德维科·柴门霍夫(Lazarus Ludwik Zamenhof,1859—1917)博士是一位波兰犹太裔眼科医生,他诞生在波兰东北部的别里斯托克镇,该镇地处波兰与白俄罗斯交界处,多种民族在此生活,其中犹太人占较大比例。在沙俄统治下,该地区民族间的争斗、不和十分频繁。作为犹太人,柴门霍夫自童年时期就对种族矛盾和种族歧视有着切身感受,他说:

> 人们教育我要有理想,人们宣扬所有的人都是兄弟,但就在此同时,在街上,在院子里,在每一寸地方上,一切都使我感觉到,人类并不存在;存在的只有俄罗斯人、波兰人、德国人、犹太人,等等。这现象强烈地折磨我幼小的灵魂……所以我也多次对我自己说,将来我长大成人以后,我一定得消除这种不良的现象。①

柴门霍夫自幼便感受到的种族纷争和矛盾,特别是犹太人与异族之间的语言隔绝及其带来的痛苦,是柴门霍夫立意消除人类语言障碍、创立世界语的深层动因。柴门霍夫在综合多种语言要素的基础上,于1887年正式创立和公布了世界语(Esperanto)方案《第一书》。此后在柴门霍夫及其他世界语推广者的推动、传播下,世界语为越来越多的人所了解和掌握。在柴门霍夫创立 Esperanto 的前后,尚有人创立了世界语的其他一些方案,如 Volapük、Ido、Interlingua、Novial 等,但均没有 Esperanto 的影响大。现在,柴门霍夫创立的 Esperanto 已成为世界上最有影响的人造语言。柴门霍夫为世界语的创立作出了不朽的贡献,但可悲的是,他的努力并未实现他以语言的沟通来消除民族隔阂的神圣初衷,甚至在他死后,作为犹太人他也只能被埋葬在犹太墓地。柴门霍夫死后世界语在世界上虽然有了长足的发展,但《圣经》中"天下人的言语都一样"的理想并未实现。

历史地看,迄今为止世界犹太人的语言困惑不仅未能完全释解,而且还作为一种传统性、民族性的语言意识固着在犹太文化的历史发展之中。在以色列本土,一方面犹太移民源源不断地从世界各地汇聚而来,"言语变乱"的事实有时可以说是有增无减;另一方面,希伯来语虽然得到了复活

---

① 叶君健:《在世界语一百周年的时候》,《外国语》1988年第2期,第35页。

并在以色列居民中得到有效的推广、普及，但这种古老的、曾经专门用以祈颂上帝、诵读经文的神圣语言，在表达诸如飞机、导弹、核战这类现代词汇时，它所引起的语言—心理变异显然是深刻和尖锐的。在以色列本土以外，各异质文化居住地的犹太人有的入乡随俗，已完全采用居住地语言，这对犹太文化的一贯发展显然是不利的，它所带来的文化变异亦不言而喻；另一种有代表性的倾向是对无以回避的语言难题进行适当的调适，调适的方法如前所述是双语并用，即在与居住地社会进行沟通时采用居住地语言，在犹太环境中（家庭、会堂等）采用犹太人的语言，这样既能保持与居住地社会的有效联系，又能保持作为犹太文化一部分的犹太语言的正常沿用。对一些犹太学者和社团领袖来说，他们更倾向于继续保持民族语言和居住地语言并用的局面，而不希望完全改用居住地语言。[1] 但即使这样，双语并用从统一文化特性的角度来看也并非一个理想的语言范式，因为在"双语"的背后亦隐藏着文化身份的多重并存，多重文化身份的统一、调和仍是一个复杂、艰难有时也是极其痛苦的文化过程和文化体验，但这正与犹太人和犹太文化的本质属性吻合。

语言作为人类交际的基本媒介，作为构建人类生活的一种基本工具，作为文化的一种基本构成，在具有特殊历史的犹太人的生活中更居于十分尖锐的地位。强烈的语言困惑和语言意识作为犹太人的文化遗产传递下来，使得犹太人对语言问题有着特殊的敏感，有的犹太人甚至还将语言问题归结为文化活动中的一种重要动力。诗人布罗茨基在回答记者提问是什么驱使他进入写作时曾说："'驱策'你进入诗歌或文学的是语言，是你的语感，而不是你个人的哲学或政治，甚至不是创作冲动，或青春。"记者又问："倘若你制造宇宙结构模型，你将把语言置于最顶端了？"布罗茨基作了肯定的回答："语言不是小事，不可小看。"[2] 布罗茨基作为一名流亡的犹太裔诗人，在这里他将他的个人磨难、民族情感都归结在"语言"、"语感"上，是颇为耐人深思的。

同时，我们还发现，犹太人在承受着语言困惑、表现出强烈语言意识的同时，又以各种方式享用着突出的语言能力。在这里，语言不仅仅是一种交际的媒介和传播的工具，更是一种思想的方法，一种认知和把握世界

---

[1] Paul R. Mendes-Flohr and Jehuda Reinharz, ed., *The Jew in the Modern World*, p.390.
[2] 见约瑟夫·布罗茨基：《从彼得堡到斯德哥尔摩》，第 561 页。

的渠道。瑞典皇家学院在关于布罗茨基获得诺贝尔文学奖的授奖词中曾这样讲道："对于他来说俄语和英语是观察世界的两种方法。他说过，掌握这两种语言有如坐上存在主义的山巅，可以静观两侧的斜坡，俯视人类发展的两种倾向。东西方兼容的背景为他提供了异常丰富的题材和多样化的观察方法。"[1] 不仅在文学领域，在哲学、社会科学、自然科学诸领域，犹太人在呈现各种创造现象时其特殊的语言能力无疑起到了重要作用。对于犹太人而言，特殊语言能力的获得是否又可以看作是对其千百年来语言困惑、语言折磨的一种补偿呢？

赫拉克利特曾说："不要听从我，而要听从逻各斯。"[2] 在这里，逻各斯（the Word）以大写的 Word 表示，十分明显地兼有词语的意思，也与太初有道的"道"（the Word）有着内在的联系；在希伯来《圣经》中，上帝之道创造了万物，通过上帝的命名分出了天地、昼夜也就是分出了空间、时间，上帝之道同时也被认为是智慧的源泉。但需要强调指出的是，一般的"道"（或逻各斯）与上帝的道在创造世界、启示智慧的同时，也为世界创造了无尽的困惑与痛苦，特别是进入现代社会以来，语言的困惑更成为哲学、文化领域中的一个带有本质性的艰难命题。在有的学者看来，语言其实总是在戏弄人的心智；[3] 语言不可能准确传达出人对世界的感知："确实有不能讲述的东西。这是自己表明出来的；这就是神秘的东西"，"一个人对于不能谈的事情就应当沉默"[4]。甚至有人认为不是人类支配着语言，而是语言支配着人类，等等。诸如此类对语言问题的反思表明了语言问题在人类生活中的尖锐地位，表明了语言问题蕴涵着的突出矛盾和困惑。

在现当代西方学者对语言问题的关注中，胡塞尔、卡西尔、维特根斯坦、斯泰恩等犹太哲人的思考占有突出的地位，这也许与犹太人传统性的、强烈的语言意识不无关系。因为如果说对于一般操用本民族语言的普通人而言语言的不透明、语言的困惑是单层次的话，那么对犹太人而言，由于其民族母语的变异、对异族语言的借用等则使得他们的语言困惑变成了一种双层的困惑，因而犹太人对语言问题可能有着更为敏锐、深刻的感知。

---

[1] 见约瑟夫·布罗茨基：《从彼得堡到斯德哥尔摩》，第 542 页。
[2] 恩斯特·卡西尔：《人论》，第 143—144 页。
[3] 恩斯特·卡西尔：《语言与神话》，第 33 页。
[4] 维特根斯坦：《逻辑哲学论》，郭英译，商务印书馆 1985 年版，第 97 页。

第四编

宗教观念与审美文化

第十六章　宗教话语中的美

第一节　《圣经》中的美与美的神圣性

在某种意义上，宗教是根本排斥美和审美的，因为上帝的神学概念作为统纳宗教话语的核心概念，不仅与理性的科学和哲学相对，也与非神学的艺术和美学相对，就像塔塔科维兹在论述基督教时所指出的那样，"忠诚、道德律令、爱的教义与永生的信念是基督教的基本精神，它无须科学与哲学，更没有美学"[①]。但在宗教学说的实际构建中，特别在诸如希伯来《圣经》这样的宗教文本中，美的问题不仅时有触及，而且得到了某种演绎和阐发，当然这种演绎和阐发常常是与宗教学说的推演交融在一起的。这里需要特别指出的是，在宗教话语中，美的概念及有关美的学说由于都是在宗教神学的框架背景下生发的，因而有关美和审美的思想也与非宗教话语中的美不尽相同。宗教话语中的美有其鲜明的特质属性，而在其特质属性中，则又蕴涵了特定的历史—文化内涵。

犹太教特别是犹太教的《圣经》文本有关美的阐发对我们理喻宗教话语中的美是有某种典型意义的，这不仅因为犹太《圣经》较为集中地将美置于宗教的话语中进行了某些深入的演绎，而且还因为犹太教作为世界上最早的一神教，它的某些神学思维和神学观念在世界宗教中是有某种代表意义的。基督教最为直接地继承了犹太教的诸多学说、观念和思想，尤其是直接借用了犹太《圣经》并将此作为基督教《圣经》的"旧约"部分，虽然就基督教的核心教义来说它与犹太教相比已有了很大的变化，甚至有了明显的矛盾抵牾之处，如它认为上帝与犹太人所订之约业已失效、上帝

[①]　沃拉德斯拉维·塔塔科维兹：《中世纪美学》，褚朔维等译，中国社会科学出版社1991年版，第4页。

已与其他民另立新约等等，但基督教的许多基本思想、思想方式乃至思想材料，都以不同的方式与犹太教保持着紧密的雷同联系。比较而言，伊斯兰教产生的年代更晚一些，但伊斯兰教的某些学说、观念，亦与犹太教有着明显的内在联系，譬如《古兰经》强调："你说：他是真主，是独一的主；真主是万物所仰赖的；他没有生产，也没有被生产；没有任何物可以做他的匹敌。"① 不难看出，这与犹太教对惟一神的坚持和犹太教上帝的"自在永存"在一定程度上性质是十分相似的。而且《古兰经》中的某些人物事典有时甚至是在一定程度上沿用了犹太《圣经》的内容，即使在人物名称上也表现出某种内在的隐秘联系，像犹太《圣经》中的"挪亚"（Noah）、"亚伯拉罕"（Abraham）、"摩西"（Moses）、"约瑟"（Joseph）、"所罗门"（Solomon）等在《古兰经》中则分别被译为"努海"（Nūh）、"易卜拉欣"（Ibrāhīm）、"穆萨"（Mūsā）、"优素福"（Yūsuf）、"素莱曼"（Sulaimān）等。② 从犹太教与基督教和伊斯兰教两大宗教的内在因缘和某些类似性特质来看，犹太教的若干特点包括犹太教及其《圣经》话语对美的演发对于理解一般宗教的特点无疑是有某种参喻意义的。

首先值得强调的是，在犹太教及其《圣经》中，美的概念确立的基点是以上帝为核心的有关神学观念和神学思想。犹太教自其初始宗教意识的萌发至宗教体系的形成，经历了一个复杂而漫长的时期，整个犹太《圣经》是古代犹太人千百年生活经验、思想观念的一种历史积淀。在犹太教及其《圣经》的沿革、形成中，上帝概念的确立及其演绎，以及诸如"选民说"、"契约说"等等神学观念，无疑成为犹太教和犹太《圣经》的核心观念和基本思想，因而《圣经》中的一切事项和资料，无不被统纳到神学的范畴和框架之中，一般的生活要素尚且如此，何况有关美的观念意识。所以《圣经》话语中美的概念内涵主要建基在神学的基石上，不仅上帝本身是"为善为美"的，而且与上帝有关的物质也往往都是美的，如上帝所造物之美、上帝命名之美、圣德之美、圣民之美、圣事之美，等等。

因此，在犹太教及其《圣经》话语中，美的概念首先表现出鲜明的神圣性内涵，换句话说，美在《圣经》话语中首先被界定为一种与上帝及其神学思想有关的品质构成，或被视作上帝神圣性的一种外延和外延表现。

---

① 《古兰经》，第486页。
② M.库克：《一神教的历史观》，见《穆罕默德》，周燮藩译，中国社会科学出版社1990年版，第45—51页。

《诗篇》对上帝唱道:"耶和华我的主啊,你的名在全地何其美!你将你的荣耀彰显于天。"① 这里,将上帝的名声本身视作为美的,其实也是将与此"名声"相符的内容、内涵视作为美的,或者说是将上帝及其神性视作为美的:"我们要赞美耶和华!因歌颂我的上帝为美,赞美的话是合宜的。"② 上帝与上帝的名之所以被视为美,其根源还在于上帝自身的内在属性:"他医好伤心的人,裹好他们的伤处。他数点星宿的数目,一一称它的名。我们的主为大,最有能力。他的智慧无法测度。耶和华扶持谦卑人,将恶人倾覆于地。你们要以感谢向耶和华歌唱,用琴向我们的上帝歌颂。他用云遮天,为地遮雨,使草生长山上。"③ 上帝有着如此的超凡大能,并与其神性品德相结合,因而上帝的大能与品德被称为"美德":"耶和华啊,你是从死门把我提拔起来的;求你怜恤我,看那恨我的人所加给我的苦难,好叫我述说你一切的美德。"④《诗篇》第 78 篇是亚萨的训诲诗,诗中唱道:

> 我的民哪,你们要留心听我的训诲,侧耳听我口中的话。我要开口说比喻,我要说出古时的谜语,是我所听见、所知道的,也是我们的祖宗告诉我们的。我们不将这些事向他们的子孙隐瞒,要将耶和华的美德和他的能力,并他奇妙的作为,述说给后代听。⑤

由此不难看出,美在这里被视为是由上帝自身的内涵而导致和衍生的一种品质属性,这种品质属性与"上帝"的神学观念保持着如此紧密的联系,以致神圣化特征成了美在《圣经》话语中的一种基本属性和基本特征。因而美成了上帝神性光圈中的一环,成了上帝神圣光圈的一种呈现。美的品性在这里从属于神圣的品性,同时也是对神圣品性的一种延展和补充。《诗篇》反复吟诵上帝的美德以及要将这种美德传诵下去的意愿,在很大程度上也可以说是欲借对上帝美德的传颂而使上帝神圣万能的品性得以传诵。

由于美在《圣经》话语中的神圣化特性,因此虽然不是所有与上帝相

---

① 《诗篇》8:1。
② 《诗篇》147:1。
③ 《诗篇》147:3—8。
④ 《诗篇》9:13—14。
⑤ 《诗篇》78:1—4。

关的事项都没视为美的，但被视为美的常常都是与上帝有关的。以色列人出埃及后进入迦南，他们渴望自己的家乡，有自己的领地，因而他们不仅把迦南视作上帝的恩赐，还将这块其实并不十分富饶的土地称为"流奶与蜜之地"（Land flowing with milk and honey）。《申命记》中多次将上帝所赐的地称为"美地"："他们手里拿着那地的果子下来，到我们那里，回报说'耶和华我们的上帝赐给我们的是美地'。"① 摩西诫他的民众说：

> 你要谨守耶和华你上帝的诫命，遵行他的道，敬畏他；因为耶和华你上帝领你进入美地，那地有河、有泉、有源，从山谷中流出水来。那地有小麦、大麦、葡萄树、无花果树、石榴树、橄榄树和蜜。你在那地不缺食物，一无所缺，那地的石头是铁，内可以挖铜。你吃得饱足，就要称颂耶和华你的上帝，因他将那美地赐给你了。②

这里将地称为"美地"，并非是因为地貌、地形等外表特征的美，甚至也主要不是因为此地有河、有泉、有源，有小麦、大麦、葡萄树、无花果树、石榴树等等——实际上迦南地并非中东地区的鱼米之乡，许多山地土质贫瘠、孤寂荒芜；而主要是因为此地由上帝所赐，是上帝馈赠其子民的生存之地，惟其与上帝有关，在《圣经》中它才被称为美的。在《圣经》中，对上帝的献祭也称为"美祭"："那时要将我所吩咐你们的燔祭、平安祭，十分取一之物，和手中的举祭，并向耶和华许愿献的一切美祭，都奉到耶和华你们神所选择要立为他名的居所。"③ 从《圣经》对"美地"、"美祭"的界定中不难看出，《圣经》话语中一种事物的美并不取决于事物的外貌、外表，而在很大程度上取决于这种事物是否与上帝有关——是否是上帝之美、上帝美德的一种流溢，或者是否完成了对上帝神性的某种体现和实现。Patrick Sherry 在其《精神与美》一书中对此也有详细论述。④

《圣经》话语中的美除了直接表现出鲜明的神学化特征外，还蕴藏着突出的伦理性内涵。据有关圣经学者的破解，《旧约》中希伯来文"美的"

---

① 《申命记》1：25。
② 《申命记》8：6—10。
③ 《申命记》12：11。
④ Patrick Sherry, *Spirit and Beauty: An Introduction to Theological Aesthetics*, Clarendon Press, Oxford, 1992, pp.59–78.

一词是一个广义的形容词,其中含有明显的道德性质,公元前3世纪亚历山大里亚的犹太学者将其翻译成希腊语"kalos"一词"并非毫无道理,因为这个词也是广义的,有许多意义上的微小差别,它不仅指审美的美,也指伦理的美。一般来说是指值得赞赏和可以产生愉悦的任何对象"[1]。当然,在《圣经》中显然并不是所有的对象都是可以使人愉悦的,值得赞赏和可以产生愉悦的对象除了某些神性化要素外,具有突出的伦理价值的对象在《圣经》中也被界定为具有美的性质。所以《圣经》常将"美"与"善"相提并论,有时常常以"美善"合用来表述对事物的称颂:"论到世上的圣民,他们又美又善,是我最喜悦的";"你们要尝尝主恩的滋味,便知道他是美善,投靠他的人有福了!""看啊,弟兄和睦同居,是何等地善,何等地美!""你们要赞美耶和华!因歌颂我们的上帝为善为美,赞美的话是合宜的"。[2] 在这里,有关"善"的伦理判断是与"美"的审美判断叠合在一起的。

在犹太《圣经》中我们随处可以发现诸种戒规,据统计一部犹太《圣经》包括613种戒律,其中肯定性的有248条,否定性的有365条,最有代表性的当为摩西十诫:除了耶和华以外,不可有别的神;不可为自己雕刻偶像;不可妄称耶和华上帝的名;当照耶和华所吩咐的,守安息日为圣日;当照耶和华所吩咐的孝敬父母;不可杀人;不可奸淫;不可偷盗;不可作假见证陷害人;不可贪恋别人的妻子和财产。以摩西十诫为例不难看出,这些戒规往往是将神学性戒规与伦理戒规结合在一起,而又同样以耶和华上帝的律例、戒命的形式呈现出来。如果说伦理的判断与神学的判断在这里是统一叠合的,那么基于前述有关美的神圣性特征及伦理判断与审美判断一致性的分析,我们完全可以这样说,在《圣经》话语中,神学判断、伦理判断和美感判断有着深刻的内在统一性。如果说神圣化的美是以美的方式体现了对人的神学信仰的规范的话,那么伦理的美则体现了《圣经》对人的道德价值的导引,而这两者是紧密结合在一起的。

因此,以《圣经》的观点来看,恪守上帝的律例和戒命——无论是神学的还是伦理道德的,就是在遵循美,而恪守所得的报偿,不是一般的福分,而是一种"美福":"耶和华啊,王必因你的能力欢喜;因你的救恩,

---

[1] 沃拉德斯拉维·塔塔科维兹:《中世纪美学》,第9页。
[2] 《诗篇》16: 3; 34: 8; 133: 1; 147: 1。

他的快乐何其大！他心里所愿的，你已经赐给他；他嘴唇所求的，你未尝不应允。你以美福迎接他，把精金的冠冕戴在他头上。"大卫的诗还对主唱道："你所拣选、使他亲近你，住在你院中的，这人便为有福。我们必因你居所、你圣殿的美福知足了。"① 这里之所以将福称为"美福"，一方面是因为此福与上帝有关，为上帝所赐，另一方面则因为得享美福者多行善举，多行上帝所悦之事——归根到底，福被修饰为美的，完全取决于福的内涵和性质。

不难看出，在《圣经》话语中，美与上帝的神性，美与人对上帝神性的仰慕以及与"善"等伦理要素有着直接的联系，由此也可以发现，《圣经》将美的本质主要界定在事物的性质和品性上，而不是界定在事物的外部特征上——在某种意义上，《圣经》对事物外部特征的形式因素是明显忽略的。古代犹太人"当说到建筑时，他们会描述怎样建造，却闭口不谈样式如何。诚然，他们说到约瑟、大卫或爱伯沙龙很漂亮，但却没有描述他们的美。犹太人对事物和人的外貌漠不关心，他们不重视外貌，似乎这些东西总引不起他们的注意，如果说他们对人的外在性质有所注意的话，那也只是那些表现了他们内在体验的性质。"② 因此，与美的神圣性和伦理性特征相吻合，《圣经》话语中的美在本质上排斥对外观形式因素的追求。

美不是一种外形，"美貌是虚浮的"——这一思想在《圣经》中得到了深入的阐发。《箴言》在论述贤妇的才德与美容时，对才德与美容的矛盾，对孰是真正美的，作了详尽的分析：

　　才德的妇人谁能得着呢？她的价值远胜过珍珠。丈夫的心理倚靠她，必不缺少利益，她一生使丈夫有益无损。她寻找羊绒和麻，甘心用手作工。她好像商船从远方运粮来，未到黎明她就起来，把食物分给家中的人，将当作的工分派婢女。她想得田地就买来，用手所得之利栽种葡萄园。她以能力束腰，使膀臂有力。她觉得所经营的有利，她的灯终夜不熄。……她开口就发智慧，她舌上有仁慈的法则。她观察家务，并不吃闲饭。她的儿女起来称她有福，她的丈夫也称赞她，说："才德的女子很多，惟独你超过一切！"艳丽是虚假的，美容是虚

---

① 《诗篇》21：1—3；65：4。
② 沃拉德斯拉维·塔塔科维兹：《中世纪美学》，第11页。

浮的，惟敬畏耶和华的妇女必得称赞。愿她享受操作所得的；愿她的工作，在城门口荣耀她。①

《圣经》在这里对妇人的才德进行了充分的肯定——虽然这种才德在很大程度上被界定在妇人的才干上。与妇女的才干相比，"艳丽是虚假的，美容是虚浮的"。外表的美貌只有在与内在的美好品性相一致的时候，特别是在内心怀有对上帝的无限敬畏时（"惟敬畏耶和华的妇女必得称赞"），才有其意义，"妇女美貌而无见识，如同金环戴在猪鼻子上"②。这里所谓的"见识"，既指人的才干和智慧，也指对上帝的理悟。所以"徒有其表"是绝不能被称为美的。

总之，《圣经》中的美无论是直接与上帝之名或上帝的"德性"画等号，还是直接与上帝的事物相联系，抑或是以伦理的形式加以呈现，并对事物的外在形式加以摒弃，都表明了这样一个基本的事实，即在《圣经》话语中，由于神学观念是《圣经》话语体系的基本内涵，神学思维及神学逻辑建构了《圣经》话语的主导规则，因此《圣经》中的各种物项均被纳入到神学体系中，包括美在内的各种观念、意识确立的基点在于有关上帝的神学理论，美的观念在内涵品性及判断取向等方面均体现出鲜明的神圣化特征，美的思想在很大程度上成为有关上帝学说的一种特定展现。

第二节 《圣经》中美的超神圣性

但是，《圣经》话语中的美在呈现出鲜明的神学特征的同时，还深刻地隐含着超神学的世俗品性和意义，这种世俗品性不仅体现在审美意识发生中与宗教意识相互交融的某些内在的特点以及《圣经》话语自身的某些超神学内涵上，也体现在《圣经》文本对美的诸种演绎及其产生的实际美感效用上。

在艺术审美与宗教的关系，特别是艺术与宗教的发生及发生的前后序列等问题上，学者们的分歧是明显的。吕西安·列维-布留尔在他的《原始思维中的超自然物》等论著中坚持认为艺术在起源上来自宗教意识；维

---

① 《箴言》31：10—31。
② 《箴言》11：222。

也纳学派的 M. 德沃夏克在其《中世纪艺术论稿》中则认为艺术是"主观宗教感受的直接器官。"① 以 M.C. 卡丹等为代表的一些当代学者则认为艺术是一种先于宗教的意识形态，"宗教是在对世界的艺术理解过程中产生的……宗教意识只能在艺术思维、原始人认识世界的艺术——形象方法所提供给它的那种精神土壤上生根发芽，发育成熟并茁壮成长"②。Ю.A. 菲里皮耶夫也坚持认为艺术活动甚至先于一切魔术和巫术活动，"而且可以大胆地说，并不是艺术源于巫术和魔术，而恰恰相反，巫术和魔术借绘画和舞蹈之助，从偶像化和从对那种在原始艺术中起作用的各种图形意义的幻想的主观认识中产生出来的"③。上述两种观点各执一端，在对宗教与艺术、宗教意识与审美意识的认知中是颇有代表性的。

诚然，宗教意识和审美意识的起源与关系是一个极端复杂的问题，但一个根本的事实和关键在于，远古人类的观念意识——包括审美意识及宗教意识等在最初的萌发时，都是在自然伟力的直接作用下发生的，大自然不仅孕育和养育了人类的体质，也孕育和培育了人类的心智意识，所以在史学家和哲学家那里，人与"地"（自然）的关系问题一直是一个备受关注的恒定性的文化命题。希伯来《圣经》，就曾以曲折的方式对"人"与"地"的关系进行了强调，并昭示了"地"之先于"人"的关键意义。《创世记》在"地"（大自然）与"人"之间以时间的先后序列建立了一种特定的逻辑链节，因而可以说《圣经》从一开始就表现出了一种典型的"人地学"思想，从而也是在一定程度上昭示了自然与人之间的内在"因果关系"。古希腊神话中的前奥林匹斯神系也向人们显示：世界起初是从无序的混沌中生出了地母该娅，而后才生出了天父，演发了后世的奥林匹斯神系及其神话文化。在大自然的作用和培育下，人类对世界的自觉和对世界的诸种观念意识得到了根本的启迪和生发，这种启迪和生发是综合的、全面的，人的审美意识、宗教意识、哲学意识等常常是混合生成的。阿拉伯学者艾哈迈德·爱敏曾深入地分析过沙漠地质及地理特征对人心的深刻影响："沙漠地方的人，日对大自然，目无所障；烈日当空，则脑髓如焚；明月悠悠，则

---

① Е.Г. 雅科伏列夫：《艺术与世界宗教》，任光宣等译，文化艺术出版社1989年版，第8页。
② M.C. 卡丹：《马克思列宁主义美学讲稿》，见 Е.Г. 雅科伏列夫《艺术与世界宗教》，第10页。
③ Ю.A. 菲里皮耶夫：《审美信息的诸种信号》，见 Е.Г. 雅科伏列夫《艺术与世界宗教》，第10页。

心花怒放；星光灿烂，则心旷神怡；狂飙袭来，则所当立摧。人们在这样强烈的、美丽的、残酷的大自然之下生活，心性未有不驰思于仁慈的造物、化育的主宰的。"[1] 这里需要特别指出的是，导致宗教意识萌发的因素绝非仅仅是沙漠地理的一个方面，而在沙漠地理对人心的作用中，人心所萌生的也绝非仅仅是宗教意识的一个方面，还明显地包含着人对自然的审美认知，"自然美是直接的，它从变成人的意识内容的那个瞬间起，就被人的意识所接受。这就是为什么人的审美认识始于对自然现象的认识"[2]。

《圣经》虽经神学的营造和加工，但在其内在的思维形式和思维素材中，很明显地包容了上古人类在自然伟力的作用下观念意识的运作特点，在这些运作中是很难把人们认识世界的宗教形式、伦理形式和审美形式，把人们的逻辑形式和情感形式区分开来的。同时，审美认知与宗教认知虽然对世界的认知态度、方式不尽相同，但都力图去发现和解释人类生存的价值与意义，都毫无例外地诉诸人类的精神生活。《圣经》作为这种精神生活的产物，虽被着意进行了某种神学的修饰，甚至将美的概念建基在神学的理论基础上，并用宗教意识去统纳包括审美在内的一切观念思想，但《圣经》中的审美意识作为人类精神生活的一种独立的形式，是难以用其他观念意识替代的，宗教话语中的美（包括美的概念和审美意识）必定表现出某种程度的非宗教、超神学特性。

因此，我们在《圣经》文本中不难发现和感受到非神学的美。《雅歌》可被视作古代希伯来情歌的典范，这一颂扬男女情爱的作品以其自然、直率、朴实的文风著称，无论解经家如何"探测"其深层的隐秘寓意，《雅歌》文本中的世俗之美都是清晰可见的。全诗以男女对唱的情歌形式出现：

> 我的佳偶在女子中，好像百合花在荆棘内。
>
> 我的良人在男子中，如同苹果树在树林中。我欢欢喜喜坐在他的荫下，尝他果子的滋味，觉得甘甜。他带我入筵宴所，以爱为旗在我之上。求你们给我葡萄干增补我力，给我苹果畅快我心，因我思爱成病。他的左手在我头下，他的右手将我抱住。……
>
> 求你将我放在心上如印记，带在你臂上如戳记；因为爱情如死之

---

[1] 艾哈迈德·爱敏：《阿拉伯—伊斯兰文化史》，第48页。
[2] Е.Г.雅科伏列夫：《艺术与世界宗教》，第11页。

坚强，嫉恨如阴间之残忍。所发的电光，是火焰的电光，是耶和华的烈焰。爱情，众水不能息灭，大水也不能淹没，若有人拿家中所有的财宝要换爱情，就全被藐视。①

新郎、新妇在这里的相互倾慕以及对美的渴求，完全超越了神学的规范，达到了令人吃惊的地步。

当然，《圣经》文本的其他部分对有关美的世俗化特性的呈现不如《雅歌》那样明晰和强烈，但在与神学品性的融合中，美的超神学意义无论在理论上还是在实际的美感效用上都是合理存在的。《诗篇》唱道：

> 我的心哪，你要称颂耶和华！耶和华我的上帝啊，你为至大。你以尊荣威严为衣服，披上亮光，如披外袍，铺张穹苍，如铺幔子，在水中立楼阁的栋梁，用云彩为车辇，借着风的翅膀而行，以风为使者，以火焰为仆役，将地立在根基上，使地永不动摇。你用深水遮盖地面，犹如衣裳，诸水高过山岭。你的斥责一发，水便奔逃；你的雷声一发，水便奔流。诸山升上，诸石沉下，归你为它所安定之地。你定了界线，使水不能过去，不再转回遮盖地面。耶和华使泉源涌在山谷，流在山间，使野地的走兽有水喝，野驴得解其渴。天上的飞鸟在水旁住宿，在树枝上啼叫。他从楼阁中浇灌山岭，因他作为的功效，地就丰足。他使草生长，给六畜吃，使菜蔬发长，供给人用，使人从地里能得到食物，又得酒能悦人心，得油能润人面，得粮能养人心。佳美的树木，就是黎巴嫩的香柏树，是耶和华所栽种的，都满了汁浆。雀鸟在其上搭窝。至于鹤，松树是它的房屋。高山为野山羊的住所，岩石为沙番的藏处。你安置月亮为定节令，日头自知沉落。你造黑暗为夜，林中的百兽就都爬出来。少壮狮子吼叫，要抓食，向上帝寻求食物。日头一出，兽便躲避，卧在洞里。人出去作工，劳碌直到晚上。耶和华啊，你所造的何其多，都是你用智慧造成的，遍地满了你的丰富。②

在这段文字中，就表面看来《诗篇》主要是对肇造万物养育群生的耶

---

① 《雅歌》2：2—6；8：6—7。
② 《诗篇》104：1—24。

和华上帝进行称颂,但在这种神学赞颂中,它所使用的大量素材(物象、景观)以及它所运用的多种修辞手法(比喻、象征、拟人)都使得《诗篇》在实际的文本功效上超越了神学的囿限,呈现出显著的艺术审美意义。《圣经》文本的这一特性也表明了"神学家并不赞同完全使用抽象的神学象征而不对现实进行艺术的再现,因为如果把这一原则贯彻到底,膜拜艺术就会失去从情感上、心理上来影响信徒群众的重要手段。原来,为了使人对宗教形象树立富于情感的态度,必须用人人都很熟悉都很感兴趣的感性上被感知的形式来加以想象。这就要求通过自然物来描写超自然物,通过人来描写神,通过'尘世'来描写'天国'"[①]。

这样,在《圣经》文本中,既有抽象的神学象征和超自然物的制造,又有对现实的艺术再现、对自然物的描写。这种内容的混合及《圣经》制造者对这些内容的建构,也使得《圣经》词义的本身具有了内涵和意义上的多重性。

亚历山大城的犹太哲学家斐洛早就发现《圣经》词义的三重性:字面感性的、抽象劝喻的和理念神秘的。到12世纪时,基督教的解经家广为同意在《圣经》中的不少章节可以发现四层寓意。这一理论在深受犹太哲学影响的S.T.阿奎那那里得到了系统化,他认为《圣经》中的四层寓意在于:"(1)字面的或事实的含义,它简单地叙述发生了的事情并被认为是基本的意义,其他的层次都以它为基础。(2)寓言式的含义本身是新约书的真义,或者是基督教的依据,它在旧约书的章节中得以表现。(3)象征意义是在同一章节里表现的道德真理或道德教义。(4)神秘的意义或是章节里基督教末世学的出处,或将是发生在基督教审判那些末日的事情,个人死后的生活。"[②] 虽然S.T.阿奎那等神学家的理论是一种解经学理论,但它如同斐洛对《圣经》意义结构的分析一样,从一个特定的角度提示了《圣经》文本的复杂构建和多重意义,特别是他们都不约而同地提出了这样一个事实,即在《圣经》文本中,最为基本的是处于文本结构"底层"的字面意义,其他意义均以此为基础生发开来。有了这种底层的字面意义,便有了生发诸种抽象意义的条件和可能,其中既包括对神学意义的提升,也包括对非神学意义的提升。在这个意义上,完全可以说《圣经》文本的超神学的艺

---

① 乌格里诺维奇:《艺术与宗教》,王先睿译,生活·读书·新知·三联书店1987年版,第130页。

② M.H.阿伯拉姆:《简明外国文学词典》,曾忠禄等译,湖南人民出版社,第167页。

术美感不仅来自《圣经》文本的字面内涵上,也来自特定语言的语调声律、音响组合及其诵经者的实际诵读过程中。

《圣经》话语中的美对神学囿限的超越及对世俗意义的呈现虽然与《圣经》神学对美的概念和内涵的规范相抵牾,但另一方面在某种意义上又可在《圣经》神学的自身找到某些内在的契合。透过《圣经》的神学帷幕,在《圣经》的神学框架甚至在其学说理论的深层,都不难发现深刻地固存着隐在的世俗化精神和功利主义思想,这在本书关于"犹太人的神学观点"一章中已有详细分析。犹太神学的这一特质,也从一个特定的角度验证了《圣经》话语中美的世俗化品性存在与呈现的内在"神学依据"。

综前所述,在《圣经》话语中,美的概念和美的思想不仅客观存在着,而且充满了十分复杂的内涵品性,特别是在特定的宗教学说的浸染下,美的思想业已充塞了强烈的神圣内涵。同时,这种神圣内涵虽在《圣经》中得到诸种刻意的营造,但它又是与美的非神学特征交融在一起的,《圣经》话语中的美以诸种不同的方式呈现出神圣与世俗相整合的矛盾复杂特性。历史地看,《圣经》话语中美的诸种特性及这些复杂特性的整合,是从一个十分独特的角度深刻地昭示了特定时代犹太民族的某些文化内容。黑格尔曾经指出,美的艺术对于了解一个民族的哲学和宗教往往是一把钥匙。[①] 对于犹太民族来说,《圣经》话语中的美及其品性特征显然蕴藏着深厚的文化内涵,反映了特定情境下的历史—文化内容,成为洞察犹太民族历史和文化的有效窗口。

第三节 关于美的文化内涵

在《圣经》话语中,神学对美及其他观念意识的统纳,表明了特定历史条件下犹太民族的思想指向和思想特征,从中也昭示了犹太民族特定历史阶段中的文化发展特点。犹太人的先祖——希伯来各部落最初来自美索不达米亚,后进入迦南并因饥荒迁徙至埃及生息约400年,其间希伯来文化明显受到周边异质文化的熏陶和影响,并萌发了最初的宗教意识,特别在以色列人为逃避埃及法老的迫害而出埃及、重返迦南时,犹太教思想得以体系化。面对着出埃及的历史转折,面对着民族生存中的重大现实课题

---

① 参见 Е.Г. 雅科伏列夫:《艺术与世界宗教》,第245页。

和严峻挑战,犹太先祖朦胧的宗教情感在摩西等先知的操作营造下得以学说化,摩西登西奈山颁布十诫,成为犹太教正式诞生并在犹太人中得以确立和运作的关键。借助对上帝的塑造,犹太人的现世身份和现世生活均被统纳到一种超验化的观念体系当中去,以超验的神学感悟和神学认知来代替人对现实、对世界的经验把握。正是在这种特定的思想文化背景之下,美及审美活动的经验性质得到消解,它不仅被纳入了神学的框架去认知,而且还被赋予了某些神学化的特征。

同时,犹太教的一神教特征也从根本上实现了对包括美的观念在内的各种意识形态的严格规限。"在以多神教为准绳的时代,以色列是世界上第一个信奉一神教的民族。在其他文化的个别人那里,也能发现一神教思想,该思想通常采取的形式是,一设定的神圣个体位居人们所尊奉的诸多神祇之上。然而,以色列的一神教是彻底的,它通过使自己的神祇一般化,否定所有其他神祇的神圣性,而达到上帝的惟一性。"[①] 在犹太一神教的支配下,不仅其他神祇得到了否定,而且一切有可能动摇惟一神思想的观念、意识也都得到了最大限度的抑制,美及审美作为一种非神性的观念意识,显然是与神圣生活的要求、与上帝惟一神的观念相抵牾的。

而犹太教何以成为世界上最早的一神教,一神教的观念何以在犹太教中得到了充分的演发,这又是与早期犹太先祖的历史文化处境分不开的。犹太先祖生活在"吾珥",后辗转南迁越过幼发拉底河进入迦南,又因种种原因入埃及、出埃及,并迁徙于迦南一带。在犹太民族和犹太文化最初生成的时期,周边异族及异质文化已有相当的发展,处于弱势地位的犹太文化面临的一个中心问题便是保持民族生命和民族文化的纯正,这在《圣经》中以各种方式潜存着的强烈的民族观念和民族意识中得到了集中体现。要达到民族生命的纯正延展,在当时的历史条件下,对于犹太民族来说,制造一个占绝对统治地位和具有无上权威的超自然的上帝,才能抵消诸多异神的影响,才能以此为精神纽带,将游离不定的犹太先民们牢固地连接在一起。在此前提下,一切与惟一神上帝的思想不相吻合、不相一致的观念意识,无疑都是不合时宜的。美及审美的"非神学思想"在《圣经》话语中被加以神学化的消解和处理,蕴涵了犹太民族早期历史发展中深刻的

[①] Robert M. Seltzer, *Jewish People, Jewish Thought: The Jewish Experience in History*, Macmilan Publishing Co.Inc.1980.p.34;罗伯特·M. 塞尔茨:《犹太人的思想》,赵立行等译,上海三联书店1994年版,第27页。

文化内涵。

　　神学观念虽然在《圣经》时期已成为犹太民族普遍性的思想内容，但在实际的文化运作中，美的概念及审美思想并未消泯，即使在《圣经》文本中如前所述，一种掩饰不了的审美意识仍有强烈和多方面的表现。

　　在人类诸种观念意识的生发中，美的观念和审美的意识是人类面临大自然而产生的最为直接和根本的观念意识之一，它不仅具有更为普遍和恒定的性质，也具有更为原始和朴素的性质，在人们的诸种观念意识之中，显然先于那些具有强烈人为营造特点的思想和观念。虽然在神学的框架中美的思想受到了某种浸染和变异，充塞了一定的神学色彩，但一种超然于神学思想之上的美的观念仍以特定的方式深刻地呈现着。在《雅歌》等篇章中，在《诗篇》等的某些段落中，某种具有典型的世俗化特征的美的意识和美的取向甚至还在一定程度上抵消了神学意识。即使就整个《圣经》文本而言，超神学的美与神学化的美也是紧密地缠绕在一起的，从而在《圣经》话语中呈现了一种神圣性与世俗性既相互冲突又相互整合的特殊的美的存在状况。

　　《圣经》话语中，在美的概念与审美意识的内在品性上，神学性与超神学性的整合所导致的矛盾特征，昭示了犹太民族特定历史条件下民族心理的发展状况。这种民族心理的发展状况是一种融会了自然审美情感与宗教审美情感的矛盾状况。如果说美的神学性体现了对人的本体地位的削弱的话，那么美的超神学性、自然性则体现了对人的本体地位的肯定。在神学与非神学的交织整合中，美及美的观念意识以特定的方式内涵呈现出来，成为犹太民族心理与历史文化的一种独特而深刻的表征。

第十七章　宗教观念对艺术观念的文化规范

第一节　犹太艺术的形态特征与摩西律法

　　宗教观念与艺术观念的关系是错综复杂的，这种复杂性特别表现在两者的联系常以隐晦、曲折的方式来实现，而在宗教观念与艺术观念的联系中，宗教观念影响和规范艺术观念的路径问题则是一个带有关键意义的问题。在许多情形下，宗教观念虽然是一种形而上的和具有严格规范效力的意识结构，但它的规范囿限亦是明显的，因此，宗教观念对艺术观念的历史影响，常常是借助文化的效用而发生和实现的。

　　让我们从犹太艺术的历史形态特点入手，先来看一看犹太艺术的一般形态特征，以进而探究犹太民族的宗教观念是如何影响和规范犹太艺术的观念内涵及历史演变的。

　　综观犹太艺术的历史，我们不难发现音乐艺术得到了高度的发展。从古代《圣经》时期到近现代，音乐艺术不仅不间断地持续发展着，而且还创造了相当精致的形式技巧，特别在近现代，涌现了一大批在世界音乐史上有突出贡献的杰出人物。他们当中既有作曲家也有指挥家，既有演奏家也有音乐作品的研究者、出版者，其中为人所熟知的就有梅耶贝尔、莫舍莱斯、门德尔松、海莱尔、奥芬巴赫、鲁宾斯坦、约阿希姆、马勒、勋伯格、布洛赫以及海菲茨、梅纽因等等，他们在作曲、演奏、指挥、音乐理论等领域均占有世界一流的显赫地位，构成了一组特殊的"音乐大师群"。与此形成鲜明对比的是，犹太人在绘画、雕塑领域不仅缺乏悠远的传统和一贯的发展，而且较少出现在艺术史上有举足轻重地位的人物。这种现象在现代艺术上即使有所改观，也主要是出现了一些抽象性、现代性的艺术家，如印象派的主要代表凯米尔·毕沙罗（1831—1903），以及被誉为在毕加索之后20世纪最伟大的美术家马克·夏加尔（1887—1985），其他就很少再有犹太裔美术家能够与他们相提并论了。犹太艺术发展的这种不平衡状态不是偶然的，它从一个独特的角度不仅表征了犹太民族艺术的精神特质和基本取向，也在一定程度上昭示了犹太艺术与其宗教文化传统的深刻关联。

历史地看，犹太人十分热衷和擅长于那些具有抽象性质的艺术形式，表现出远离具象艺术的倾向，这种现象业已成为犹太人的一种悠久传统。它的形成虽然有多方面的因素，但在很大程度上最根本地导源于犹太人的宗教文化精神，特别是与在犹太生活中有着权威意义的摩西律法有关。摩西律法第二条规定："不可为自己雕刻偶像，也不可作什么形象仿佛上天、下地和地底下、水中的百物。"[①] 犹太教是世界上最为典型的一神教之一，它尊崇雅赫维为惟一神，并视雅赫维上帝是无形的、无所不在和无所不能的。希伯来《圣经》所说上帝按照自己的模样造了人，其实并不是说上帝与人在外形上相同，而是说人是上帝的产物，是无形上帝的一种映象形式。所以摩西律法作为犹太教的核心内容，不仅坚决禁止崇拜异神，也坚决禁止任何偶像崇拜，甚至也禁止"作什么形象仿佛上天、下地和地底下、水中的百物"。犹太艺术传统的形成，特别是犹太艺术中强烈的抽象精神，似可从犹太教核心内涵上得到深刻的破解。这里，问题的关键是，摩西律法及犹太宗教精神是如何影响、决定犹太艺术的基本精神的？犹太教对犹太艺术的深刻影响在犹太艺术中又是以什么样的形式、方式被呈现出来的？

摩西律法反对偶像崇拜的思想建基在只有上帝的本体才是惟一至高无上和真实的神学理论之上，这一思想在希伯来经典文献中得到了极为广泛的论证和宣扬。《圣经后典·所罗门智训》曾以形象的描述来说明"偶像崇拜之愚妄"："然而最可卑的是那些将希望寄托在死物上的人，他们崇拜人手制作的东西——用金银经过艺术加工制成的动物塑像，或者由前人雕刻的某种顽石。"偶像制造者在他自己雕刻的顽石塑像面前，愚蠢地"为着自己的婚姻，自己的孩子，自己的财产，竟不顾羞耻地向这个死物祈祷。它是脆弱的，可是他却为着健康向他祈祷。它是死的，可是他却为着生命向他祷告。它毫无经验，可是他却为着求援向他祷告。它不能走路，可是他

[①] 《出埃及记》20：14。

却为着旅途顺利向他祷告。它的手毫无力量，可是他却向它乞求帮助——在贸易上，在挣钱上，在工作上"[①]。《所罗门智训》对偶像崇拜者的针砭可以说是深刻而令人信服的，但《所罗门智训》的逻辑起点和逻辑终点又都毫无例外地归结在对上帝惟一神的敬奉上，是在神学信仰的范畴视野里谴责人们"以石头或木头为崇拜对象，并将应该归给上帝的荣耀给了它们"之类的偶像崇拜现象的。

但犹太教反对偶像崇拜之神学思想的影响并不仅仅止限于犹太宗教生活，而更可以拓展到犹太生活的各个不同领域，特别是拓展到犹太人的艺术活动中去。因为犹太教作为一种典型的民族宗教，它的一切神学思想在很大程度上又都是犹太民族的一种文化思想和传统精神，反对偶像崇拜的思想影响一方面是持续不断的，另一方面又是十分广泛的，它既影响着犹太教的忠实信徒，也影响到一般的世俗化的犹太人。"JUDAISM"通常被译为"犹太教"，但许多学者包括许多犹太人在内都坚持认为"犹太教"远远不能涵括"JUDAISM"的全部意蕴，它在很多情形下还包含着"犹太主义"、"犹太文化"的意义。"摩西律法"等宗教戒律如果说最初主要是在宗教范围内发生效力的话，那么随着犹太民族的文化进程，它的文化效力也逐渐增强，作为一种文化传统和文化规范而对犹太人发生着普遍性的影响。摩西五经的意义绝不仅仅局限在犹太教徒中间，而对整个犹太民族都有着非同寻常的文化意义。正像犹太学者自己所指出的那样，摩西五经是"我们民族的珍贵遗产，它在我们的每一个世代中为文盲提供了'学校'，为风雨中的人提供了'灯塔'，为被困中的人提供了'地堡'，为学者提供了'书房'，为书的民族提供了'宝库'"[②]。所以，摩西五经及其戒规、思想是以犹太民族的文化遗产和文化传统的形式而对后世的犹太人发生作用的，在这里，犹太宗教观念在很大程度上是经由文化规范的转化及路径而对犹太艺术的观念和发展发生作用的。

第二节 宗教观念下的艺术表征

"一种文明标志着一种特定的审美情趣，表征了一种享受美感和想象美

[①] 《圣经后典》，第 113 页。
[②] Richard C. Hertz, *The American Jew in Search of Himself*, 1962, pp.19–20.

感的独特内涵。"① 在犹太文化中，摩西律法反对偶像崇拜的思想可以说是犹太审美理想的主要特征，并制约着犹太艺术活动的各个领域。特别是当反对偶像崇拜的观念又被充塞了一定的道德内涵后，它所形成的观念更成为一种影响深刻的艺术观念和审美理念。

《以西结书》关于淫妇阿荷利巴的故事是非常典型的：

> 阿荷利巴又加增淫行，因她看见人像画在墙上，就是用丹色所画迦勒底人的像，腰间系着带子，头上有下垂的裹头巾，都是军长的形状，依照巴比伦人的形象，他们的故土就是迦勒底。阿荷利巴一看见就贪恋他们，打发使者往迦勒底去见他们。巴比伦人就来登她爱情的床，与她行淫玷污她。②

阿荷利巴贪恋人像并放纵情欲的典故，在很大程度上反映了古代犹太人把具象与堕落相联系的思想。《圣经后典·所罗门智训》甚至还明确认为具象与堕落两者是密不可分的：

> 淫乱萌芽之时便是偶像出笼之日。它们一经制出便败坏了人类的生活。③

这样，一切制造偶像的活动和一切具象活动，在犹太文化中既从宗教神学律法也从世俗道德规范的双重范畴上受到了严格限制，尤其是关于人体的具象——人体艺术，更处于被禁止的前列，因为它无论于信仰还是于道德，危害都更大。摩西戒律的"全面性引人注目，禁止的领域涉及所有的生命物，其效力也是显著的，在许多世纪里被严守不渝。这些戒律使犹太人少有雕塑家和画家，而且也是犹太人在优美艺术方面停止不前的根本原因"④。与犹太人的上述宗教—道德观念相联系，犹太人形成了一整套不同于希腊人的关于美的概念。如果说在希腊人看来事物均有一种可直接感知的美，事物的特征决定了事物的美的话，那么在希伯来《圣经》中，美

---

① 摩迪凯·开普兰：《犹太教：一种文明》，第236页。
② 《以西结书》23：14—17。
③ 《所罗门智训》，见《圣经后典》，第114页。
④ 沃拉德斯拉维·塔塔科维兹：《中世纪美学》，第15页。

则被看成是只具有间接和象征的意义。犹太传统中的艺术精神和审美理想不是追求外在形象的观瞻，而是注重内在品质的优劣、高下，这在前面已有深入探讨。这样，蕴涵着宗教与道德内容的反对偶像崇拜的思想在犹太艺术领域内就自然地转化成了一种摈弃具象写实，追求抽象、意象的审美观念和艺术精神，这一传统精神对犹太艺术的发展起到了十分关键的作用。

音乐在抽象艺术中是有典型代表意义的，它以独特的音响组合和音乐语言，呈现丰富的情感思想，犹太人的音乐艺术在古代得到高度发展。科尼尔（C. H. Cornill）认为，犹太人"肯定一直是一个具有非凡的音乐气质的民族"，"他们的日常'食物'就是歌曲和声音……在古代的以色列，在任何地方，在任何时候，都可以听到歌曲和音乐。每一个节日，公众或私人生活中的每一个高潮，都是用音乐和歌曲来庆祝的"[1]。

希伯来《圣经》对音乐有着热切的论述，甚至还把音乐看作呈现和理解犹太教义的一个重要因素。《诗篇》（第150篇）的主题是"当以乐器赞美耶和华"："要用角声赞美他，鼓瑟、弹琴赞美他。"《诗篇》作者显然是希望在这种和着乐曲、击着乐器的赞美声中来达到对上帝的虔诚和景仰。《圣经》上还说："弹琴的时候，耶和华的灵就降在以利沙身上。"[2] 显然，在《圣经》的神学理论中，音乐是与上帝相联系的，是通向上帝的一个便当的和理想的媒质。《撒母耳记上》还记载了希伯来先知借助音乐来营造神秘和神圣的氛围，以唤醒灵感和宗教意识。撒母耳告诉扫罗："你到了城的时候，必遇见一班先知从丘坛下来，前面有鼓瑟的、击鼓的、吹笛的、弹琴的，他们都受感说话。耶和华的灵必大大感动你，你就与他们一同受感说话，你要变成新人。"[3] 可以说，古代希伯来音乐最初是伴随着犹太人的宗教生活而得以发达甚至是作为宗教生活的一个附庸而得以繁荣的。而且，希伯来《圣经》本身便是一部在相当程度上音乐化了的文本作品，《诗篇》和《雅歌》部分尤其如此。从现存《诗篇》的文本内容来看，《诗篇》中的诗文在古人吟诵时是由乐器伴奏并有某些曲调格式的。在《诗篇》的每篇开首，常常有"大卫的诗"、"可拉后裔的诗"、"交与伶长"、"调用百合花"、"调用女音"等特定的说明，每隔一定的段落，还有"细拉"（Selah）的字样加以提示，表示此处唱歌的声音暂时歇息、休止（伴奏曲可以继续

---

[1] 摩迪凯·开普兰：《犹太教：一种文明》，第234页。
[2] 《列王纪下》3：15。
[3] 《撒母耳记上》10：5—6。

进行）。虽然现在已难以恢复当年人们吟诵《诗篇》时的音乐原貌，但从其遗留的音乐要素来看，《圣经》时期的希伯来音乐在形式、曲调变化等方面已有相当高度的发展。现存《诗篇》中采用了极为丰富的曲调，这些曲调一般是按其所唱内容安排的，有着喜怒哀乐的不同感情色彩。《诗篇》中常用的曲调有：百合花（第45篇、第69篇）、远方无声鸽（第56篇）、远离歌（第7篇）、休要毁坏（第57篇、第58篇、第59篇、第75篇）、慕便拉（第9篇）、玛斯几力（第32篇、第42篇、第44篇、第45篇、第52篇、第53篇、第54篇、第55篇、第74篇、第78篇、第88篇、第142篇）等。有些《诗篇》不仅规定了具体的调名，还规定了相应的乐器，如《诗篇》第54篇、第76篇用"丝弦的乐器"，第8篇、第81篇、第84篇则用"迦特乐器"等等。

由于《圣经》时期的希伯来音乐已是犹太生活（特别是宗教文化生活）不可缺少的组成部分，这也培育和陶冶了犹太人的听觉素质，所以犹太哲学家马丁·布伯曾认为，早期的犹太人"与其说是一个视觉的人，还不如说是一个听觉的人……犹太文字作品中最栩栩如生的描写，就其性质而言，是听觉的；经文采纳了声响和音乐，是暂存的和动态的，它不关注色彩和形体"[①]。马丁·布伯的论述是符合历史事实的。

但希伯来音乐的发展在犹太人进入流散时期后的相当一段时间里受到了种种阻滞，其原因是复杂多样的，其中也包括来自犹太教自身的原因，比如由于基督教的兴起及高度的音乐化，犹太教为与之区别而自动限制了宗教生活中的音乐要素，等等。到了近现代，随着犹太人的解放，犹太人的音乐天赋也得到了空前的表现，特别是当音乐从宗教的附庸转换为一种具有世俗意义的精神生活和精神生活方式以后，犹太人深厚而复杂的情感便找到了有力和合适的表达媒质。音乐不像其他具象艺术，不必将人的内心情感赤裸地具象和固定在世界面前，这正适合表现犹太人在种种文化两难中的复杂、微妙的内心世界，所以近现代大批犹太裔音乐家的涌现、犹太人对音乐的异乎寻常的热衷，不仅与犹太人的音乐传统有关，也与犹太人的特定生活和文化情感有关。犹太音乐家、曾任维也纳歌剧院院长的保罗·奈特尔（Paul Nettle）教授在分析犹太作曲家、指挥家古斯塔夫·马勒（Gustav Mahler）及其作品时指出："他的作品中那种出神入化的性格是能

[①] 杰拉尔德·克雷夫茨：《犹太人和钱》，第166页。

够追溯的,它使人们想到了犹太的预言家和哈西德神秘主义。在他的作品中,马勒似乎意识到了他既是一个犹太人,同时又是一个欧洲人的不可并存的困境。"[1]保罗·奈特尔关于马勒的分析对现代犹太人的音乐现象是有一定普遍共适意义的。

犹太民族远离具象、追求抽象的传统艺术精神在美术领域中也得到了相应的表征。在古代,犹太人几乎隔绝一切具象活动,自然包括绘画、雕塑等,因而在古代犹太史上,绝少留下美术创作活动的痕迹,更未留下这方面的传世杰作。进入近现代社会,犹太人逐步冲破传统的禁锢,开始步入美术领地。但人们发现,在写实主义艺术中,仍然难以发现有突出成就的犹太艺术家,而在抽象主义艺术的发展中,犹太艺术家却起到了不可忽视的作用。生于一赛法迪姆犹太人家庭的凯米尔·毕沙罗是与塞尚(1839—1906)、莫奈(1840—1926)齐名的印象派大师。毕沙罗作为印象派的一面旗帜,对现代主义美术的发展起到了重要作用。俄国犹太画家约翰·康斯泰勃尔(1861—1906)深受印象主义画风的熏陶,而整个俄国画派似乎又都从他那里得到了某些启发。其他如立体画派、超现实主义画派以及"巴黎犹太画派"等等,犹太艺术家也都占有举足轻重的地位。

犹太艺术的抽象精神作为一种重要传统,在犹太文学特别是希伯来《圣经》的文学特质上有突出的表现。作为文学解读的希伯来《圣经》其本质性的文学特征在很大程度上体现在它的修辞技巧、文本构建等方面,这些方面也是最能昭示其艺术精神之内核的。解构《圣经》文学,似可从历史上的解经原则、解经方法上获得某种有益的启示,因为历史上的诸种解经原则和解经方法虽然带有特定的宗教意图,但却是《圣经》解读历史(包括对《旧约》和《新约》两方面的解读)的经验总结,对于我们理解《圣经》文本的构建方式、修辞技巧有着重要的启示意义。历史上有代表性的解经原则(hermeneutics)主要包括校勘文字、阐明道德、探索寓意、渲染神秘几方面。"校勘文字"强调对《圣经》经文要依据它的语法结构、语言特点、历史背景等传达出来的"直接意义"进行诠释,《圣经》文本的字面意义与其作者的原本意义是一致的。"阐明道德"注重理解《圣经》文本中出现的人、事、物,无不内含着特定的深刻寓意。"渲染神秘"则强调经文的神秘意义,试图将《圣经》中的事件渲染为对未来生活的预言、提示

---

[1] 查姆·伯特曼:《犹太人》,第194页。

等。① 这四种解经原则虽各执一端，却也并非截然对立，只是各有侧重而已，有时还往往互有联系（如阐明道德与探索寓意，探索寓意与渲染神秘等）。综观解经学的历史，主导性的倾向是认为，《圣经》受上帝的默示写成，上帝的意志贯通其中，往往在《圣经》文本的字面意义之外尚有较字面意义更深奥，更值得沉湎、感悟的隐喻意义和超字面意义。解经学的这种共识可以说是对《圣经》文本构建方式的一个深刻理喻。因而从总体上说，《圣经》文本中虽然包括了一定的史实因素和现实性生活要素，但就《圣经》文本的基本精神而言，《圣经》不是一部客观性的写实之书，而是一部主观性的象征、寓意之书。在某种意义上完全可以说，《圣经》在人类文明史上是一部较早的极为典型和影响深远的主观演绎性作品。德国批评家奥伊巴哈曾将历史上侧重主观表现的审美方式统称为"圣经方式"是不无道理的。

希伯来《圣经》建构中的非具象化精神具体体现在《圣经》的诸种修辞方式、技巧上，其中最具代表性、最具圣经文学特质的修辞手法是象征和意象。

在《圣经》中，散布了众多具有象征意义的意象结构，这种意象结构既可以是一个意味深厚的物象，也可以是一个意味多解的故事、情节（在经文中有时也表现为具有一定象征意义的预言、隐喻等）。《以西结书》借上帝之口说："你的母亲先前如葡萄树，极其茂盛，栽于水旁。因为水多，就多结果子，满生枝子。生出坚固的枝干，可作掌权者的杖。这枝干高举在茂密的枝中，而且它生长高大，枝子繁多，远远可见。但这葡萄树因愤怒被拔出摔在地上，东风吹干其上的果子，坚固的枝干折断枯干，被火烧毁了。如今栽于旷野干旱无水之地。火也从它枝中发出，烧灭果子。以致没有坚固的枝子可作掌权者的杖……"② 这里，将若干具体的物象、带有一定情节性的动作等组合在一起，塑造了充满象征意味的意象系列，至于借助这些文字所表述的意义，经文本身并未做出明确的解答，因而它所放射的思想只能靠阅读者依据上下文的语境和自己的阅读经验才能加以领悟，解经家认为此处是"以葡萄树见拔喻指耶路撒冷倾毁"，但这显然并未穷尽它的全部意义。歌德在其《格言与随想》中专门谈论过象征所可能表达

---

① 《简明不列颠百科全书》第11卷，中国大百科全书出版社1991年版，第138—139页。
② 《以西结书》19：10—14。

的无尽内涵:"象征将现象改造成一种观念,观念又变成意象,这促使观念在意象中无限地活动着,并且不可捉摸。即使它被所有的语言来表述,它还是没有被表达出来。"①

在希伯来《圣经》中,异象不仅是一种文本现象,也是一种修辞技巧或表现手法,它借助对各种非现实景象、物象的塑造,来显示种种抽象的思想,体现对世界的特殊认知。意象特别集中地出现在诸先知书中,像《以西结书》中的"四活物的意象"、"公绵羊的意象",以及《撒加利亚书》中的"飞卷的意象"、"四车的意象"等等。此外像《出埃及记》中"东风退海"、"杖变蛇"、"水变血"等,在文本修辞的手法上也都具有一定的意象性质。以《但以理书》的"四巨兽意象"为例,不难看出意象的某些建构特征:

> 有四个大巨兽从海中上来,形状各有不同,头一个像狮子,有鹰的翅膀。我正观看的时候,兽的翅膀被拔去,兽从地上得立起来,用两脚站立,像人一样,又得了人心。又有一兽如熊,就是第二兽,旁跨而坐,口齿内衔着三根肋骨,有吩咐这兽的说:"起来吞吃多肉。"此后我观看,又有兽如豹,背上有鸟的四个翅膀;这兽有四个头,又得了权柄。其后,我在夜间的异象中观看,见第四兽甚是可怕,极其强壮,大有力量。有大铁牙,吞吃嚼碎,所剩下的用脚践踏。这兽与前三兽大不相同,头有十角。我正观看这些角,见其中又长起一个小角,先前的角中有三角在这角前,连根被它拔出来。这角有眼,像人的眼,有口说夸大的话……②

接下来,《但以理书》通过"侍立者"的口解说了意象之义。从"四巨兽的意象"不难看出意象的特质在于它所关注的不是客观性事物,而是非客观的、虚构的和变异的物象。这些变异的物象由于是被人为地、有意识地设置出来的,因而它们必定按照设置者的意图去呈现某些特定的抽象思想,虽然这种呈现常常是隐晦和歧解的。

作为文学文本的希伯来《圣经》虽然具有鲜明的形象性、生动性,但

---

① M.H.阿伯拉姆:《简明外国文学词典》,第363页。
② 《但以理书》7:3—8。

从解经学的历史观点及《圣经》文本的具体建构、修辞技巧和相应的意味呈现方式诸方面来看，《圣经》的审美取向并不在于具象、写实，而在于抽象、意象。《圣经》的这一艺术特质不仅遵循、印证了犹太教和摩西戒律的神学文化规范，也极其深刻地表征了犹太艺术的本质精神。同时，由于《圣经》在犹太文化中的"母本"意义，它的抽象化、意象化的艺术特质又必将对后世的犹太文学和犹太艺术在审美取向、艺术品性等方面产生进一步的深远影响。中世纪犹太神秘主义的文学创作自不用说，在现代，早在现代主义诸思潮刚刚发端之际，运用希伯来语和意第绪语创作的欧洲犹太作家便对现代主义表现出特殊的敏感和兴趣，努力致力于新浪漫主义、表现主义和象征主义等方面的文学试验。[①]在现代主义文学的诸多流派中，往往都有犹太裔的作家作中坚，如意识流中的普鲁斯特，表现主义中的卡夫卡，荒诞派中的尤奈斯库、贝克特以及黑色幽默中的海勒等等。这虽然是一个更为复杂的现象，却生动地从一个特殊的角度提示和佐证了犹太艺术的历史精神和传统气质。

　　犹太艺术的抽象精神不仅与摩西戒律为代表的犹太宗教文化传统有着深刻的内在关联，而且在很大程度上也是与其民族文化的思想特质和思维方式吻合、一致的。犹太民族作为宗教的民族，始终生活在宗教神学的氛围之中，对诸种超验世界的营造是犹太民族的重要传统。在古代，这种超验化的思维方式为犹太人树立了精神寄托——上帝，借助上帝这一超自然客体的存在，维系了散居世界几千年的犹太民众。进入现代社会，上帝本身的含义在每个具体的犹太文化个体身上不可能得到同样的体现和理解，甚至在一些无神论者的眼中上帝的传统地位已受到彻底动摇，但古代希伯来民族营造上帝及有关神学体系的超验化思维和思想方式作为一种民族精神的积淀，在犹太民族中却得到了十分完好的继承和延续。犹太艺术不专执于外在形象的写实、逼真，甚至借助外表形象的荒诞和非现实化去表现生活的本质和真实，与犹太人传统的超验化思维不无关系。可以这么说，当犹太传统中的超验化思维在犹太艺术中得到相应的体现从而展示出一种抽象性的、非具象化的艺术创造和表征时，宗教思维中的最高真实——上帝——则也相应地被犹太艺术家对现世生活的本质认识所代替。

　　当然，我们说抽象精神、非具象化思维是犹太艺术的传统精神，并不

[①] Robert M. Seltzer, *Jewish People, Jewish Thought: The Jewish Experience in History*, p.713.

等于说在犹太历史上就完全不曾出现具象性的创作活动,就没有具象性的艺术作品存在。现代的考古发现证明,公元三四世纪时叙利亚境内杜拉欧罗波斯的犹太教堂内就曾出现过以《圣经》故事为题材的绘画作品,到文艺复兴时期,更曾有犹太出身的艺术家表现出对女性裸体绘画的迷恋。我们认为这都是极其正常的,犹太艺术的历史长河既有大体一致的奔流趋向,又会飞迸出多彩的艺术浪花,况且犹太艺术如同犹太文化的整体一样在与异质文化、艺术的接触中必然会采借传统以外的各种要素从而留下诸种采借的痕迹。进入现代社会以来情形更为复杂,随着犹太人在世界各地生活的深入及对周边文化要素的吸收,犹太人的艺术活动及其表现出的艺术精神更是日趋多样化,各种犹太艺术在呈现出传统的抽象精神的同时,也出现了更多的歧变和分化。其实在犹太传统的深处,在希伯来《圣经》文本本身,若干"具象化"要素就已对犹太传统的非具象化精神发出过一定的"挑战"。就《圣经》本身而言,它用一种叙述性的形象化语言呈现了超验的、抽象的宗教思想,而在具体的叙述中,有些地方往往又形声兼备、极为生动,如《以赛亚书》曾写道:"当乌西雅王崩的那年,我见主坐在高高的宝座上。他的衣裳垂下,遮满圣殿。其上有撒拉弗侍立,各有六个翅膀:用两个翅膀遮脸,用两个翅膀遮脚,两个翅膀飞翔。彼此呼喊说:'圣哉!圣哉!圣哉!万军之耶和华,他的荣光充满全地!'因呼喊者的声音,门槛的根基震动,殿充满了烟云。"[1]另外,关于基路伯天使、四兽的意象等的描述也是相当具体、生动的。

　　《圣经》中的诸种"具象性现象"一方面是客观存在的文本事实,但另一方面深入地看,这些"具象性现象"与犹太文化传统的艺术精神也并不矛盾。笔者认为,《圣经》中的各种"具象"就其一般性质而言,大都是意象意义上的具象,而非写实意义上的具象,用《圣经》词语讲,大都可被视作为一种"异象"——一种与现实保持相当距离的形象事实。就这些具象现象的本身而言,它们往往已不是人们对经验世界的描摹和逼真刻画,而是一种具有"虚假"特征、非生活化特征的事实;就其在《圣经》文本中的修辞功能、语义功能来看,这些具象常常只起到了某种比喻、隐喻、象征的作用;从其在整个《圣经》文本中的意义而言,诸如此类的具象只不过构成了阐释宗教教义的个别意象和"材料"而已。所以《圣经》中的

---

[1] 《以赛亚书》6:1—4。

具象现象从本质上是统纳于《圣经》的基本思想（包括摩西律法）并服务于这一思想的，并未动摇犹太文化传统的思想规范和艺术精神。至于犹太生活中的圣物，如"约柜"、"七烛灯台"等，也主要是作为一种充塞了深刻内涵的文化意象而被呈现出来的，与迷信的、具象性的偶像崇拜不同。

综上所述，在犹太艺术的发展史上，以摩西律法为核心的犹太教的神学观念，对犹太艺术观念及艺术形态发生了十分重要的规范作用，这种规范作用往往是经由了从宗教观念到文化观念的转化而发生的，因而这种文化规范的效用是极其隐在、深刻和广泛的。

第十八章　作为审美文化的《圣经》

第一节　一个审美文化的资源库

如何对宗教典籍进行审美文化的诠释，是一个在理论和实践上都需要深入探究的问题。这不仅因为宗教典籍的本身远非纯粹的艺术成品，而是一个集合了诸多艺术与非艺术因素和各种复杂文化要素的混合物；更重要的是在于宗教典籍在蕴涵和呈现审美文化的要素和意义时常常以特殊而隐晦的方式实现的。

在传统的神学话语中，《圣经》无疑是"上帝的言语"，或是先知受上帝的感悟启迪而作。所以《圣经》首先被视作一部神圣之书，《圣经》中的一切物象都被涂上了神圣的色彩，就是那些充满世俗情感的爱情故事，也被神学家们进行了深奥的神学生发。《雅歌》中的新妇曾唱曰："我夜间躺卧在床上，寻找我心爱的；我寻找他，却寻不见。我说：我要起来，游行城中，在街市上，在宽阔处，寻找我心所爱的。我寻找他，却寻不见。城中巡逻看守的人遇见我，我问他们：'你们看见我心所爱的没有？'我刚离开他们，就遇见我心所爱的。我拉住他，不容他走，领他入我母家，到怀我者的内室。"新郎则称颂新妇唱道："我的佳偶，你甚美丽！你的眼在帕子内好像鸽子眼。你的头发如同山羊群卧在基列山旁。你的牙齿如新剪毛的一群母羊，洗净上来，个个都有双生，没有一只丧掉子的。你的唇好像一条朱红线，你的嘴也秀美。你的两太阳在帕子内如同一块石榴。你的颈项好像大卫建造收藏军器的高台，其上悬挂一千盾牌，都是勇士的藤牌。你的双乳好像百合花中吃草的一对小鹿，都是母鹿双生的。"[①] 新妇、新郎的这段对唱，运用了大量的比喻，虽然有些比喻用今人的眼光来看不甚贴

---

① 《雅歌》3：1—4；4：1—5。

切或"词不达意",但我们可以想见,所有的这些语言修辞都是对对方的一种称颂赞美,新郎、新妇之间的倾慕之情是明显和有感染力的。

从《雅歌》全诗的结构、修辞、表述情感的方式等方面来看,《雅歌》一诗与古代中东地区流行的婚礼情歌十分接近,极少有神学的演绎。但即使如此,《雅歌》被编入《圣经》框架后,历代的解经学者也对《雅歌》的隐秘意义进行了挖掘,持寓言说者认为,《雅歌》是一篇充满象征寓意的寓言故事;持预表说者认为,该诗借男女爱情预言性地表现了上帝对以色列人的眷爱。《雅歌》文本的含义及解经家对《雅歌》的神学解读使我们发现,《圣经》作为一部传统的神圣的书,在历代的传诵解说中,业已获得了一个相对稳固的神学定位。《雅歌》这种较为世俗化的篇章尚且如此,《圣经》中其他部分更是这样。所以,发现和解说《圣经》的审美文化要素,首先要将《圣经》从传统的神学樊篱中解放出来,克服神学帷幕和神学要素的遮掩,实现对《圣经》文本以全新的、理性的和审美的解读。

《圣经》作为古代希伯来民族智慧的结晶,汇聚了希伯来民族近千年的文化精髓,它的巨大容量是难以估计的,其中既包括早期希伯来民族在宗教、伦理、道德等形上层面的思想总结,也包括大量的现世经验、生活智慧乃至生产细节,还有业已经过现代考古学所证实的许多史实、事件。譬如1929年英国学者伦纳德·伍莱爵士(Leonard Woolley)所进行的考古工作,通过对黏土层的发掘证实了3500年前的大洪水,[①]这与《圣经》的有关记载完全吻合。

把《圣经》从神学的樊篱中解放出来,用理性的观点去发掘和解说这样一个巨大的文化宝库,是一项极有意义的工作。近代以来,西方学者作了不少尝试,特别是在把《圣经》作为文学、作为民俗来解读方面,颇有成效,如18世纪中期的英国学者罗伯特·洛斯(Robert Lowth)及后来的S.R.德莱弗(S.R. Driver 著有《旧约文学》,1891)、R.G.摩尔顿(R.G. Moulton 著有《圣经的文学研究》,1895)等都做出了重要的努力和贡献。剑桥大学出版社1993年出版了惠灵顿维多利亚大学的大卫·诺顿(David Norton)的两卷本巨著《圣经作为文学的历史》(*A History of Bible as Literature*, Cambridge University Press, 1993),十分详细地梳理了《圣经》(包括《旧约》、《新约》)作为文学解读的历史及《圣经》自身的文学资源。

---

① 山本七平:《圣经常识》,第37页。

将《圣经》作为民俗来解读，挖掘《圣经》中丰富的民俗资源，在西方学界是一项极受尊敬的工作。1918 年詹姆斯·乔治·弗雷泽（James George Frazer）就出版了他的三卷本著作《旧约中的民俗》(*Folklore in the Old Testament*)。加利福尼亚大学民俗学教授阿兰·杜德斯（Alan Dundes）也推出了这方面的力作 *Holy Writ as Oral Lit, The Bible as Forklore*（1999），在弗雷泽等人研究的基础上，比较深入地考察了《圣经》中的民俗资料，在一定程度上代表了西方学者在此方面的研究进展。

笔者在指导研究生研读《圣经》时，曾罗列数十个有关方面的论题供学生研讨，诸如作为哲学的《圣经》、作为历史的《圣经》、作为伦理的《圣经》、作为地理的《圣经》、作为民俗的《圣经》、作为文学的《圣经》、作为艺术的《圣经》、作为经济学的《圣经》、作为教育学的《圣经》、作为医学的《圣经》、作为民族学的《圣经》、作为政治学的《圣经》、作为审美的《圣经》、作为宗教的《圣经》等等，对开启学生的思维颇有益处。当然，上述论题不一定都与审美文化有直接关系，但都可以统纳在作为文化的《圣经》这一大的论题之下。由此完全可以这样说，《圣经》构成了一个巨大的文化宝库，也是一个非凡的审美文化的资源库。

第二节 审美文化的发现

但对《圣经》作审美文化的解读远非一蹴而就的事情，因为《圣经》作为一部千百年来主要以神学圣书形貌出现的著作，它的审美文化资源不仅不能与其特定的神学要素完全剥离，在某种意义上反而恰恰是与一定的神学要素交织在一起而得以呈现的，其审美特质也往往恰恰由于同神学要素的联系而得到实现。只有将《圣经》视作一种既蕴涵了特定的神学要素和神学印记，同时也蕴涵了丰富的审美文化内容的历史文本来看待，才能真正找到和探测《圣经》审美文化特质内涵的有效窗口。

在《圣经》文本的构建包括对有关神学思想的表述中，《圣经》是以各种"素材"为基本材料——这些"素材"既可以是真实的，也可以是虚构的，既可以是客观的，也可以是主观的，以语言为基本媒质，借助各种修辞、技巧的运用，演化出相关的文化内涵的——在演化出特定神圣性内涵的同时，也必定演化出丰富的非神圣性内涵：

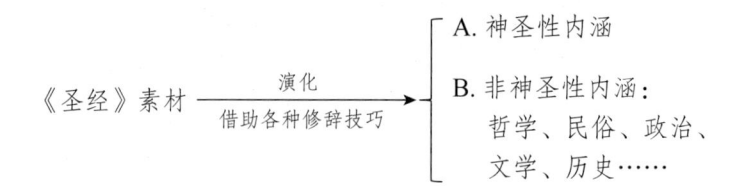

```
                        ┌ A. 神圣性内涵
《圣经》素材  ──演化──→  │ B. 非神圣性内涵：
         借助各种修辞技巧   │    哲学、民俗、政治、
                        └    文学、历史……
```

《圣经》的审美内涵和意义在整个《圣经》的构建中，一方面与《圣经》的神学内涵交融在一起，另一方面，从理论上讲，它又主要渗透、蕴藏和体现在以下几个主要方面：其一是营造《圣经》的那些基本素材，这些素材不仅是《圣经》的神学素材，同时也是《圣经》的文学、艺术、审美素材；其二，在运用和处理这些素材演化特定内涵的过程中，《圣经》文本所表现出的各种手法、技巧、语言修辞等；其三，《圣经》文本在呈现出特定宗教学说的同时所呈现出的各种审美性意味，包括情感、思想、价值趋向，以及《圣经》文本的若干形式特征等等。

以《圣经》文本的形式要素为例，可以看出《圣经》文本的形式要素在《圣经》的审美文化解读中是有重要意义的。这里所说的形式，是指《圣经》建构的文本形式、体裁样式，这种形式要素的本身亦非一种"纯形式"，而是一种兼具某种内容的和有意味的形式，因为《圣经》中的体裁样式等虽以"形式"的品貌出现，但在这些形式要素的历史铸就中，在《圣经》形式要素形成的历史机制中，必定隐含了丰厚、深刻的文化内涵。

在希伯来《圣经》中占有突出地位的首先是神话传说，神话传说主要集中在《创世记》以及《以赛亚书》、《阿摩司书》等先知书中。神话和传说往往是世界各民族早期文明发展中共同具有的一种文化现象，严格地讲两者具有一定的区别，神话主要讲述纯虚构的神的故事，而传说则常以部落首领和部落英雄的行迹事典为内容。希伯来《圣经》中的神话与传说常常是交融在一起的，这是因为希伯来先祖和民族英雄往往同时亦是先知（如亚伯拉罕、摩西），他们与神一起共同营造了《圣经》中的神话传说。希伯来神话传说主要记载了天地创造、人类起源、希伯来民族的历史发端，特别是希伯来人与上帝的特殊关系以及希伯来民族形成时的各种初始性的经验积淀，诸如希伯来人对生命局限的认知、希伯来人出埃及的历史事实、希伯来人与异族的冲突关系，等等，当然这些认知、史实或经验都不是以写实性的方式呈现出来的，而是以典型的"故事"表述出来的。人类生命的局限，在《圣经》中被认为是由于人类的始祖亚当、夏娃违抗上帝之命

偷食禁果而遭到上帝的惩罚所致：

> 耶和华上帝说："那人已经与我们相似，能知道善恶，现在恐怕他伸手又摘生命树的果子吃，就永远活着。"耶和华上帝便打发他出伊甸园去，耕种他所自出之土。于是把他赶出去了。又在伊甸园的东边安设基路伯和四面转动发火焰的剑，要把守生命树的道路。①

在这段神话中，《创世记》既以故事的方式表述了对人类生命局限的认知，又将这种认知与有关上帝的神学营造结合在一起，显示出高超的思想机智。对于早期人类各部族间的冲突，《创世记》是通过该隐、亚伯的故事叙述出来的："有一日，那人和他的妻子夏娃同房，夏娃就怀孕，生了该隐，便说：'耶和华使我得了一个男子。'又生该隐的兄弟亚伯。亚伯是牧羊的，该隐是种地的。有一日，该隐拿地里的出产为供物献给耶和华；亚伯也将他羊群中头生的羊和羊的脂油献上。耶和华看中了亚伯和他的供物，只是看不中该隐和他的供物。该隐就大大地发怒，变了脸色。耶和华对该隐说：'你为什么发怒呢？你为什么变了脸色呢？你若行得好，岂不蒙悦纳？你若行得不好，罪就伏在门前。它必恋慕你，你却要制伏它。'该隐与他兄弟说话，二人正在田间，该隐起来打他兄弟亚伯，把他杀了。"②在这里，就表面看来讲述的是一个兄弟相煎的故事，但从亚伯、该隐的身份特征（亚伯是牧羊的、该隐是种地的）来看，其实是揭示了上古中东地区不同部落间的冲突关系，蕴涵了深刻的历史文化内容。所以，希伯来神话传说的审美文化特质就在于，它往往以非写实的形象化的"故事"，浓缩了上古希伯来人的历史经验、希伯来人对世界的诸种认知和判断，在这些认知判断中，理性的逻辑推演与非理性的神学感悟是紧密结合在一起的。

与神话传说相比，史传文学具有明显的写实性。像《约书亚记》、《士师记》、《撒母耳记》（上、下）、《列王纪》（上、下）、《历代志》（上、下）、《以斯拉记》等，这些作品虽然不能作为信史来读，但其内容、素材、文本建构的方式、技巧等都表明，这部分作品与神话传说有了很大的不同，这里尽管有些作品也融进了一定的神学成分和虚构因素，但总的来说，它们

---

① 《创世记》3：22—24。

② 《创世记》4：1—8。

大都以希伯来民族历史上的重大事件为核心，围绕着希伯来早期民族史上有举足轻重地位的、关键的历史人物的活动，再现出希伯来民族早期发展的史实历程。在《创世记》之后，首先再现的是"出埃及"——希伯来民族早期历史中具有关键意义的事件，这部分内容仍与神话传说较为紧密地结合在一起；接着在《约书亚记》中记载了以色列民族出埃及后，摩西的继承者约书亚带领族人占领迦南的经过；在《撒母耳记》和《列王纪》中，则再现了希伯来联合王国的形成和兴衰，特别再现了扫罗、大卫、所罗门诸王的业绩……值得重视的是，这些史传作品往往并未写成枯燥的历史书，而是将历史事实与一定的文学化虚构相结合，有些篇章还带有较强的故事色彩，如《出埃及记》、《约书亚记》、《撒母耳记》等。因此，《圣经》中的史传作品显示了不同于神话传说的审美特征，将深刻的历史认知价值和感人的史诗内蕴结合在一起，呈现出独特的审美文化意义。

希伯来先知书以《以赛亚书》、《耶利米书》、《以西结书》、《但以理书》、《何西阿书》、《约珥书》、《阿摩司书》等为代表，这些先知书以极其特殊的方式显示出独特的审美文化价值。先知就犹太神学的本意而言，是指那些受上帝的特殊委派、能够领悟上帝的启示并向普通民众传达上帝旨意的人，在某种意义上讲是上帝与民众之间的中介，上帝的神谕通过先知的传达和解释而得以发挥效用。在希伯来历史上，可称得上先知的第一人是希伯来人的始祖亚伯拉罕，摩西、亚伦（第一祭司长）也被称为先知，特别是阿摩司、何西阿、以赛亚、弥迦、西番雅、那鸿、哈巴谷、耶利米和以西结等，都是典型的"职业先知"。在这些先知的积极参与下，从公元前8世纪至公元前5世纪在希伯来民族史上演发了一场影响巨大的先知运动。在这三四百年时间里，以色列、犹大两国先后遭到周边邻国亚述、新巴比伦和波斯的入侵，国土沦陷、民不聊生，民族的内忧外患成为诸先知书表现的重要问题，因此诸先知书虽以"先知书"的神学形貌出现，但却表现出非凡的现实意识。先知阿摩司面对以色列人的堕落现实，形象地以夏天的果实来隐喻以色列人的结局："耶和华如此说：'以色列人三番四次地犯罪，我必不免去他们的刑罚；因他们为银子卖了义人，为一双鞋卖了穷人。他们见穷人头上所蒙的灰，也都垂涎；阻碍谦卑人的道路；父子同一个女子行淫，亵渎我的圣名。'""主耶和华又指示我一件事：我看见一筐夏天的果子。他说：'阿摩司啊，你看见了什么？'我说：'看见一筐夏天的果子。'耶和华说:'我民以色列的结局到了,我必不再宽恕他们。'"① 在何西阿、以赛亚、弥迦、耶利米、以西结等先知的著作中,北朝以色列或南朝犹大的命运问题始终是其关注的焦点。

先知书的审美文化特质除了表现在它以神圣之书的形貌蕴藏着深刻的现实因素外,更主要的还表现在先知书在其建构中所表现出的运思特征。先知书立足于现实的基石,努力发觉现实之"因"与未来发展之"果"之间的时间逻辑联系,在对这一时间因果逻辑的建构中,昭示出对现实及未来发展的深刻认知。《耶利米书》借耶和华之口指出:

> 以色列是仆人吗?是家中生的奴仆吗?为何成为掠物呢?少壮狮子向他咆哮,大声吼叫,使他的地荒凉;城邑也都焚烧,无人居住。挪弗人和答比匿人也打破你的头顶。这事临到你身上,不是你自招的吗?不是因耶和华你上帝引你行路的时候,你离弃他吗?现今你为何在埃及路上要喝西曷的水呢?你为何在亚述路上要喝大河的水呢?你自己的恶必惩治你,你背道的事必责备你;由此可知可见,你离弃耶和华你的上帝,不存敬畏我的心,乃为恶事、为苦事。这是主万军之耶和华说的。②

这里虽然借用的是耶和华之口,其言辞也涂上了一定的神学色彩,但"遭灾祸因罪自招"的思想无疑充满了理性化的思想特质,这样,从以色列人在现实生活的悖逆、起假誓、不践前言、偷窃、奸淫等罪恶的陈述、展示中,不难导引出招致报应的逻辑结局。在先知书对未来图景的呈现中,由于借助了"神谕"的形式而使得整个先知预言具有了合乎历史——合乎其时一般民众心理和信仰特点的内在感召力。

在《圣经》文本中,与先知书和史传文学不尽相同的智慧文学主要集中在《箴言》、《约伯记》、《传道书》中,在《诗篇》、《士师记》等作品中也有一定的表现。智慧文学主要揭示生活经验、道德、哲理、人生的智慧和关于世界的各种知识。这些知识、智慧较少带有神学色彩,也较少带有民族色彩,以强烈的世俗性和普世性为其显著特征。

---

① 《阿摩司书》2:6—7;8:1—2。
② 《耶利米书》2:14—19。

智慧文学以极强的理性精神认知人类的现实生活和现实世界的客观规律，特别是关于为人处世、人生意义等的思考以及对各种经验教训的总结，构成了智慧文学的主要价值所在。《箴言》以格言和诗的形式总结了各种经验、训诫和知识："智慧妇人建立家室，愚妄妇人亲手拆毁"；"行为纯正的贫穷人，胜过乖谬愚妄的富足人"；"懒惰使人沉睡，懈怠的人必受饥饿"；"智慧人家中积蓄宝物膏油，愚昧人随得来随吞下"。[1] 智慧文学表现的许多内容都是积极向上的，但由于历史条件的局限，这些"智慧"的本身有时又常常被涂上各种虚妄、悲观、神学或迷信的色彩。特别需要指出的是，智慧文学的审美文化意义不仅体现在它所蕴涵的文本信息——智慧上，还体现在它常常是以形象化的方式将特定的文本信息呈现出来的。《箴言》在论及愚顽者因厌恶知识而遭恶果时说：

> 智慧在街市上呼喊，在宽阔处发声，在热闹街头喊叫，在城门口、在城中发出言语，说："你们愚昧人喜爱愚昧，亵慢人喜欢亵慢，愚顽人恨恶知识，要到几时呢？你们当因我的责备回转，我要将我的灵浇灌你们，将我的话指示你们。我呼唤，你们不肯听从；我伸手，无人理会。反轻弃我一切的劝诫，不肯受我的责备。你们遭灾难，我就发笑；惊恐临到你们，我必嗤笑。惊恐临到你们，好像狂风，灾难来到，如同暴风，急难痛苦临到你们身上。那时，你们必呼求我，我却不答应，恳切地寻找我，却寻不见。因为你们恨恶知识，不喜爱敬畏耶和华，不听我的劝诫，藐视我一切的责备，所以必吃自结的果子，充满自设的计谋。[2]

在这里，《箴言》不是以议论说理的形式来表述愚顽者厌恶知识的问题的，而是在对此问题的议论中，夹进了大量形象化的比喻，将整个说理过程改造为一个生动形象的甚至带有某种情节性质的"故事"来描写。这样，阅读者是通过审美化的方式来接受《箴言》发出的各种智慧信息的。

在《圣经》中，特别在《诗篇》、《雅歌》、《耶利米哀歌》等篇章中，蕴藏着极为丰富的抒情诗资源，但《圣经》中的抒情诗与通常定义上的抒

---

[1] 《箴言》14：1；9：1；19：15；21：20。

[2] 《箴言》1：20—31。

情诗在形式及内容上都不尽相同。作为宗教文本的构成要素，抒情诗在《圣经》中主要以祈祷诗、咒诅诗、赞美诗、忏悔诗等形式出现，在这些诗的形式要素中，显然包含着特定的情感内涵要素。祈祷诗旨在乞求上帝的恩泽和眷顾，抒发摆脱苦难的愿望："耶和华啊，求你为我申冤，因我向来行事纯全，我又倚靠耶和华并不动摇。耶和华啊，求你察看我，试验我，熬炼我的肺腑心肠。因为你的慈爱常在我跟前，我也按你的真理而行。我没有和虚谎人同坐，也不与瞒哄人的同群；我恨恶恶人的会，必不与恶人同坐。耶和华啊，我要洗手表明无辜，才环绕你的祭坛；我好发称谢的声音，也要述说你一切奇妙的作为。耶和华啊，我喜爱你所住的殿和你显荣耀的居所。不要把我的灵魂和罪人一同贫农感除掉，不要把我的性命和流人血的一同除掉；他们的手中有奸恶，右手满有贿赂。至于我，却要行事纯全。求你救赎我，怜恤我。"① 在这些祈祷诗中，既有对上帝救赎、怜恤的乞求，也有对上帝惩治恶人、恶事的呼告，即以诗的形式，抒发了祈祷者的各种愿望。

比较而言，赞美诗则以较为明快的语气表达对上帝的称颂，神学气息更为浓厚：

> 耶和华是应当称颂的，因为他听了我恳求的声音。
> 耶和华是我的力量，是我的盾牌，心里倚靠他，就得帮助；所以我心中欢乐，我必用诗歌颂赞他。
> 耶和华是他百姓的力量，又是他受膏者得救的保障。
> 求你拯救你的百姓，赐福给你的产业，牧养他们，扶持他们，直到永远。②

不难看出，这里的赞美诗同时也含有一定的祈祷诗的韵致，作者是将对上帝的赞美与对上帝的祈祷结合在一起的，这两者的结合更好地表述了抒情诗作者的内在情感。

与赞美诗的语言风格和情感特征形成鲜明对比的是咒诅诗。咒诅诗将矛头指向恶人和恶事，借助咒骂和怒斥来宣泄内心的愤懑。《诗篇》通过

---

① 《诗篇》26：1—11。
② 《诗篇》28：6—9。

"求神惩罚仇敌"来表达对仇敌的憎恨：

> 愿他们的筵席在他们面前变为罗网，在他们平安的时候变为机槛。
> 愿他们的眼昏蒙，不得看见；愿你使他们的腰常常战抖。
> 求你将你的恼恨倒在他们身上；叫你的烈怒追上他们。
> 愿他们的住处变为荒场；愿他们的帐篷无人居住。
> 因为你所击打的，他们就逼迫；你所击伤的，他们戏说他的愁苦。
> 愿你在他们的罪上加罪，不容他们在你面前称义。
> 愿他们从生命册上被涂掉，不得记录在义人之中。①

咒诅诗还常常出现在诸先知书中，将对仇敌的诅咒与对仇敌未来遭灾的预言结合在一起。诅咒亦可被看作是希伯来人对敌斗争的一种工具或方式，当然这种斗争方式多少带有一定的自慰性质。《圣经》中的忏悔诗则以忏悔的心态表述一种强烈的识罪意识，以对上帝的悖逆来解说自身的各种现世苦难。《圣经》的忏悔诗常常同时含有一定的祈祷诗的内涵：

> 神啊，求你按你的慈爱怜恤我，按你丰盛的慈悲涂抹我的过犯。
> 求你将我的罪孽洗除净尽，并洁除我的罪。
> 因为我知道我的过犯，我的罪常在我面前。
> 我向你犯了罪，惟独得罪了你，在你眼前行了这恶，以致你责备我的时候显得公义；判断我的时候显为清正。
> 我是在罪孽里生的，在我母亲怀胎的时候就有了罪。②

《圣经》中的各种抒情诗内容丰富，除了前述祈祷诗、赞美诗、咒诅诗、忏悔诗之外，还有哀怨诗等。《雅歌》的情形比较独特，可被视为《圣经》中罕见的爱情诗。《圣经》中的抒情诗无论以何样的形貌出现，无论其情感的取向及方式如何，一般都表现出神学色彩与世俗色彩的结合，表现出神学信仰与现世生活的结合，从这些抒情诗中，不难看出希伯来人在特定历史条件下所表现出的心理特征及历史处境。

---

① 《诗篇》69：22—29。
② 《诗篇》51：1—5。

《圣经》中的神话传说、史传文学、先知文学、智慧文学和抒情诗从《圣经》特有的文本形式要素的角度昭示出鲜明的审美文化意义,正如摩迪凯·开普兰所说:"至于从纯粹的'审美'观点来看,可能会有人认为并且确实大都认为,它的整个文学遗产正是人类最丰富的文学遗产这一点,则几乎是毋庸赘言的事情。《圣经》作为一部文学大成之作,涵盖范围从英雄传说到早期戏剧,从抒情诗到哲学沉思录,几乎是无所不包,在世界文学中的地位是无与伦比的。"①

《圣经》虽以神学圣书的形式出现,但实际上它的内容远远超过了神学范围。它不仅涵括了希伯来人早期生活中的各种世俗生活要素,还显示了诸种非神学的情感观念。这些历史文化内涵都为我们超越神学的规限而走向审美解读之路提供了先决和必要的前提条件。

希伯来民族早期曾以游牧生活为主,辗转迁徙于中东一带。希伯来人在定居迦南后,农耕生活占据重要地位。《圣经》中记载和描述了大量的农事活动,展现了古代希伯来人的生产状况。曾被《圣经》提及的农事活动是十分全面的,包括种植(《创世记》9:20;21:23)、修剪(《利未记》25:3)、耙耕(《约伯记》39:10)、簸粮(《路得记》3:2)等等。通过《圣经》的记载,可以看出迦南的农副产品极为丰富,包括大麦、小麦、红豆、葡萄、橄榄、柑橘、杏子、无花果、石榴等等。《圣经》除了描述大量农事活动外,还较为集中地述说了诸如牧羊、捕鱼、狩猎、射艺、雕刻、纺线、织物等工事,这表明《圣经》时期人们的生产劳作已相当发达。

《圣经》不仅论及了当时的农牧工事,还相当具体地涉及了人的饮食保健、起居卫生等,某些内容还有十分详尽的例证。特别是有关人体的保健、卫生知识更是细致、翔实。关于如何使麻风病患者洁净,《利未记》记载说:"长大麻风得洁净的日子,其例乃是这样:要带他去见祭司,祭司要出到营外察看,若见他的大麻风疹愈了,就要吩咐人为那求洁净的,拿两只洁净的活鸟和香柏木、朱红色线并牛漆草来。祭司要吩咐用瓦器盛活水,把一只鸟宰在上面。至于那只活鸟,祭司要把它和香柏木、朱红色线并牛漆草,一同蘸于宰在活水的鸟血中,用以在那长大麻风求洁净的人身上洒7次,就定他为洁净,又把活鸟放在田野里。求洁净的人当洗衣服,剃去

---

① 摩迪凯·开普兰:《犹太教:一种文明》,第234—235页。

毛发，用水洗澡，就洁净了……"① 类似的记载，如关于如何使染疾之宅成洁、妇女生子如何成洁，等等，在《圣经》中是相当普遍的。值得注意的是，这些记载往往都是以上帝之规范的形式出现的，常采以"耶和华对摩西说"之类的言辞表述出来，在古代希伯来人对生活经验的浓缩中，由于加进了上帝规范的神学色彩，从而使得这些生活经验在希伯来人中能够以更为严格的方式贯彻和推广开来。

古代中东地区曾是一个十分重要的交通要道，史学家们称之为"往来辐辏之所"。因此自古以来这里的商贸事业相当发达，许多经济活动在这里很早便出现了，早在《创世记》中，就记载了以钱易物、以物易物的多种商贸方式。由于经济活动的高度发达，许多重要的经济概念在《圣经》中都有表现，诸如市场、买卖、债主、债务、负债者、利息、关税、信托、赎地、雇工等。古代的这种商贸经济和商贸思想，也极其隐晦地影响了人们关于世界的观念，在犹太教中居于核心地位的契约观在很大程度上就包含了这样一种典型的经济学思维。契约观在犹太神学话语中是指上帝与犹太人之间所建立的特殊关系，上帝在万民中拣选了犹太人做自己的子民，并许犹太人将来会君临万邦；而犹太人作为上帝的选民则需恪守上帝的诸种规范，对上帝惟一神忠贞不渝，犹太教的其他一切观念都是以上帝与犹太人之间的契约为基础而生发的。由此不难发现，犹太人的超验观念在其本质深处又是与其现实生活经验密不可分的，上古犹太祖先在营造其宗教学说时，中东地区发达的商贸事业和商贸意识，起到了十分重要的作用。

《圣经》不仅总结了早期希伯来人的生活经验，还描述了其时的各种生活弊端，当然这些生活弊端是以负面的生活事例而被呈现出来的，在《圣经》中往往被以戒律的形式加以禁止，但这无疑从一个独特的方面反映了早期希伯来人的生活状况和道德价值判断，其中显然又充斥着极为典型和强烈的审美意识——一种道德层面上的审美指向。《利未记》借耶和华之口指出："不可露你母亲的下体，羞辱了你父亲。她是你的母亲，不可露她的下体。不可露你继母的下体，这本是你父亲的下体。你的姐妹，不拘是异母同父的，是异父同母的，无论是生在家，生在外的，都不可露他们的下体。不可露你孙女或是外孙女的下体，露了她们的下体，就是露了自己的下体。……女人行经不洁净的时候，不可露她的下体，与她亲近。不可与

---

① 《利未记》14：1—8。

邻居的妻行淫，玷污自己。不可使你的儿女经火归与摩洛。也不可亵渎你上帝的名。我是耶和华。不可与男人苟合，像与女人一样，这本是可憎恶的。不可与兽淫合，玷污自己，女人也不可站在兽前，与它淫合，这本是逆性的事。"① 这里以戒律的形式所禁止的，均为乱伦败俗之事，这从一个侧面透露了当时社会生活中的某些弊端丑行，在《圣经》中被严格禁止，无疑体现了人们的正面道德取向。

　　《圣经》时期人们的价值取向（包括伦理道德的和生活操作的、神圣的与世俗的、审美的与实用的等各个方面）在《圣经》中被普遍存在着的各种戒律明确地标示出来。《圣经》中充满了强烈的律法观念，大到不可信奉异神的神学信仰，小到哪些可吃，哪些不可吃的饮食规定，613条戒律涉及了人类生活的各个方面。虽然这些戒律大都以神学规范的形式出现，都被笼罩在上帝学说的光圈之下，但撩开神学的帷幔，其现实意义是不难显现的。以著名的十诫为例，虽然夹杂着鲜明的神学色彩，但其中的超神学意义仍是十分突出的，十诫依序为：1. 崇拜惟一神耶和华而不可崇拜别的神；2. 不可雕刻和敬拜偶像；3. 不可妄称上帝的名；4. 须守安息日为圣日；5. 要孝敬父母；6. 不可杀人；7. 不可奸淫；8. 不可偷盗；9. 不可作假见证诬陷他人；10. 不可贪恋别人的妻子和财产。可以发现，在十诫中有四诫（1—4条戒律）是神学性的，有六诫（5—10条戒律）是超神学的，它们对规范人们的日常行为、导引人们的道德取向和价值判断，有着不可忽视的作用。整部《圣经》类似的道德规章还很多，它对犹太民族的道德观念发生了决定性的影响，就像犹太拉比自己所指出的那样，《圣经》是犹太人道德教育的宝库。②

　　对现时世界的生活，《圣经》试图以各种戒命加以规范；对未来世界，《圣经》还塑造了典型的乌托邦理想，从中不仅寄寓了人们的一种美好愿望，也是以一种特殊的方式对人们的现实生活发出指引。《以赛亚书》以预言的口吻描述了理想境地的迷人景象，到那时，"旷野和干旱之地必然欢喜，沙漠地也必快乐，又像玫瑰开花。必开花繁盛，乐上加乐，而且欢呼。……那时瞎子的眼必睁开，聋子的耳必开通；那时瘸子必跳跃像鹿，哑巴的舌头必能歌唱；在旷野必有水发出，在沙漠必有河涌流，发光的沙

---

① 《利未记》18：7—23。
② Richard C. Hertz, *The American Jew in Search of Himself*, p.105.

要变为水池，干渴之地要变为泉源，在野狗躺卧之地必有青草、芦苇和蒲草。……在那里必没有狮子，猛兽也不登这路，在那里都不遇见，只有赎民在那里行走。并且耶和华救赎的民必归回，歌唱来到锡安，永乐必归到他们头上，他们必得着欢喜快乐，忧愁叹息尽都逃避"[①]。《以赛亚书》所塑造的乌托邦虽然是一种神学乌托邦，但在审美文化的视野中，它以形象化的语言对理想境地的塑造，它对美好境地的渴望都显现出特殊的超神学意义。除了突出的乌托邦思想以外，各种现代流行的学说思想在《圣经》文本中均有不同程度的表现，诸如人类学、经济学、政治学、末世学、统计学、建筑学、正义论、战争论、历史主义、世界主义、崇智主义甚至虚无主义或"存在主义"等等，这些思想学说相当准确、全面地反映了《圣经》时代人们的观念意识状况，蕴涵着特殊的认知价值。

综前所述，在审美文化的视野中，作为神学典籍的《圣经》已不再是原本意义和传统意义上的神学圣书，而是一种蕴藏着特定的审美文化内涵和审美文化价值的古代经典文献。《圣经》文本虽经神学家的刻意营造和神学发掘、神学解说，但它的形成毕竟历经了一个漫长的历史时期。希伯来民族早期艰难曲折的历史发展、希伯来人对世界和人生的各种感悟认知以及对生活经验和生活要素的高度总结，无疑成为《圣经》文本所包蕴的基本内容——这些都是神学帷幕无法遮掩的。《圣经》文本的审美文化意义主要体现在两个基本的方面：一是以神话传说、史传文学、先知文学、智慧文学、抒情诗等为主要特质的文本要素——这些文本形式的本身不仅显现出形象、生动的美感意义，也显示出深厚的文化认知价值；二是《圣经》文本的内容要素，这些内容要素既包括对古代人民各种生活内容和生活要素的总结，也包括对各种思维观念、思想意识的统纳，这两者构成了《圣经》文本审美文化内涵的基本方面。《圣经》文本独特的审美文化意义及特质在于，它既非一部纯粹的神学之书，也非一部纯粹的世俗之书，而是将强烈的神圣化色彩和深刻的世俗性内容进行了有机的整合，从而以极其特殊的方式包容了丰富、复杂的文化事实和观念意识，独特性地昭示了古代希伯来人民的生活历程和思想特征。关于《圣经》的审美文化解读，也向我们展示了对一般宗教典籍进行审美文化阐释的若干理论规则，特别是展示了解读宗教典籍的理论维度以及宗教典籍所蕴涵的一般审美文化价值等等。

[①]《以赛亚书》35：1—10。

第十九章　希伯来神话及其生命认知

第一节　神话：文化的原初质料

德国著名艺术哲学家弗·威·约·谢林在其《艺术哲学》中,从艺术审美和文化史的角度看神话,认为"神话乃是任何艺术的必要条件和原初质料"。"古人将神话以及(既然神话据他们看来同荷马史诗相契合)荷马史诗视为诗歌、历史和哲学的总的渊源。"[①] 其实,换个角度来讲,由于神话在一种文化的最初发生中所起到的特殊作用,以及它对一种文化的原创实况的特定承载和表征,因而也可以说神话亦是文化的原初质料,而且这种"质料"不仅包含着它的内容要素,也包含着建构方式及其内在的运思要素,因而有着十分独特的审美文化价值。

一般来讲,各个民族在其早期文化的产生中,总是产生了形形色色的神话,但在希伯来文化究竟有无神话的问题上,在不同的理论话语中却有着不尽一致的认知。马丁·布伯曾指出:"甚至好像对真正的学术研究来说,任何神话的因素与《圣经》也是不相容的东西,因为《圣经》被赋予了一种形式,它是以这种形式,并通过那些充满官方的和晚期犹太祭司精神的人传给我们的。那些人认为:神话——那实际上是所有真正宗教虔敬的有益资料——是宗教的狡猾敌人,而这里的所谓宗教只是他们想象和希望的。因此,他们拒绝接受任何留传下来的——就他们最好的知识来说认为是神话的财富。幸运的是,他们的知识并不完全,于是大量他们所不熟悉的富有原创性的内容就逃脱了。因而,分散开来的宝藏的脉络可以在《圣经》的所有篇章中发现。当这些脉络被新的研究所发现时,犹太神话

[①] 弗·威·约·谢林:《艺术哲学》,魏庆征译,中国社会科学出版社1996年版,第64—75页。

的存在就不能再被否认了。"① 出于宗教等方面的原因而对希伯来神话的质疑,显然是不能否认希伯来神话的客观存在,这一点马丁·布伯已说得十分清楚。

当然,由于希伯来神话与其宗教要素难以剥离地结合在一起,这也使得希伯来神话呈现了诸多更为复杂的特性,但是另一方面,这也正为希伯来神话赋予了更多的"文化原初质料",特别是像经典性的创世神话、伊甸园神话以及洪水方舟神话等,其文化原初质料的意义更是极其深厚的。马丁·布伯把犹太一神教这样的宗教称为"神话———神教的民间宗教","是因为那种认为一神教与神话互相排斥,以及具有一神教倾向的民族必然因此而缺乏神话的创造能力的看法是完全没有道理的。相反,每一种活着的一神教都是充满着神话的要素,并且只有充满了这些要素,它才能依然活着"②。

希伯来神话的特质和魅力非常集中地呈现在以下方面:

其一,它用典型的神话思维应对和解说世界和人生的许多根本性问题,这种神话思维不以逻辑线性思考为特征,而是以形象的方法,通过对故事的叙述来完成。在这个意义上,神话具有了一种特定的文学美感,而希伯来人的现世经验也从中得到了应有的昭示。譬如该隐杀兄的神话,这里实际上是用一个故事的形式,把古代巴勒斯坦地区两个同宗不同族的部落之间的纷争表述出来,但《圣经》不是用历史和民族学的理论思维和灰色语言,而是用文学化的形象思维和语言,通过对一个故事的叙述把这个蕴意深厚的历史现象表现出来。当然,这个故事所隐藏的意味还远远不止于这些。

其二,作为希伯来文化的一种"原初质料",希伯来神话所蕴藏的一种"原初质料"一方面是丰富、深厚的,另一方面又对后世希伯来文化的发展产生重要影响。谢林在谈到希腊神话时曾指出:"荷马史诗以及整个神话之所以具有魅力,其原因并在于:它们亦将比喻作为可能,实际上,一切皆可全然比喻化。希腊神话中那种意义的无限性,就是基于此。""神话不仅应表述今或往昔,而且也应囊括未来。"③ 希伯来神话在其表述中,涵盖了对历史、现实的认知,这种认知乃是希伯来民族经验生活的特定表征;

---

① 马丁·布伯:《论犹太教》,刘杰等译,山东大学出版社 2002 年版,第 87—88 页。
② 同上书,第 90 页。
③ 弗·威·约·谢林:《艺术哲学》,第 73 页。

在这种表征中业已积淀了对未来生活的某种认知指向，并可能对未来生活做出一定的导引或影响；而且，更为重要的是，希伯来神话本身所内含的运思方式作为希伯来文化历史的一种"原初质料"，可能对希伯来文化产生更为深刻的启示。"神话既然是初象世界本身、宇宙的始初普遍直观，也就是哲学的基础，而且不难说明：即使希腊哲学的整个方向，亦为希腊神话所确定。"[①] 希腊神话如此，希伯来神话亦然。

其三，希伯来神话与其宗教要素密切地结合在一起，从而不仅在内涵上融入了更为复杂的要素，而且在对犹太未来生活的影响上发挥着一般神话所不能达到的文化效力。马丁·布伯说："我们是从把神话定义为以肉身的现实化的描述方式来叙述某个神的事件开始的……而对犹太人来说，肉身的现实乃是神的精神与意志的启示。结果，所有的神话，对印度贤哲而言，就像对后来的柏拉图主义者一样，都是一种比喻；而对于犹太人则终究是一种关于上帝的证明的真实陈述。古代犹太人除了以神话的方式叙述故事外，不会有任何其他方式。因为对他来说，只有当一个事件的神圣意义被抓住以后，才值得讲述出来。《圣经》中所有那些讲述故事的篇章，都只有一个主题，那就是：叙述雅赫维与他的人民的相遇。""从我所说的这个例子中，应该可以清楚了解犹太神话中我所称之为特殊性格的东西是什么了。犹太神话并没有免除掉因果性，它只是用一种形而上学的因果性，以及经验事件与神圣存在之间的因果关系代替经验的因果性罢了。"[②] 神话与神圣因素的交织，正是希伯来神话最具特质的性格和"质料"。由于这一特点，加之犹太民族作为"宗教民族"的文化特点，以及 Judaism 对犹太教与犹太文化的整合，因而犹太神话在犹太文化中的特殊效用和审美效力，都是深刻非凡的。

第二节　伊甸园神话中的生命本体

伊甸神话在希伯来神话中占有突出的地位，在伊甸神话中，充分体现了古代犹太文化对生命本体的神话认知。《创世记》中，上帝在造出了亚当以后，又在东方的伊甸立了一个园子，以便把亚当安置在那里，后又造了

---

① 弗·威·约·谢林：《艺术哲学》，第 76 页。
② 马丁·布伯：《论犹太教》，第 93—95 页。

一个女人夏娃与其做伴。其时亚当、夏娃赤身裸体并不知害羞。一日在蛇的引诱下,亚当、夏娃违背了上帝之命而偷食了智慧树上的果子,顿感眼明心亮,由此也产生了羞耻感。上帝发现了人的罪过,愤慨之下将亚当、夏娃驱出乐园,人类从此失去了乐园生活。

伊甸神话的生成被认为具有一定的现实基础。罗伯逊在他的《基督教的起源》中认为,"伊甸"乃巴比伦人给幼发拉底河下游的冲积平原所起的名字;海丁氏(James Hastings)的《圣经辞典》则提到,亦有人认为伊甸实为一海岛的名称,它距波斯湾不远,恰在底格里斯河(Tigris,《圣经》中称为"希底结",Hiddekel)与幼发拉底河(Euphrates,中文《圣经》一般译为"伯拉河")两河的入海处;也有人认为伊甸乃波斯湾的入海口,古代通商名为伊里度,昔时曾有人在伊里度发现一古代巴比伦的楔形匾一方,上面的文字记载说日神(又称独一无二之神母)住于此处,人不可入,[①] 等等。也许不能完全否认在古代确曾有过一个叫作"伊甸"或类似名称的地方存在,但需要指出的是,《创世记》中的"伊甸"绝非能与现实地理上的"伊甸"画等号,充其量它是对现实地理的一个意象化、乌托邦式的假托,因为《创世记》之伊甸为上帝所立,只是一片神学意义上的乐园净土。

亚当、夏娃对伊甸乐园的丧失是意味深长的,它以神话的思维和方式表述了古代希伯来人对人类早期生活的理解,即通过亚当、夏娃走出乐园,再现了人类告别原始蒙昧状态、进入自食其力、以人为本的文明时代的历史性进程。在这里,人性的觉醒和人的自我意识的萌发在伊甸神话的多种细节要素中得以清晰呈现。夏娃在蛇的引诱下,

> 见那棵树的果子好作食物,也悦人的眼目,且是可喜爱的,能使人有智慧,就摘下果子来吃了;又给她丈夫,她丈夫也吃了。他们二人的眼睛就明亮了,才知道自己是赤身露体,便拿无花果树的叶子,为自己编作裙子。[②]

亚当、夏娃虽是夫妻,但当意识到双方赤身裸体的时候,便很快设法遮挡了羞处——这种羞耻感的产生可以说是人类自我意识觉醒的标志,是

---

① 海丁氏:《圣经辞典》,第121—122页。
② 《创世记》3:6—7。

人类从孩提走向成熟，从愚昧走向文明的第一步。在促使人类迈开这艰难而又伟大的一步时，伊甸神话中有三个具体而又含义深长的物象起到了非同凡响的作用，这三个物象分别是蛇、智慧果和无花果树叶。

蛇是亚当、夏娃堕落的引诱者，是专与上帝作对的恶的象征意象。根据国外学者（如北欧学者 Benedikt Otzen 等）的研究，在迦南一带人们的观念中，蛇是性的一种象征，是性欲的物化意象。我们理解，在伊甸神话中，蛇的确具有某种"性欲"方面的象征意味，但在这里应把"性欲"界定在一种宽泛的意义上，即蛇代表了人的一种原始本能冲动和人的一种生理欲望，因为夏娃"见那树上的果子好作食物，也悦人的眼目，且是可喜爱的……"才听从了蛇的诱导。蛇在这里起到了唤起"人欲"的诱饵作用，这种作用的实现在于"蛇"与"人欲"的内在相通，所以在一定意义上，蛇的意象品性正是体现了人性自身构成的一个基本方面。

智慧果在伊甸园中是被当作禁果而安置的，人食用了它可以眼明心亮，知道羞耻善恶。所以智慧果是一种判断力和创造力的象征，它代表了人类试图掌握自身命运、获取自由选择的意愿和意识。当亚当、夏娃偷食了禁果，知道自己是赤身裸体的时候，便取来无花果树的叶子，为自己编织成衣裙。无花果树叶在这里被当成遮羞之物。后世人们在创造裸体绘画时，亦往往习惯于在羞处置放若干无花果树叶以掩人耳目。但在希伯来等中东地区的上古民族那里，无花果树原本还有更深的含义。无花果树在迦南境内极其繁多，且生命力旺盛，每年可种植两次。人类学的某些研究表明，无花果在迦南当地被当作一种与性密切相关的植物，具有某种催春和提高性能力的药物功能。在伊甸神话中，无花果树叶既是亚当、夏娃的一块遮羞布，又隐秘地表征了性的意义。可以说，伊甸园中的蛇、智慧果、无花果树叶这三个具体的物象，都程度不同地蕴涵了"性"（广义上）的意义，均可被视作人性的物化象征。在亚当、夏娃受蛇引诱、偷食禁果、以无花果树叶遮羞的三个动作行为中，象征性地完成了人性觉醒的全过程。

所以伊甸园的丧失同时亦意味着人类生命的真正实现。在这之前，亚当、夏娃曾在伊甸乐园中度过了多少时辰，《创世记》并未做出交待。值得注意的是，《创世记》特别提及亚当、夏娃之间的男女性事，还是在亚当、夏娃被逐以后："有一日，那人和他妻子夏娃同房，夏娃就怀孕，生了该隐。"这也清楚地表明，人类生命的繁衍是在离开乐园以后才开始的。上帝发现亚当、夏娃的背叛后对其所做的诸种惩罚，实际上正是人类生命的现实写照:"(上帝)又对女人说:'我必多多加增你怀胎的苦楚,你生产儿女必多受苦楚。你必恋慕你丈夫,你丈夫必管辖你。'又对亚当说:'你既听从妻子的话,吃了我所吩咐你不可吃的那树上的果子,地必为你的缘故受咒诅;你必终身劳苦,才能从地里得吃的。地必给你长出荆棘和蒺藜来,你也要吃田间的菜蔬。你必汗流满面才得糊口,直到你归了土;因为你是从土而出的。你本是尘土,仍要归于尘土。'"[①]这里只是借上帝之口,描绘了人类的生命繁衍、田地劳作等生活与生产状况而已。

接下来,《创世记》又以上帝的名义,对人类生命的本体做出了限定:"耶和华上帝说:'那人已经与我们相似,能知道善恶。现在恐怕他伸手又摘生命树的果子吃,就永远活着。'耶和华上帝便打发他出伊甸园去,耕种他所自出之土。于是把他赶出去了。又在伊甸园的东边安设基路伯和四面转动发火焰的剑,要把守生命树的道路。"[②]这样人类便失去了摘食生命树之果的可能,人类长生不死的希望也就永远破灭了。

人类失去伊甸园的故事以神话的特殊方式表述了希伯来文化对人类生命的认知。这一神话认知的特质在于,它完全以"神的话"之形式出现,即以神学的视点观察和思想,并以神的口吻道出。神说,人原本生活在乐园之中,只是因为犯了罪才被赶出乐园。因为上帝已封闭了伊甸之门,人类已不可能再重返乐园,故"神的话"便只能在主观上去信仰而不可在实践中去检验。只因人类对伊甸乐园和长生不死的追求始终是其梦寐以求的理想,这就为人类设置了一个因自身的过失而导致的永恒遗憾和自责,也为人类对上帝的皈依提供了有力的论据。

但人们还是不难发现其中难以自圆其说之处:上帝既然不希望人类食用智慧之果,为何当初非要在伊甸园中种植它呢?如果不是专为人类而种,却又实在看不出还有其他非在伊甸园中栽种不可的必要。难道上帝栽种智慧树就是要为人类犯罪提供条件吗?而且,设若上帝是万能仁慈的,又为何还要造出邪恶的蛇呢?"神的话"之所以未被这些矛盾疏漏之处损害而为人们所坚信,关键在于这种神话认知方式虽以虚妄的形式出现,却又暗含和充盈了古代希伯来人关于人类生命本体的理性思考,揭示了人类生命的现实本质和内在规则。女人生产多受苦楚和男人辛勤劳作方可收获——

---

① 《创世记》3:16—19。
② 《创世记》3:22—24。

"神的话"作为一种对现实状况的真切描述，因而才是真实可信和有感染力的。同样，人的生命只能是一种有限的过程，惟其如此，"神的话"才说上帝封闭了通往永生之树的大门，使人丧失了永生的可能。《创世记》关于人类生命本体的叙述，结合了"神的话"与作为虚构幻想之产物的神话要素，融合了神学信仰、神话认知与理性思维的多重特性，呈现了一种不同于现代思维的人类早期思维方式和形态。伊甸园的神话如此，洪水神话、兄弟阋墙神话等也是如此。

需要指出的是，人类无以永生的困惑不仅在《创世记》中以神话的形式得以曲折表现，而且在犹太文化的其他经典文献中得到了更为直接的表述。《圣经·诗篇》第90篇的作者，感悟到人生的转瞬即逝，以哀怨悲苦的心情向上帝唱道：

> 你使人归于尘土，说："你们世人要归回。"
> 在你看来，千年如已过的昨日，又如夜间的一更。
> 你叫他们如水冲去，他们如睡一觉。早晨他们如生长的草，
> 早晨发芽生长，晚上割下枯干。
> 我们因你的怒气而消灭，因你的愤怒而惊惶。
> 你将我们的罪孽摆在你面前，将我们的隐恶摆在你面光之中。
> 我们经过的日子都在你震怒之下；我们度尽的年岁好像一声叹息。
> 我们一生的年日是七十岁，若是强壮可到八十岁；但其中所矜夸的不过是劳苦愁烦，转眼成空，我们便如飞而去。①

《诗篇》在这里唱出了犹太人对上帝的负罪自责，更唱出了对生命的有限特别是在有限的生命里"劳苦愁烦、转眼成空"之无意义的悲叹。在《约伯记》中，约伯对"人生逝世甚速"的无奈更是直言不讳：

> 树若被砍下，还可指望发芽，嫩枝生长不息，其根虽然衰老在地里，干也死在土中；及至得了水气，还要发芽，又长枝条，像新栽的树一样。但人死亡而消灭，他气绝，竟在何处呢？海中的水绝尽，江河消散干涸。人也是如此，躺下不再起来，等到天没有了，仍不得复

---

① 《诗篇》90：3—10。

醒，也不得从睡中唤醒。①

约伯在这里将人与树、河水相比较，认为树若被砍下尚可再生，人却只能如干涸的河水一样气绝不再复生。在后世的犹太哲学、文学著作中，关于生命的困惑和"永生"问题的沉悟与思考，一直是一个恒定性的主题，寻求"永生"也是人类生活中永具诱惑力的活动。在中国，秦始皇为寻找长生不老之药，耗去了几多人力物力；在巴比伦，则有关于英雄吉尔伽美什的动人传说，据说吉尔伽美什曾从人类的始祖处得知大海深处长有使人长生不死的仙草，吉尔伽美什经过种种艰险终于从海中探得这棵长生不老草，却又因他的一时疏忽，长生草被一条毒蛇掳去，使人永生的愿望落空。古往今来，人类做出了各种获取永生的努力，经过一代又一代人的失败，人们才不得不承认要寻找一种长生不老的灵丹妙药完全是徒劳的，帝王显贵抑或庶民百姓，都终将殊途同归——人类在这一点上实现了完全和真正的平等。但人类并未甘心于上帝对其命数的限定，生命诚然不可"永生"，却可以"延长"，尽管"延长"生命的方式有所不同。

柏拉图等哲学家曾提出，人类可以通过子孙后代的延续，或者通过获取某种永恒的名声，去达到对有限生命的超越。在人的现实个体生命无以永恒的情况下，这两种方式对人类延续生命来说显然是最为现实可行的了，而且它业已被世人普遍采纳和应用，这在犹太文化和中国文化的某些传统观念中均有突出表现，中犹文化共同具有的明显的男尊思想便是一个重要例证。中犹两种文化均表现出较强的重男轻女思想，在犹太文化方面，子孙繁多是为上帝所悦纳的，因而尤其重视男婴；在中国，多子则多福，无子则为家耻。这当然是就两种文化的传统而言的，这种思想在现代以色列已受到一定的矫正，近年来，犹太人出生率曾有下降趋势，这已引起以色列当局的不安和重视，并采取了相应的鼓励生育的措施。但在中国，虽然采取了计划生育，但普通民众仍然渴望多子多福。平民百姓对多子的渴求可以说是出于一种直观的功利愿望，也有较强的传统因素蕴藏其中，但较少哲学家式的思考。但恰恰在平民百姓的凡常生活中，隐藏了与哲学家们的思考十分一致、吻合的"哲学"。在哲学家的眼中，如同"传宗接代"的思想是一种延续生命的努力一样，获取某种永恒的名声也是延续生命的

---

① 《约伯记》14：7—12。

一种形式。哲学家们发现，世人忙忙碌碌，几乎毫无例外地都在不遗余力地追求名声的响亮，以希在人死之后名声的余响可以延长得久远一些。因此，著书立说、建功立业等等均可归入此类。中国的文人墨客有所到之处遗墨刻石之雅好，大抵也是这种努力的一种表现。而秦始皇、埃及法老倚仗权势为自己营造巨大坟墓，则相当明显地表明了抗拒风雨侵蚀、力图声名永驻的企望。历史上甚至还有人为了获得永恒的名声，堕落到不留芳千古也要遗臭万年的地步。古希腊埃菲斯城的艾罗斯特拉特就是典型一例，他为了"遗臭万年"名声永存，不惜焚烧了世界七奇之一的狄安娜神殿，只是被当时的希腊人识破了机关，当局下令凡是提到艾罗斯特拉特之名者将被处以酷刑，这才使得艾罗斯特拉特的动机在一段时期里未能实现。但不幸的是，艾罗斯特拉特之名还是被保留至今，终于使他遂了"遗臭万年"的心愿。现在"艾罗斯特拉特"已进入了有关辞书，成为"因恶而出名"的同义语。"艾罗斯特拉特现象"在古今中外并不少见，这是某种人延长生命的一种极端化的形式。但在柏拉图看来，繁衍子孙也好，留取名声也好，都还是尘世的不朽和永生，还应有一种灵魂的不朽。但柏拉图在《政治家篇》、《斐多篇》中很快陷入了这样一种矛盾之中："如果灵魂作为一个整体会成为不朽的，那么，由此得出的推断是，虽然灵魂的坏的部分在总体上是无价值的，但它伴随着灵魂的整体也会成为不朽。但是，灵魂应该只有在神一般的纯洁的和善的形式中才成为不朽！"[①] 如何调适这一矛盾呢？

犹太教克服了将个人的永生仅仅固着在自身某些方面的思想程式，而是力图借上帝的引入来实现个人现世生命的永恒。上帝是无所不在和永恒的，上帝原本为人类准备了永生之树，人只是因其罪恶而丧失了永生的可能，所以在犹太教看来永生的希望仍然只在上帝身上，"上帝并不创造死亡"。《圣经后典》中的《所罗门智训》说："切莫让罪恶的行动给你带来自身的死亡。上帝并不创造死亡，生灵之死并不使他欢乐。上帝创造万物，万物均得延续生存，经他所创造的万物全都是又善又美的。他们没有致命的毒药。不，死亡并不统治这个世界，因为上帝的正义不会死亡。"[②] 犹太文化中借助上帝而获得永生的企图，是基于人类自身的现世罪责而建立起来的，它意在从上帝的正义中树立生命的价值取向和获得生命的理想寄托。

---

① 米夏埃尔·兰德曼：《哲学人类学》，第94页。
② 《所罗门智训》，见《圣经后典》，第93页。

所以在《马加比传》母子殉教的故事里，犹太儿子面对暴君的屠杀这样说道："你这个屠夫！你可以杀我们，可是宇宙之王要把我们从死亡中超脱出来，让我们获得永生，因为我们遵守他的律法。"[①] 因为上帝是至善至美和正义的，所以对上帝的忠诚便是对至善至美和正义的接近，也就是现世生命的价值与意义之所在。自然，接近了上帝也就接近了永生。显然，犹太文化借上帝将人类逐出伊甸的神话解释了人生的苦难和短暂，又借对上帝的皈依实现了对现世生命的延续和超越，这是极耐人寻味的。

伊甸神话对生命本体的认知在一定程度上体现了希伯来神话认知世界的某些特征和特点，它一叶知秋地对希伯来神话独特审美文化内涵的揭示是值得深入探究的。

[①] 《马加比传下》，见《圣经后典》，第357页。

第二十章　先知书的审美特质

第一节　内涵品性：神圣与世俗

在犹太教的话语中，先知书在希伯来《圣经》中的重要性仅次于律法书；在文学的解读中，先知书可以说是整个希伯来《圣经》文学中最具特质的一部分，因而也有着独特的审美意义。先知书一般分为前先知书和后先知书，前先知书有《约书亚书》、《士师记》、《撒母耳记》、《列王纪》等，因其内容主要记载希伯来人从征服迦南到巴比伦之囚时期的历史事件，且撒母耳等诸先知并未形成专门的先知著作，只是将个别性的"先知言论"散见于各史册之中，故后世学者一般都将"前先知书"视为"历史书"，不包括在通常所说的先知书的范围内。后先知书主要包括《以赛亚书》、《耶利米书》、《以西结书》、《但以理书》、《约珥书》、《阿摩司书》、《俄巴底亚书》、《约拿书》、《弥迦书》、《那鸿书》、《哈巴谷书》、《西番雅书》、《哈该书》、《撒加利亚书》、《玛拉基书》等先知著作。其中《但以理书》和《约拿书》在内容、风格上与其他先知书有较明显的区别，故亦有学者在实际的研究中不将《但以理书》和《约拿书》划归先知文学之列。先知书大约于公元前3世纪被确定为《圣经》的正典内容，但实际上它不仅蕴藏了明显的神学内涵，也蕴藏了深厚的文化语义和文学—审美要素。在理性和审美的关照中，希伯来先知书无论在其内涵品性、思维取向还是文本策略诸方面，都呈现出显著的特质，而这些特质的形成和呈现在很大程度上又恰恰是在与神学要素的交织、融合中得以实现的。

"先知"在《圣经》原意中是指受上帝委派、能够领悟和传达上帝旨意的人，是联系上帝与民众的中介。先知其实并非为希伯来文化所独有，美索不达米亚曾出现过的"预言者"（diviner）作为传达上帝声音的喉舌，即具有明显的先知性质，但学者们发现，只有在希伯来先知运动中，先知及其预言才对政治事件产生着积极的影响。① 希伯来诸先知无论在理论名分上还是在现实效用上，都具有鲜明的双重身份和双重属性。首先，希伯来先知是典型的职业神学家，他们不仅能与上帝沟通，与上帝保持着特殊的联系，而且能完好地传达上帝的意图和判断，在民众眼中具有一种神赋的特殊力量，并能不断地为普通民众提供信仰上的精神营养。同时，希伯来先知又都是入世极深的思想家、政治家，他们立足于现实，洞察民族和国家的现时状况与未来趋向，审时度势地对传统神学进行创造性、实用主义的演绎和发挥，既能对一般的社会生活发出道德的判断，又能对社会历史的发展发出政治和文化的指令。希伯来先知兼具神学家与思想家的双重身份，这从先知书的创造主体上决定了先知书神圣与世俗相结合的内在品性。

先知书作为神学《圣经》的一个重要组成部分，它的理论框架和理论基石无疑建构在上帝神学的学说体系之上，这样，因受上帝的启悟而作的先知书，无论从形式上还是在内涵指向上，都呈现出无法遮掩的神学色彩，这也决定了神圣性是先知书的一种基本属性。从《以赛亚书》、《耶利米书》、《以西结书》到《阿摩司书》、《约珥书》等等，在先知书正文之前，均有"耶和华的话临到"的起始语，以示先知所说实为转达了上帝的言辞和上帝之道（the Word），而这里所谓耶和华的"话"或上帝的"道"，其实也是耶和华的"灵"。《以西结书》曰："正是约雅斤王被掳去第五年初五日，在迦勒底人之地，迦巴鲁河边，耶和华的话特临到布西的儿子祭司以西结，耶和华的灵降在他身上。"作为负载上帝之灵的媒质，先知书多以训诫、预言、意象、祈祷文、咒诅语等形式出现或多种形式交错并用。具有关键意义的是，先知书着力宣谕的思想指向，其逻辑起点和逻辑终点一般均被归结在犹太一神教的基本思想上，譬如关于希伯来人的一切现世苦难，其终极根源在先知书中毫无例外地被解释为是由于对上帝的悖逆：

  天哪，要听！地啊，侧耳而听！因为耶和华说："我养育儿女，将他们养大，他们竟悖逆我。牛认识主人，驴认识主人的槽；以色列却不认识；我的民却不留意。"

  嗐！犯罪的国民，担着罪孽的百姓；行恶的种类，败坏的儿女！

---

① Robert M. Seltzer, *Jewish People, Jewish Thought: The Jewish Experience in History*, pp.77-78.

> 他们离弃耶和华，藐视以色列的圣者，与他生疏，往后退步。你们为什么屡次悖逆，还要受责打吗？你们已经满头疼痛，全心发昏。从脚掌到头顶，没有一处完全的，尽是伤口、青肿与新打的伤痕，都没有收口，没有缠裹，也没有用膏滋润。你们的地土已经荒凉，你们的城邑被火焚毁，你们的田地在你们眼前为外邦人所侵吞。①

因此，希伯来人的后裔要获救，就必听从上帝，"若不听从，反倒悖逆，必将刀剑吞灭"。先知书对各种预言的设立，都是以希伯来人与上帝的关系联结为核心而进行的，联结的状况和方式决定了预言的内涵取向，所以先知书既在犹太神学的基础上建构，也是对犹太神学的一种生发。

然而，先知书虽以神学文本出现并带有突出的神圣品性，但在先知书的整体结构中，不仅充斥着强烈的理性精神，而且孕育和焕发着深厚的世俗内涵。先知在《圣经》人物中最具现实感，固存于先知书神学帷幕背后的是一种强烈的民族忧患意识——对民族命运的极度关注，以及为拯救民族而设置出的种种伦理思想和政治学说。

先知书一方面将对上帝的忠诚视为希伯来人获救乃至生存的最高准则，另一方面它评判人们的信仰与行为的深层准则却并不完全是神学形态的，而是一种"民族学"的，充斥先知书的往往不是"信道者"、"伪信者"这类意识形态术语，而是"以色列人"、"犹太人"、"亚述人"、"摩押人"、"非利士人"等等这类民族学术语。《耶利米书》曾"预言非利士人必灭"、"预言摩押人必受惩罚"、"预言亚扪人必受惩罚"、"以东必受惩罚"、"大马色必受惩罚"、"基达必受惩罚"、"夏琐必受惩罚"、"以拦必受惩罚"、"预言巴比伦必受惩罚"、"申言巴比伦遭报"、"再言巴比伦遭报"、"复言巴比伦遭报"等等，即使在对异族发出诅咒的同时也发出了对本族的诅咒，而其中所掩藏的民族主义和世俗功利意识亦不言而喻，而且，在先知书对本族发出谴责和诅咒的背后，明显地透露着先知拯救民族命运的良苦用心。

先知们坚持强调，在民族自救的伟业中，社会道德的重建应是基本的和占有绝对优先地位的，《以赛亚书》力图借助对民的诸种警戒和谴责来达到民的道德更新："戒民亵慢"、"责民昏蒙"、"责民伪善"、"责民悖逆不听训言"并告"行义善必获多恩"、"作恶者不得平康"等；《耶利米书》也

---

① 《以赛亚书》1：2—7。

反复重申"行不义罪孽充盈"、"人心诡诈难逃主鉴"等等;《阿摩司书》则哀叹以色列人"虽受重罚仍不归诚"、"责以色列人安逸放纵",这些先知在针砭本族道德沦落的同时,还能深入考察统治者与下层民众、本族与异族的关系状况,演发出深刻的政治学思想,并为人们制定出应对的方针、策略。希伯来先知书蕴藏着深刻的世俗用意,无论在其生活素材、思想指向还是其现实功用等方面所表现出的超神学、世俗化特点,都是明显的和有本质意义的。

第二节　思维取向:乌托邦与反乌托邦

希伯来先知书在其文本建构中所呈现出来的思维特征不仅有别于一般作品,也有别于《圣经》的其他样式——包括史传文学、智慧文学、赞美诗、祈祷诗等。这具体表现在,希伯来先知书的建构在很大程度上借助了对时间框架的操作运用,它以预言的方式努力塑造一个未来时态中的第二现实——乌托邦世界,并通过对与现时世界的关系建立,来达到对现时生活的解说、界定和导引,因而在整个先知书的深层思维上,呈现了一种深刻的时间哲学。

营造严密的时间概念并通过对时间逻辑的建构和操作来达到对世界的独特认知,是古代犹太人的一种思想传统。可以说,如果没有犹太人,就不会有时间起点这个概念。[1]在希伯来《圣经》中,自"创世"开始,犹太人便建立了一个十分严密的时间世界,表现出强烈的时间意识(譬如上帝六日创世第七日安息的日程,都不是随意的和无意义的),这种时间意识在诸先知书中演化为一种独特的建立于时间基石上的思想维度和思想方式。先知书创造的诸多预言,其实是将对现时世界的理性思考置换和调节成形象化的对未来图景的特定描述,虽然在其置换和调节过程中离不开宗教神学的参与、协作。值得注意的是,希伯来先知书在对未来世界的塑造中,呈现出两种截然不同的价值判断取向。

其一是肯定性的正面乌托邦或径称乌托邦,即对未来可能出现的生活状态进行一种积极、肯定的判断,显示出某种理想化的图景。《以赛亚书》描绘了一个富于想象力和充满诗情画意的乌托邦世界,在那个理想世界到

---

[1] Thomas Cahill, *The Gifts of the Jews*, p.251.

来时，上帝救赎的民必归回，歌唱着来到锡安，永乐归到他们的头上，他们必得快乐，忧愁叹息尽都逃避。

其二是否定性的反乌托邦，即在预言所塑造的第二现实中，显示出一种消极、否定性的生活趋向。《阿摩司书》哀叹道："以色列家啊，要听我为你们所作的哀歌：以色列民跌倒，不得再起，躺在地上，无人搀扶。""流泪先知"耶利米以最具忧患意识著称，整部《耶利米书》充满了对民族命运的关切和担忧。他历数犹大的罪恶，反复昭示犹大可怕的未来：

> 犹大悲哀，城门衰败，众人披上黑衣坐在地上，耶路撒冷的哀声上达。他们的贵胄打发家僮打水，他们来到水池，见没有水，就拿着空器皿，蒙羞惭愧，抱头而回。耕地的也蒙羞抱头，因为无雨降在地上，地都干裂。田野的母鹿生下小鹿，就撇弃，因为无草。①

这里从耶路撒冷无水无草的生活细节入手，来揭示未来灾难的严重程度。至于直接"坦述"以色列或犹大的不幸结局，在《阿摩司书》、《以赛亚书》、《西番雅书》、《何西阿书》等作品中屡见不鲜。先知书不仅描述了以色列和犹大本族的灾难趋向，同时也大量夹杂着对周边异族灾难性未来的陈述和渲染，譬如《西番雅书》首先预示"犹大作恶主必严惩"，紧接着便预言"非利士必受惩罚"、"摩押亚扪必受惩罚"、"古实亚述必受惩罚"；《以西结书》先预言"以色列君必因罪受罚"，又预言"亚扪人亦将遭报"、"摩押西珥亦必遭报"、"以东亦必遭报"、"非利士亦必遭报"等等，先知书对本族和异族虽然同样使用反乌托邦预言，但在其内在的价值取向上显然有着不同的判断，因为以先知自身的民族利益为标识，对异族的反乌托邦塑造，其意义无疑等同于对本族的正面乌托邦设置。

事实上，希伯来先知在建构未来时态的第二现实，并以此来达到对希伯来民族的某种认知、判断时，常常是将乌托邦与反乌托邦两种不同的思想取向和价值判断综合起来交错并用的。《以西结书》在"哀叹以色列家行恶遭灾"、预示"以色列之结局已临必受惩罚"的同时，又向以色列"许以必由散居之国导返故土"；在借上帝之口称"以色列君必因罪受罚"之后又预言"以色列必复振兴"。此类情况在《以赛亚书》、《耶利米书》、

---

① 《耶利米书》24：2—5。

《何西阿书》、《约珥书》、《阿摩司书》、《西番雅书》等作品中均有不同程度的表现。有学者曾将这一现象归咎于先知书编纂时的随意、重复，或先知们在营造先知预言时的情绪化因素，但实际上，将乌托邦与反乌托邦交替设置，将福祸神谕交错编排，在很大程度上也是先知们的一种故意所为。可以说，谴责、惩罚与劝慰、应许相结合，是先知书追求最佳效用的一种思想策略。

希伯来先知书将思想视野推向未来，并呈现出乌托邦与反乌托邦两种不同取向——这种对未来世界的营造虽然借助了某些神学要素，但在本质上并不可与宗教末世论和神学信仰的终极关怀同日而语，因为先知书在建构未来世界时，其立足点坚定地安置在现实世界上，其乌托邦世界的各种建构归根到底是以一种特殊的方式对人的现实行为进行评判，通过这种评判，乌托邦或反乌托邦向人们发出的是具有积极意义的行为指令。

希伯来先知书这一现实功用的实现，在本质上取决于对现时世界与未来世界之间严密的逻辑关系的建立。它将未来正、反乌托邦的实现可能视作现时状况的时间—逻辑延续，即有什么样的"现时"，便会导引出相应的"将来"，反过来，若要避免或期待一种特定的"未来"，应采取何种相应的现实行为也就不言而喻了。当然，由于先知书自身的神学性质，它的现实功用也必定带有一定的神学意图并且主要是在伦理、道德的层面上来发生作用和影响人的，但先知书在思维取向上借助对时间框架和时间逻辑的操作，通过塑造乌托邦与反乌托邦两种第二现实来达到对现世生活的认知判断、对人的现实行为发生积极、有效的影响，这一思想方法无疑是深刻而独特的。

第三节　文本策略：神谕与异象

希伯来先知书在其文本构建中，表现出独特的文本策略。首先，在整个先知书的体裁上，先知书完全采用了神谕的特殊形式，这种神谕形式的营造，是借助多种要素的综合作用得以实现的。

每篇先知书在正文之首，均有点明神谕的有关提示，提示有的较明确，有的较婉转。其实神谕的意义不仅取决于先知书卷首的有关提示，更主要取决于先知书对上帝话语的直接呈述及相关阐说。如《耶利米书》中耶利米的一段简短的文字直接引用了上帝的言语，尔后先知又对上帝的言语进行了解说和演发,并对人们的言行发生指令——当然《圣经》又都表明,这都是因得上帝的默示而作并是对上帝言语的一种延伸。

神谕形式在希伯来先知书的应用中表现出突出的文本策略意义,希伯来先知书的理性内涵和现实功用借助对"神谕"的操作而得以有效地表述。

先知书的编纂者深知,他们不是向某些希伯来人宣讲,而是向全体希伯来人——作为"上帝子民"的希伯来人宣讲,因此,如何紧密地契合"上帝子民"的心理特征便成了十分重要而关键的问题。在犹太教的基本学说中,希伯来人(犹太人)是上帝的特选子民,在上帝与犹太人之间,存在着非凡的启示关系,这一认识是犹太教的核心思想之一。当代犹太哲学家弗兰茨·罗森茨维格曾将犹太教的基本内涵融会进具有象征意义的大卫之星的几何构图当中去(大卫星是犹太教的标志),这个大卫星的六角形由两个连锁式的三角形交错构成,它简明而形象地揭示了上帝与人、上帝与世界、人与世界之间的基本关系:第一个正置三角形分别为上帝、世界、人,这三者构成一个基本的结构;与此相叠加的倒置三角形,则显示在上帝与世界之间是一种创世(creation)的关系,上帝与人之间是一种天启(revelation)关系,人与世界之间则是救赎(redemption)关系。

在这里不难看出,上帝与人之间最基本的关系(或上帝与人的联结方式)是天启亦即神谕。先知书极力强调神谕(天启)的重要性,坚持以"神谕"的形式表述其思想,可以说是对犹太教关于上帝与人的天启关系这一重要理论的一种利用,这也最为紧密地契合了先知书的接受者普遍性的宗教心理特征。

先知书作为先知的思想结晶和专门著作,明显地融进了先知的理性思考和思想策略,先知预言的"独特性并不在其狂乱的行为、反常的心态和超人的力量,而在其神谕的一致、清晰、可理解"[①]。希伯来先知书通过"一致、清晰、可理解"的神谕形式,将先知们关于社会生活的理性思考适时地并且也是艺术化地表述出来,从而最大限度地利用和契合了其时社会文化普遍性的思想和心理背景。

异象作为希伯来先知书中极具特质的文本现象和文学技法,在希伯来先知书中得到了最为充分的运用。异象不以真实素材为摹写对象,而是努力塑造种种变异的、非现实的物象景观,先知借助这些物象景观的设置及

---

① Robert M. Seltzer, *Jewish People, Jewish Thought: The Jewish Experience in History*, p.78.

解释将特定的思想体现出来。异象有时由两个部分构成：一是变异和形象化的物象内容，二是先知针对这一物象景观所做的理论演发，有的异象仅仅塑造一个变异的物象，先知并不对此做出明确的诠释，其意义完全由阅读者自己去破译。在塑造变异而形象化的物象景观时，《以西结书》以先知亲眼目睹的形式叙述了"四活物的异象"、"四轮的异象"等，异象的变异性与形象化特点由此可见一斑。《但以理书》则以先知做梦的形式塑造了一个"四巨兽的异象"。《撒迦利亚书》中"飞卷的异象"的含义更为具体、明确，先知撒迦利亚见一飞行的书卷，长20肘、宽10肘。异象的意义借天使的口说了出来："这是发出行在遍地上的咒诅，凡偷窃的，必按卷上这面的话除灭；凡起假誓的，必按卷上那面的话除灭。"

就异象的表象内容而言，异象无疑是非现实和荒诞的。但在荒诞的表象背后，充斥着的是异象制造者的特定意向和特定意图。首先，先知常常通过对异象的设置和操作来营造出一种超凡神秘的文本气氛，从而为先知书对"神谕"的传达以及阅读者（或听讲者）对"神谕"的接受做必要的准备，《以西结书》在全书的篇尾设置异象，《撒迦利亚书》等则将异象设置在行文中间，由于有了这些异象的参与，先知书的"神谕"得以有效的呈现。其次，异象的本身常常包容着隐在的寓意，像《撒迦利亚书》中的"四角的异象"、《但以理书》中的"四巨兽的异象"等，都以变异的形象及其关系、品质的设置象征性地界说了具有强烈现实意义的国家关系；《撒迦利亚书》"飞卷的异象"则表达了先知对人的现世行为和道德价值的规限与指引。特别是异象本身的形象化和生动性焕发出特殊的审美感染力这些形象化的文本要素与先知们慷慨激昂、充满激情的议论相结合、相互补，使得先知书更加艺术化地将其深刻的理性内涵表述出来。

先知书在其文本建构中还大量运用了隐喻、直喻、寓言等修辞手法，这对先知书的内涵表现无疑有着重要的作用，但严格地讲，这些修辞还不像神谕、异象那样具有先知书独特的文本策略意义，因为神谕与异象是希伯来先知针对特殊的社会、时代、文化条件所营造出的一种具有特殊意义的思想表现方式，是一种紧密契合历史机制的艺术策略。

总之，作为文学和审美解读的希伯来先知书在内涵品性、思维取向和文本策略等方面表现出既不同于纯神学文本也不同于一般文学现象的文学与审美特质，那种将希伯来先知书等同于莎士比亚、亨利·菲尔丁等人著作的西方观点是令人难以苟同的,[①] 因为希伯来先知书作为特定时代和社会条件下古代希伯来人智慧的结晶,蕴涵着极为复杂的宗教、文化与文学要素,希伯来先知书的文学与审美特质正是在与复杂的宗教—文化内涵交融共生的条件下铸就和呈现出来的。希伯来先知书的思想及思想方式不仅影响着先知时期,也影响着后世的社会生活,并为当代社会提供了一个值得深入探究的深厚而独特的审美文化事实。

[①] 约翰·B. 迦伯尔(John B. Gabel)及查里斯·B. 威勒(Charles B. Wheeler)在其 *Bible as Literature, An Introduction*(Oxford University Press, 1986)一书的开头便认为《圣经》与莎士比亚、埃米利·迪金森、菲尔丁、海明威等人的作品在某些基本方面是毫无区别的。

第二十一章　犹太文学的审美文化品性

第一节　犹太性与世界性：一块硬币的两个方面

犹太文学不仅是一种独特的文学现象，更是一种蕴涵深厚的审美文化现象。由于特殊的历史发展和文化机制，犹太文学呈现了不同寻常的品性特征，就像犹太民族和犹太文化一样，诸多矛盾悖论的品性特征不可分解地整合在一起。犹太性和世界性是贯通犹太文学本体的两种特性，这两种特性既是矛盾对立的，又是整合统一的，在犹太文学本体属性的构成中，恰是"一块硬币的两面"。[①]这也正是犹太文学独特的审美文化品性之所在。

"犹太文学"（Jewish Literature）概念的本身是有某种含混性的，我们将由世界各地的犹太人创作，并用某种方式显示了一定犹太性的文学现象界定和纳入为"犹太文学"。从理论上讲，"犹太性"的内涵是明晰的，在犹太文学中，它是创作主体在其创作过程中对各种犹太要素和犹太资源进行特定的加工运用从而在其文学作品中综合显示出的犹太气质，是一种有别于异质文化的犹太文化品性。在实际的文学文本中，犹太性的呈现不仅是多种多样和有轻重强弱之分，而且常常是相当含混、隐晦的，但犹太文学的特质和力量有时恰恰就隐藏在这种含混与隐晦之中，就像犹太出身的作家卡夫卡那样，尽管在其全部作品中几乎从未出现"犹太"的字眼，也未摹写一目了然的犹太细节，然而"他对犹太人各方面的描述，其内容远

---

① Richard C. Hertz 在其 *The American Jew in Search of Himself* 中曾用"一块硬币的两个方面"（two sides of one coin）来比喻美国犹太人对美国文明和犹太传统的整合以及在美国犹太人身上"美国利益"和"犹太利益"的密不可分。见 *The American Jew in Search of Himself*, 1962。

远超过了三百篇科学论文"[①]。从苏联流亡到美国的诗人约瑟夫·布罗茨基的情形亦十分类似，他的作品已成为美国大学《现代经典犹太作品》课的必读书目。其他像阿格农、贝克特、贝娄、马拉默德等作家及其作品，情形亦是如此。

人们在认知和感悟犹太文学的犹太性时，备感棘手的是犹太文学中的犹太性常常被一种强烈的非犹太性要素——世界性——所掩盖和消解。在对犹太文学整体历史和个别文本的一般解读中，一种超越了个别文化特色的世界化品性贯通其中，这种世界化品性显示出涵盖犹太特征而又超越犹太特征的普遍化性质。实际上，结合犹太民族数千年特殊的历史发展和文化传统就不难发现，犹太文学世界化品性的呈现不仅有着深刻的历史文化机制，而且在某种程度上业已成为犹太性的一种伴生因素，或者更可以说，成为犹太性的一种构成，因为这些"世界性"因素一旦成为犹太文学整体的某种共有和特有的现象，那么其"世界性"也就成为"犹太性"的另一面，"世界性"和"犹太性"也就成为一个事物相辅相成的两个方面。

犹太文学世界性与犹太性的整合是以不同方式体现在不同的层面上的，在犹太文学的整体发展中有着多方面的体现。

首先，犹太文学是一种"无国籍的文学"，文学发生和发展在广袤的空间范围，在文学整体上显现出散化存在的结构特征。犹太人自反抗罗马人的两次"犹太战争"（公元66年、公元132年）失败后，就被迫离开迦南，开始了历史性的流散。到公元7世纪时，犹太人的足迹几乎遍及欧洲各国，19世纪中叶以后，美洲则成为犹太人的重要聚居地。据美国犹太年鉴统计，1790年美国的犹太人为1500人，到1900年猛增至100多万，第二次世界大战时则达到500多万人。[②]目前全世界约有犹太人1600多万，仅美国就有600多万，有约500万犹太人生活在以色列，其余多散布在东欧、西欧、美洲、非洲，特别是苏联地区。

犹太文学伴随着犹太人散居世界的足迹而发生。近代以前，犹太文学的成就主要集中在中东以及西班牙、意大利等南欧邻近地区，上古希伯来《圣经》的文学传统得到较好延续，形成了影响深远的《塔木德》文学，在

[①] 克劳斯·瓦根巴赫：《卡夫卡传》，第269页。
[②] Arthur A. Goren, *The American Jews*, pp.1–2.

南欧则涌现了著名诗人萨姆伊尔·哈·纳格德（933—1056）、伊玛努伊尔·利姆斯基（1268—1330）等。18世纪德国犹太哲学家摩西·门德尔松倡导的哈斯卡拉（Haskala，意为"启蒙"）运动在欧洲犹太人中产生了重大影响，它促使封闭的犹太人的生活走向世俗与开放，以此为标界，欧洲犹太人逐渐开始与西方文化全面接触。在此背景下，欧洲犹太文学获得迅速发展，到现代已成为欧洲文学中不可或缺的重要组成部分。在德国，有戈·埃·莱辛的好友摩西·门德尔松、融学者和诗人于一身的纳夫塔利·赫茨·纳利泽（1725—1805）、著名诗人海涅、诗人和评论家阿尔诺德·茨威格（1887—1967）；在奥地利，有著名作家施尼茨勒（1862—1931）、斯蒂芬·茨威格（1881—1942）；在北欧则有丹麦的勃兰兑斯（1842—1927）、1966年获得诺贝尔文学奖的瑞典籍女作家奈利·萨克斯（1891—1970）；在东欧，有生活在奥匈帝国统治下的卡夫卡、俄国著名小说家伊·格·爱伦堡（1891—1967）、1958年诺贝尔文学奖得主帕斯捷尔纳克、匈牙利文艺批评家乔治·卢卡契（1885—1971）、2002年诺贝尔文学奖得主伊姆雷·凯尔泰斯；在西欧，则有意识流小说大师马·普鲁斯特、荒诞派剧作家贝克特、1981年诺贝尔奖得主艾利亚斯·卡内蒂（1905—1994）等等。美国犹太文学起步虽晚，却有后来居上之势，较重要的作家有埃玛·拉扎勒斯（1849—1897）、玛丽·安汀（1881—1949）、亚伯拉罕·卡恩（1860—1951）、迈克尔·高尔德（1894—1967）、霍华德·法斯特（1914—2003）、艾·巴·辛格、贝娄、马拉默德、布罗茨基、约瑟夫·海勒、诺曼·梅勒、阿瑟·米勒（1915—2005）、菲利浦·罗斯（1933—2018）等等。非洲曾是犹太人的主要居住地之一，世世代代生活在非洲的犹太人在体质、气质上业已发生较大变化，遗憾的是这些具有东方人气质的非洲犹太人未能在文学上留下惊世之作，倒是一些后来的犹太移民及其后代在文学上建立了卓著业绩。他们的代表是1991年获得诺贝尔文学奖的南非籍女作家纳丁·戈迪默（1923—2014）和被称为南非小说的先驱者之一的丹·雅格布森（1929—2014），后者曾荣获萨姆塞特·毛姆小说奖和《犹太纪事报》H.H.温盖特奖。在以色列，从欧洲返回巴勒斯坦的作家与土生土长的作家相呼应，其中有代表性的是1966年诺贝尔文学奖得主阿格农，以及海姆·哈扎斯（1889—1973）和当代以色列最著名的在世诗人耶胡达·阿米凯。在世界其他地区，凡有犹太人之处，犹太文学也都有程度不同的发展。

散居世界各地的犹太作家突破其居住地国籍的规限，共同营造了一以贯之的犹太文学的伟大传统，使得犹太文学在发生空间上规模性地散化于世界各地，甚至以色列本土之外的文学景观远远超过了以色列本土的文学成长——实际上在相当一段时间里，以色列本土的犹太文学发展几乎成为空白。当犹太文学这种存在方式上的世界性特征在世界各民族文学中成为独树一帜的文学现象时，它的世界性内涵和犹太性内涵也就得到了内在的互补和有效的整合。

值得强调的是，犹太文学的这种散化结构不仅是文学的存在方式，同时也蕴涵着特定的文化语义，即呈现了犹太文学在文化属性上的散化特征。一般而言，无论在实践上还是在理论上，散居世界的犹太人都无可避免地处于同居住地文化既冲突又融合的关系之中，文化冲突体现了犹太人对文化传统的固守取向，而文化融合则导致了一定程度的文化变迁。因此，不同文化缝隙中的犹太文化及文化群体便形成了若干既相互联系又有所差异的犹太文化单元。因而可以说，犹太文化的主流是由各种犹太文化支流汇聚而成的。各犹太文化单元及作为文化载体的犹太人，在以各种方式呈现出一定的犹太特质的同时，也打上了鲜明的居住地文化特征，就像美国犹太人既是犹太人，也是美国人，同时他又既不同于俄国犹太人，也不同于德国犹太人或以色列本土的犹太人。犹太文化的多样性及犹太人的多重性文化特征，决定了犹太文学在文化属性上的散化性质，即散存世界的犹太文学既是属于居住地文化的，具有一定的非犹太甚至世界化品性，同时它也是归属于犹太文化之整体并具有鲜明的犹太性。应该指出的是，文化属性的散化和犹太性与世界性的整合，并不意味着文化意义的抵消和减少，相反它表明了文化内涵的增加和拓展。

南非籍犹太女作家纳丁·戈迪默被誉为反对种族歧视的斗士，她的主要作品《六英尺土地》(1956)、《伯格的女儿》(1979)、《我的儿子的故事》(1990)等都充满着对其时南非当局种族歧视政策的抗议，她的一些作品曾因此遭到查禁。作为一位犹太人作家，她的种族平等思想和对黑人的同情，在很大程度上是与犹太民族的历史遭遇紧密相连的，正因为如此，她能克服种族界限，自觉"和黑人有更多的共同之处"。事实上，她对种族问题的探讨不仅是针对南非的，也是针对整个世界的。

但评论界在评论散居各地的犹太作家时，往往只强调了他们的居住地文化特点而忽略了深层的犹太要素。这与散居各地的犹太作家的国籍、作品中强烈的非犹太文化特征有关,也与文学作品中犹太性的隐晦和模糊有关。在犹太作家中,一部分惯以写实的态度,直接运用犹太生活素材,以极鲜明的方式来表现犹太移民的生活和理想。辛格和马拉默德主要关注东欧犹太人和美国犹太人的历史遭遇及现实困境。萨克斯则将个人被驱逐、被迫害的经历与欧洲犹太人的共同命运相联系,表现出突出的民族意识和历史感,她的名剧《伊莱》(1943)就是在听到纳粹分子对东欧犹太人的灭绝性屠杀后,用几天时间赶写的一出反映欧洲犹太人的遭遇和心理的名剧。但散居世界各地的犹太作家大多不是具实性地把犹太生活作为文学的客体对象和表现重心,而是意象化地运用犹太生活,将犹太要素消解为文学的潜在媒质,以犹太民族特定的历史、境遇、宗教、观念等方面的个别因素作为文学的某种构因,从而生发出特定的象征、隐喻、暗示意义,既表现出深厚的和超越犹太的文学意味,也暗含和焕发了一定的犹太特性,卡夫卡、普鲁斯特、贝克特、贝娄、罗斯等都是这样。如果不了解他们与犹太要素的内在联系,便不可能理喻他们的创作资源及其深刻的文化蕴涵。卡夫卡生前惟一的好友、学者马克斯·布洛德在谈到《城堡》中的K时说:"他是陌生人,他碰巧来到村子里。那里,陌生人满腹狐疑地注视着他——这是犹太人特有的感觉……卡夫卡这种描写的基础,是他的犹太人的思想。"[①] 菲利浦·罗斯在他的《再见,哥伦布》(1959)、《鬼作家》(1979)等作品中,讽刺、嘲弄了犹太传统生活,为此他曾遭到犹太组织的激烈抨击,但他对犹太传统的背离同样是对犹太要素的一种运用,是以一种特殊的方式体现了罗斯的犹太性。

第二节 "硬币"属性与审美品性的实现:
从语言到主题

　　文学作为语言的艺术,语言在实现文学的审美及文化成效方面起到了至为关键的媒质作用。在犹太文学的语言构成上,独特的世界性—犹太性特征也向一般的文学成规提出了挑战。在这里,如果试图以某种语言来作为犹太文学的标识,就像以日语作为日本文学的标识那样,那就很难行得通。犹太民族在其历史沿革中,曾创造和使用了两种民族语言,即希伯来

---

　　① 克劳斯·瓦根巴赫:《卡夫卡传》,第269页。

语和意第绪语。希伯来语作为闪族语系的一支，在形成过程中吸取了迦南语、阿卡德语、苏美尔语等的要素。在"巴比伦之囚"至纪元前后这段时间，犹太人深受巴比伦人使用的亚兰文的影响，希伯来语的地位受到严重动摇。流散时期开始，特别在中世纪以后，希伯来语逐渐成为犹太民族专门性的宗教用语，往往只在规范的书面写作和宗教生活中才被运用。随着现代哈斯卡拉运动和锡安运动的发展，特别是在回归巴勒斯坦的俄国犹太人埃利泽·本·耶胡达的倡导下，"死去"近千年的希伯来语才重新得以复活。意第绪语是欧洲犹太人在长期的流散生活中将希伯来语与德语、斯拉夫语等欧洲语种混合后创造的一种犹太性语言，形成较晚，它仅流行于欧洲及从欧洲移民至美洲、以色列等地的犹太人中。使用希伯来语和意第绪语创作的文学，文学史上分别冠以希伯来文学和意第绪文学的称谓，被视作犹太文学的基本部分。"维也纳学派"的领袖人物默海德·哈伦·金斯伯格（1796—1846），金斯伯格的朋友、诗人多夫·亚伯拉罕·哈科恩·莱温佐思（1794—1879），近代希伯来小说的创始者亚伯拉罕·玛普（1808—1867，著有《锡安山之爱》），什约·阿布拉莫维茨（1836—1918，即"书贩子门德勒"）以及撒·约·阿格农等都是使用希伯来语创作的著名作家。意第绪文学在13—16世纪时主要成就集中在德国、意大利，19世纪末以后重心逐渐转移到东欧、苏联和美国。最著名的则是1978年诺贝尔文学奖获得者艾·巴·辛格，他坚持以意第绪语创作，是贝娄等人把他的作品转译为英语的。

除了希伯来语和意第绪语以外，散居世界的犹太人特别在现当代，直接采借居住地语言是一个极其普遍的现象，许多作家还能掌握和使用两种以上的西方语言。运用外族语言不仅是现实的需要，也是犹太人的一种传统，甚至在希伯来《圣经》中的某些章节（如《但以理书》、《以斯拉记》）曾间或使用过亚兰文，犹太文化的其他经典性著作（如《次经》、《伪经》等）都曾直接使用希腊文、叙利亚文、阿拉伯文等异族文字。所以现当代犹太作家对非犹太语言的大量采用是与文化传统和文化精神相联系的。1966年，使用希伯来语创作（亦有少量意第绪语作品）的以色列作家阿格农和使用德语创作的瑞典籍犹太人萨克斯被同时授予诺贝尔文学奖，瑞典学院的授奖词特别指出："本奖金由他们两位合领确实有其特殊的原因：表彰这两位作家，是由于他们虽然以不同的文字进行创作，但他们出于同一种精神，并在继承犹太民族传统文化方面相辅相成。共同的创作灵感正是他们俩不可缺少的力量。"[1] 瑞典学院的这一评价对于许多使用非犹太语言创作的犹太作家是同样适用和确切的。犹太语言与非犹太语言的共同运用，是犹太文学在语言上的整体显著特征，也是犹太文学的世界性—犹太性特征在语言上的突出表现。

如果说语言在文学的实现中起到了基本的媒质作用，那么文学主题则是一种文学演发其审美及文化品性的基本过程和路径。犹太文学的主题复杂多样，有代表性的倾向是深入发掘犹太民族特有的历史命题，并努力追求文学主题的恒定性和形而上性，不仅揭示犹太民族千百年历史上的一贯难题，而且显示出超越时空、种族、国界的普遍意义，尤其是那些"使用西方语言的犹太作家还将犹太问题、思想风格、情感方式引入其他文学：俄语、德语、法语、意大利语、匈牙利语、波兰语，特别是英语文学。"[2]

犹太民族长期生活在异族文化的夹缝中间，犹太人的普遍困惑往往首先集中体现在自我身份的困惑上，这种对身份的自觉在文学文本中常常体现为强烈的局外感、边缘感乃至非我的异化感。索尔·贝娄在他的《挂起来的人》（1944）、《奥吉·玛琪历险记》（1953）、《雨王汉德森》（1959）、《赫索格》（1964）、《洪堡的礼物》（1976）、《忧思更伤人》（1987）等作品中，系统地塑造了现代流浪汉和精神流浪汉，他们为寻找自我、寻找生活的意义和价值、寻找精神家园而四处漫游，但终无结果，以至成为"挂起来的人"。贝娄成功地将犹太人的身份困惑与当代西方人的"自我"危机相结合，体现出深刻的洞察力。其他犹太作家在演化犹太民族的身份困惑时，往往采用了不同的方式从而显示出各自的文学个性。美国犹太剧作家阿瑟·米勒在名剧《推销员之死》（1949）中生发了一种关于人际关系和人类社会中的"推销现象"和"市场原理"，这里隐约地暗含了犹太民族几千年来在世界各地的"推销经验"。卡夫卡作为寓言大师，则以极度的夸张在《变形记》（1915）中叙述了萨姆莎由人变成甲虫的故事，这个荒诞名篇的构思，可以在卡夫卡最后一个作品《女歌手约瑟芬，或耗子民族》（1924）中找到其中的犹太索隐，卡夫卡在这部作品中将异化的犹太人比作耗子："我们这个民族几乎总是在忙碌活动，经常目的不很明确地到处奔波。"[3] 所以在卡夫卡的"耗子"、"甲虫"之类的变形形象中，无不包含着

---

[1] 《诺贝尔文学奖颁奖演说集》，第506—507页。
[2] Robert M. Seltzer, *Jewish People, Jewish Thought: The Jewish Experience in History*, p.715.
[3] 孙坤荣编：《卡夫卡短篇小说选》，外国文学出版社1987年版，第254页。

他对犹太民族境遇的感悟及其对现代人类普遍命运的契合。评论家施泰恩堡在分析卡夫卡的《在流放地》(1919)时说过,读者如果没有犹太教的知识便不可能透彻理解这篇小说的细节和思想;同样,我们可以说,忽略了犹太作家的文化背景,也就很难把握其文学作品的发生、结构和蕴涵。

犹太文学还以其特有的历史意识发掘和升华了犹太传统中的各种悖论因素,借此对人类现实生命中不可摆脱的矛盾作了集中探讨。在犹太文化的观念世界中,犹太民族是受上帝特殊眷顾的"特选子民",但在犹太人几千年的经验世界里,犹太人却极端化地浓缩了人类的种种苦难和不幸。诸如此类的深刻悖论存在于犹太文化的方方面面,以至于许多敏锐的犹太作家都不约而同地通过"悖论"的镜像去观照现世生活,西方社会中人的种种矛盾与两难在犹太作家笔下得到了极为充分的揭示,并在一定程度上由此而诱导了西方文学界对悖论问题的关注。卡夫卡的《城堡》(1922)呈现了多重性的意味,其中最为突出的是揭示了一个类似西绪弗斯般的困境:目标(城堡)虽有,道路却无,更难以企及,只能周而复始地徘徊于希望与失望的魔圈。在《皇帝的御使》中,卡夫卡更为集中地揭示了这种困境,在接到皇帝派遣的谕旨后,"使者便立刻出发了……如果是在空旷的原野上,使者就快步如飞,不久你就会听到他响亮的敲门声。但事实并非如此,他的力气白花了。他一直奋力地穿越内宫里的殿堂,但他怎么也通不过去。即使他通过去了,那也是白费力气。因为在下台阶时,他还得经过一番努力,如果下去了,仍然是无济于事。他还必须走遍所有的庭院。过了这些庭院还有第二层宫阙。紧接着的又是石阶和庭院,往前走又是一层宫殿。就这样,宫阙和庭院重复出现,循环往复,无穷无尽,几千年也走不完"[①]。

《皇帝的御使》寓言性地揭示了有形而上意义的人类困境。在其他犹太文学作品中,塑造的类似的"魔圈"还有著名美国犹太作家约瑟夫·海勒的《第二十二条军规》(1961)、荒诞派剧作家贝克特的《等待戈多》(1953)等等。诺曼·梅勒在他的《一场美国梦》(1965)中强调了主人公自身的悖论和分裂:斯蒂芬·理查兹·罗杰克因痛苦万分而盼望得到拯救,但他摆脱痛苦的途径却是凶杀和放纵情欲,显然,他只能步步走向难以自救的深渊。在当代犹太文学中,事与愿违的失败者(贝娄《雨王汉德森》)、

---

① 克劳斯·瓦根巴赫:《卡夫卡传》,第254页。

追求爱情却又为爱情所困的倒霉蛋（贝娄《忧思更伤人》、马拉默德《杜宾的传记》）之类的形象屡见不鲜。发掘犹太式的困惑和难题，去表现形而上、世界性的人类境遇，是犹太文学的重要价值所在。贝娄、辛格、布罗茨基等犹太作家获得诺贝尔文学奖的根由亦主要在此。

由于犹太文学所呈现的独特的语言现象以及犹太文学在文学主题上所表现出的世界性—犹太性相整合的特质，因此可以说，犹太文学在其本体构成上完成和实现了它的"硬币"属性，从而焕发出特定的审美意义。

犹太文学最突出的审美文化特质就体现在犹太文学以其特殊的方式对犹太性与世界性两种文学—文化品性的综合及其呈现上，这既与犹太文学深层的艺术精神有关，也在犹太文学的艺术精神上得到深层的延展。

作为一个文学整体，犹太文学最突出的艺术精神就是它的整合意识。犹太民族在长期的流散生活中，形成了典型的文化兼容心理，犹太人作为一个在其历史上大部分时间处于少数民族地位的民族来说，他们一贯地持有一种文化容纳的态度，这在犹太文学的艺术精神上亦得到了充分体现。犹太文学的整合精神体现在不同的层次和方面，从犹太与非犹太的文化背景，到抽象与具象的艺术思维，乃至到文学文本的营造、文学技巧的运用等等，许多悖论的因素在这里都得到了奇妙的结合。辛格、马拉默德等写实型作家在其作品中曾程度不同地运用了象征、虚幻等非写实的、现代性手法；罗斯、海勒、梅勒等所谓现代性作家也将表象的荒诞与本质的真实、抽象与具象等等因素统纳于一体。关于索尔·贝娄究竟属于现实主义还是现代主义的问题，曾有过一场小小的争论，今天看来，简单地以现实主义或现代主义，或"两结合"来界定贝娄，显然已经不能解决问题，因为贝娄的整合不仅体现在创作思潮上，也体现在文本构建、小说技巧的各个层面，如在小说模式上，贝娄融合了流浪汉与精神流浪汉两种类型，在小说视角上同时运用了单一视角与复合视角，在人物构建上，将人物的心态与性格、自身与替身等因素相结合。同时，犹太作家的整合精神也不是一般的"相加性"综合，而是在各种悖论的因素之间建立互补的有机联系，并从中获取超越性的升华。综观世界文学的最新发展，整合已成为当代文学的一个重要走向。当然，犹太文学的整合精神只是就其一般情形而言的，它并不意味着不同时期的不同作家都以等量的方式实现着这一精神，否则也就抹杀了文学的自律特性和作家的创造个性，这是无须赘述的。犹太文学的整合精神既是犹太文学"世界性—犹太性"品质的一种重要表征，也从更具深刻意义的观念层面揭示了犹太文学兼容和焕发犹太性与世界性的内在机制。

犹太文学是犹太历史文化的产物和表征，犹太文学中的犹太性与世界性作为犹太文学本体品性（包括文学品性和文化品性）的一种基本构成，是一组对立统一的范畴，是犹太文学这块"硬币"不可分割的两面，因为犹太性的本身便包含了一定的世界性意义，而世界性的实现则又进一步丰富、充实了犹太性的内涵。[①]这也是犹太文学何以在现当代世界文学中占据突出地位、产生广泛影响的重要原因所在。在90多位诺贝尔文学奖获奖作家中，犹太裔作家有10多位：柏格森（1927）、帕斯捷尔纳克（1958）、阿格农（1966）、萨克斯（1966）、贝克特（1969）、贝娄（1976）、辛格（1978）、卡奈蒂（1981）、布罗茨基（1989）、戈迪默（1991）、伊姆雷·凯尔泰斯（2002）；在西方诸多现代文学潮流中，往往都有犹太作家走在前头，比如卡夫卡与表现主义、现代主义，普鲁斯特与意识流，贝克特与荒诞派，约瑟夫·海勒与黑色幽默，诺曼·梅勒与后现代主义，金斯堡与垮掉的一代，等等。这些作家以各自不同的方式最大限度地将犹太性与世界性整合为一或协调一致，从而成为世界化的作家或生成为有世界意义的文学现象。歌德曾预言"世界文学"的时代即将到来，闻一多先生在《文学的历史动向》中也认为中国、印度、以色列（希伯来）、希腊四个文化"起先是沿着各自的路线分途发展……到最后，四个文化慢慢地都起着变化，互相吸引、融合，以至总有那么一天，四个的个别性逐渐消失，于是文化只有一个世界的文化。这是人类历史发展的必然路线，谁都不能改变，也不必改变"[②]。在"各民族的精神产品成了公共的财产，民族的片面性和局限性日益成为不可能"[③]的现代社会，犹太文学对犹太性和世界性的整合不仅向世人展示了独特而深厚的审美文化意义，也给理论界提出了重要的学术命题，同时也必将对世界文学的发展做出某些有益的启示。

[①] Chaim Bermat 在其 *The Jews*（Weidenfeld and Nicolson, London, 1977）一书中将犹太人称为世界主义者，国外不少学者持有类似的观点，这一评价的本身也揭示了犹太人和犹太文化中犹太性与世界性内涵的叠合。

[②] 闻一多：《文学的历史动向》，《闻一多全集》第一卷，生活·读书·新知三联书店1982年版，第201页。

[③] 马克思、恩格斯：《共产党宣言》，见《马克思恩格斯论文艺和美学》（上），文化艺术出版社1982年版，第345页。

结语　犹太文化的精神品性

第一节　一个上帝，七种犹太文化

犹太人对上帝惟一神的尊崇是不容置疑的，十诫之首便以上帝的口吻明确宣谕：

> 我是上帝——你们的上帝，曾将你们从埃及地为奴之家领出来。除了我之外，你不可有别的神。①

作为一神教，犹太教（Judaism）对上帝惟一神的至高地位始终予以坚持，不仅绝对禁止对异神的任何非分之想，甚至也严禁对任何偶像进行崇拜，禁止偶像崇拜的戒命在摩西十诫中的位置仅次于对上帝惟一神的坚持。犹太教作为几千年来维系犹太民族的精神纽带，其"一神教"的本质特性起到了重要作用。

但犹太一神教并未解决犹太人乃至犹太文化的一致性问题，特别是由于犹太文化非同寻常的历史流程和发展经历，无论是犹太人还是犹太文化，在历史上都形成了异常复杂的情形和特性，而这一特性恰恰成为了犹太人和犹太文化的一种本质属性。

埃弗拉姆·舍缪里在其《七种犹太文化：犹太历史与思想新解》（以希伯来文出版，后译成英文）中，认为在犹太民族的历史上，呈现了七种鲜明的文化：

1. 圣经文化（Biblical）；

---

① 《出埃及记》20: 2—3。

2. 塔木德文化（Tamudic）；

3. 诗化—哲学文化（Poetic-Philosophic）；

4. 神秘主义文化，及其分支哈西德运动（Mystical, and its Later offshoot, the Hassidic movement）；

5. 拉比文化（Rabbinic）；

6. 解放文化（The Culture of the Emancipation）；

7. 民族—以色列文化（The National-Israeli culture）。[1]

埃弗拉姆·舍缪里的分析明显地侧重于犹太民族不同的历时性阶段所出现的若干主导性的文化特征，但这种分析显然不应局限于纯历时性的范畴，因为圣经文化、塔木德文化等等都不可能只对某一特定的时代发生效用，而必然是对其后的一切犹太生活发生影响。而所谓拉比文化、解放文化、民族—以色列文化等亦非无源之水，而是必然在其圣经文化等先前的文化遗产中找到孕育的种子和资源。因此，按这样的"文化算术"运算下去，历史上出现的又何止七种犹太文化？当然，文化是不可能按照数学公式去计算的，但这种情景导致的结果是犹太人和犹太文化品性特征的复杂呈现。

因此，关于"犹太人"的内涵、犹太人的民族性乃至犹太文化的本质特性等等，都成为一个异常棘手的理论问题——实际上，也是一个实践问题。

我为什么是一个犹太人？什么是犹太文化的本质（结构）？何为犹太性？什么是犹太教根本的教训、价值、理想？犹太教如何才能充满生机不断发展和成长？诸如此类的问题都是犹太历史上犹太人无以回避和不断反思的问题。[2] "作为社会、文化、政治变迁的结果，许多犹太人正经受着对其身份的无所不在的怀疑。"[3] 这种对犹太身份的自我怀疑，标志着犹太文化在文化结构和文化属性上的弥散状况，以至历史上颇为流行这样一种观点：犹太人作为一个民族的整个概念近乎一种巫术之说。[4]

---

[1] Efraim Shmueli, Seven Jewish Cultures, *A Reinterpretation of Jewish History and Thought*, Cambridge University Press, 1990, p.12.

[2] Laurence J. Silberstein and Robert L. Cohn, ed., *The Other in Jewish Thought and History, Constructions of Jewish Culture and Identity*, New York University Press, 1994, pp.2–4.

[3] Ibid., p.2.

[4] 摩迪凯·开普兰：《犹太教：一种文明》，第263页。

但是，无论是犹太人还是非犹太人，又都无法否认"犹太人"这一文化事实的存在。在犹太人方面，"当犹太人试图故意地漠视自己作为一个宗教群体，或作为一个独特种族的特点的时候，他们只不过暴露了自己的愚蠢可笑而已。……对于大量的持有不可知论或无神论观点，却又心甘情愿地当犹太人，并且希望把犹太式生活永久地保留下去的犹太人来说，他们又是属于哪一种类型呢？他们关于宗教的观念可能是大错特错的，但是，除了你是一位真正的传统主义者——就这一点而言，甚至你这种人也不能例外——谁又能有权力把他们开除出犹太民族呢？"① 所以无论是有神论者犹太人还是无神论者犹太人，在摩迪凯·开普兰看来，都无法将其排除在犹太民族之外。身为犹太人，在犹太人看来它是一种自我的感觉，在这个意义上或许"只有犹太人才能确定身为犹太人的意义"②。

而对于犹太人来讲，"犹太人作为一个整体构成了一个民族；这个民族是由上帝创造和培育的，并且尽管它拒绝了非犹太人认为是专为犹太人以及世界上的其他民族所特有的准则，但依然保持了作为一个民族的地位。只要非犹太人接受这种对历史的阐释，而根据这种阐释，犹太民族通过自身的集体力量在人类获得拯救的整体框架中起到了重要的作用，那么，用什么样的特别名称来区分犹太人就实在是无关紧要的了。重要的事实在于，作为一个独特的群体，犹太人已经拥有自己的地位"③。所以，尽管犹太人和犹太文化表现出巨大的复杂性，但是作为一种文化现象，犹太人和犹太文化实质上在世界文化的话语中既呈现着内在精神、文化特质上的某种"统一性"，又表现出难以"界定"的多样性。"一个上帝，七种犹太文化"比较形象地昭示了犹太文化的品性特征——这一特征在世界文化中也许是独树一帜的。

基于上述的认识不难看出，任何试图用某种简单的文化程式去框定犹太文化的做法都是困难和危险的。但这并不等于说犹太文化在其精神内涵、结构程式等方面就完全没有任何的相通之处，事实上，犹太人不仅强调犹太人和犹太文化本身内在的统一性，而且把这种统一性或民族性视为一种珍贵的文化遗产甚至是实现上帝旨意的一种重要媒质，"根据这种假

---

① 摩迪凯·开普兰:《犹太教:一种文明》,第 265 页。
② 列奥纳德·斯威德勒:《宗教之间对话的基本原则》,晚虔译,《基督教文化评论》(一),贵州人民出版社 1990 年版,第 263 页。
③ 摩迪凯·开普兰:《犹太教:一种文明》,第 263 页。

设，先知们得出了如下的推论，即民族性是实现上帝的王国的一种积极的工具"[1]。

所以，在犹太人数千年的文化沿革中，在其经验与超验、神圣与世俗、思想与行为等等诸种文化范畴中，某些重要的精神品性不仅是强烈的，也是贯通的。

第二节 "自从出胎以来，便称为悖逆的"

犹太文化的某些品性在其发轫之初便表现出特定的原生质意义，并进而在犹太文化的机体中得到承袭和光大。《圣经》曾借上帝之口，反复宣谕了一个对犹太人的"界说"，用《以赛亚书》的话说，犹太人"自从出胎以来，便称为悖逆的"[2]。

犹太人的悖逆品性是《圣经》反复强调的，从上帝的界说到摩西等族领的演发，直至犹太先祖们的自觉，悖逆成为早期犹太先祖被赋予的一个突出的精神特质与文化品性。当然，悖逆在《圣经》话语中首先被视作犹太人作为上帝子民对上帝所进行的悖逆。上帝谴责说："我养育儿女，将他们养大，他们竟悖逆我。牛认识主人，驴认识主人的槽；以色列却不认识，我的民却不留意。"[3]上帝还说："祸哉！这悖逆的儿女。他们同谋，却不由于我；结盟，却不由于我的灵，以致罪上加罪。"[4]以色列人的族领摩西也曾谴责说："你当记念不忘，你在旷野怎样惹耶和华你神发怒。自从你出了埃及地的那日，直到你们来到这地方，你们时常悖逆耶和华。"[5]"耶和华打发你们离开加低斯巴尼亚，说：'你们上去，得我所赐给你们的地。'那时你们违背了耶和华你们神的命令，不信服他，不听从他的话。自从我认识你们以来，你们常常悖逆耶和华。"[6]在《圣经》中，遭受谴责的上帝子民也以识罪的心情向上帝承认和忏悔了自身的悖逆："我们的祖宗在埃及不明白你的奇事，不记念你丰盛的慈爱，反倒在红海行了悖逆。"[7]《耶利米哀歌》

---

[1] 摩迪凯·开普兰：《犹太教：一种文明》，第268页。
[2] 《以赛亚书》48：8。
[3] 《以赛亚书》1：2—3。
[4] 《以赛亚书》30：1。
[5] 《申命记》9：7。
[6] 《申命记》9：23—24。
[7] 《诗篇》106：7。

唱道："耶和华啊，求你观看，因为我在急难中，我心肠扰乱，我心在我里面翻转，因我大大悖逆。在外刀剑使人丧子，在家犹如死亡。"① 犹太先祖的悖逆品性不仅在上帝及其子民之间形成了充分的共识，而且也被作为犹太先祖的一种原生性的品质原型反复出现在《圣经》文本之中，并成为希伯来《圣经》的一种焦点性内容。

"悖逆"（rebel）在《圣经》中原本指的是犹太先祖对上帝的背离，但实质上，在犹太文化对犹太人这一"原生质"的培育生长中，"悖逆"已演发为一种更具形而上普遍意义的品质特性。它不仅意味着与传统、权威的分离取向，亦意味着一种具有普遍意义的与"母体"或"本体"的分离取向，以及一种矛盾的关系状况。悖逆作为犹太文化的一种特质品性，是指在犹太文化的结构形式、结构内涵等各种文化构成中恒定而普遍性地存在着的一种矛盾、悖论、冲突的品质特性。犹太文化的每一种文化事典、文化构成无不突出地呈现着一种背离、对立的性质取向。

当然，如同《圣经》中犹太生活的一切方面（历史与现实、观念与实践等等）都被纳入神学框架、涂上神学色彩一样，犹太文化的悖逆品性在最初也被统纳到犹太神学的理论体系之中。综观犹太文化的早期发展，可以发现在犹太文化中具有本质意义的文化事项几乎毫无例外地都被纳入到犹太人与上帝的关系之中，比如以"上帝的选民"对犹太民族身份的诠释界定，以"上帝应许之地"对犹太人生存空间的设置固定等等。同样，在犹太人和犹太文化的基本精神、基本品性上，"犹太人对上帝的悖逆"这一神学界定虽然是以神学思维和神学形貌出现在《圣经》当中，但其实质乃是对早期犹太人的历史、文化、民族、心理等方面普遍品性的一种高度概括和总结，是对犹太民族、犹太文化本质品性的一种深刻认知和揭示。退掉"悖逆"品性在《圣经》中的神学外壳，便会发现这是深刻固着在犹太文化各个方面的一种具有本质意义的文化精神和文化品性，这种精神品性在犹太文化的历史发展中不仅得到始终的保持，而且得到普遍的贯彻、体现。

悖逆作为犹太文化的一种精神品性，在犹太文化的历史发展中体现在各个不同的范畴层面。在犹太人的民族与文化的本体构成上，从民族身份到历史流程，从文化发生、存在的方式到文化的内涵属性，无不充塞了典

---

① 《耶利米哀歌》1：20。

型的悖逆特征。其实，"犹太人是谁"的问题从一开始就从犹太人的身份界定上向我们显示了"犹太人"与犹太民族文化所蕴藏的深刻悖逆，这种悖逆在古代首先集中体现在犹太民族整体的裂变史实上。希伯来民族十二支派的形成及南朝犹大、北朝以色列的分裂抗争，使得作为一个民族整体的希伯来民族发生了最初而又有根本意义的民族裂变和民族分化。伴随着这样一种民族整体结构的"解体"以及有关悖逆上帝的神学思想的演绎，在犹太人的观念深处也相应地出现了诸种分解变异，这在流散时期以前主要体现在犹太人对犹太教义的不同理解及由此所导致的撒都该派、法利赛派、艾赛尼派、狂热派（奋锐党人）等多种教派的形成上。实际上这些教派的分化和形成也并不仅仅意味着犹太人在宗教教义和思想观念上的分化，它同时也是一种经济地位和社会角色的综合分化。

　　进入流散时期后，早期犹太民族整体的诸种裂变得到了进一步的延展和深化，阿什肯那兹人、赛法迪姆人、东方犹太人等显然已远远不能穷尽犹太人的"种类"，而且在思想观念上伴随着犹太人对西方基督教世界这个具有本质性悖逆特点的生存世界的进入，对犹太人已是更加难以用其宗教信仰上的特点来作为一种衡量的标识，反而是出现了神学与世俗并存，且神学与世俗的本身又呈现出持续不断的分化趋向。就犹太民族的本体而言，无论在体质、心理、观念等方面，都呈现了难以尽数的分化事实。

　　与此相吻合，在犹太人的文化历程、文化发生空间甚至是在犹太人的文化结构和文化属性这一具有本质意义的文化层面上，犹太文化的悖逆特性也得到了更为集中的体现。犹太人的历史程式与一般民族相比最显著的特征即在于它的不断迁徙和不断流散，在文化空间上则形成了散存世界的文化景观。犹太文化的成长不是汇聚性地集中于它的文化策源地，而是在与异质文化的种种接触中得以生存和延续，这也从根本上导致了犹太文化本原属性的某种分化和变异，即在异质文化中成长的犹太人往往都不同程度、不同方式地实现了对本原传统的分离，从而也是实现了犹太人之间、犹太民族整体之间在文化品性上的某种悖逆。散居世界各地的犹太人在文化身份上的多重性及犹太文化整体的散存结构，从犹太文化本体的结构和内涵上深刻地标示了"犹太人"和犹太文化的分化、矛盾特征。在犹太文化的演进发展中，传统与非传统、经验与超验、继承与背离、文化同化与文化固守、排犹对犹太人的造就及宽容对犹太人的消解等等，也都十分具体、全面地昭示了犹太文化沿革中的悖逆特性；在犹太文化与异质文化的关系中，特别是犹太教与基督教、伊斯兰教的"亲缘—冲突"关系，更是从某些具有特殊意义的角度揭示了犹太文化发展中的悖逆现象和悖逆特质。

犹太人从其理解、认知世界的思想方式及生存机智到思维特征以及应对世界的行为表现等方面也都显示出犹太文化的悖逆内涵。犹太民族在理解世界、解说现实、认知自我时，一个最基本、显著的思维特征就是同时并用了超验与经验、神学信仰与理性辨识等矛盾、对立的思想方法，在思维逻辑和思维方式上呈现出明显的分离、对抗的取向。犹太人作为宗教的民族，几乎把世界和生活的一切方面都自动纳入到超验的神学体系当中去，并借助对神学观念、神学体系的营造来达到解说以至抗拒世界的目的；但在犹太教的思想深处，即使在上帝、契约、选民等犹太教的核心观念上，其针对实际的现世生活而表现出的强烈的理性精神以及掩藏在神学思维中的理性机智、思想策略，也都是深刻而明显的。此外，犹太人在认知世界、解说现世生活时，既表现出强烈的现实感，也表现出悠远的历史意识；既有对往昔生活的沉淀与提炼，也有对未来世界的预测设置，这些都从不同角度揭示了犹太人在思维取向上的矛盾特征。犹太人思想方式和思维观念上的矛盾对立不仅导致犹太人思想内涵上的巨大分化，也必然导致犹太人在现实行为上的巨大差异。犹太人的保守与创新、出世与入世、对规范的恪守与超越以及在社会、经济、教育等方面所衍生出的各种差异与悬殊，均可被认为是犹太文化悖逆精神在犹太文化不同形态、不同层面上的特定呈现。

在犹太教和犹太民族的思想宝库或者说犹太民族的文化母本《圣经》中，亦有两个层面的悖逆值得注意：一是《圣经》母本本身蕴藏了犹太文化早期所有的悖逆因子，包括前述以神学形貌出现的犹太先祖对上帝的悖逆，希伯来民族早期在群体与思想上的分化，犹太人在应对世界时所呈现的经验与超验、神学信仰与世俗理性等方面的悖逆特征，可以说悖逆是《圣经》母本本身所孕育和蕴藏的一种原始基因；二是《圣经》本身所蕴藏的悖逆因子在后世犹太人的现实承传中得到了有效的表征和反复的实现，从而使得犹太文化的悖逆基因得以生长和延展。同时，在这种承传中，一方面是一种顺延式的承传，这无疑是对《圣经》悖逆因子的光大，另一方面在不同时代、不同范畴，则又可能对《圣经》进行某种新的调适甚至背离，这无疑又形成了一种新的悖逆。正如利奥·拜克所言："《圣经》本身总是伴随着时代向前发展，而每个时代总会获得自己的《圣经》。斐洛、阿吉巴、迈蒙尼德、门德尔松在《圣经》中各自发现的东西是何等的不同！他们读同一本书，然而在许多方面它对他们每一个来说却表现为一本不同的书。正像《塔木德》经常评论的那样，每一时代都有自己的《圣经》阐释者。更为适当的表述是在摩西的神奇传说中，摩西听到阿吉巴解说的律法，然而，他不承认这是他的律法！处于犹太传统中的《圣经》总是被创新，因为《圣经》具有每一个真观念为趋向更高的精确性而奋争的本性，它内在地包含不断生发精神活动的力量。"[①] 对于犹太文化而言，无论是对《圣经》这个文化基因库的传承还是进行一种适时的"转基因"式的变异，都是犹太文化发展中内在着的一种深刻悖逆。

犹太审美文化在其审美观念深层将世俗范畴的美与宗教话语中的美相结合，形成了独具特质的犹太审美观；而在呈现对世界和生命的审美认知及其叙述操作中，抽象与具象、虚构与真实等悖逆关系并存；在犹太文学和犹太艺术对犹太传统的承袭、表征中，犹太文学、艺术不仅忠实地承继了犹太文化的传统资源，也在一定程度上离绝了犹太文化的传统资源；不仅焕发了犹太文化的传统精神，体现出强烈的犹太性，也在一定程度上超越了犹太文化的传统精神并显示出非犹太化的趋向。犹太文学、艺术在对犹太文化整体的联结中，从联结的方式取向、价值判断到联结的资源内涵，各种巨大的差异、矛盾性特征从犹太审美文化的特定角度进一步印证了犹太文化的悖逆精神。

犹太文化中的悖逆精神是一种浸染在犹太文化个体与犹太文化整体，镶嵌在犹太文化各个方面、各种范畴的普遍性的民族精神和文化品性，它所蕴涵的二元矛盾的关系特征以及悖逆、分裂的逻辑取向，在犹太人的文化流程与文化结构、犹太人的思想方式与生存机智、犹太人的文化母本与现实表征以及犹太审美文化等方面都得到了深刻、全面的体现，并成为犹太民族的一种恒定性、普遍性的文化特质。

第三节　吸纳—整合：犹太种子命中注定的任务

如果按《圣经》所说犹太人"自从出胎以来，便称为悖逆的"，那么犹太人出胎之后所经历的独特的文化流程、文化方式、文化结构，则对铸

[①] 利奥·拜克：《犹太教的本质》，第17页。

就犹太人和犹太文化的精神特质起到了特殊和无可替代的作用。作家弗兰茨·卡夫卡是犹太文化在西方世界的真正实践者，也是一个对犹太文化有着深切思考的思想者。关于犹太人和犹太文化，他曾说：

> 犹太人像种子那样分散到了各地。就像种子吸收周围的养料，储存起来，促进自己的生长那样，犹太民族命中注定的任务是吸收人类的各种各样力量，加以净化，加以提高。①

作家卡夫卡的表述是形象的，但却十分深刻。"犹太种子"散居世界，要生存，就须适应其生存的土壤并吸纳其中的养料，这是别无选择的文化规则，所以吸纳与整合，即使不是犹太人出胎以来便具有的，也是犹太人后天所必不可少的——而实际上，在犹太文化的原生质中，整合（吸纳）的精神特性早已深刻地固着在犹太文化的生命机体之中。因此我们可以说，与悖逆的精神品性在性质取向上截然相反，但在犹太文化中有着同样或者有着更为本质意义的精神特质是犹太文化的整合精神，而在悖逆与整合之间所呈现的恰恰又是一种既悖逆又整合的关系特质。犹太文化的整合精神和文化特性是指在犹太文化的整体中突出表现出来的一种集合事物的多种因素、多维属性的文化功能和品质，它将各种不同的物项、取向、属性容纳为一，在对事物的兼收并蓄、有机容纳中，超越性地呈现出具有典型犹太特质的新的品质属性、新的文化功能和意义。

关于希伯来民族本体的最初形成，有越来越多的研究表明希伯来民族原本是一个极其复杂的"混合体"，她在民族形成初期的游牧生活中，不仅吸纳了周边异质文化的一般要素，甚至也可能以某些特定的方式吸纳、融合了异族人的血缘、种族要素。阿奇博尔德·罗伯逊（Archibald Robertson）在《基督教的起源》中曾说，希伯来人

> 甚至不是一个单一的民族。公元前14世纪的埃及公文——泰尔·埃尔·阿马那泥板中，有时称他们为"海伯鲁"，有时径称他们为"盗匪"。他们是许多游牧部落拼凑而成的混杂部族。②

---

① 古斯塔夫·雅努施：《卡夫卡对我说》，赵登荣译，时代文艺出版社1991年版，第123页。
② 罗伯逊：《基督教的起源》，宋桂煌译，生活·读书·新知三联书店1958年版，第15页。

在犹太教这个樊篱紧严的神学信仰领域，犹太文化的兼容、整合精神同样有着突出的表现，"一切除掉所染外邦人污秽"的人都可以和以色列人一样享受犹太教的节期生活[①]；在犹太教的构成上，像一神论、契约观、割礼、安息日等观念思想和节期习俗，也都相当明显地吸收、容纳了迦南、巴比伦、埃及等地宗教—文化中的若干要素。特别是犹太教的一神论这一核心思想，透过其神学的帷幕，它所表达的是一种典型的单种论观念，即人类源于同一父亲，无论种族、肤色、言语如何，都是由上帝借助亚当、夏娃的创造而衍生出来的，在这里，"犹太人以完全不同于希腊人和罗马人的方式也冲破羁绊而达到了一个人类的思想"[②]。犹太民族流散世界后，犹太文化的整合精神得到了空前和全方位的实现，就像卡夫卡所言，犹太人对各居住地异质文化要素的吸收构成了犹太文化存在与发展的一种本质条件和典型方式——犹太种子命中注定的任务。当散居世界的犹太人被赋予"世界主义者"的称谓时，它所蕴涵的意义绝不仅仅是指犹太人四海为家的生活状况，而主要是指犹太人突出的整合精神。需要特别指出的是，犹太文化普遍呈现出的整合精神并不意味着仅仅是对事物多种要素、多维属性的简单相加，而是有着特定的整合方式及相应的内涵意义的。

在对犹太文化的历史审视中我们发现，充塞犹太文化之中的整合往往是对两种或两种以上具有悖逆、分离取向的事物及属性的综合，通过这种综合。建立的是一种以冲突、悖逆为关系特征，以综合互补为关系结果的品质结构。在这样一种矛盾综合的结构中，犹太文化内在的两种基本精神品性——悖逆与整合——不仅得到了有机的容纳和统一，而且互为方式结果，互为形式内涵，从而生成为一种既对立又统一、既悖逆又整合、充满生命动力的文化品性和精神内涵。在这种文化品性和精神内涵中，犹太民族的历史文化得到了高度的浓缩和凝结。美国著名心理学家、创造学家S.阿瑞提曾从民族心理的角度考察了犹太人的这种整合意识，他明确指出：

> 接受不同的甚至对立的文化刺激尤其适用于犹太人。古老的希伯来文化与西方文明的影响相会合就提供了这样一种对立。……对于无论来自多数人还是来自少数人的不同意见都予容纳，这一直是犹太人

---

① 《以斯拉记》6：21。
② 米夏埃尔·兰德曼：《哲学人类学》，第27页。

当中所流行的态度。在《旧约》里，犹太人总是保持着这种形象：在埃及领土上是处于受迫害的少数民族，而对无论什么外乡人、外来者、客人、邻居则实行着不加歧视的做法。作为一个在其历史上大部分时间处于少数地位的民族来说，他们高度重视容纳态度所具有的价值。[①]

阿瑞提在这里特别强调了"接受不同的甚至对立的文化刺激"以及"对不同观点的容纳"在犹太人和犹太文化中的普遍意义，其实也是从民族心理的角度对犹太民族的悖逆—整合精神进行了一种说明和佐证。

悖逆—整合作为犹太文化的本质精神和品性特质在犹太历史中得到了充分的贯通、实现。一般说来，犹太文化中的每一种整合都表现出被整合物项、属性之间明显的悖逆特征，而每一组悖逆、冲突的物项、属性，在犹太文化中又都得到了有机的整合贯通。在这里，悖逆与整合与其说是两种不同的品质属性，不如说是一种精神的两个内涵，或一个整体的两个层面。在犹太人的民族身份和民族本体构成上，明显地汇聚和整合了若干具有重要意义的矛盾特征，比如犹太人既表现出浓烈的民族意识、民族主义思想，表现出作为一个民族整体的强大凝聚力，又在民族身份属性上呈现出一定的差异、分裂，呈现出犹太性的宽泛、模糊趋向和"世界主义"倾向；在犹太人与异族及异质文化的关系上，一种既冲突又吸纳、既分裂又融合的关系方式不仅贯通犹太文化发展的始终，而且成为犹太文化与异质文化关系的本质方式；在犹太文化的生长、存在及整体结构上，犹太文化一方面表现出流离、散化、变异的历史特征，另一方面又表现出汇合、凝聚、一以贯之的延展史实；在犹太文化的内涵构成上，既有对大量异质文化的吸收，更有对本原文化的完好保存，以及对两者的融会、综合；在犹太人应对世界的思想方式和生存机智中，不仅有虚妄的神学运思及对宗教生活的沉湎，也有理性的哲学思辨及对政治、经济、教育等功利目标的世俗化追求；不仅有对形而上超验生活和超验世界的执著营造，也有对行为价值、行为意义的实践与强调；在犹太文化的基因库、文化母本《圣经》中，更是包容了犹太文化原生质中最为典型的悖逆—整合因素；在犹太审美文化中神圣之美与世俗之美，神学体验与审美感悟，具象与抽象等等，也都得到了有效的整合。伟大的犹太思想家马丁·布伯对 Judaism（犹太

[①] S.阿瑞提：《创造的秘密》，第 429—430 页。

教、犹太文化)有着至为深刻的分析,他说:

> 我们必须从其最深处去把握犹太教的问题,探究到其底部,一直到从矛盾中生出永恒的地方为止。因为这就是犹太教的本质和命运所在;犹太教那最崇高的要素是与其最低贱的要素连在一起的,其最辉煌的要素是与其最羞辱的要素连在一起的。犹太教并不是简单而明确的东西,而是充满着悬殊差别的。它是一种两极鲜明对比的现象。
>
> ……我所认为的犹太教的基本问题,其生存的不可思议的、令人敬畏的和创造性的矛盾就在于:它的两重性(dualism)。……没有哪个民族产生出了如此卑鄙的冒险家和背叛者,没有哪个民族产生出了如此崇高的先知和拯救者。这只有在各个历史时期才会发生。崇高绝不等于最初的犹太教,低劣也不等于其退化(尽管我们不必忽略历史要素);相反,它们一直并行存在。……
>
> 我说过:这些采取不同立场的人往往是同一些人。我还说过:赞成和反对二者都会存在于犹太人中。没有人能够像犹太人那样具有如此充足的能力或如此多的约束。[①]

马丁·布伯从犹太教、犹太人灵魂深处深刻地发掘出两重性、二元论(dualism)是犹太教(犹太文化)、犹太民族的"本质和命运",用我们的话讲,也正是确认了悖逆—整合作为犹太文化本质精神之所在。

第四节 创造与样本:犹太文化的功能与理论意义

犹太文化的悖逆—整合精神有着突出的功能意义,犹太人的创造现象应从犹太文化的这一本质特性上得到深层的解说,这是因为犹太人作为悖逆—整合精神的负载者,没有被这种"两重性"消解和征服,反而是在两重性的克服、调适与统一中,迸发其创造力:

> 犹太人的创造力在对统一性的追求中焕发了出来,他的创造性行为根植于他的心灵的统一。"你只有不被分裂才将分享我主上帝。"《米

[①] 马丁·布伯:《论犹太教》,第21—22页。

德拉什》中这样说。具有创造性的犹太人是两重性的征服者,是对两重性的积极克服:他们主张赞成而不是反对,主张创造性而不是绝望,他们渴望胜利。他们是犹太教的"让它有光吧!"在他们的生活中,在他们的工作中,这个民族拯救了自己。①

作为两重性的征服者,犹太人在悖逆—整合的统一中孕育了特定的创造机制,这首先表现在面对各种异质文化时犹太人能够像"文化采购员"那样去予以采集和集合。犹太文化由于特殊的发生、存在方式及其历史流程,可以说在世界诸民族文化中最为广泛地接触、吸收和整合了多种异质文化要素,但这种整合显然不是不加选择的,其整合的过程完全是一个集合优质要素从而实现超越性的优势文化机能的过程。在这一过程中,犹太文化留取和提炼的是最能适应现世生活要求的优质部分,淘汰、剔除的是那些陈腐、过时的糟粕内容。历史上的犹太人是这样,在当代犹太文明的建设中,这种吸纳及整合精神同样重要。要想使犹太教(犹太文明)"重新恢复创造性,它就必须吸收当代各种文明中的精华。在过去,这个从环境之中汲取文化营养的过程是在无意之中进行的。但是,从此之后,这个过程将不得不有意识地和有计划地进行。毫无疑问,在这个问题上,犹太教将不得不摆脱自己的传统。但是,有意识和有目的的规划正在成为社会的整个生活进程的一部分。任何一种满足于盲目地放任自流的文明、文化、经济或宗教都难以获得生存的机会。所以,只有汲取其他各种文明的精髓并且与它们融为一体,而不是屈从于它们的优势地位和赫赫威望,犹太教才有可能进入自己发展过程中的所谓第四个阶段"②。

犹太文化对优质文化要素的集合必将实现其超越性的文化效用,它一旦将各优质要素融合为自身文化的有机整体,"整体大于部分之和"的哲学命题便在犹太文化的功能性质上得到了突出的体现。这样,犹太文化不仅实现了对周边异质文化在文化属性上的超越,同时也生成了一种重要的文化创造机制。就犹太历史上具有重大贡献的伟大思想家、科学家的个人活动而言,他们都毫无例外的是在对人类文明成果进行了最大限度的采纳、综合的基础上,才创造出了超越性的文化业绩,斐洛、斯宾诺莎、马克思、

---

① 马丁·布伯:《论犹太教》,第 26 页。
② 摩迪凯·开普兰:《犹太教:一种文明》,第 579 页。

爱因斯坦等等无不如此。

犹太文化对各种优质要素的整合在很大程度上也是对各种矛盾对立要素的整合，因为这些优质要素不仅源自不同的异质文化，而且常常因其本身固有的各种差异甚至矛盾属性才愈发显示出各自的优质意义和整合价值。像《圣经》时期对迦南文化、巴比伦文化、埃及文化诸要素的吸收，希腊罗马时期对希腊、罗马文化的融合，大流散时期对阿拉伯文化、欧洲基督教文化以及美洲新大陆文明的吸收容纳等等，都往往选择了这些文化中具有一定互补意义（也是具有矛盾性质）的文化要素加以综合。犹太文化对各种矛盾、冲突文化要素的吸纳、综合势必发生着深刻的功能效用，因为得到综合、容纳的矛盾性的文化要素在实际的文化存在和文化活动中，不仅呈现着不同的逻辑取向，而且扮演着不尽相同的功能角色。这些不同的逻辑取向和功能角色综合作用，其实际结果不是相互抵消从而弱化了它的功能意义，而是通过相互补充使其整体的功能意义得到了明显的加强，特别是面对各种矛盾、复杂的现世课题时，犹太文化由于有了对多种矛盾、悖逆因素和功能的整合而具有了认知世界的多维视角、应对矛盾的多种方法和灵活有效的机动能力。犹太文化这种具有一定普遍可适性的文化功能也使之能够极有效地适应多种不同的文化土壤、文化条件和文化挑战。

犹太文化的动态文化结构既是犹太文化悖逆—整合特质的一种呈现，也是一种重要的创造机制。犹太文化将宗教与世俗、信仰与功利、理性与非理性、超验与经验等多种矛盾、分裂的范畴、要素整合一体，在文化的建构方式、文化本体构成乃至文化发展程式上都体现出鲜明的矛盾、运动特征，形成了一种典型的动态性文化结构。这种动态性文化结构的生成导源于犹太文化自身对矛盾、悖逆要素的整合集中，成长于犹太文化在漫长的史程中对本体文化及异质文化矛盾因素的整合、吸纳。犹太文化的历史发展呈现的正是一个不断冲突、融合，不断分化、汇聚的矛盾运动过程。犹太文化也在对传统的继承与抗拒、延续与背离中，在对各种矛盾的引发—释解、释解—引发中实现了文化生命的吐故纳新，实现了对文化创造机制的深化和加强。犹太文化的动态结构及其功能也表明，社会文化的矛盾冲突是社会文化发展的前提和动力，是实现文化创造、文化超越的重要机制。

马丁·布伯在谈到"犹太教和人类"的问题时曾说：

> 一个民族在人类结构中的位置是清楚的、固定的和安全的，可以

通过其国家、语言和生活方式清楚明白地界定一个民族，从来无须反思它对人类的意义。在追求自己事业的过程中，一个民族以自己的方式贡献于人类，而无须进一步证明其生存的权力。

犹太人的状况却不是这样。由于在几千年前它就失去了其天然的家园，并且由于它不再拥有共同的语言或一个天然的共同体，因此它生存的权力和继续存活下的需要就一而再再而三地成了问题——这一疑问甚至来自犹太民族的内部。①

犹太人几千年来没有一个"天然的家园"、"共同的语言"、"一个天然的共同体"，但恰恰由于这一点才使得犹太人显得与众不同，才使得犹太人在人类结构中的位置、犹太文化在世界文化中的位置和意义成为一个格外突出的问题。也正是在这个意义上，犹太文化在世界文化的框架中呈现了一种独有的"样本"理论意义。这里所说的"样本"意义，是指犹太文化在世界文化理论研究中的"抽样"意义，这亦成为犹太文化的一个显著品性。

犹太民族和犹太文化流离辗转数千年，散布世界的各个主要地区，但又完好地生存下来并发展壮大，这在世界文化的历史景观中是独树一帜的，甚至被理论界视为世界文化史上一种绝无仅有的文化现象。同时，犹太文化在其文化内涵、文化结构、文化规则诸方面又相当明显地昭示了世界文化诸范畴的一般原理，展示了可资参照和富有启发意义的文化规则。犹太文化的样本意义蕴藏在犹太文化的史实本身，也渗透在犹太文化的各个范畴和方面，归纳起来，而又主要体现在它的浓缩汇聚性、模式参照性和变革未定性等几个方面。

犹太文化的浓缩汇聚性表现在它对人类文化各种要素、规则的高度概括和容纳。犹太民族的历史遭遇典型地表征了人类生活的曲折历程，特别是犹太民族始终面临着的历史性的生存问题，至为直接而深刻地揭示了人类生存的本质问题。犹太文化的思想观念亦是在吸取、容纳了多种文化观念后整合而成的，在思维方式、观念内涵乃至其文化内涵上都不难发现东西方文化的整合性特征。特别是犹太文化由于一直处于不停地迁徙、吸纳和演进之中，在其运动沿革的全部过程中，十分概括而汇聚性地呈现了多方面的文化规则和文化原理。这些规则和原理不仅是犹太文化的，也是具

---

① 马丁·布伯：《论犹太教》，第20—21页。

有形而上普遍意义的。在犹太文化的本体发展上，犹太文化在观念与实践、神圣与世俗、信仰与功利、传统与变革、凝聚与分化等等方面都十分明确地昭示了一种文化在自身的历史发展中所内在具有的普遍现象和普遍规则；在犹太文化与异质文化的关系中，犹太文化对文化冲突与文化适应、文化变迁与文化整合、文化保持与文化同化、文化抗拒与文化涵化等多种层次、范畴的一般性文化规则都有集中、深刻的诠释和揭示。

就犹太文化与世界文化和其他异质文化之间的关系而言，犹太文化还体现出一种模式的参照性。犹太文化的模式参照意义在于它所营造的浓缩汇聚性文化事实和焕发、呈现出的形而上普遍规则能够在世界文化的整体对话和理论研究中生发某种有代表性的模式效用。这种模式效用主要是指犹太文化与异质文化和世界文化不仅能建立起一种通约性的可比联系，而且能借助这种通约可比联系既显示出犹太文化的典型参照意义，也显示出异质文化和世界文化的某些普遍特点。犹太文化的模式参照意义作为文化对话话语中的界定，它的实现并不是要在犹太文化与异质文化之间发现或者画上某种等号，也不是一种单向性的意义呈现，而是一种双向沟通、平等对话、寻同觅异从而实现相互间的共同认知和自我认知的文化过程。这一过程由于具有某种典型意义的犹太文化的引入而可能得以更为迅捷和有效地进行。当然，这里所说的模式参照意义是就犹太文化自身的某些理论特点及其在文化理论研究中的学术意义而言的，而不是说犹太文化为异质文化树立了一个可供遵循的文化模式。

犹太文化模式参照意义的认知价值在具体的实现中有着多种形式的表现。基督教《圣经》及其教义在很大程度上可以说是借助对犹太教原本框架、含义的参照（即发现和判断两者的相同与相异之处）来实现对犹太教的超越并进而生成为一种独立的宗教。马克思在他的《论犹太人问题》中从经济学和社会学的角度出发，借犹太人的某些象征品性（一种模式参照意义的体现）深刻地探讨了经济领域的诸多问题。马拉默德、辛格等作家则直接把犹太人和犹太文化的模式参照意义表现为人类生活的一种象征，以犹太人的困境写照人类的普遍性困境。这些都在某种程度上表明了犹太人和犹太文化在一般生活和世界文化中所具有的模式参照意义和象征意义。犹太文化所显示的若干发展特征还可能代表或契合了世界文化发展的某种重要趋势和走向。特别是犹太文化在几千年的历史发展中陶冶、凝练的悖逆—整合精神，能够将多种矛盾冲突的文化要素整合为一，一方面在迎解世界的矛盾和挑战时表现出特殊的文化功能，显示出强大的生命力，另一方面在相当程度上也可以说代表了世界文化发展的一种走向，或与世界文化发展的基本趋势相契合。世界文明从分裂走向综合（这并不意味着多元矛盾的消释）的历史趋势其实并非昭然于当代，近代以来许多有识之士早已开始深刻思考人类文明的未来走向。伏尔泰、歌德、马克思等伟大思想家都相当清晰地感受、把握了世界文明沟通、整合的未来趋势，他们早就以种种方式发出预言：一个封闭、隔绝的旧世界必被打碎，一个沟通、综合的新世界必将诞生。可以说，一个全球化的时代正伴随着经济一体化、网络时代的到来而日益临近。日本著名思想家中村元先生曾指出："东西方的综合，不仅已经成为一种共同的口号，而且目前正处在稳步而顺利地实现过程当中。"① 世界文化正处于急剧的变革转换之中，"世界文明必须在混乱迷惘中寻找新生。新生的世界文明应当属于全球，也应当是许多文明的综合体"②。如果说这种对各种文明要素的综合是近现代世界文化总体发展的一种迹象或一种趋势的话，那么犹太文化在其古代，在其内在的精神实质上便已在很大程度上铸就和昭示了这样一种综合。当然，世界文明的综合并不意味着世界文明内在矛盾、冲突、个性的消失。事实上，犹太文化整合精神的本质正是在于对矛盾、对立要素的综合，惟其如此，这种整合才是一种有生命的和深刻的整合。

犹太文化几千年的发展历经曲折，进入当代世界以来，也许它所面临的文化挑战和文化难题较历史上的任何一个时期都显得更为复杂。犹太文化现实发展中的变革未定性特点，正是犹太文化在世界文化视野中模式意义的一个重要方面。

摩迪凯·开普兰在试图描绘犹太教和犹太文化的未来蓝图时曾指出："犹太人产生的那个世界与犹太人正在生活着的这个世界之间的差异实在是太明显了，并且也是多方面的，让人有一种难以描绘的感觉。"③ 事实确也如此，犹太人最初离开祖地流散世界时，被迫"在陌生的国度里唱上帝的歌"，经受着一种文化环境与文化主体对立排斥的文化磨难，而到了当代，对世界犹太人的文化生存条件再也难以去做任何具体和一概而论的描

---

① 中村元:《比较思想论》，吴震译，浙江人民出版社1987年版，第278页。
② 许倬云:《为世界新文化催生》，《中国文化与世界文化》，贵州人民出版社1991年版，第182页。
③ 摩迪凯·开普兰:《犹太教：一种文明》，第576页。

述了。在经历了第二次世界大战纳粹排犹之后，犹太人水银泻地般地分散在世界各地，虽然相对集中地分布于巴勒斯坦、东欧、西欧和美国"三大区域"，[1] 但其生存环境绝不可能以此做出一致的界定，况且"每一区域"本身的复杂性都是难以解说的。这只是问题的一个方面。在犹太民族方面，经历了两次大战之后，犹太人和犹太文化甚至在其内在深层都无可回避地面对一系列深刻的困惑与难题：我为什么是一个犹太人？什么是犹太人？何为犹太性？犹太人能够既是犹太人又是美国人、英国人、法国人、俄国人、波兰人、匈牙利人吗？如不能，那么又应该如何才能汇入居住地之文化而又不被永远视为一个陌生的边缘人？如是，又该如何才能将两种（或两种以上）的文化血液调和在一起而又不至于损害其生命机体？诸如此类的课题，与其说是理论上的，不如说是一个严峻的现实和实践的问题。

应对这些课题是犹太文化在其变革中所无以回避的。"人们曾把一个有机体定义为'能够形成并保持一种对正在变化的环境作出统一模式的灵敏反应的物体'。所以，除非我们能够通过'对正在变化的环境作出一种统一模式的灵敏反应'，以保证在犹太生活的过去与未来之间实现某种程度的连续性，那么犹太民族作为一个社会有机体的概念就会变得十分荒谬。"[2] 犹太文化要保持一种持续的传承，犹太人就必须对现代世界在整体上以一种"统一模式"做出共同反应。这种共同反应与每一个"有机体细胞"有关，表现在犹太文化的整体上。现代犹太人关注的焦点性问题就是如何实现现代条件下犹太文化的重建（reconstruction）。

马丁·布伯说他曾被德国犹太自由主义的领导人、哲学家和心理学家莫里茨·拉扎勒斯（1824—1903）死后出版的一本小册子《犹太教的复兴》一书所感动。"我以不同寻常的期待心情，在该书的扉页上读到了多年来萦绕在我那像黑暗的和仍未打开的圣殿般的心灵中的词句。首先，期待似乎并不令人失望。在第一页上的一句话直捣我的心扉：它说我们的目标应该是'先知犹太教（prophetic Judaism）的复活和真正的重建'。"[3] 马丁·布伯作为20世纪人类伟大的思想家和犹太文化的伟大理论家与实践者，一生重要的目标便是犹太教和犹太文化的复兴与重建，他是站在"犹太教和人类"、"犹太人及其他各民族"、"以色列精神和今日世界"等

---

[1] 摩迪凯·开普兰：《犹太教：一种文明》，第581页。
[2] 同上书，第579页。
[3] 马丁·布伯：《论犹太教》，第33页。

角度探讨重建犹太文明之必要和必需的。在当代犹太思想史上，以摩迪凯·开普兰为代表的犹太教重建主义哲学可以说是当代犹太文化中能够兼具神圣与世俗、犹太与世界双重眼光、影响最大和最有代表性的犹太文化思潮。半个多世纪以来，特别是近几十年，犹太文化之重建成了犹太文化发展中的焦点问题，仅是近几十年来就有为数可观的长篇巨著对此做出深入的讨论，诸如 Ari L. Goldman 新著 Being Jewish: *The Spiritual and Cultural Practice of Judaism Today*（Simon & Schuster，2000），Laurence J. Silberstein 等编 *The Other in Jewish Thought and History: Constructions of Jewish Culture and Identity*（New York University Press，1994），David Vital 的 *The Future of the Jews*（Harvard University Press，1999）等等，都是颇有创见的理论著作，在倡导犹太文化的重建上有重要意义。

特别值得注意的是，当代犹太思想界特别强调对犹太历史和犹太思想中"反传统"及"另类"现象的发掘、整理和论证，诸如 Anson Laytner 在 *Arguing with God: A Jewish Tradition* 中认为，与上帝（权威）论辩，是犹太人的传统，在这里"反传统"成为一个犹太传统。在《犹太思想与历史中的另类》一书中，作者从不同角度论说犹太文化中的"另类"现象，不仅将"另类"现象作为犹太文化中的正常、普遍现象，而且视"other"为发现自我的一种媒介[①]。犹太理论界对犹太文化传统及"另类"现象的论说在很大程度上可以说也是在为犹太文化在当代社会的巨大变异寻找理论上的渊源根据，从而能以开放的胸襟包容和直面犹太文化在当代社会的巨大变革。

作为犹太教重建主义思想体系的创始者摩迪凯·开普兰面对现代世界对犹太文化的巨大冲击，穷毕生精力力图重建一种具有时代精神的犹太文明，力图挽救犹太民族的精神危机和文化危机。他在为如何才能使得犹太教和犹太文化富有创造性而描绘的"未来蓝图"和开出的"药方"中，提出犹太人必须做到三个方面：

1. 首先，他们必须重新发现犹太教；他们必须学会了解其中的真正内涵和特点。……

[①] Laurence J. Silberstein and Robert L. Cohn, ed., *The Other in Jewish Thought and History, Constructions of Jewish Culture and Identity*, p.5.

2. 为了使得犹太教富于创造性，重新定义犹太人的民族地位和重新组织犹太人的社区生活是非常重要的，要重新组织犹太生活，民族团结是一项基本的要求。这种团结并不是由地理边界所决定，它是文化上的而非政治上的。犹太人是一个国际性的民族，只是由于他们对共同过去的意识、对共同未来的向往和对实现共同目标的合作愿望，才使得他们凝聚起来。……

3. 为了使犹太教富于创造性，就必须重新激活犹太教的传统。①

可以看出，开普兰立足于犹太传统的重新发现和重新激活，用一种开放的文化视野而非狭隘的宗教、民族视野对重建犹太教和犹太文化提出了鲜明、具体的主张。开普兰一再强调，对犹太人来讲，

> 他们必须要重新发现、重新阐释和重新构建自己的民族文明。为了做到这一点，他们必须自愿地去实现一个能够体现最高程度的犹太性的蓝图。当然，他们应该不遗余力地同自己的历史传统同呼吸、共命运，去推动社会公正与世界和平，并且用自己的历史和宗教去激励这些目标的最后实现。这样一个蓝图要求一种敢于向任何形式的自欺行为斗争的真诚，要求一种深入到新的环境之中的激情，要求一种不为未知领域所阻遏的勇气。如果犹太人能够用这样一种精神秉承永远保持犹太教的生命力的历史祖训，并且从现在开始接受自身最高需要的正确指引，那么，当代犹太生活中的危机就只不过是犹太民族的文明中一个新生代分娩之前的阵痛罢了。②

犹太文明的一个新生代正在孕育和来临之中。犹太文明作为一种不断运动的生活方式，其变革、实践的复杂性、未定性都是一般理论设定所不能完全解决的。在传统与现代、神圣与世俗、正统与边缘、犹太与非犹太等等范畴领域的文化冲突、文化整合及由此而引发的犹太文化的变革，以其巨大的内涵和尖锐的挑战，既与当代世界文化面临的挑战所契合，也为世界呈现了一个现实性、动态性的文化样本。

---

① 摩迪凯·开普兰：《犹太教：一种文明》，第577—583页。
② 同上书，第587页。

主要参考文献

[1] Abrahams, Gerald. *The Jewish Mind*, Beacon Press, 1961.
[2] Berkovits, E. *Faith after the Holocaust*, Katv Publishing House, 1973.
[3] Berry, Donald K. *An Introduction To Wisdom and Poetry of the Old Testament*, Broodman & Holman Publishers, 1995.
[4] Blau, Joseph L. *Modern Varieties of Judaism*, Columbia University Press, 1966.
[5] Cahill, Thomas. *The Gifts of the Jews*, Nan A. Talese/Anchor Books, 1998.
[6] Cook, Albert. *The Burden of Prophecy: Poetic Utterance in the Prophets of the Old Testament*, Southern Illinois University Press, 1996.
[7] Davidman, Lynn. *Tradition in a Rootless World*, University of California Press, 1991.
[8] Dundes, Alan. *Holy Writ as Oral Lit, The Bible as Folklore*, Rowman & Littlefield Publishers, Inc., 1999.
[9] Eban, Abba. *Heritage: Civilization and the Jews*, Summit Books, 1984.
[10] Ehrmann, Elliezer L. ed. *Readings in Modern Jewish History: From the American Revolution to the Present*, Katv Publishing House, Inc., 1977.
[11] Eidelberg, Paul. *Judaic Man: Toward a Reconstruction of Western Civilization*, The Caslon Company, 1996.
[12] Eisen, Arnold M. *The Chosen People in America: A Study in Jewish Religions Ideology: The Modern Jewish Experience*, Indiana University Press, 1983.
[13] Glatzer, N. N. ed. *The Judaic Tradition*, Beacon Press, 1969.
[14] Goldin, J. ed. *The Living Talmud: Wisdom of the Fathers*, New American Library, 1957.
[15] Goldscheider, Calvin & Neusner, Jacob.ed. *Social Foundations of*

Judaism, Prentice-Hall, Inc., 1990.

[16] Goren, Arthur A. *The American Jews*, The Belknap Press of Harvard University Press, 1982.

[17] Herberg, W. *Judaism and Modern Man: An Interpretation of Jewish Religion*, New York & Philadelphia: Meridan Books and Jewish Publication Society of America, 1959.

[18] Hertz, Richard C. *The American Jew in Search of Himself: A preface to Jewish Commitment*, Bloch Publishing Company, 1962.

[19] Hertzberg, Arthur. *The Jews in America: Four Centuries of an Uneasy Encounter: A History*, New York: Simon, 1989.

[20] Herzl, Theodor. *The Jewish State*, Dover Publications, Inc., 1988.

[21] Heschel, A. J. *The Prophets*, Burning Bush Press, 1962.

[22] Holtz, B. W. *Back to the Sources: Reading the Classic Jewish Texts*, New York and Philadelphia: Summit Books and Jewish Publication Society of America, 1984.

[23] Hood, John Y. B. *Aguinas and the Jews*, University of Pennsylvania Press, 1995.

[24] Israel Information Center. *Facts About Israel: History*, Hamakor Press, 1991.

[25] Jacobs, Steven L. *Rethink Jewish Faith: The Child of a Survivor Responds*, State University of New York Press, 1994.

[26] Layther, Anson. *Arguing with God: A Jewish Tradition*, Jason Aronson Inc., 1990.

[27] Levison, John R. *The Spirit in First Century Judaism*, Brill, 1997.

[28] Liebman, Chaeles S. and Katz, Elihu ed. *The Jewishness of Israelis: Responses to the Guttman Report*, State University of New York Press, 1997.

[29] Liptzin, Sol. *The Jew in American Literature*, Bloch Publishing Company, 1966.

[30] Mendes-Flohr, Paul R. & Reinharz, Jehuda ed. *The Jew in the Modern World: A Documentary*, Oxford University Press, 1980.

[31] Millgram, A. *Jewish Worship*, Philadelphia: Jewish Publication Society of

America, 1971.
- [32] Neusner, Jacob. *The Way of Torah: An Introduction to Judaism*, Wadsworth Publishing Company, 1993.
- [33] Norton, David. *A History of the Bible as Literature*, Cambridge University Press, 1993.
- [34] Peacock, James L. & Kirsch, A. Thomas. *The Human Direction: An Evolutionary Approach to Social and Cultural Anthropology*, Meredith Corporation, New York, 1970.
- [35] Ruderman, David B. *Jewish Thought and Scientific Discovery in Early Modern Europe*, Yale University Press, 1995.
- [36] Sasson, H. H. Ben. *A History of the Jewish People*, Harvard University Press, 1976.
- [37] Schwartz, G. David. *A Jewish Appraisal of Dialogue: Between Talk and Theology*, University Press of America, Inc., 1994.
- [38] Seltzer, Robert M. *Jewish People, Jewish Though: The Jewish Experience in History*, Macmillan Publishing Co., Inc., 1980.
- [39] Shmueli, Efraim. *Seven Jewish Cultures: A Reinterpretation of Jewish History and Thought*, Cambridge University Press, 1990.
- [40] Silberstein, Laurence J. and Cohn, Robert L. ed. *The Other in Jewish Thought and History: Constructions of Jewish Culture and Identity*, New York University Press, 1994.
- [41] Spong, John Shelby. *Liberating the Gospels: Reading the Bible with Jewish eyes, Freeing Jesus from 2000 years of Misunderstanding*, Harper San Francisco, A Division of Harper Collins Publishers, 1996.
- [42] Swanson, Guy E. *The Birth of the God: The Origin of Primitive Belief*, University of Michigan Press, 1960.
- [43] Tawney, Richard. *Religion and the Rise of Capitalism: A Historical Study*, New American Library, 1961.
- [44] Teutsch, David A. ed. *Imagining the Jewish Future*, State University of New York Press, 1992.
- [45] Vital, David. *The Future of the Jews*. Harvard University Press, 1990.
- [46] Wertheimer, Jack ed. *The Modern Jewish Experience*, New York

University Press, 1993.

[47] White, Leslie A. *The Evolution of Culture*, McGraw-Hill, 1959.

[48] Wight, Fred H. *Manners and Customs of Bible Land*, Moody Press, 1987.

[49]《新旧约全书》，和合本，中国基督教协会，1989年。

[50]《圣经后典》，张久宣译，商务印书馆，1987年。

[51]《以色列概况》，以色列新闻中心，耶路撒冷，1992年。

[52] 阿巴·埃班：《犹太史》，阎瑞松译，中国社会科学出版社，1986年。

[53] 布拉恩：《犹太民族史》，倪秀章译，商务印书馆，1935年。

[54] 海丁氏：《圣经辞典》，香港基督教文艺出版社、少年归主社，1985年。

[55] 摩西·迈蒙尼德：《迷津指南》，傅有德等译，山东大学出版社，1998年。

[56] 塞西尔·罗斯：《简明犹太民族史》，黄福武等译，山东大学出版社，1997年。

[57] 亚伯拉罕·柯恩：《大众塔木德》，盖逊译，山东大学出版社，1998年。

[58] 查姆·伯曼特：《犹太人》，冯玮译，上海三联书店，1991年。

[59] 马丁·布伯：《论犹太教》，刘杰等译，山东大学出版社，2002年。

[60] 摩迪凯·开普兰：《犹太教：一种文明》，黄福武等译，山东大学出版社，2002年。

[61] 托马斯·拉希尔：《上帝选择了犹太人》，徐芳夫译，世界知识出版社，2001年。

[62] 利奥·拜克：《犹太教的本质》，傅永军等译，山东大学出版社，2002年。

[63] 山本七平：《圣经常识》，天津编译中心译，东方出版社，1996年。

[64] 亨利达·米尔斯：《圣经综览》（*What the Bible is All About*），中国基督教协会，1997年。

[65] 戴尔·布朗主编：《圣地耶路撒冷》，吴芬译，华夏出版社，广西人民出版社，2000年。

[66] 马文·托卡雅：《犹太五千年智慧》，新潮社文化事业有限公司，台北，2001年。

[67] 海姆·马克比：《犹太教审判》，黄福武译，山东大学出版社，1996年。

[68] 大卫·鲁达夫斯基：《近现代犹太宗教运动》，傅有德等译，山东大学出版社，1996年。

［69］杰拉尔德·克雷夫茨：《犹太人和钱》，顾骏译，上海三联书店，1992年。

［70］伊扎亚·卞达森：《日本人和犹太人》，王健宜等译，渤海湾出版公司，1988年。

［71］朱维之主编：《希伯来文化》，浙江人民出版社，1988年。

［72］顾晓明：《犹太——充满"悖论"的文化》，浙江人民出版社，1990年。

［73］刘洪一：《犹太精神》，南京大学出版社，1995年。

［74］骆振芳：《圣经论丛》，中国基督教协会神学教育委员会，1990年。

［75］陈垣：《开封一赐乐业教考》，《陈垣论文集》，中华书局，1960年。

［76］江文汉：《中国古代基督教及开封犹太人》，知识出版社（上海），1982年。

［77］梁工主编：《圣经百科辞典》，辽宁人民出版社，1990年。

［78］刘洪一主编：犹太名人传丛书。

［79］傅有德主编：《犹太名人传·思想家卷》，河南文艺出版社，2002年。

［80］肖宪主编：《犹太名人传·政治家卷》，河南文艺出版社，2002年。

［81］刘洪一主编：《犹太名人传·文学家卷》，河南文艺出版社，2002年。

［82］董友忱主编：《犹太名人传·艺术家卷》，河南文艺出版社，2002年。

［83］董本建主编：《犹太名人传·科学家卷》，河南文艺出版社，2002年。

［84］刘中民主编：《犹太名人传·商业家卷》，河南文艺出版社，2002年。

后 记

犹太文化博大精深，其本质要义和精神实质究竟何在？这是我涉足犹太文化研究20年来始终在思索和探究的问题。上世纪80年代后期至90年代初，我曾写作出版了一部专著《犹太精神》（南京大学出版社），尝试对犹太人的民族精神进行集中的阐释，其时此类书尚不多见，出版后在学界引起较多关注，多年来常有熟悉和不熟悉的朋友向出版社和我本人索要。但因当时国内对犹太学的研究尚处起步阶段，加之资料等方面的限制，书中对有些问题的思考自感未及深入，颇有遗憾。近年来国内外犹太学研究发展很快，诸多重要资料不断出现，本书就是在我前期相关研究的基础上，又吸收了国外的一些最新资料（引用出版物一般截止至2002年底），结合本人近年来的研究心得所汇集而成的一部总结性著作，试图能够反映多年来我对犹太文化精神要义问题系统的和最新的思考。承蒙商务印书馆的关爱，本书得以面世，谨向常绍民先生、王明毅先生、王齐女士以及吴俊忠先生等支持关心本书出版的友人致以衷心谢意。

刘洪一

深圳，莲花山

2003.9

再版后记

本书完稿于 2003 年 9 月，2004 年 7 月由商务印书馆出版，2006 年 4 月重印，此次为再版、第三次印刷。

本次再版，未对原书内容做大的修改，只是在细心编辑的帮助下，作了少量技术上、文字上的校勘修订。

刘洪一

2020 年 10 月 31 日　深圳湾